河南省"十四五"普通高等教育规划教材

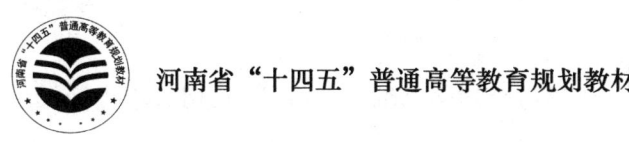

GAODENG SHUXUE

高等数学

上 册

河南大学数学与统计学院 编

河南大学出版社
HENAN UNIVERSITY PRESS
· 郑州 ·

图书在版编目 (CIP) 数据

高等数学. 上册/河南大学数学与统计学院编. —郑州: 河南大学出版社, 2019.3(2022.8 重印)
ISBN 978-7-5649-2668-7

I. ① 高… II. ①河… III. 高等数学-高等学校-教材 IV. ①O13

中国版本图书馆 CIP 数据核字 (2019) 第 046933 号

策划编辑	阮林要
责任编辑	张雪彩
责任校对	付会娟
装帧设计	翟淼淼

出版发行	河南大学出版社
	地址: 郑州市郑东新区商务外环中华大厦 2401 号
	邮编: 450046
	电话: 0371-86059750(高等教育与职业教育出版分社)
	0371-86059701(营销部)
	网址: www.hupress.edu.cn
印　刷	河南省诚和印制有限公司
版　次	2019 年 8 月第 1 版
印　次	2022 年 8 月第 4 次印刷
开　本	787 mm × 1092 mm　1/16
印　张	16
字　数	313 千字
定　价	39.00 元

(本书如有印装质量问题, 请与河南大学出版社营销部联系调换)

前　　言

高等数学，作为高等院校相关专业学生必修的一门重要的公共基础课程，不仅是其后续专业课的先行课程，而且作为一种思维模式，在培养学生的理性思维、计算能力、创新意识等方面具有不可替代的作用.

以"信息时代"为标志的 21 世纪，本质上是数学时代，信息技术本质上是数字技术，使用数学的程度已经成为衡量国家科学进步的主要标志. 而伴随着科技进步和高等教育的发展，特别是高等教育大众化阶段的到来，高等数学的教学内容、方式和手段也不断在发生着变化. 著名数学家和数学教育家项武义先生说，教数学，要教学生"运用之妙，存乎一心"，以不变应万变，不讲或少讲只能对付几个题目的"小巧"，要教给学生"大巧"，这个板块就是启发联想，夯实数学基本功，使学生通过引导和探究渐入"无招胜有招"的境界，为学生的继续深造奠定坚实的数学基础.

为响应高等数学教学的需要，根据国家教育部非数学专业数学基础课教学指导分委员会制定的工科类本科数学基础课程教学基本要求，我们组织多年从事高等数学教学的一线教师编写了本书，作为本科院校理工类专业本科生和考研学生的高等数学教材，为社会发展培养具有较强的实践能力和创新能力的应用型高级人才.

本书已入选河南省"十四五"普通高等教育规划教材，分上、下两册，共十二章，上册内容包括函数与极限、导数与微分、微分中值定理与导数的应用、不定积分、定积分、定积分的应用、向量代数与空间解析几何七章，下册内容包括多元函数的微分及其应用、重积分、曲线积分与曲面积分、无穷级数、微分方程五章. 在编写过程中，本书吸取了国内外相关教材的优点，以参编人员丰富的教学经验为基础，注重知识的系统性、思想性与通用性，力求既全面准确又通俗易懂. 例题和习题的选择兼顾不同的难度水平，展示常用的解题技巧，帮助学生理解知识点，以适应不同层次学生的需求；在知识点、新概念的引入上，尽可能给出丰富形象的例子，帮助学生理解抽象概念，例如函数的极限、连续、定积分等；对公式、运算法则等都给出了比较完整的推导过程，淡化严格证明部分，便于读者接受和应用.

全书由河南大学数学与统计学院统筹规划，王中华、王琪和尹彦彬承担统稿工作. 教材具体编写情况如下: 罗英勇和张建国编写第 1 章, 郑轩辕编写第 2 章, 王琪编写第 3 章, 王中华编写第 4 章和第 5 章, 杨利军编写第 6 章, 尹彦彬编写第 7 章, 张丰盘和汤平编写第 8 章, 范利萍编写第 9 章, 汪叶编写第 10 章, 张嘉防和车秀敏编写第 11 章, 刘志广编写第 12 章.

鉴于编者水平有限, 书中疏漏之处难免, 恳请读者批评指正.

编 者

2018 年 12 月

目　录

第 1 章　函数与极限 ··· 1

§1.1　函数 ··· 1

　　习题 1-1 ··· 7

§1.2　数列极限 ··· 8

　　习题 1-2 ··· 13

§1.3　函数极限 ··· 14

　　习题 1-3 ··· 18

§1.4　无穷小与无穷大 ································ 19

　　习题 1-4 ··· 22

§1.5　极限运算法则 ··································· 23

　　习题 1-5 ··· 27

§1.6　极限存在准则 ··································· 27

　　习题 1-6 ··· 32

§1.7　无穷小的比较 ··································· 34

　　习题 1-7 ··· 37

§1.8　连续函数及其性质 ····························· 38

　　习题 1-8 ··· 46

第 2 章　导数与微分 ··· 48

§2.1　导数的概念和简单运算 ······················ 48

　　习题 2-1 ··· 54

§2.2　函数的求导法则和高阶导数 ··············· 55

　　习题 2-2 ··· 64

§2.3　微分和近似计算 ································ 66

　　习题 2-3 ··· 70

第 3 章 微分中值定理与导数的应用 ……………………………………………… 71

§3.1 微分中值定理 ……………………………………………………… 71
习题 3-1 …………………………………………………………… 79

§3.2 洛必达法则 ………………………………………………………… 81
习题 3-2 …………………………………………………………… 84

§3.3 泰勒公式 …………………………………………………………… 85
习题 3-3 …………………………………………………………… 94

§3.4 函数的单调性与曲线的凹凸性 …………………………………… 95
习题 3-4 …………………………………………………………… 103

§3.5 函数的极值与最值 ………………………………………………… 105
习题 3-5 …………………………………………………………… 111

§3.6 函数图形的描绘 …………………………………………………… 113
习题 3-6 …………………………………………………………… 116

§3.7 曲率 ………………………………………………………………… 117
习题 3-7 …………………………………………………………… 121

第 4 章 不定积分 ………………………………………………………………… 122

§4.1 不定积分的概念与性质 …………………………………………… 122
习题 4-1 …………………………………………………………… 127

§4.2 换元积分法 ………………………………………………………… 128
习题 4-2 …………………………………………………………… 136

§4.3 分部积分法 ………………………………………………………… 137
习题 4-3 …………………………………………………………… 140

§4.4 有理函数的不定积分 ……………………………………………… 141
习题 4-4 …………………………………………………………… 146

第 5 章 定积分 …………………………………………………………………… 148

§5.1 定积分的概念与计算 ……………………………………………… 148
习题 5-1 …………………………………………………………… 154

§5.2 定积分的性质 ……………………………………………………… 155
习题 5-2 …………………………………………………………… 159

§5.3 定积分的换元法和分部积分法 …………………………………… 160
习题 5-3 …………………………………………………………… 165

§5.4 反常积分 …………………………………………………………… 166
习题 5-4 …………………………………………………………… 171

§5.5 反常积分的审敛法和 Γ 函数 ……………………………………… 172
  习题 5-5 …………………………………………………………… 178

第 6 章   定积分的应用 …………………………………………………… 180
§6.1   微元法 …………………………………………………………… 180
§6.2   定积分在几何学上的应用 ……………………………………… 182
  习题 6-2 …………………………………………………………… 191
§6.3   定积分在物理学上的应用 ……………………………………… 193
  习题 6-3 …………………………………………………………… 196

第 7 章   向量代数与空间解析几何 …………………………………… 197
§7.1   向量代数 ………………………………………………………… 197
  习题 7-1 …………………………………………………………… 201
§7.2   空间曲面和曲线 ………………………………………………… 201
  习题 7-2 …………………………………………………………… 209
§7.3   平面与直线 ……………………………………………………… 210
  习题 7-3 …………………………………………………………… 216

附录一   常用积分公式 ……………………………………………………… 218
附录二   习题参考答案及提示 ……………………………………………… 227

第 1 章　函数与极限

高等数学的主要内容是微积分, 研究对象是函数, 理论基础是极限. 所以学习高等数学先要弄清楚函数和极限的基本知识, 这就是本章要讨论的主要内容.

§1.1　函　　数

一、邻域

邻域是高等数学中的一个常用的概念. 顾名思义, 邻域就是周围的某个范围. 这个概念在不同的对象上有不同的表现形式, 这里我们仅讨论一维实数空间.

定义 1.1　包含点 a 的开区间称为点 a 的一个邻域.

比如开区间 $(1,3)$ 是 2 的一个邻域. 我们也可以说 $(1,3)$ 是 $\sqrt{2}$ 的一个邻域, $(1,3)$ 是 $\sqrt{3}$ 的一个邻域, 等等. 凡是包含点 a 的开区间都是点 a 的邻域. 显然点 a 有无穷多邻域, 甚至整个实数轴都可以说成是点 a 的邻域.

点 a 的 δ 邻域是指到点 a 的距离小于 δ 的所有点的集合, 记为 $U(a,\delta)$, 即 $U(a,\delta)=(a-\delta,a+\delta)$, 其中 δ 为**邻域的半径**, a 为**邻域的中心** (如图 1.1 所示). 如果不强调邻域半径的大小, 邻域可记作 $U(a)$.

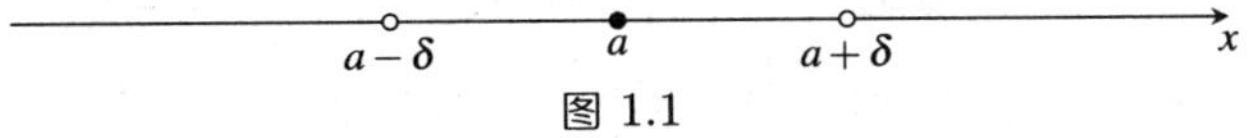

图 1.1

比如 $(1,3)$ 是 2 的 1 邻域, 记为 $U(2,1)$, 即 $U(2,1)=(1,3)$. 按照 δ 邻域的定义, 有

$$U(a,\delta)=\{x\mid |x-a|<\delta\}.$$

把邻域的中心点 a 去掉后称为去心邻域, 记为 $\mathring{U}(a)$, 即 $\mathring{U}(a)=U(a)\setminus\{a\}$. 若是在

δ 邻域中把中心点去掉, 则称为**去心 δ 邻域**, 即

$$\mathring{U}(a,\delta) = \{x \mid 0 < |x-a| < \delta\} = (a-\delta, a) \cup (a, a+\delta).$$

显然, 去心邻域不再是区间. 为了方便, 有些时候我们也称 $(a-\delta, a)$ 为**左 δ 邻域**, $(a, a+\delta)$ 为**右 δ 邻域**.

二、函数

世间万物无时不在运动、发展和变化. 自然现象如此, 社会现象也如此. 总之, 物质的运动、发展和变化是普遍的、绝对的, 而静止稳定是暂时的、相对的. 因此, 在我们对某个特定的自然现象、社会现象或某个技术过程进行观察时, 其中出现的各种量, 一般来说也在不断变化. 比如飞行中的飞行器的高度和速度, 各个地区的气温和湿度, 一个电路中某个电容器两端的电压与电流等都在不断地变化, 这些不断变化的量称为变量. 函数是变量间的一种对应关系, 或者说函数是从实数集的子集到实数集上的一种映射. 高等数学与初等数学的研究对象都有函数, 它们的区别在于高等数学是从动态的角度研究函数, 而初等数学是从静态的角度研究函数.

从历史上看, 人们首先使用很多函数的表达式, 当时既没有函数的定义, 也没有函数这个词. 1692 年德国数学家莱布尼茨首先使用函数这个词, 其后从约翰·伯努利、欧拉、拉格朗日、柯西、狄利克雷、黎曼一直到康托尔及戴德金, 经历了 200 多年才得出现代一般的函数概念.

定义 1.2 设 $D \subset \mathbf{R}$, 若对于任意的 $x \in D$, 存在唯一的 $y \in \mathbf{R}$ 与之对应, 则称 $f: D \to \mathbf{R}$ 为 D 上的函数. 其中 x 称为自变量, y 称为因变量, D 称为函数 f 的定义域, $f(D) = \{f(x) \mid x \in D\}$ 称为函数 f 的值域.

对于给定的函数 $y = f(x)$, 我们也可以用 D_f 表示其定义域, 用 R_f 表示其值域. 数列 $\{a_n\}$ 也可以理解为正整数集上的函数

$$f: \mathbf{N}^{*①} \to \mathbf{R}, n \mapsto a_n$$

或者写为 $a_n = f(n), n \in \mathbf{N}^*$.

设函数 $y = f(x)$ 的定义域为 D. 若对于 D 中任意不同的两点 x_1 和 x_2, 都有 $f(x_1) \neq f(x_2)$, 则称 $y = f(x)$ 是一对一的函数. 如果 $y = f(x)$ 是一对一的函数, 那么可以定义一个新函数 $g: R_f \to D$, 对于任意 $y \in R_f$, 定义 $g(y) = x$, 这里 x 满足 $f(x) = y$, 则称函数 g 为 f 的**反函数**, 通常记为 f^{-1}. 从定义可以看出反函数的定义域是原来函数的值域, 反函数的值域是原来函数的定义域. 如何求反函数呢? 首先要给出函数的值域, 确定函数是哪两个集合之间的对应, 然后从函数表达式中将自

---

① 设 A 是一个数集, $A^* = A - \{0\}$, 即 A^* 表示集合 A 中去掉 0.

变量 x 解出, 给出元素之间的对应. 比如 $y = f(x) = e^x + 1$, 该函数是一对一函数, 定义域 $D_f = \mathbf{R}$, 值域 $R_f = (1, +\infty)$, 所以 $f^{-1}(y) : (1, +\infty) \to \mathbf{R}$. 从表达式中将 x 解出, 即 $x = \ln(y-1)$. 所以 $f(x)$ 的反函数为

$$f^{-1}(y) : (1, +\infty) \to \mathbf{R}, y \mapsto \ln(y-1)$$

或者写为 $x = f^{-1}(y) = \ln(y-1), y \in (1, +\infty)$.

由于习惯上自变量用 x 表示, 因变量用 y 表示, 因此通常将上述表达式中的 x, y 互换, 写为 $f^{-1}(x) = \ln(x-1), x \in (1, +\infty)$. 正因为如此, 我们才有"函数和其反函数图象关于 $y = x$ 直线对称"的结论.

实际上, 反函数是指 f 与 f^{-1} 互为反函数, 与自变量和因变量的选择无关. 在实际运用中, 我们要根据具体的情况来决定是否将 x, y 互换.

若有两个函数 $y = f(u) : D_f \to R_f, u = g(x) : D_g \to R_g$, 如果 $R_g \subset D_f$, 则可以定义一个新的函数 $y = f[g(x)] : D_g \to R_f$, 称此函数为 f 和 g 的**复合函数**, 记为 $f \circ g$, 即 $f \circ g(x) = f[g(x)]$.

例 1 已知 $f(x) = \sqrt[3]{x}$, $g(x) = \sin x$, 求 $f \circ g$ 和 $g \circ f$.

解 根据复合函数的定义,

$$f \circ g(x) = f[g(x)] = \sqrt[3]{g(x)} = \sqrt[3]{\sin x},$$

$$g \circ f(x) = g[f(x)] = \sin f(x) = \sin \sqrt[3]{x}.$$

现代意义上的函数概念是由德国数学家狄利克雷给出的, 而记号 $y = f(x)$, $x \in D$ 则是由瑞士数学家欧拉首先使用的. 下面举几个常见函数的例子.

例 2 绝对值函数

$$y = |x| = \begin{cases} x, & x \geqslant 0; \\ -x, & x < 0 \end{cases}$$

的定义域是全体实数 $\mathbf{R}$, 值域是 $[0, +\infty)$, 图形如图 1.2 所示.

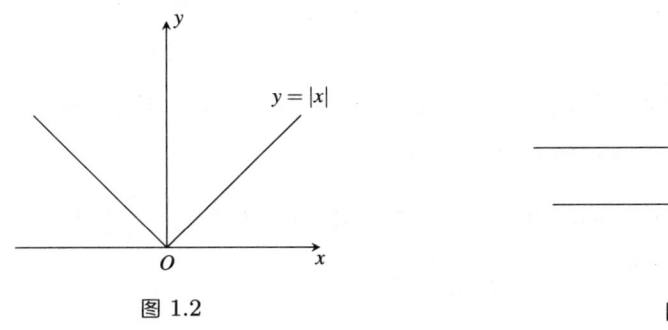

图 1.2　　　　　　　　　　　图 1.3

例 3 符号函数

$$y = \operatorname{sgn} x = \begin{cases} 1, & x > 0; \\ 0, & x = 0; \\ -1, & x < 0 \end{cases}$$

的定义域是全体实数 **R**，值域是 $\{-1, 1, 0\}$，图形如图 1.3 所示．

例 4 取整函数 $y = [x]$．设 x 是任意实数，$[x]$ 表示不超过 x 的最大整数．例如，$[0.3] = 0, [1.5] = 1, [-2.1] = -3, [5] = 5$．这个函数的定义域是全体实数 **R**，值域是全体整数 **Z**，图形如图 1.4 所示．

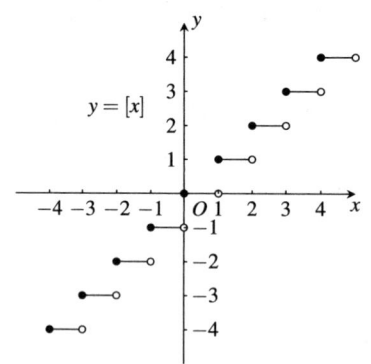

图 1.4

例 5 狄利克雷函数

$$D(x) = \begin{cases} 1, & x \in \mathbf{Q}; \\ 0, & x \in \mathbf{Q}^c \end{cases}$$

的定义域是全体实数 **R**，值域是 $\{0, 1\}$，图形已经不能准确画出来了．

例 6 反正弦函数 $y = \arcsin x$ 的定义域是 $[-1, 1]$，值域是 $\left[-\dfrac{\pi}{2}, \dfrac{\pi}{2}\right]$，如图 1.5 所示．反正弦函数 $y = \arcsin x, x \in [-1, 1]$ 是正弦函数 $y = \sin x, x \in \left[-\dfrac{\pi}{2}, \dfrac{\pi}{2}\right]$ 的反函数．

值得注意，正弦函数 $y = \sin x, x \in \mathbf{R}$ 不存在反函数，因为它不是一对一函数．反余弦、反正切、反余切也一样．

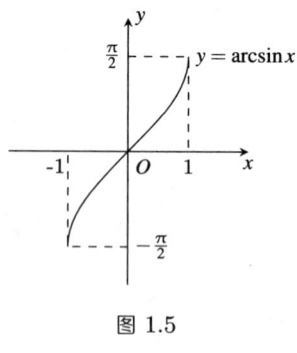

图 1.5

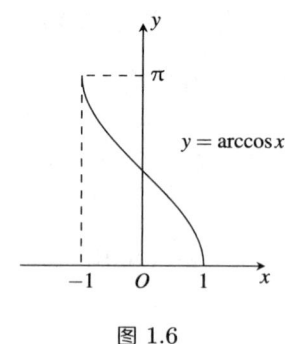

图 1.6

例 7 反余弦函数 $y = \arccos x$ 的定义域是 $[-1, 1]$，值域是 $[0, \pi]$，如图 1.6 所示．它是余弦函数 $y = \cos x, x \in [0, \pi]$ 的反函数．

例 8 反正切函数 $y = \arctan x$ 的定义域是 **R**，值域是 $\left(-\dfrac{\pi}{2}, \dfrac{\pi}{2}\right)$，如图 1.7 所示．它是正切函数 $y = \tan x, x \in \left(-\dfrac{\pi}{2}, \dfrac{\pi}{2}\right)$ 的反函数．

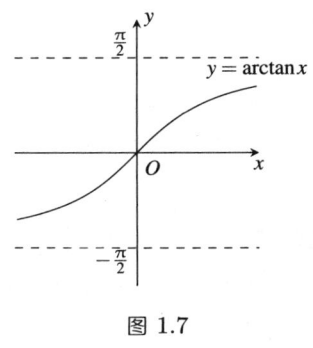
图 1.7

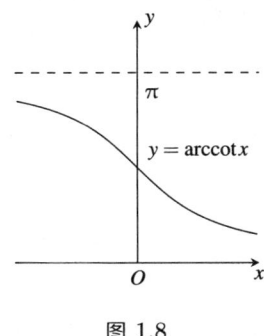
图 1.8

例 9 反余切函数 $y = \operatorname{arccot} x$ 的定义域是 $\mathbf{R}$, 值域是 $(0, \pi)$, 如图 1.8 所示. 它是余切函数 $y = \cot x, x \in (0, \pi)$ 的反函数.

三、函数的几种特性

1. 函数的有界性

设集合 $A \subset \mathbf{R}$. 若存在常数 $K_1 \in \mathbf{R}$, 使得对于任意 $x \in A$, 都有 $x \leqslant K_1$, 则称集合 A **有上界**, K_1 称为集合 A 的一个**上界**; 若存在常数 $K_2 \in \mathbf{R}$, 使得对于任意 $x \in A$, 都有 $x \geqslant K_2$, 则称集合 A **有下界**, K_2 为集合 A 的一个**下界**; 若集合 A 既有上界又有下界, 则称集合 A **有界**.

根据定义, 容易证明集合 A 有界等价于存在常数 $K > 0$, 使得对于任意 $x \in A$, 都有 $|x| \leqslant K$.

设函数 $f(x)$ 的定义域为 D. 若函数 $f(x)$ 的值域 $f(D)$ 有上界 (下界、界), 则称函数 $f(x)$ 有上界 (下界、界). 设集合 $X \subset D$, 若 $f(X)$ 有上界 (下界、界), 则称函数 $f(x)$ 在集合 X 上有上界 (下界、界). 显然, 函数 $f(x)$ 在 X 上有界的充分必要条件是它在 X 上既有上界又有下界.

例如, 我们知道 $y = \sin x$ 的值域为 $[-1, 1]$, 所以函数 $y = \sin x$ 是有界的. 又如, $f(x) = \dfrac{1}{x}$ 在开区间 $(0, +\infty)$ 内没有上界, 但有下界 0.

类似地, 若数列 $\{x_n\}$ 作为一个集合有上界 (下界、界), 则称该数列有上界 (下界、界).

2. 函数的单调性

设函数 $f(x)$ 的定义域为 D, 区间 $I \subset D$. 若对于区间 I 上任意两点 x_1 及 x_2, 当 $x_1 < x_2$ 时, 恒有

$$f(x_1) \leqslant f(x_2) \ (f(x_1) < f(x_2)),$$

则称函数 $f(x)$ 在区间 I 上 (严格) **单调增加**; 若对于区间 I 上任意两点 x_1 及 x_2, 当

$x_1 < x_2$ 时, 恒有

$$f(x_1) \geqslant f(x_2)\ (f(x_1) > f(x_2)),$$

则称函数 $f(x)$ 在区间 I 上 (严格) **单调减少**. 单调增加和单调减少的函数统称为**单调函数**.

例如, 函数 $f(x) = \dfrac{1}{x}$ 在区间 $(0,+\infty)$ 上是单调递减的, 在 $(-\infty,0)$ 上是单调递减的, 在 $(-\infty,0)\cup(0,+\infty)$ 上不是单调的. 又如 $f(x)=x^2$ 在 $(-\infty,0]$ 上是单调递减的, 在 $[0,+\infty)$ 上是单调递增的, 在 $(-\infty,+\infty)$ 上不具有单调性.

3. 函数的奇偶性

设函数 $f(x)$ 的定义域 D 关于原点对称. 若对于任意 $x\in D$, $f(-x) = f(x)$ 恒成立, 则称函数 $f(x)$ 为**偶函数**. 若对于任意 $x\in D$, $f(-x) = -f(x)$ 恒成立, 则称函数 $f(x)$ 为**奇函数**.

例如, $f(x) = x^2$ 和 $y = \cos x$ 是 **R** 上的偶函数, $f(x) = x^3$ 和 $y = \sin x$ 是 **R** 上的奇函数, 函数 $y = \sin x + \cos x$ 既不是奇函数也不是偶函数.

从图象上看, 偶函数的图形是关于 y 轴对称的, 奇函数的图形是关于原点中心对称的.

4. 函数的周期性

设函数 $f(x)$ 的定义域为 D. 若存在一个正数 T, 使得对于任意的 $x\in D$ 有 $x\pm T\in D$, 且 $f(x+T) = f(x)$ 恒成立, 则称 $f(x)$ 为**周期函数**, T 称为 $f(x)$ 的**周期**.

通常我们说周期函数的周期都是指最小正周期. 例如, 函数 $\sin x, \cos x$ 都是以 2π 为周期的周期函数, $\tan x$ 是以 π 为周期的周期函数. 如果用一个周期的长度依次分割定义域, 那么在每个分段上函数的图象都是相同的. 但是有的周期函数不存在最小正周期. 例如, 例 5 的狄利克雷函数, 很容易验证任何正有理数都是它的周期, 但是不存在最小正有理数, 所以它没有最小正周期.

四、初等函数

中学阶段, 我们学过以下几类函数:

(1) 幂函数 $y = x^\alpha\ (x > 0)$;

(2) 指数函数 $y = a^x\ (a > 0, a \neq 1)$;

(3) 对数函数 $y = \log_a x\ (a > 0, a \neq 1)$;

(4) 三角函数 $y = \sin x, y = \cos x, y = \tan x, y = \cot x$ 等;

(5) 反三角函数 $y = \arcsin x, y = \arccos x, y = \arctan x$ 等.

以上五类函数统称为**基本初等函数**.

在高等数学中，经常还要用到下面两个三角函数

$$y = \sec x = \frac{1}{\cos x}, \quad y = \csc x = \frac{1}{\sin x},$$

分别称作**正割函数**和**余割函数**. 其性质可以从余弦函数和正弦函数的性质得到.

由常数和基本初等函数经过有限次的四则运算和有限次的函数复合所构成并可用一个式子表示的函数，称为**初等函数**. 例如，$y = |x| = \sqrt{x^2}, y = \sqrt{1-x}, y = \sin^2 x$ 都是初等函数. 本书中所讨论的函数绝大多数是初等函数.

习 题 1-1

【A 组题】

1. 下列各题中，函数 $f(x)$ 和 $g(x)$ 是否相同？为什么？

   (1) $f(x) = \lg x^2, g(x) = 2\lg x$;

   (2) $f(x) = x, g(x) = \sqrt{x^2}$;

   (3) $f(x) = \sqrt[3]{x^4 - x^3}, g(x) = x\sqrt[3]{x-1}$;

   (4) $f(x) = 1, g(x) = \sec^2 x - \tan^2 x$.

2. 说明下列函数在指定区间内的单调性.

   (1) $y = \dfrac{x}{1-x}, (-\infty, 1)$;

   (2) $y = x + \ln x, (0, +\infty)$.

3. 下列函数中哪些是奇函数，哪些是偶函数，哪些既非奇函数也非偶函数？

   (1) $y = x^2(1-x^2)$;   (2) $y = 3x^2 - x^3$;   (3) $y = \dfrac{1-x^2}{1+x^2}$;

   (4) $y = x(x-1)(x+1)$;   (5) $y = \sin x - \cos x + 1$;   (6) $y = \dfrac{a^x + a^{-x}}{2}$.

4. 下列各函数中哪些是周期函数？对于周期函数，指出其周期.

   (1) $y = \cos(x-2)$;   (2) $y = \cos 4x$;   (3) $y = 1 + \sin \pi x$;

   (4) $y = x\cos x$;   (5) $y = \sin^2 x$.

5. 设

$$f(x) = \begin{cases} 1, & |x| < 1; \\ 0, & |x| = 1; \\ -1, & |x| > 1, \end{cases} \quad g(x) = e^x.$$

求 $f[g(x)]$ 和 $g[f(x)]$，并作出这两个函数的图形.

【B 组题】

1. 设 $f(x)$ 为定义在 $(-l,l)$ 内的奇函数，若 $f(x)$ 在 $(0,l)$ 内单调增加，证明：$f(x)$ 在 $(-l,0)$ 内也单调增加.

2. 设下面所考虑的函数都是定义在区间 $(-l,l)$ 上的. 证明：
   (1) 两个偶函数的和是偶函数，两个奇函数的和是奇函数；
   (2) 两个偶函数的乘积是偶函数，两个奇函数的乘积是偶函数，偶函数与奇函数的乘积是奇函数.

3. 设存在两个实数 $a,b(a<b)$，使得对任意的 x 都有
$$f(a+x) = f(a-x), \ f(b-x) = f(b+x).$$
证明：$f(x)$ 是周期函数，$2(b-a)$ 是它的一个周期.

§1.2 数列极限

一、数列

按照一定顺序排列的**无穷多个**数称为**数列**，记为 $\{x_n\}$. 例如：
(1) $1, \dfrac{1}{2}, \dfrac{1}{3}, \cdots, \dfrac{1}{n}, \cdots$；
(2) $1,2,3$；
(3) $1,2,3,\cdots,n,\cdots$；
(4) $1,-1,1,-1,\cdots,(-1)^{n+1},\cdots$.

这些表达式中 (1), (3), (4) 是数列, (2) 不是数列.

数列中的数称为数列的**项**，第 n 项 x_n 叫作数列的**一般项**或者**通项**. 比如数列 (1) 的通项是 $x_n = \dfrac{1}{n}$，数列 (3) 的通项是 $x_n = n$，数列 (4) 的通项是 $x_n = (-1)^{n+1}$. 有时候，我们也可以把数列 $\{x_n\}$ 看作数轴上的一个动点，它依次取数轴上的点 $x_1, x_2, x_3, \cdots, x_n, \cdots$.

二、数列的极限

极限思想是由求某些实际问题的精确值而产生的. 例如，我国古代数学家刘徽利用圆内接正多边形来推算圆面积的方法——割圆术，就是极限思想在几何学上

的应用, 其主要思想如下.

给定一个圆, 如图 1.9 所示, 首先做圆的内接正六边形, 把它的面积记为 A_1; 再做内接正十二边形, 其面积记为 A_2; 再做内接正二十四边形, 其面积记为 A_3……如此下去, 每次边数加倍, 一般地, 把内接正 $6 \times 2^{n-1}$ 边形的面积记为 A_n $(n \in \mathbf{N}^*)$.

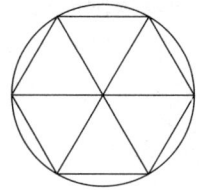 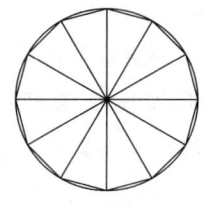 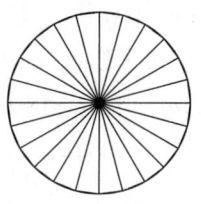

图 1.9

这样我们得到一个数列 $A_1, A_2, A_3, \cdots, A_n, \cdots$. 直观上, 当 n 越大, 内接正多边形的面积与圆的面积的差别就越小, 因此, A_n 作为圆面积的近似值也越精确. 但是无论 n 取得多大, 只要 n 取定了, A_n 终究只是多边形的面积, 而不是圆的面积. 因此, 设想 n 无限增大, 即内接正多边形的边数无限增加, 在这个过程中, 内接正多边形无限接近于圆, 同时 A_n 也无限接近于某一确定的数值, 这个确定的数值就可以认为是圆的面积. 在数学上我们称这个确定的数值是数列 $\{A_n\}$ 的极限. 我们看到这个逼近过程是一个动态变化的过程.

下面再看一个数列的例子,

$$2, \frac{1}{2}, \frac{4}{3}, \cdots, \frac{n+(-1)^{n-1}}{n}, \cdots \tag{1-1}$$

可以观察到, 当 n 无限增大即 $n \to \infty$ 时, 对应的 x_n 无限接近于确定的数值 1. 我们来分析这个趋近过程. 由于 $|x_n - 1| = \left|(-1)^{n-1} \frac{1}{n}\right| = \frac{1}{n}$, 所以当 n 越来越大时, $\frac{1}{n}$ 越来越小, x_n 就越来越接近于 1. 因为只要 n 足够大, $|x_n - 1|$ 即 $\frac{1}{n}$ 可以小于任何给定的足够小的正数, 所以说当 n 无限增大时, x_n 无限接近于 1.

例如, 给定 $\frac{1}{100}$, 欲使 $\frac{1}{n} < \frac{1}{100}$, 只要 $n > 100$, 即从第 101 项开始, 后面的项都能使不等式 $|x_n - 1| < \frac{1}{100}$ 成立. 同样, 如果给定 $\frac{1}{10000}$, 则从第 10001 项开始, 后面的项都能使不等式 $|x_n - 1| < \frac{1}{10000}$ 成立. 一般地, 不论给定多么小的正数 ε, 总存在一个正整数 N, 使得当 $n > N$ 时, 不等式 $|x_n - 1| < \varepsilon$ 都成立. 这就是数列 $x_n = \frac{n+(-1)^{n-1}}{n}$ $(n = 1, 2, 3, \cdots)$ 当 $n \to \infty$ 时无限接近于 1 的表达. 这里的 1 就叫作数列 $x_n = \frac{n+(-1)^{n-1}}{n}$ $(n = 1, 2, 3, \cdots)$ 当 $n \to \infty$ 时的极限. 可见, 极限要用动态变化思想描述.

定义 1.3 设 $\{x_n\}$ 为一数列, 如果存在常数 a, 对于任意给定的正数 ε(不论多么小), 总存在正整数 N, 使得当 $n > N$ 时, 不等式 $|x_n - a| < \varepsilon$ 都成立, 那么

就称常数 a 是数列 $\{x_n\}$ 的极限，或者称数列 $\{x_n\}$ 收敛于 a，记为 $\lim\limits_{n\to\infty}x_n=a$ 或者 $x_n\to a(n\to\infty)$.

如果不存在这样的常数 a，就说数列 $\{x_n\}$ 没有极限，或者说数列 $\{x_n\}$ 是发散的，习惯上也说 $\lim\limits_{n\to\infty}x_n$ 不存在.

因为不等式 $|x_n-a|<\varepsilon$ 与 $a-\varepsilon<x_n<a+\varepsilon$ 等价，所以极限的定义从几何上看就是说，对于任意给定的正数 ε，从某一项开始，所有的项 x_n 都落在点 a 的 ε 邻域 $(a-\varepsilon,a+\varepsilon)$ 内. 用数轴来描述，如图 1.10 所示.

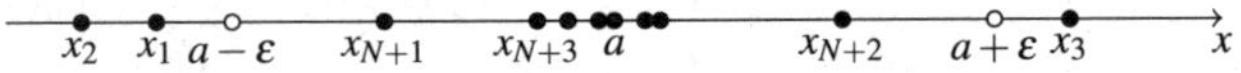

图 1.10

极限的定义可以简单表达为：

$\lim\limits_{n\to\infty}x_n=a\Leftrightarrow$ 对任意的 $\varepsilon>0$，总存在正整数 N，当 $n>N$ 时，有 $|x_n-a|<\varepsilon$.

从该定义可以得到，如果数列 $\{x_n\}$ 从某一项起都是 a，那么该数列一定收敛，且极限就是 a.

例 1 利用定义证明数列

$$\sin 1,\frac{\sin 2}{2},\frac{\sin 3}{3},\cdots,\frac{\sin n}{n},\cdots$$

的极限是 0.

证 因为 $|x_n-a|=\left|\dfrac{\sin n}{n}-0\right|=\left|\dfrac{\sin n}{n}\right|<\dfrac{1}{n}$，为了使 $|x_n-a|$ 小于任给的正数 ε，只要 $\dfrac{1}{n}<\varepsilon$ 或者 $n>\dfrac{1}{\varepsilon}$.

所以，对于任意的 $\varepsilon>0$，取 $N=\left[\dfrac{1}{\varepsilon}\right]+1$，则当 $n>N$ 时，

$$\left|\frac{\sin n}{n}-0\right|<\frac{1}{n}<\frac{1}{N}=\frac{1}{\left[\dfrac{1}{\varepsilon}\right]+1}<\frac{1}{\dfrac{1}{\varepsilon}}=\varepsilon.$$

由极限的定义，$\lim\limits_{n\to\infty}\dfrac{\sin n}{n}=0$.

例 2 设 $|q|<1$，证明数列

$$1,q,q^2,\cdots,q^n,\cdots$$

的极限是 0.

证 若 $q=0$，则该数列从第 2 项起每一项都是 0，所以数列极限为 0.

若 $q\neq 0$，任取 $0<\varepsilon<1$[①]. 因为 $|x_n-0|=|q^{n-1}-0|=|q|^{n-1}$，要使 $|x_n-0|<\varepsilon$，只要 $|q|^{n-1}<\varepsilon$. 从中解得 $n>1+\log_{|q|}\varepsilon$.

取 $N=\left[1+\log_{|q|}\varepsilon\right]+1$，则当 $n>N$ 时，有 $n>1+\log_{|q|}\varepsilon$，

$$|q^{n-1}-0|=|q|^{n-1}<|q|^{\log_{|q|}\varepsilon}=\varepsilon.$$

---

① 参考本节课后习题 A 组第 3 题 (2).

由极限的定义, $\lim\limits_{n\to\infty} q^{n-1} = 0$.

三、收敛数列的性质

定理 1.1(收敛数列的极限唯一) 若数列 $\{x_n\}$ 既收敛于 a, 又收敛于 b, 则 $a = b$.

证 用反证法, 假设 $a \neq b$, 不妨设 $a < b$, 取 $\varepsilon = \dfrac{b-a}{2}$. 因为 $\lim\limits_{n\to\infty} x_n = a$, 所以存在正整数 N_1, 当 $n > N_1$ 时, 不等式

$$|x_n - a| < \frac{b-a}{2} \tag{1-2}$$

都成立. 同理, 因为 $\lim\limits_{n\to\infty} x_n = b$, 所以存在正整数 N_2, 当 $n > N_2$ 时, 不等式

$$|x_n - b| < \frac{b-a}{2} \tag{1-3}$$

都成立. 取 $N = \max\{N_1, N_2\}$, 则当 $n > N$ 时, (1-2) 和 (1-3) 会同时成立.

但是, 由 (1-2) 式得到 $x_n < \dfrac{a+b}{2}$, 由 (1-3) 式得到 $x_n > \dfrac{a+b}{2}$, 矛盾. 因此 $a = b$.

定理 1.2(收敛数列的保号性) 设 $\lim\limits_{n\to\infty} x_n = a$. 若 $a > 0$(或 $a < 0$), 则存在正整数 N, 当 $n > N$ 时, 都有 $x_n > 0$(或 $x_n < 0$).

证 由数列极限的定义, 取 $\varepsilon = \dfrac{a}{2} > 0$, 存在正整数 N, 当 $n > N$ 时, 有 $|x_n - a| < \dfrac{a}{2}$, 从而 $x_n > a - \dfrac{a}{2} = \dfrac{a}{2} > 0$.

推论 1.1 设 $\lim\limits_{n\to\infty} x_n = a$. 若存在正整数 N, 当 $n > N$ 时, 都有 $x_n > 0$(或 $x_n < 0$), 则 $a \geqslant 0$(或 $a \leqslant 0$).

定理 1.3(收敛数列的有界性) 如果数列 $\{x_n\}$ 收敛, 那么此数列有界.

证 设 $\lim\limits_{n\to\infty} x_n = a$. 根据数列极限的定义, 取 $\varepsilon = 1$, 存在正整数 N, 当 $n > N$ 时, 不等式 $|x_n - a| < 1$ 都成立. 于是, 当 $n > N$ 时,

$$|x_n - a| = |(x_n - a) + a| \leqslant |x_n - a| + |a| < 1 + |a|.$$

取 $M = \max\{|x_1|, |x_2|, \cdots, |x_N|, 1 + |a|\}$, 那么数列 $\{x_n\}$ 中一切 x_n 都满足不等式 $|x_n| \leqslant M$, 这说明数列 $\{x_n\}$ 是有界的.

易见, 如果数列 $\{x_n\}$ 无界, 那么数列 $\{x_n\}$ 一定是发散的. 但是有界数列不一定收敛, 比如后面例 3 中的数列.

在数列 $\{x_n\}$ 中任意抽取无限多项并保持这些项在原数列 $\{x_n\}$ 中的先后次序, 这样得到的一个数列称为原数列 $\{x_n\}$ 的**子数列** (或**子列**).

设在数列 $\{x_n\}$ 中,第一次抽取 x_{n_1},第二次在 x_{n_1} 后抽取 x_{n_2},第三次在 x_{n_2} 后抽取 x_{n_3},…… 这样无休止地抽取下去,得到 $\{x_n\}$ 的子数列 $\{x_{n_k}\}$,其各项为

$$x_{n_1}, x_{n_2}, x_{n_3}, \cdots,$$

通项 x_{n_k} 是子数列的第 k 项,原数列 $\{x_n\}$ 的第 n_k 项.不难看出,$n_k \geq k$.

定理 1.4 数列 $\{x_n\}$ 收敛于 a 的充分必要条件是它的任意子列都收敛且收敛于 a.

证 由于数列 $\{x_n\}$ 也可以看作是它自己的子列,因此充分性显然.

现在证明必要性,设数列 $\{x_{n_k}\}$ 是数列 $\{x_n\}$ 的任意子数列.由于 $\lim\limits_{n\to\infty} x_n = a$,所以根据极限的定义,对任意的 $\varepsilon > 0$,存在正整数 N,当 $n > N$ 时,$|x_n - a| < \varepsilon$ 成立.取 $K = N$,则当 $k > K$ 时,$n_k > n_K = n_N \geq N$,于是 $|x_{n_k} - a| < \varepsilon$.这就证明了 $\lim\limits_{k\to\infty} x_{n_k} = a$.

数列 $\{x_n\}$ 的所有奇数项组成的子列

$$x_1, x_3, x_5, \cdots, x_{2n-1}, \cdots,$$

称作 $\{x_n\}$ 的**奇子列**,通常记作 $\{x_{2n-1}\}$.同样,数列 $\{x_n\}$ 的所有偶数项组成的子列,称作 $\{x_n\}$ 的**偶子列**,通常记作 $\{x_{2n}\}$.

定理 1.5 数列 $\{x_n\}$ 收敛的充分必要条件是它的其奇子列和偶子列都收敛且极限相同.

证 由定理 1.4,必要性显然.

现在证明充分性.设 $\lim\limits_{n\to\infty} x_{2n-1} = a, \lim\limits_{n\to\infty} x_{2n} = a$.对任意的 $\varepsilon > 0$,根据极限的定义,存在正整数 K_1,当 $n > K_1$ 时,有 $|x_{2n-1} - a| < \varepsilon$ 成立;存在正整数 K_2,当 $n > K_2$ 时,有 $|x_{2n} - a| < \varepsilon$ 成立.

这说明在数列 $\{x_n\}$ 中,从第 $2K_1 - 1$ 项以后,所有的奇数项都满足 $|x_n - a| < \varepsilon$,从第 $2K_2$ 项后,所有的偶数项都满足 $|x_n - a| < \varepsilon$.故取 $N = \max\{2K_1 - 1, 2K_2\}$,当 $n > N$ 时,有 $|x_n - a| < \varepsilon$ 成立.所以 $\lim\limits_{n\to\infty} x_n = a$.

例 3 证明数列 $x_n = (-1)^n$ ($n = 1, 2, 3, \cdots$) 是发散的.

证 该数列的奇子列为

$$-1, -1, -1, \cdots, -1, \cdots,$$

其极限为 -1.该数列的偶子列为

$$1, 1, 1, \cdots, 1, \cdots,$$

其极限为 1.显然,奇子列和偶子列极限不相等,因此该数列发散.

注 根据定理 1.4, 如果一个数列有不收敛的子列, 或者有两个极限不同的收敛子列, 那么该数列一定是发散的.

习 题 1-2

【A 组题】

1. 观察下列数列 $\{x_n\}$ 的通项的变化趋势, 写出它们的极限.

   (1) $x_n = \dfrac{1}{2^n}$;   (2) $x_n = (-1)^n \dfrac{1}{n}$;   (3) $x_n = 2 + \dfrac{1}{n^2}$;

   (4) $x_n = \dfrac{n-1}{n+1}$;   (5) $x_n = n(-1)^n$.

2. 无界数列是否一定发散? 为什么?

3. 设 M 为正数. 下列哪些说法可以作为 $\lim\limits_{n\to\infty} x_n = a$ 的等价定义?

   (1) 对于无数多个正数 ε, 存在正整数 N, 当 $n > N$ 时, $|x_n - a| < \varepsilon$;

   (2) 对于任意的 $\varepsilon \in (0,1)$, 存在正整数 N, 当 $n > N$ 时, $|x_n - a| < \varepsilon$;

   (3) 对于任意的正有理数 ε, 存在正整数 N, 当 $n > N$ 时, $|x_n - a| < \varepsilon$;

   (4) 对于任意的正整数 m, 存在正整数 N, 当 $n > N$ 时, $|x_n - a| < \dfrac{1}{m}$;

   (5) 对于任意的正整数 m, 存在正整数 N, 当 $n > N$ 时, $|x_n - a| < \dfrac{1}{2^m}$;

   (6) 对于任意的正数 ε, 存在无穷多个正整数 n 满足 $|x_n - a| < \varepsilon$;

   (7) 对于任意的正数 $\dfrac{\varepsilon}{M}$, 存在正整数 N, 当 $n > N$ 时, $|x_n - a| < \varepsilon$;

   (8) 对于任意的正数 ε, 存在正整数 N, 当 $n > N$ 时, $|x_n - a| < M\varepsilon$.

4. 用定义证明下列极限.

   (1) $\lim\limits_{n\to\infty} \dfrac{1}{n^2} = 0$;   (2) $\lim\limits_{n\to\infty} \dfrac{3n+1}{2n+1} = \dfrac{3}{2}$;

   (3) $\lim\limits_{n\to\infty} \dfrac{\sqrt{n^2 + a^2}}{n} = 1$;   (4) $\lim\limits_{n\to\infty} 0.\underbrace{999\cdots 9}_{n个} = 1$.

【B 组题】

1. 设数列 $\{x_n\}$ 有界, 又 $\lim\limits_{n\to\infty} y_n = 0$, 证明: $\lim\limits_{n\to\infty} x_n y_n = 0$.

2. (1) 证明: 若 $\lim\limits_{n\to\infty} x_n = a$, 则 $\lim\limits_{n\to\infty} |x_n| = |a|$.

   (2) 举例说明: 极限 $\lim\limits_{n\to\infty} |x_n|$ 存在, 而 $\lim\limits_{n\to\infty} x_n$ 不一定存在.

   (3) 证明: $\lim\limits_{n\to\infty} x_n = 0$ 的充分必要条件是 $\lim\limits_{n\to\infty} |x_n| = 0$.

3. (1) 证明: 设 n 是正整数, 则 $\sqrt[n]{n} \leqslant \dfrac{2\sqrt{n}+n-2}{n}$.

(2) 证明: $\lim\limits_{n\to\infty}\sqrt[n]{n}=1$.

§1.3 函数极限

直观上, 我们可以把数列极限的意义总结为, 在指标 n 趋向于 $+\infty$ 的过程中, 与之对应的数 x_n 会与某个数 a 的距离越来越近. 如果将数列看成正整数集上的函数, 那么我们就能通过类比得到函数极限的直观意义: 在自变量的某种变化趋势中, 函数值与某个数的距离越来越近.

和数列不同的是, 数列的自变量是正整数 n, 它的变化趋势只有一种——趋向于 $+\infty$, 而一般的函数的自变量可以有多种不同的变化趋势, 因此, 函数的极限要比数列的极限复杂些. 下面, 我们就来探讨函数的极限.

一、自变量趋向于无穷大时函数的极限

类似于数列极限中 $n\to\infty$ 的过程, 如果一个函数 $f(x)$ 在区间 $(a,+\infty)$ 上有定义, 那么我们就可以考虑当 $x\to+\infty$ 时函数 $f(x)$ 的极限问题, 其定义如下.

定义 1.4 设函数 $f(x)$ 当 x 大于某一正数时有定义. 如果存在常数 A, 对于任意给定的正数 ε(不论它多么小), 存在正数 X, 使得当 x 满足不等式 $x>X$ 时, 对应的函数值 $f(x)$ 都满足不等式

$$|f(x)-A|<\varepsilon,$$

那么常数 A 就叫作函数 $f(x)$ 当 $x\to+\infty$ 时的极限, 记作

$$\lim_{x\to+\infty}f(x)=A \text{ 或 } f(x)\to A\ (x\to+\infty).$$

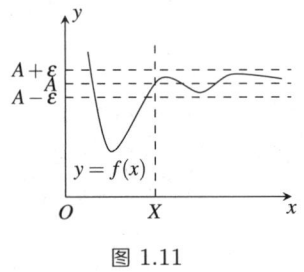

图 1.11

从图形上看, $\lim\limits_{x\to+\infty}f(x)=A$ 的意义是, 对任意的 $\varepsilon>0$, 作直线 $y=A-\varepsilon$ 和 $y=A+\varepsilon$, 则总有一个正数 X 存在, 使得函数在 $x=X$ 右面的图象都在这两条直线之间, 如图 1.11 所示.

在上面的定义中, 将 $x>X$ 改为 $x<-X$ 就得到了当 $x\to-\infty$ 时的函数极限的定义.

定义 1.5 设函数 $f(x)$ 当 $|x|$ 大于某一正数时有定义. 如果存在常数 A, 对于任意给定的正数 ε(不论它多么小), 总存在正数 X, 使得当 x 满足不等式 $|x|>X$ 时, 对应的函数值 $f(x)$ 都满足不等式

$$|f(x)-A|<\varepsilon,$$

那么常数 A 就叫作函数 $f(x)$ 当 $x \to \infty$ 时的极限, 记作

$$\lim_{x \to \infty} f(x) = A \text{ 或 } f(x) \to A(x \to \infty).$$

从图形上看, $\lim\limits_{x \to \infty} f(x) = A$ 的意义是, 作直线 $y=A-\varepsilon$ 和 $y=A+\varepsilon$, 则总有一个正数 X 存在, 使得函数在 $x=X$ 右面和 $x=-X$ 左面的图形都在这两条直线之间.

例 1 证明 $\lim\limits_{x \to \infty} \dfrac{1}{x} = 0$.

证 对任意的 $\varepsilon > 0$, 要使

$$\left|\dfrac{1}{x}-0\right|<\varepsilon$$

成立, 也就是 $\dfrac{1}{|x|}<\varepsilon$ 成立, 只需要保证 $|x|>\dfrac{1}{\varepsilon}$ 就够了.

所以取 $X=\dfrac{1}{\varepsilon}$, 则当 $|x|>X$ 时, 都有

$$\left|\dfrac{1}{x}-0\right|=\dfrac{1}{|x|}<\dfrac{1}{X}=\dfrac{1}{\dfrac{1}{\varepsilon}}=\varepsilon$$

成立. 这就证明了 $\lim\limits_{x \to \infty} \dfrac{1}{x} = 0$.

二、 自变量趋向于有限数时函数的极限

我们知道实数轴上任何一个区间都包含了无穷多个实数, 所以函数自变量的变化过程除趋向于无穷大之外还可以趋向于有限数. 例如, 在 $x \to x_0$ 的过程中, 如果函数值 $f(x)$ 无限接近于一个确定的数值 A, 那么就说 A 是函数 $f(x)$ 当 $x \to x_0$ 时的极限. 下面我们仔细分析这一过程.

在 $x \to x_0$ 的过程中, 对应的函数值 $f(x)$ 无限接近于 A, 就是 $|f(x)-A|$ 能够任意小, 仿照前面数列极限的定义, 我们可以用 $|f(x)-A|<\varepsilon$ 来表达 $|f(x)-A|$ 能任意小. 但是如何表达极限过程 $x \to x_0$ 呢? 因为 x_0 是固定数, 所以可以用 $|x-x_0|$ 很小来表达, 但是要表达这个小的程度, 还得用一个新的标准, 数学中常用 δ 来表示. 另一方面我们要求 x 接近于 x_0, 所以并不需要 x 等于 x_0, 于是这个变化过程我们可以用 $0<|x-x_0|<\delta$ 来表示. 这样一来我们就有下面当 $x \to x_0$ 时函数极限的定义.

定义 1.6 设函数 $f(x)$ 在 x_0 的某一去心邻域内有定义. 如果存在常数 A, 对于任意给定的正数 ε(不论它多么小), 总存在正数 δ, 使得当 x 满足不等式

$0 < |x - x_0| < \delta$ 时, 对应的函数值 $f(x)$ 都满足不等式 $|f(x) - A| < \varepsilon$, 那么常数 A 就叫作函数 $f(x)$ 当 $x \to x_0$ 时的极限, 记作 $\lim\limits_{x \to x_0} f(x) = A$ 或者 $f(x) \to A (x \to x_0)$.

从函数图形上看, 任意给定一个正数 ε, 作平行于 x 轴的两条直线 $y = A + \varepsilon$ 和 $y = A - \varepsilon$. ε 越小, 这两条直线之间的横条区域就越窄. 不管 ε 有多小, 都存在着点 x_0 的一个 δ 邻域 $(x_0 - \delta, x_0 + \delta)$, 使得 $y = f(x)$ 在 $(x_0 - \delta, x_0) \cup (x_0, x_0 + \delta)$ 上的图形落在上述横条区域内, 如图 1.12 所示.

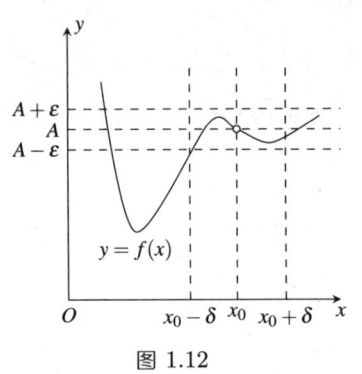

图 1.12

例 2 证明 $\lim\limits_{x \to x_0} c = c$, 此处 $f(x) \equiv c$ 为常值函数.

证 由于 $|f(x) - A| = |c - c| = 0$, 因此对任意的 $\varepsilon > 0$, 可任意选取 $\delta > 0$, 当 $0 < |x - x_0| < \delta$ 时, 能使不等式 $|f(x) - A| = |c - c| = 0 < \varepsilon$ 成立. 所以 $\lim\limits_{x \to x_0} c = c$.

例 3 证明 $\lim\limits_{x \to x_0} x = x_0$.

证 由于 $|f(x) - A| = |x - x_0|$, 因此对任意的 $\varepsilon > 0$, 总可以取 $\delta = \varepsilon$, 当 $0 < |x - x_0| < \delta = \varepsilon$ 时, 不等式
$$|f(x) - A| = |x - x_0| < \delta = \varepsilon$$
成立. 所以 $\lim\limits_{x \to x_0} x = x_0$.

例 4 证明 $\lim\limits_{x \to 1} \dfrac{x^2 - 1}{x - 1} = 2$.

证 函数在点 $x = 1$ 虽然没有定义, 但是这与函数当 $x \to 1$ 时的极限存在与否没有关系.

事实上, 对任意的 $\varepsilon > 0$, 不等式 $\left|\dfrac{x^2 - 1}{x - 1} - 2\right| < \varepsilon$ 约去非零因子 $(x - 1)$ 后, 就化为 $|(x + 1) - 2| = |x - 1| < \varepsilon$, 因此, 只要取 $\delta = \varepsilon$, 那么当 $0 < |x - 1| < \delta$ 时, 就有 $\left|\dfrac{x^2 - 1}{x - 1} - 2\right| < \varepsilon$. 所以 $\lim\limits_{x \to 1} \dfrac{x^2 - 1}{x - 1} = 2$.

例 5 证明: 当 $x_0 > 0$ 时, $\lim\limits_{x \to x_0} \sqrt{x} = \sqrt{x_0}$.

证 对任意的 $\varepsilon > 0$, 因为
$$|f(x) - A| = |\sqrt{x} - \sqrt{x_0}| = \left|\dfrac{x - x_0}{\sqrt{x} + \sqrt{x_0}}\right| < \dfrac{1}{\sqrt{x_0}} |x - x_0|,$$
要使 $|f(x) - A| < \varepsilon$, 只要 $|x - x_0| < \sqrt{x_0}\varepsilon$ 与 $x \geqslant 0$ 同时成立即可, 而 $x \geqslant 0$ 可由 $|x - x_0| \leqslant x_0$ 保证.

因此取 $\delta = \min\{x_0, \sqrt{x_0}\varepsilon\}$, 则当 x 适合不等式 $0 < |x - x_0| < \delta$ 时, $\sqrt{x}$ 总是有意义, 并且
$$|\sqrt{x} - \sqrt{x_0}| < \dfrac{1}{\sqrt{x_0}}|x - x_0| < \dfrac{1}{\sqrt{x_0}} \cdot \delta \leqslant \dfrac{1}{\sqrt{x_0}} \cdot \sqrt{x_0}\varepsilon = \varepsilon.$$

所以 $\lim_{x \to x_0} \sqrt{x} = \sqrt{x_0}$.

上述 $x \to x_0$ 时函数 $f(x)$ 的极限概念中, x 在 x_0 的去心邻域 $\mathring{U}(x_0, \delta)$ 内变动, 故 x 是既从 x_0 的左侧也从 x_0 的右侧趋向于 x_0 的. 但有时只能或者只需考虑 x 从 x_0 的左侧趋于 x_0(记作 $x \to x_0^-$) 的情形, 或 x 从 x_0 的右侧趋于 x_0(记作 $x \to x_0^+$) 的情形.

在 $\lim_{x \to x_0} f(x) = A$ 的定义中, 把 $0 < |x - x_0| < \delta$ 改为 $x_0 - \delta < x < x_0$, 那么 A 就叫作函数 $f(x)$ 当 $x \to x_0$ 时的**左极限**, 记作

$$\lim_{x \to x_0^-} f(x) = f(x_0^-) = A.$$

类似地, 在 $\lim_{x \to x_0} f(x) = A$ 的定义中, 把 $0 < |x - x_0| < \delta$ 改为 $x_0 < x < x_0 + \delta$, 那么 A 就叫作函数 $f(x)$ 当 $x \to x_0$ 时的**右极限**, 记作

$$\lim_{x \to x_0^+} f(x) = f(x_0^+) = A.$$

左极限和右极限统称**单侧极限**.

定理 1.6 极限 $\lim_{x \to x_0} f(x)$ 存在的充分必要条件是左、右极限 $f(x_0^-)$ 和 $f(x_0^+)$ 存在且相等.

证 必要性显然, 现证充分性. 已知 $\lim_{x \to x_0^-} f(x) = A = \lim_{x \to x_0^+} f(x)$, 根据单侧极限的定义, 对任意的 $\varepsilon > 0$, 总存在 $\delta_1 > 0$, 当 $x_0 - \delta_1 < x < x_0$ 时, 有

$$|f(x) - A| < \varepsilon;$$

总存在 $\delta_2 > 0$, 当 $x_0 < x < x_0 + \delta_2$ 时, 有

$$|f(x) - A| < \varepsilon.$$

于是, 只要取 $\delta = \min\{\delta_1, \delta_2\}$, 那么当 $0 < |x - x_0| < \delta$ 时, 不等式

$$x_0 - \delta_1 < x < x_0 \text{ 和 } x_0 < x < x_0 + \delta_2$$

同时成立, 进而 $|f(x) - A| < \varepsilon$ 都成立. 所以 $\lim_{x \to x_0} f(x) = A$.

三、函数极限的性质

与收敛数列的性质类似, 我们可得到函数极限的相应性质. 它们都可以根据函数极限的定义, 运用类似于证明收敛数列性质的方法来证明. 函数极限的定义按自变量的变化过程不同有各种形式, 下面仅以"$\lim_{x \to x_0} f(x)$"这种形式为代表, 给出关于函数极限性质的一些定理. 至于其他形式的函数极限性质, 只要做相应修改就可得出, 不再赘述.

定理 1.7(函数极限的唯一性) 如果 $\lim_{x \to x_0} f(x)$ 存在, 那么它的极限唯一.

定理 1.8(函数极限的局部有界性)　如果 $\lim\limits_{x\to x_0}f(x)=A$, 那么存在常数 $M>0$ 和 $\delta>0$, 使得当 $0<|x-x_0|<\delta$ 时, 有 $|f(x)|\leqslant M$.

定理 1.9(函数极限的局部保号性)　如果 $\lim\limits_{x\to x_0}f(x)=A$ 且 $A>0$(或 $A<0$), 那么存在常数 $\delta>0$, 使得当 $0<|x-x_0|<\delta$ 时, 有 $f(x)>0$(或 $f(x)<0$).

函数极限存在, 并不能保证该函数在其定义域上 (整体) 有界或者保号. 定理 1.8 和 1.9 中的"局部", 是指在 x_0 的某个去心邻域上. 因此, 这两个定理也可以表述为: 如果极限 $\lim\limits_{x\to x_0}f(x)$ 存在, 那么函数 $f(x)$ 在 x_0 的某个去心邻域上有界; 如果极限 $\lim\limits_{x\to x_0}f(x)$ 存在且不为零, 那么函数 $f(x)$ 在 x_0 的某个去心邻域上与该极限有相同的符号.

定理 1.10　如果 $\lim\limits_{x\to x_0}f(x)=A\neq 0$, 那么存在 x_0 的去心邻域 $\mathring{U}(x_0,\delta)$, 当 $x\in\mathring{U}(x_0,\delta)$ 时, 有 $|f(x)|>\dfrac{|A|}{2}$.

由定理 1.9 可得以下推论.

推论 1.2　如果在 x_0 的某去心邻域内 $f(x)\geqslant 0$(或 $f(x)\leqslant 0$), 且 $\lim\limits_{x\to x_0}f(x)=A$, 那么 $A\geqslant 0$(或 $A\leqslant 0$).

定理 1.11(函数极限与数列极限的关系)　如果极限 $\lim\limits_{x\to x_0}f(x)$ 存在, $\{x_n\}$ 为函数 $f(x)$ 的定义域内任意收敛于 x_0 的数列, 且满足 $x_n\neq x_0(n\in \mathbf{N}^*)$, 那么数列 $\{f(x_n)\}$ 必收敛, 且 $\lim\limits_{n\to\infty}f(x_n)=\lim\limits_{x\to x_0}f(x)$.

习 题 1-3

【A 组题】

1. 下列说法是否正确?

(1) 若函数 $f(x)$ 当 $x\to x_0$ 时的极限存在, 则 $f(x)$ 是有界函数;

(2) 若函数 $f(x)$ 当 $x\to +\infty$ 时的极限存在, 则存在正数 X, 使得 $f(x)$ 是 $(X,+\infty)$ 上的有界函数;

(3) 若函数 $f(x)$ 当 $x\to +\infty$ 时的极限存在, 则 $f(x)$ 当 $x\to \infty$ 时的极限存在;

(4) 若函数 $f(x)$ 当 $x\to \infty$ 时的极限存在, 则 $f(x)$ 当 $x\to +\infty$ 时的极限存在.

2. 举例说明下列命题均不正确.

(1) 若 $\lim\limits_{x\to x_0}f(x)=A$, 则 $f(x_0)=A$;

(2) 若 $f(x_0) = A$, 则 $\lim\limits_{x \to x_0} f(x) = A$.

3. 说明下列函数在指定点处的极限是否存在. 若存在, 指出极限是多少; 否则, 说明为什么.

(1) $y = 2[x] + 1, x = 0$; (2) $y = [x]^2 + 1, x = \dfrac{1}{2}$.

4. 根据函数极限的定义证明下列等式.

(1) $\lim\limits_{x \to 3}(3x - 1) = 8$; (2) $\lim\limits_{x \to 2} x^2 = 4$; (3) $\lim\limits_{x \to -2} \dfrac{x^2 - 4}{x + 2} = -4$;

(4) $\lim\limits_{x \to 0} |x| = 0$; (5) $\lim\limits_{x \to \infty} \dfrac{1 + x^3}{2x^3} = \dfrac{1}{2}$; (6) $\lim\limits_{x \to +\infty} \dfrac{\sin x}{\sqrt{x}} = 0$.

【B 组题】

1. 求 $f(x) = \dfrac{|x|}{x}$ 当 $x \to 0$ 时的左、右极限, 并说明它在 $x \to 0$ 时的极限是否存在.

2. 证明: $\lim\limits_{x \to \infty} f(x) = A$ 的充要条件是当 $x \to +\infty$ 及 $x \to -\infty$ 时, 函数 $f(x)$ 的极限都存在并且等于 A.

3. 设 $f(x)$ 是区间 $[-a, a]$ 上的偶函数, $f(0^+)$ 存在. 证明: $\lim\limits_{x \to 0} f(x)$ 存在.

§1.4 无穷小与无穷大

一、无穷小

定义 1.7 如果函数 $f(x)$ 当 $x \to x_0$(或 $x \to \infty$) 时的极限为零, 那么称函数 $f(x)$ 为当 $x \to x_0$(或 $x \to \infty$) 时的**无穷小**. 特别地, 以零为极限的数列 $\{x_n\}$ 称为 $n \to \infty$ 时的无穷小.

根据上节习题 A 组第 4 题, $\lim\limits_{x \to 0} |x| = 0$, 所以函数 $|x|$ 是当 $x \to 0$ 时的无穷小. 根据上节例 1, $\lim\limits_{x \to \infty} \dfrac{1}{x} = 0$, 所以函数 $\dfrac{1}{x}$ 为当 $x \to \infty$ 时的无穷小.

注 无穷小不是很小的数, 比如 10^{-8} 等. 无穷小是一个函数, 它在自变量的某个变化过程中极限为零. 但是, 零是可以作为无穷小的唯一一个常数, 因为在任何一个极限过程下, 它的极限都是零.

下面我们来探索无穷小和函数极限的关系. 设 $\lim\limits_{x \to x_0} f(x) = A$, 则对任意的 $\varepsilon > 0$,

存在 $\delta > 0$, 使得当 $0 < |x-x_0| < \delta$ 时, 有

$$|f(x)-A| < \varepsilon \text{ 或者 } |(f(x)-A)-0| < \varepsilon,$$

即 $\lim\limits_{x \to x_0}[f(x)-A] = 0$. 于是有下面的定理.

定理 1.12 (1) $\lim\limits_{x \to x_0} f(x) = A$ 的充分必要条件是 $\lim\limits_{x \to x_0}[f(x)-A] = 0$.

(2) $\lim\limits_{x \to x_0} f(x) = A$ 的充要条件是 $f(x) = A + \alpha$, 其中 α 是 $x \to x_0$ 时的无穷小.

二、无穷大

如果当 $x \to x_0$ (或 $x \to \infty$) 时, 对应的函数值的绝对值 $|f(x)|$ 无限增大, 就称函数 $f(x)$ 为当 $x \to x_0$ (或 $x \to \infty$) 时的无穷大.

定义 1.8 设函数 $f(x)$ 在 x_0 的某一去心邻域内有定义 (或 $|x|$ 大于某一正数时有定义). 如果对于任意给定的正数 M (不论它多么大), 总存在正数 δ (或正数 X), 只要 x 适合不等式 $0 < |x-x_0| < \delta$ (或 $|x| > X$), 对应的函数值 $f(x)$ 总满足不等式 $|f(x)| > M$, 那么就称函数 $f(x)$ 为当 $x \to x_0$ (或 $x \to \infty$) 时的无穷大, 记作

$$\lim_{x \to x_0} f(x) = \infty \; (\text{或} \lim_{x \to \infty} f(x) = \infty).$$

注 根据极限的定义, 若当 $x \to x_0$ (或 $x \to \infty$) 时, $f(x)$ 是无穷大, 则 $f(x)$ 在该过程下的极限是不存在的. 但是为了表述方便, 我们经常说 "函数的极限是无穷大", 并且使用与函数极限相同的记号, $\lim\limits_{x \to x_0} f(x) = \infty$ (或 $\lim\limits_{x \to \infty} f(x) = \infty$). 如果在无穷大的定义中, 把 $|f(x)| > M$ 换成 $f(x) > M$ 或 $f(x) < -M$, 就记作

$$\lim_{\substack{x \to x_0 \\ (x \to \infty)}} f(x) = +\infty \text{ 或 } \lim_{\substack{x \to x_0 \\ (x \to \infty)}} f(x) = -\infty.$$

与无穷小类似, 无穷大也不是很大的数 (如一千万、一亿等).

例 1 证明 $\lim\limits_{x \to 1} \dfrac{1}{x-1} = \infty$.

证 对任意的 $M > 0$, 要使 $\left|\dfrac{1}{x-1}\right| > M$, 只要 $|x-1| < \dfrac{1}{M}$ 即可, 所以取 $\delta = \dfrac{1}{M}$, 则只要 x 适合不等式 $0 < |x-1| < \delta$, 就有

$$\left|\dfrac{1}{x-1}\right| = \dfrac{1}{|x-1|} > \dfrac{1}{\delta} = \dfrac{1}{\dfrac{1}{M}} = M.$$

这就证明了 $\lim\limits_{x \to 1} \dfrac{1}{x-1} = \infty$.

定理 1.13 在自变量的同一变化过程中, 若 $f(x)$ 为无穷大, 则 $\dfrac{1}{f(x)}$ 为无穷小; 若 $f(x)$ 为无穷小, 且 $f(x) \neq 0$, 则 $\dfrac{1}{f(x)}$ 为无穷大.

证 设 $\lim\limits_{x \to x_0} f(x) = \infty$, 对任意的 $\varepsilon > 0$, 根据无穷大的定义, 对于 $M = \dfrac{1}{\varepsilon}$, 存在 $\delta > 0$, 当 $0 < |x - x_0| < \delta$ 时, 有 $|f(x)| > M = \dfrac{1}{\varepsilon}$, 即 $\left|\dfrac{1}{f(x)}\right| < \varepsilon$, 所以 $\dfrac{1}{f(x)}$ 为当 $x \to x_0$ 时的无穷小.

反之, 设 $\lim\limits_{x \to x_0} f(x) = 0$, 且 $f(x) \neq 0$. 对任意的 $M > 0$, 根据无穷小的定义, 对于 $\varepsilon = \dfrac{1}{M}$, 存在 $\delta > 0$, 当 $0 < |x - x_0| < \delta$ 时, 有 $|f(x)| < \varepsilon = \dfrac{1}{M}$, 由于当 $0 < |x - x_0| < \delta$ 时 $f(x) \neq 0$, 从而 $\left|\dfrac{1}{f(x)}\right| > M$, 所以 $\dfrac{1}{f(x)}$ 为当 $x \to x_0$ 时的无穷大.

类似地可以证明 $x \to \infty$ 时的情形.

对于初等函数的极限, 我们有

$$\lim_{x \to 0^+} \ln x = -\infty, \quad \lim_{x \to +\infty} \ln x = +\infty,$$

$$\lim_{x \to +\infty} \arctan x = \dfrac{\pi}{2}, \quad \lim_{x \to -\infty} \arctan x = -\dfrac{\pi}{2},$$

$$\lim_{x \to +\infty} \operatorname{arccot} x = 0, \quad \lim_{x \to -\infty} \operatorname{arccot} x = \pi,$$

$$\lim_{x \to +\infty} \mathrm{e}^x = +\infty, \quad \lim_{x \to -\infty} \mathrm{e}^x = 0.$$

同时这也说明了 $\lim\limits_{x \to \infty} \arctan x$, $\lim\limits_{x \to \infty} \operatorname{arccot} x$ 和 $\lim\limits_{x \to \infty} \mathrm{e}^x$ 不存在.

三、无穷小的运算

下面来介绍无穷小的运算性质. 为了叙述方便, 我们只写出 $x \to x_0$ 的情况.

定理 1.14 两个无穷小的和、差也是无穷小, 即若 $\lim\limits_{x \to x_0} f(x) = 0$, $\lim\limits_{x \to x_0} g(x) = 0$, 则 $\lim\limits_{x \to x_0} [f(x) \pm g(x)] = 0$.

证 仅证明 "和" 的情况. 任意给定 $\varepsilon > 0$.

因为 $\lim\limits_{x \to x_0} f(x) = 0$, 对于正数 $\dfrac{\varepsilon}{2}$, 存在 $\delta_1 > 0$, 当 $0 < |x - x_0| < \delta_1$ 时, 不等式 $|f(x)| < \dfrac{\varepsilon}{2}$ 成立.

又因为 $\lim\limits_{x \to x_0} g(x) = 0$, 对于正数 $\dfrac{\varepsilon}{2}$, 存在 $\delta_2 > 0$, 当 $0 < |x - x_0| < \delta_2$ 时, 不等式 $|g(x)| < \dfrac{\varepsilon}{2}$ 成立.

取 $\delta = \min\{\delta_1, \delta_2\}$, 则当 $0 < |x - x_0| < \delta$ 时, $|f(x)| < \dfrac{\varepsilon}{2}$ 及 $|g(x)| < \dfrac{\varepsilon}{2}$ 同时成立, 从而

$$|f(x) + g(x) - 0| \leqslant |f(x)| + |g(x)| < \dfrac{\varepsilon}{2} + \dfrac{\varepsilon}{2} = \varepsilon,$$

因此, $\lim\limits_{x \to x_0} [f(x) + g(x)] = 0$.

定理 1.15 设 $\lim\limits_{x \to x_0} f(x) = 0$, 若存在常数 $M > 0$, 使得在 x_0 的去心邻域 $\overset{\circ}{U}(x_0, \delta_0)$ 内, $|g(x)| \leqslant M |f(x)|$, 则 $\lim\limits_{x \to x_0} g(x) = 0$.

证 任意给定 $\varepsilon > 0$. 因为 $\lim\limits_{x \to x_0} f(x) = 0$, 对于正数 $\dfrac{\varepsilon}{M}$, 存在 $\delta_1 > 0$, 当 $0 < |x - x_0| < \delta_1$ 时, 不等式 $|f(x)| < \dfrac{\varepsilon}{M}$ 成立.

取 $\delta = \min\{\delta_0, \delta_1\}$, 则当 $x \in \overset{\circ}{U}(x_0, \delta)$ 时, $|f(x)| < \dfrac{\varepsilon}{M}$ 和 $|g(x)| \leqslant M|f(x)|$ 同时成立, 于是有 $|g(x)| < M \times \dfrac{\varepsilon}{M} = \varepsilon$, 从而 $\lim\limits_{x \to x_0} g(x) = 0$.

推论 1.3 常数与无穷小的乘积是无穷小.

推论 1.4 局部有界函数与无穷小的乘积是无穷小. 具体地, 若 $f(x)$ 是 $x \to x_0$ 时的无穷小, $g(x)$ 在 x_0 的某去心邻域内有界, 则 $f(x)g(x)$ 也是 $x \to x_0$ 时的无穷小.

推论 1.5 有限个无穷小的和、差、积都是无穷小.

例 2 求 $\lim\limits_{x \to \infty} \dfrac{\sin x}{x}$.

解 把 $\dfrac{\sin x}{x}$ 看成是 $\sin x$ 与 $\dfrac{1}{x}$ 的乘积, 由于 $\dfrac{1}{x}$ 当 $x \to \infty$ 时为无穷小, $\sin x$ 是有界函数, 根据推论 1.4, 有

$$\lim\limits_{x \to \infty} \dfrac{\sin x}{x} = 0.$$

习 题 1-4

【A 组题】

1. 下列说法是否正确? 若正确, 说明为什么; 若不正确, 给出反例.
(1) 无穷小与无穷小的商是无穷小;
(2) 无穷小与无穷大的乘积是无穷小或者无穷大;
(3) 无穷大与无穷大的和是无穷大;
(4) 无穷大与无穷大的乘积是无穷大;
(5) 无穷大与有界函数的乘积是无穷大;
(6) 无穷大一定是无界函数.

2. 根据定义证明下列函数在给定的极限过程下是无穷小.
(1) $y = \dfrac{x^2 - 9}{x + 3}$, 当 $x \to 3$ 时; (2) $y = x \sin \dfrac{1}{x}$, 当 $x \to 0$ 时.

3. 证明下列等式.
(1) $\lim\limits_{x \to \infty}(3x + 1) = \infty$; (2) $\lim\limits_{x \to 3} \dfrac{x^2 + 9}{x^2 - 9} = \infty$.

4. 利用定理 1.12 求下列极限.

(1) $\lim\limits_{x\to\infty}\dfrac{2x+1}{x}$; (2) $\lim\limits_{x\to 0}\dfrac{1-x^2}{1-x}$; (3) $\lim\limits_{x\to+\infty}\dfrac{\sin x+1}{\sqrt{x}}$.

【B 组题】

1. 函数 $y=x\cos x$ 在 $(-\infty,+\infty)$ 内是否有界？这个函数是否为 $x\to+\infty$ 时的无穷大？为什么？

2. 证明：函数 $y=\dfrac{1}{x}\sin\dfrac{1}{x}$ 在区间 $(0,1]$ 上无界，但此函数不是 $x\to 0^+$ 时的无穷大.

§1.5 极限运算法则

本节讨论极限运算法则，主要是极限的四则运算法则和复合函数的极限运算法则. 这些运算法则是我们以后进行极限运算的基础. 后面我们将在这些运算法则的基础上讲一些求极限的方法.

在下面的讨论中，记号 "lim" 下面没有标明自变量变化过程，表明下面的定理对 $x\to x_0$ 和 $x\to\infty$ 都是成立的. 在论证时，我们只证明了 $x\to x_0$ 的情形，只要把 δ 改成 X，把 $0<|x-x_0|<\delta$ 改成 $|x|>X$，就可以得到 $x\to\infty$ 情形的证明.

定理 1.16 如果 $\lim f(x)=A, \lim g(x)=B$，那么

(1) $\lim[f(x)\pm g(x)]=\lim f(x)\pm\lim g(x)=A\pm B$;

(2) $\lim[f(x)\cdot g(x)]=\lim f(x)\cdot\lim g(x)=A\cdot B$;

(3) **若又有** $B\neq 0$，则 $\lim\dfrac{f(x)}{g(x)}=\dfrac{\lim f(x)}{\lim g(x)}=\dfrac{A}{B}$.

证 因为 $\lim f(x)=A, \lim g(x)=B$，由定理 1.12 可知，
$$f(x)=A+\alpha,\ g(x)=B+\beta,$$
其中 α 和 β 都是无穷小.

先证明 (1). 由定理 1.14, $\alpha\pm\beta$ 也是无穷小. 于是，由等式
$$f(x)\pm g(x)=(A\pm B)+(\alpha\pm\beta)$$
及定理 1.12 可得 $\lim[f(x)\pm g(x)]=A\pm B$.

(2) 请读者自己证明，下面证明 (3). 考虑等式
$$\dfrac{f(x)}{g(x)}=\dfrac{A}{B}+\left(\dfrac{f(x)}{g(x)}-\dfrac{A}{B}\right)=\dfrac{A}{B}+\dfrac{B\alpha-A\beta}{Bg(x)}.$$

由于 $\lim g(x)=B\neq 0$,根据定理 1.10,在 x_0 的某个去心邻域内,$|g(x)|>\dfrac{|B|}{2}$,所以 $\left|\dfrac{1}{Bg(x)}\right|<\dfrac{2}{B^2}$,即 $\dfrac{1}{Bg(x)}$ 是局部有界函数. 又 $B\alpha-A\beta$ 是无穷小,由推论 1.4 得到 $\dfrac{B\alpha-A\beta}{Bg(x)}$ 也是无穷小. 因此,$\lim\dfrac{f(x)}{g(x)}=\dfrac{A}{B}$.

根据定理 1.16 可以得到以下推论.

推论 1.6　如果 $\lim f(x)$ 存在,c 为常数,则 $\lim cf(x)$ 也存在,且
$$\lim cf(x)=c\lim f(x).$$

该推论表明,求极限时常数因子可以提到极限符号的外面.

推论 1.7　如果 $\lim f(x)$ 存在,n 是正整数,则 $\lim[f(x)]^n$ 也存在,且
$$\lim[f(x)]^n=[\lim f(x)]^n.$$

若 $\lim f(x)\neq 0$,则当 n 为负整数时,上述等式也成立.

关于数列,也有类似的极限四则运算法则,可以用定理表述如下.

定理 1.17　设有数列 $\{x_n\}$ 和 $\{y_n\}$,如果 $\lim\limits_{n\to\infty}x_n=A$,$\lim\limits_{n\to\infty}y_n=B$,那么

(1) $\lim\limits_{n\to\infty}(x_n\pm y_n)=A\pm B$;

(2) $\lim\limits_{n\to\infty}x_n\cdot y_n=A\cdot B$;

(3) 当 $y_n\neq 0(n=1,2,\cdots)$ 且 $B\neq 0$ 时,$\lim\limits_{n\to\infty}\dfrac{x_n}{y_n}=\dfrac{A}{B}$.

注　极限的四则运算法则可以推广到有限个数列或者函数的情况. 例如,若 $\lim f_1(x)=A_1$,$\lim f_2(x)=A_2$,$\cdots$,$\lim f_n(x)=A_n$,则
$$\lim[f_1(x)+f_2(x)+\cdots+f_n(x)]=A_1+A_2+\cdots+A_n.$$

定理 1.18(极限的保不等号性)　如果当 $x\in\mathring{U}(x_0,\delta)$ 时,有 $\varphi(x)\geqslant\psi(x)$,且 $\lim\limits_{x\to x_0}\varphi(x)=A$,$\lim\limits_{x\to x_0}\psi(x)=B$,那么 $A\geqslant B$.

证　令 $f(x)=\varphi(x)-\psi(x)$,则当 $x\in\mathring{U}(x_0,\delta)$ 时,$f(x)\geqslant 0$. 根据推论 1.2 可知 $\lim\limits_{x\to x_0}f(x)\geqslant 0$. 再由定理 1.16 可得,
$$\lim_{x\to x_0}f(x)=\lim_{x\to x_0}[\varphi(x)-\psi(x)]=\lim_{x\to x_0}\varphi(x)-\lim_{x\to x_0}\psi(x)=A-B.$$

所以 $A-B\geqslant 0$ 即 $A\geqslant B$.

例 1　求 $\lim\limits_{x\to 2}\dfrac{x^3-1}{x^2-5x+3}$.

解　根据极限的四则运算法则,
$$\lim_{x\to 2}\dfrac{x^3-1}{x^2-5x+3}=\dfrac{\lim\limits_{x\to 2}(x^3-1)}{\lim\limits_{x\to 2}(x^2-5x+3)}=\dfrac{\lim\limits_{x\to 2}x^3-\lim\limits_{x\to 2}1}{\lim\limits_{x\to 2}x^2-5\lim\limits_{x\to 2}x+\lim\limits_{x\to 2}3}$$
$$=\dfrac{(\lim\limits_{x\to 2}x)^3-1}{(\lim\limits_{x\to 2}x)^2-5\cdot 2+3}=\dfrac{2^3-1}{2^2-10+3}=-\dfrac{7}{3}.$$

一般地, 设 $n(>0)$ 次多项式 $f(x) = a_0 x^n + a_1 x^{n-1} + \cdots + a_n$, 则

$$\lim_{x \to x_0} f(x) = \lim_{x \to x_0}(a_0 x^n + a_1 x^{n-1} + \cdots + a_n)$$

$$= a_0 (\lim_{x \to x_0} x)^n + a_1 (\lim_{x \to x_0} x)^{n-1} + \cdots + \lim_{x \to x_0} a_n$$

$$= a_0 x_0^n + a_1 x_0^{n-1} + \cdots + a_n = f(x_0).$$

有时也可将常值函数看作是 0 次多项式, 于是该结论对任意次数的多项式都成立.

设 $F(x) = \dfrac{P(x)}{Q(x)}$, 其中 $P(x), Q(x)$ 都是多项式, 则称 $F(x)$ 为**有理函数**或者**分式函数**. 于是

$$\lim_{x \to x_0} P(x) = P(x_0), \quad \lim_{x \to x_0} Q(x) = \lim_{x \to x_0} Q(x_0).$$

若 $Q(x_0) \neq 0$, 则

$$\lim_{x \to x_0} F(x) = \lim_{x \to x_0} \frac{P(x)}{Q(x)} = \frac{\lim_{x \to x_0} P(x)}{\lim_{x \to x_0} Q(x)} = \frac{P(x_0)}{Q(x_0)} = F(x_0).$$

但是必须注意, 若 $Q(x_0) = 0$, 则关于商的极限的运算法则不能应用, 需要特别考虑. 下面我们通过具体的例题进行讨论.

例 2 求 $\lim\limits_{x \to 3} \dfrac{x-3}{x^2-9}$.

解 当 $x \to 3$ 时, 分子和分母的极限都是零, 于是不能使用商的极限运算法则. 但是分子和分母有公因子 $x-3$, 而 $x \to 3$ 时, $x \neq 3$, $x-3 \neq 0$, 可约去这个不为零的公因子. 所以

$$\lim_{x \to 3} \frac{x-3}{x^2-9} = \lim_{x \to 3} \frac{1}{x+3} = \frac{\lim\limits_{x \to 3} 1}{\lim\limits_{x \to 3}(x+3)} = \frac{1}{6}.$$

例 3 求 $\lim\limits_{x \to 1} \dfrac{2x-3}{x^2-5x+4}$.

解 因为分母的极限 $\lim\limits_{x \to 1}(x^2 - 5x + 4) = 1^2 - 5 \times 1 + 4 = 0$, 所以不能用商的极限法则. 但是由于

$$\lim_{x \to 1} \frac{x^2-5x+4}{2x-3} = \frac{1^2 - 5 \times 1 + 4}{2 \times 1 - 3} = 0,$$

根据定理 1.13 得

$$\lim_{x \to 1} \frac{2x-3}{x^2-5x+4} = \infty.$$

对于某些函数, 其表达式的分子和分母都是无穷大, 因此也不能直接使用商的极限运算法则. 这种情况下, 可以把分子和分母同时除以一个因子, 使得分子和分母不再是无穷大. 通常, 这个因子是分子和分母的所有项中, 趋向于无穷 "速度" 最快的一项.

例 4 求 $\lim\limits_{x \to \infty} \dfrac{3x^3 + 4x^2 + 2}{7x^3 + 5x^2 - 3}$.

解 先用 x^3 去除分母及分子，然后取极限得

$$\lim_{x \to \infty} \frac{3x^3 + 4x^2 + 2}{7x^3 + 5x^2 - 3} = \lim_{x \to \infty} \frac{3 + \dfrac{4}{x} + \dfrac{2}{x^3}}{7 + \dfrac{5}{x} - \dfrac{3}{x^3}} = \frac{3}{7}.$$

例 5 求 $\lim\limits_{n \to \infty} \dfrac{3^n - 10 \cdot 2^n}{2 \cdot 3^n + 2^n}$.

解 先用 3^n 去除分母及分子，利用 $\lim\limits_{n \to \infty}\left(\dfrac{2}{3}\right)^n = 0$，可得

$$\lim_{n \to \infty} \frac{3^n - 10 \cdot 2^n}{2 \cdot 3^n + 2^n} = \lim_{n \to \infty} \frac{1 - 10 \cdot \left(\dfrac{2}{3}\right)^n}{2 + \left(\dfrac{2}{3}\right)^n} = \frac{1}{2}.$$

定理 1.19（复合函数的极限运算法则） 设函数 $y = f[g(x)]$ 是由函数 $y = f(u)$ 与函数 $u = g(x)$ 复合而成的，$y = f[g(x)]$ 在点 x_0 的某一去心邻域内有定义，若 $\lim\limits_{x \to x_0} g(x) = u_0$（$u_0$ 可以为无穷大），$\lim\limits_{u \to u_0} f(u) = A$，且存在 $\delta_0 > 0$，当 $x \in \overset{\circ}{U}(x_0, \delta_0)$ 时，有 $g(x) \neq u_0$，则 $\lim\limits_{x \to x_0} f[g(x)] = \lim\limits_{u \to u_0} f(u) = A$.

证 只证明 u_0 为有限实数的情形. 任取 $\varepsilon > 0$，由于 $\lim\limits_{u \to u_0} f(u) = A$，所以存在 $\eta > 0$，使得当 $0 < |u - u_0| < \eta$ 时，有 $|f(u) - A| < \varepsilon$. 又由于 $\lim\limits_{x \to x_0} g(x) = u_0$，对于上面的 $\eta > 0$，存在 $\delta_1 > 0$，使得当 $0 < |x - x_0| < \delta_1$ 时，有 $|g(x) - u_0| < \eta$.

由假设，当 $x \in \overset{\circ}{U}(x_0, \delta_0)$ 时，$g(x) \neq u_0$. 取 $\delta = \min\{\delta_0, \delta_1\}$，则当 $0 < |x - x_0| < \delta$ 时，$|g(x) - u_0| < \eta$ 及 $|g(x) - u_0| \neq 0$ 同时成立，即 $0 < |g(x) - u_0| < \eta$，从而 $|f[g(x)] - A| = |f(u) - A| < \varepsilon$ 成立.

定理 1.19 的结论表明，满足该定理的条件下求极限可以用换元法. 选取适当的换元函数 $u = g(x)$，当 $x \to x_0$ 时，$u \to u_0$，且在 x_0 的某去心邻域内，$g(x) \neq u_0$，则

$$\lim_{x \to x_0} f[g(x)] = \lim_{u \to u_0} f(u).$$

进一步，如果 $\lim\limits_{u \to u_0} f(u) = f(u_0)$，则定理 1.19 的结论也可写作

$$\lim_{x \to x_0} f[g(x)] = f\left[\lim_{x \to x_0} g(x)\right],$$

这表明在该条件下，求函数值与求极限可以交换计算次序.

例 6 求 $\lim\limits_{x \to 1} \sqrt{\dfrac{x^2 - 1}{x - 1}}$.

解 由于 $\lim\limits_{x \to 1} \dfrac{x^2 - 1}{x - 1} = \lim\limits_{x \to 1} (x + 1) = 2$，由 §1.3 的例 5 可知，$f(u) = \sqrt{u}$ 在 $u = 2$ 处满足

$$\lim_{u \to 2} \sqrt{u} = \sqrt{2},$$

所以

$$\lim_{x \to 1} \sqrt{\frac{x^2 - 1}{x - 1}} = \sqrt{\lim_{x \to 1} \frac{x^2 - 1}{x - 1}} = \sqrt{2}.$$

习 题 1-5

【A 组题】

1. 计算下列极限.

(1) $\lim\limits_{x \to 2} \dfrac{x^2+5}{x-3}$;　　(2) $\lim\limits_{x \to \sqrt{3}} \dfrac{x^2-3}{x^2+1}$;

(3) $\lim\limits_{x \to 1} \dfrac{x^2-2x+1}{x^2-1}$;　　(4) $\lim\limits_{x \to 0} \dfrac{4x^3-2x^2+x}{3x^2+2x}$;

(5) $\lim\limits_{h \to 0} \dfrac{(x+h)^2-x^2}{h}$;　　(6) $\lim\limits_{x \to \infty} \left(2-\dfrac{1}{x}+\dfrac{1}{x^2}\right)$;

(7) $\lim\limits_{x \to \infty} \dfrac{x^2-1}{2x^2-x-1}$;　　(8) $\lim\limits_{x \to \infty} \dfrac{x^2+x}{x^4-3x^2+1}$;

(9) $\lim\limits_{x \to 4} \dfrac{x^2-6x+8}{x^2-5x+4}$;　　(10) $\lim\limits_{x \to \infty} \left(1+\dfrac{1}{x}\right)\left(2-\dfrac{1}{x^2}\right)$;

(11) $\lim\limits_{n \to \infty} \dfrac{1+2+3+\cdots+(n-1)}{n^2}$;　　(12) $\lim\limits_{n \to \infty} \dfrac{(n+1)(n+2)(n+3)}{5n^3}$;

(13) $\lim\limits_{x \to 1} \left(\dfrac{1}{1-x}-\dfrac{3}{1-x^3}\right)$.

2. 计算下列极限.

(1) $\lim\limits_{x \to +\infty} \sqrt{x}(\sqrt{x+2}-\sqrt{x+1})$;　　(2) $\lim\limits_{x \to 4} \dfrac{\sqrt{2x+1}-3}{\sqrt{x-2}-\sqrt{2}}$;

(3) $\lim\limits_{x \to 1} \dfrac{x^n-1}{x^m-1}, m, n$ 是正整数;　　(4) $\lim\limits_{x \to 1} \dfrac{\sqrt[3]{x}-1}{x-1}$.

【B 组题】

1. 确定 a 和 b 的值, 使得下列等式成立.

(1) $\lim\limits_{x \to 1} \dfrac{x^2+ax+2}{x-1} = b$;　　(2) $\lim\limits_{x \to \infty} \left(\dfrac{x^2+1}{x+1}-ax+b\right) = 0$.

§ 1.6　极限存在准则

本节介绍几个判定极限存在的定理, 包括夹逼准则、单调有界准则和柯西 (Cauchy) 极限存在准则.

一、夹逼准则

定理 1.20 如果数列 $\{x_n\}$, $\{y_n\}$ 及 $\{z_n\}$ 满足下列条件:

(1) $y_n \leqslant x_n \leqslant z_n$ $(n=1,2,3,\cdots)$;

(2) $\lim\limits_{n\to\infty} y_n = \lim\limits_{n\to\infty} z_n = a$,

那么数列 $\{x_n\}$ 的极限存在, 且 $\lim\limits_{n\to\infty} x_n = a$.

证 因为 $\lim\limits_{n\to\infty} y_n = a$, $\lim\limits_{n\to\infty} z_n = a$, 由数列极限的定义, 对任给的 $\varepsilon > 0$, 存在正整数 N_1 和 N_2, 当 $n > N_1$ 时, 有 $|y_n - a| < \varepsilon$, 当 $n > N_2$ 时, 有 $|z_n - a| < \varepsilon$.

令 $N = \max\{N_1, N_2\}$, 则当 $n > N$ 时, $n > N_1$ 且 $n > N_2$, 从而有 $|y_n - a| < \varepsilon$ 和 $|z_n - a| < \varepsilon$ 成立, 即 $a - \varepsilon < y_n < a + \varepsilon$ 和 $a - \varepsilon < z_n < a + \varepsilon$ 同时成立. 又 $y_n \leqslant x_n \leqslant z_n$, 所以当 $n > N$ 时, 恒有 $a - \varepsilon < y_n \leqslant x_n \leqslant z_n < a + \varepsilon$, 即 $|x_n - a| < \varepsilon$ 成立. 故 $\lim\limits_{n\to\infty} x_n = a$.

利用定理 1.20 求数列 $\{x_n\}$ 的极限, 可将其适当缩小和放大得到 $\{y_n\}$ 和 $\{z_n\}$, 使 $\{y_n\}$ 和 $\{z_n\}$ 的极限容易求出且相同. 定理 1.20 的结论可以推广到函数极限.

定理 1.21 若在自变量同一变化过程中, 有

(1) $\phi(x) \leqslant f(x) \leqslant h(x)$;

(2) $\lim \phi(x) = \lim h(x) = A$,

则 $\lim f(x)$ 存在, 且 $\lim f(x) = A$.

定理 1.20 和定理 1.21 统称为**夹逼准则**.

例 1 求 $\lim\limits_{n\to\infty}\left(\dfrac{1}{\sqrt{n^2+1}} + \dfrac{1}{\sqrt{n^2+2}} + \cdots + \dfrac{1}{\sqrt{n^2+n}}\right)$.

解 由于

$$\frac{n}{n+1} < \frac{n}{\sqrt{n^2+n}} < \frac{1}{\sqrt{n^2+1}} + \cdots + \frac{1}{\sqrt{n^2+n}} \leqslant \frac{n}{\sqrt{n^2+1}} < 1,$$

又 $\lim\limits_{n\to\infty} \dfrac{n}{n+1} = 1$, $\lim\limits_{n\to\infty} 1 = 1$, 由夹逼准则, 得

$$\lim_{n\to\infty}\left(\frac{1}{\sqrt{n^2+1}} + \frac{1}{\sqrt{n^2+2}} + \cdots + \frac{1}{\sqrt{n^2+n}}\right) = 1.$$

例 2 利用夹逼准则证明 $\lim\limits_{x\to 0} \dfrac{\sin x}{x} = \lim\limits_{x\to 0} \cos x = 1$.

证 由正弦函数的奇偶性, 讨论 $x \to 0^+$ 即可 (参考习题 1-3 的 B 组第 3 题). 作单位圆如图 1.13 所示, 设 $\angle AOB = x$, $0 < x < \dfrac{\pi}{2}$, 则 $S_{\triangle AOB} < S_{\text{扇形}AOB} < S_{\triangle AOD}$, 而

$$S_{\triangle AOB} = \frac{1}{2} \cdot OA \cdot BC = \frac{1}{2}\sin x,$$

$$S_{\text{扇形}AOB} = \frac{1}{2}x,$$

$$S_{\triangle AOD} = \frac{1}{2} \cdot OA \cdot AD = \frac{1}{2}\tan x,$$

所以 $\frac{1}{2}\sin x < \frac{1}{2}x < \frac{1}{2}\tan x$，即 $\sin x < x < \tan x$．两边同除以 $\sin x$，得
$$1 < \frac{x}{\sin x} < \frac{1}{\cos x} \text{ 或 } \cos x < \frac{\sin x}{x} < 1.$$
因为 $\cos x = 1 - 2\sin^2\frac{x}{2} > 1 - 2\cdot\left(\frac{x}{2}\right)^2 = 1 - \frac{x^2}{2}$，所以
$$1 - \frac{x^2}{2} < \cos x < \frac{\sin x}{x} < 1.$$
由于 $\lim\limits_{x\to 0^+}\left(1 - \frac{x^2}{2}\right) = 1$，所以由夹逼准则知
$$\lim_{x\to 0^+}\frac{\sin x}{x} = \lim_{x\to 0^+}\cos x = 1.$$

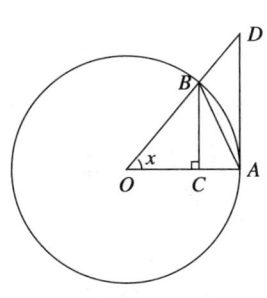

图 1.13

该例题提供了两个有用的不等式:
$$\sin x < x, x \in (0, +\infty);\quad x < \tan x, x \in \left(0, \frac{\pi}{2}\right).$$

二、单调有界准则

定义 1.9 若数列 $\{x_n\}$ 满足 $x_n \leqslant x_{n+1}$, $n = 1, 2, \cdots$，则称数列 $\{x_n\}$ 是**单调增加的**; 若数列 $\{x_n\}$ 满足 $x_n \geqslant x_{n+1}$, $n = 1, 2, \cdots$，则称数列 $\{x_n\}$ 是**单调减少的**．

单调增加的和单调减少的数列统称为单调数列．

由定理 1.3 可知，收敛的数列一定是有界的，而有界的数列未必收敛. 下面的定理给出了有界数列收敛的一个充分条件.

定理 1.22 单调有界数列必有极限．

该定理也称作**单调有界准则**，是极限存在的充分条件，这里不再证明，仅做几何解释．

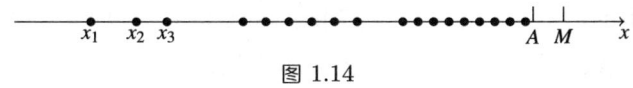

图 1.14

如图 1.14 所示，从数轴上看，对应于单调数列的点 x_n 只可能向一个方向移动，所以只有两种可能的情形: 或者点 x_n 沿数轴移向无穷远; 或者点 x_n 无限趋近于某一个定点 A，也就是数列 $\{x_n\}$ 有极限. 但现在假定数列是有界的，而有界数列的点 x_n 都落在数轴上某一个区间 $[-M, M]$ 内，那么，上述的第一种情形就不可能发生，从而该数列一定收敛，并且其极限的绝对值不会超过 M．

例 3 利用单调有界准则证明数列 $\left\{\left(1 + \frac{1}{n}\right)^n\right\}$ 的极限存在．

证 令 $x_n = \left(1 + \frac{1}{n}\right)^n$，按牛顿二项式定理展开，有
$$x_n = 1 + \frac{n}{1!}\cdot\frac{1}{n} + \frac{n(n-1)}{2!}\cdot\frac{1}{n^2} + \frac{n(n-1)(n-2)}{3!}\cdot\frac{1}{n^3} + \cdots +$$

$$\frac{n(n-1)\cdots(n-n+1)}{n!}\cdot\frac{1}{n^n}$$
$$\leqslant 1+1+\frac{1}{2!}+\frac{1}{3!}+\cdots+\frac{1}{n!}$$
$$\leqslant 1+1+\frac{1}{1\times 2}+\frac{1}{2\times 3}+\cdots+\frac{1}{(n-1)\times n}=3-\frac{1}{n}<3,$$

这说明数列 $\{x_n\}$ 是有上界的. 再由基本不等式
$$a_1\cdot a_2\cdots\cdot a_n\leqslant\left(\frac{a_1+a_2+\cdots+a_n}{n}\right)^n, a_i>0(i=1,2,\cdots,n),$$
可得
$$\left(1+\frac{1}{n}\right)^n=1\cdot\left(1+\frac{1}{n}\right)^n\leqslant\left[\frac{1+n\left(1+\frac{1}{n}\right)}{n+1}\right]^{n+1}=\left(1+\frac{1}{n+1}\right)^{n+1},$$
即 $x_n\leqslant x_{n+1}$,说明数列 $\{x_n\}$ 单调增加. 根据定理 1.22, 数列 $\{x_n\}$ 的极限存在.

注 (1) 通常用字母 e 来表示这个极限,即自然对数的底数. e 是一个无理数,
$$e=2.718281828459045\cdots.$$
(2) 在函数情形下,我们有 $\lim\limits_{x\to\infty}\left(1+\dfrac{1}{x}\right)^x=e$ 和 $\lim\limits_{x\to 0}(1+x)^{\frac{1}{x}}=e$, 证明留作习题.

三、柯西（Cauchy）极限存在准则 *

定理 1.23 数列 $\{x_n\}$ 收敛的充分必要条件是,对于任意给定的数 $\varepsilon>0$,存在正整数 N,使得当 $m>N$ 且 $n>N$ 时,总有 $|x_n-x_m|<\varepsilon$ 成立.

本定理又称为柯西极限存在准则,证明从略. 其几何意义表示,对于收敛点列意味着数列中充分靠后的两项, 它们之间的距离可以任意小. 该定理与极限定义的区别在于,极限的定义需要借助一个数列之外的常数 a 来判断数列是否收敛, 但是该定理只需从该数列本身出发, 即可判断收敛与否.

四、重要极限的应用

本节得到了两个非常重要的极限:
(1) $\lim\limits_{x\to 0}\dfrac{\sin x}{x}=1$;
(2) $\lim\limits_{x\to\infty}\left(1+\dfrac{1}{x}\right)^x=\lim\limits_{x\to 0}(1+x)^{\frac{1}{x}}=e$.

利用它们可以解决很多极限求值问题. 根据复合函数求极限的运算法则, 我们有下面的结论:

(1) 若 $\lim\alpha=0$, 则 $\lim\dfrac{\sin\alpha}{\alpha}=1$;
(2) 若 $\lim\alpha=0$, 则 $\lim(1+\alpha)^{\frac{1}{\alpha}}=e$.

例 4 求 $\lim\limits_{x\to 0}\dfrac{\tan x}{x}$.

解 $\lim\limits_{x\to 0}\dfrac{\tan x}{x}=\lim\limits_{x\to 0}\dfrac{\sin x}{x}\cdot\dfrac{1}{\cos x}=\lim\limits_{x\to 0}\dfrac{\sin x}{x}\cdot\lim\limits_{x\to 0}\dfrac{1}{\cos x}=1.$

例 5 求 $\lim\limits_{x\to 0}\dfrac{\arctan x}{x}$.

解 令 $t=\arctan x$,则 $x=\tan t$,且当 $x\to 0$ 时,$t\to 0$①. 于是,
$$\text{原式}=\lim_{t\to 0}\dfrac{t}{\tan t}=1.$$

例 6 求 $\lim\limits_{x\to 0}\dfrac{1-\cos x}{x^2}$.

解 原式 $=\lim\limits_{x\to 0}\dfrac{2\sin^2\dfrac{x}{2}}{x^2}=\dfrac{1}{2}\lim\limits_{x\to 0}\dfrac{\sin^2\dfrac{x}{2}}{\left(\dfrac{x}{2}\right)^2}=\dfrac{1}{2}\lim\limits_{x\to 0}\left(\dfrac{\sin\dfrac{x}{2}}{\dfrac{x}{2}}\right)^2=\dfrac{1}{2}.$

例 7 计算 $\lim\limits_{x\to 0}\dfrac{x-\sin 2x}{x+\sin 2x}$.

解 原式 $=\lim\limits_{x\to 0}\dfrac{\dfrac{1}{2}-\dfrac{\sin 2x}{2x}}{\dfrac{1}{2}+\dfrac{\sin 2x}{2x}}=\dfrac{\dfrac{1}{2}-1}{\dfrac{1}{2}+1}=-\dfrac{1}{3}.$

例 8 下列运算过程是否正确:
$$\lim_{x\to\pi}\dfrac{\tan 3x}{\sin 5x}=\lim_{x\to\pi}\dfrac{3}{5}\cdot\dfrac{\tan 3x}{3x}\cdot\dfrac{5x}{\sin 5x}=\dfrac{3}{5}.$$

解 这种运算是错误的. 当 $x\to 0$ 时,$\dfrac{\tan x}{x}\to 1$,$\dfrac{x}{\sin x}\to 1$,本题 $x\to\pi$,所以不能应用上述方法进行计算. 正确的作法如下:

令 $\pi-x=t$,则 $x=\pi-t$. 当 $x\to\pi$ 时,$t\to 0$,于是
$$\text{原式}=\lim_{t\to 0}\dfrac{\tan 3(\pi-t)}{\sin 5(\pi-t)}=\lim_{t\to 0}\dfrac{-\tan 3t}{\sin 5t}=\lim_{t\to 0}\dfrac{3}{5}\cdot\dfrac{-\tan 3t}{3t}\cdot\dfrac{5t}{\sin 5t}=-\dfrac{3}{5}.$$

例 9 求 $\lim\limits_{n\to\infty}\left(1-\dfrac{1}{n}\right)^{n+3}$.

解 原式 $=\lim\limits_{n\to\infty}\left(1-\dfrac{1}{n}\right)^n\cdot\left(1-\dfrac{1}{n}\right)^3=\lim\limits_{n\to\infty}\left[\left(1-\dfrac{1}{n}\right)^{-n}\right]^{-1}=\mathrm{e}^{-1}.$

第二个重要极限 $\lim\limits_{x\to\infty}\left(1+\dfrac{1}{x}\right)^x=\mathrm{e}$ 是幂指函数的极限. 所谓的**幂指函数**是指形如 $u(x)^{v(x)}(u(x)>0)$ 的函数. 为了处理一般的幂指函数的极限,我们需要下面的定理.

定理 1.24 设 $\lim f(x)=a>0$,$\lim g(x)=b\neq\infty$,则
$$\lim f(x)^{g(x)}=a^b.$$

---

① 由于 $x\in\left(0,\dfrac{\pi}{2}\right)$ 时,$x<\tan x$,利用 $y=\arctan x$ 的单调性和奇偶性可得,当 $x\in\left(-\dfrac{\pi}{2},\dfrac{\pi}{2}\right)$ 时,$0\leqslant|\arctan x|\leqslant|x|$. 由此可得 $\lim\limits_{x\to 0}\arctan x=0$. 类似地,我们也有 $\lim\limits_{x\to 0}\arcsin x=0$.

该定理表明当幂指函数底数的极限为正,指数极限不为无穷大时,求其极限可以对底数和指数分别求极限. 其证明留作 §1.8 的习题. 由此定理及第二个重要极限,我们可以处理一类特殊的幂指函数的极限.

设 $\lim \alpha = 0, \lim u = \infty$, 极限 $\lim(1+\alpha)^u$ 虽是幂指函数的极限,但是不能按照定理 1.24 计算. 因为 $\lim u = \infty$, 说明 u 的极限不存在,因此不满足定理 1.24 的条件. 如果 $\lim \alpha \cdot u$ 存在,那么 $\lim(1+\alpha)^u = e^{\lim \alpha \cdot u}$, 这是因为

$$\lim(1+\alpha)^u = \lim(1+\alpha)^{\frac{1}{\alpha} \cdot (\alpha u)} = \lim\left[(1+\alpha)^{\frac{1}{\alpha}}\right]^{\alpha u}$$
$$= \lim\left[(1+\alpha)^{\frac{1}{\alpha}}\right]^{\lim \alpha u} = e^{\lim \alpha u}.$$

例 10 求 $\lim\limits_{x \to 0}(1+2x)^{\frac{3}{\sin x}}$.

解 由于当 $x \to 0$ 时, $2x \to 0$, $\dfrac{3}{\sin x} \to \infty$, 故做变形
$$(1+2x)^{\frac{3}{\sin x}} = (1+2x)^{\frac{1}{2x} \cdot \frac{6x}{\sin x}},$$
而 $\lim\limits_{x \to 0}(1+2x)^{\frac{1}{2x}} = e, \lim\limits_{x \to 0}\dfrac{6x}{\sin x} = 6$, 所以 $\lim\limits_{x \to 0}(1+2x)^{\frac{3}{\sin x}} = e^6$.

例 11 计算 $\lim\limits_{x \to 0}(\cos x)^{\frac{1}{x^2}}$.

解 因为 $(\cos x)^{\frac{1}{x^2}} = [1+(\cos x - 1)]^{\frac{1}{\cos x - 1} \cdot \frac{\cos x - 1}{x^2}}$, 并且

$$\lim\limits_{x \to 0}[1+(\cos x - 1)]^{\frac{1}{\cos x - 1}} = e, \quad \lim\limits_{x \to 0}\dfrac{\cos x - 1}{x^2} = \lim\limits_{x \to 0}\dfrac{-\dfrac{1}{2}x^2}{x^2} = -\dfrac{1}{2},$$

所以, $\lim\limits_{x \to 0}(\cos x)^{\frac{1}{x^2}} = e^{-\frac{1}{2}}$.

习 题 1-6

【A 组题】

1. 选择填空题.

(1) 如果当 $x > 0$ 时,总有 $h(x) \leqslant f(x) \leqslant g(x)$ 且 $\lim\limits_{x \to +\infty}[g(x) - h(x)] = 0$ 成立,则 $\lim\limits_{x \to +\infty} f(x)(\quad)$.

    A. 一定存在   B. 不一定存在

    C. 存在且等于零   D. 存在但不一定等于零

(2) $\lim\limits_{x \to 0}\left(\dfrac{1}{x}\sin x - x \sin \dfrac{1}{x}\right) = (\quad)$.

    A. 1   B. 0

    C. -1 D. ∞

2. 计算下列极限.

(1) $\lim\limits_{x\to 0}\dfrac{\sin 3x}{5x}$;   (2) $\lim\limits_{x\to\infty} x^2\sin\dfrac{1}{2x^2}$;   (3) $\lim\limits_{x\to 0}\dfrac{\sin(\sin x)}{\sin x}$;

(4) $\lim\limits_{x\to 0}\dfrac{3x-\sin x}{3x+\sin x}$;   (5) $\lim\limits_{x\to 1}\dfrac{\sin(x^2-1)}{x-1}$;   (6) $\lim\limits_{x\to\pi}\dfrac{\sin 3x}{\sin 4x}$;

(7) $\lim\limits_{x\to 0}\dfrac{\arcsin x}{x}$.

3. 计算下列极限.

(1) $\lim\limits_{x\to 0}(1-2x)^{\frac{1}{x}}$;   (2) $\lim\limits_{x\to +\infty}(3^x+9^x)^{\frac{1}{x}}$;   (3) $\lim\limits_{x\to\infty}\left(\dfrac{3+x}{2+x}\right)^{2x}$.

4. 利用极限准则证明:

(1) $\lim\limits_{n\to\infty} n\left(\dfrac{1}{n^2+1}+\dfrac{1}{n^2+2}+\cdots+\dfrac{1}{n^2+n}\right)=1$;

(2) $\lim\limits_{n\to\infty}\dfrac{n!}{n^n}=0$.

【B 组题】

1. 计算下列极限.

(1) $\lim\limits_{x\to 0}(\cos x)^{\cot x}$;   (2) $\lim\limits_{x\to\frac{\pi}{4}}(\tan x)^{\tan 2x}$.

2. 利用极限存在准则证明下列结论.

(1) $\lim\limits_{x\to 0}\sqrt[n]{1+x}=1$;

(2) 数列 $\sqrt{2},\sqrt{2+\sqrt{2}},\sqrt{2+\sqrt{2+\sqrt{2}}},\cdots$ 的极限存在;

(3) $\lim\limits_{x\to 0}x\left[\dfrac{1}{x}\right]=1$.

3. 设 $a>0$ 为常数, 数列由下式定义:
$$x_n=\dfrac{1}{2}\left(x_{n-1}+\dfrac{a}{x_{n-1}}\right)(n=1,2,\cdots),$$
其中 x_0 为大于零的常数, 求 $\lim\limits_{n\to\infty} x_n$.

4. 证明下列结论.

(1) 若函数 $f(x)$ 在 $[1,+\infty)$ 上有定义, $\lim\limits_{n\to\infty} f(n)=a$, 则 $\lim\limits_{x\to +\infty} f([x])$ 存在, 并且等于 a;

(2) 利用不等式 $[x]\leqslant x<[x]+1$, 证明 $\lim\limits_{x\to\infty}\left(1+\dfrac{1}{x}\right)^x=\mathrm{e}$.

§1.7 无穷小的比较

我们知道, 两个无穷小的和、差、积均为无穷小, 但两个无穷小的商 (分母不为零) 结果却不能确定. 例如, 当 $x \to 0$ 时, $3x, x^2, \sin x$ 都是无穷小, 有

$$\lim_{x \to 0} \frac{x^2}{3x} = 0, \quad \lim_{x \to 0} \frac{3x}{x^2} = \infty, \quad \lim_{x \to 0} \frac{\sin x}{x} = 1.$$

两个无穷小之比的极限的各种不同情形, 反映了不同的无穷小趋近于零的快慢程度不同. 就上述例子而言, 在 $x \to 0$ 时, $x^2 \to 0$ 的速度较 $3x \to 0$ 快些; 反之, $3x \to 0$ 的速度较 $x^2 \to 0$ 慢些; 而 $\sin x \to 0$ 与 $x \to 0$ 快慢相当. 下面我们根据两个无穷小之比的不同情况给出无穷小的阶的概念.

一、无穷小的比较

定义 1.10 设 α 和 β 是在同一个自变量变化过程中的无穷小, 且 $\alpha \neq 0$.

(1) 若 $\lim \dfrac{\beta}{\alpha} = 0$, 则称 β 是比 α 高阶的无穷小, 记作 $\beta = o(\alpha)$.

(2) 若 $\lim \dfrac{\beta}{\alpha} = \infty$, 则称 β 是比 α 低阶的无穷小.

(3) 若 $\lim \dfrac{\beta}{\alpha} = c \neq 0$, 则称 β 与 α 是同阶无穷小; 特别地, 当 $c = 1$ 时, 称 β 与 α 是等价无穷小, 记作 $\alpha \sim \beta$.

(4) 若 $\lim \dfrac{\beta}{\alpha^k} = c \neq 0, k$ 为正整数, 则称 β 是关于 α 的 k 阶无穷小.

例 1 当 $x \to 1$ 时, 将下列各量与无穷小量 $x-1$ 进行比较.

(1) $x^3 - 3x + 2$;　(2) $1 - \sqrt{x}$;　(3) $(x-1)\sin\dfrac{1}{x-1}$.

解 (1) 因为 $\lim\limits_{x \to 1}(x^3 - 3x + 2) = 0$, 所以当 $x \to 1$ 时, $x^3 - 3x + 2$ 是无穷小, 又因为

$$\lim_{x \to 1} \frac{x^3 - 3x + 2}{x - 1} = \lim_{x \to 1} \frac{(x-1)^2(x+2)}{x-1} = 0,$$

所以, $x^3 - 3x + 2$ 是比 $x - 1$ 高阶的无穷小量.

(2) 因为 $\lim\limits_{x \to 1}(1 - \sqrt{x}) = 0$, 所以, 当 $x \to 1$ 时, $1 - \sqrt{x}$ 是无穷小量, 又

$$\lim_{x \to 1} \frac{1 - \sqrt{x}}{x - 1} = \lim_{x \to 1} \frac{1 - x}{(x-1) \cdot (1 + \sqrt{x})} = -\frac{1}{2},$$

所以 $1 - \sqrt{x}$ 是关于 $x - 1$ 的同阶无穷小量.

(3) 由 $\lim\limits_{x\to 1}(x-1)\sin\dfrac{1}{x-1}=0$ 可知, 当 $x\to 1$ 时, $(x-1)\sin\dfrac{1}{x-1}$ 是无穷小量, 但是
$$\lim_{x\to 1}\dfrac{(x-1)\cdot\sin\dfrac{1}{x-1}}{x-1}=\lim_{x\to 1}\sin\dfrac{1}{x-1}$$
不存在. 所以, $(x-1)\sin\dfrac{1}{x-1}$ 与 $x-1$ 不能比较.

注 (1) 并不是任意两个无穷小都可以比较.

(2) 根据高阶无穷小的定义, 若 α 是某个过程中的无穷小, 则 $\lim\dfrac{o(\alpha)}{\alpha}=0$.

下面是一些常见的等价无穷小关系, 其证明已在前文中出现. 当 $x\to 0$ 时,
$$\sin x\sim x,\ \tan x\sim x,\ 1-\cos x\sim\dfrac{1}{2}x^2,$$
$$\arcsin x\sim x,\ \arctan x\sim x.$$

下面三个等价无穷小: 当 $x\to 0$ 时,
$$e^x-1\sim x,\ \ln(1+x)\sim x,\ (1+x)^a-1\sim ax(a\neq 0)$$
也很重要. 其证明暂时无法给出, 留作 §1.8 的习题. 再根据复合函数求极限的运算法则, 可以得到当 $x\to 0$ 时,
$$a^x-1\sim x\ln a,\ \log_a(1+x)\sim\dfrac{x}{\ln a},$$
其中 $a>0$ 且 $a\neq 1$.

二、等价无穷小的性质

在下面的讨论中, 我们假设 $\alpha,\alpha',\beta,\beta'$ 都是在同一个自变量变化过程中的无穷小量.

定理 1.25 $\alpha\sim\beta$ 的充分必要条件是 $\beta=\alpha+o(\alpha)$.

证 先证必要性. 若 $\alpha\sim\beta$, 则 $\lim\dfrac{\beta-\alpha}{\alpha}=\lim\left(\dfrac{\beta}{\alpha}-1\right)=\lim\dfrac{\beta}{\alpha}-1=0$. 所以 $\beta-\alpha=o(\alpha)$, 即 $\beta=\alpha+o(\alpha)$.

再证充分性. 若 $\beta=\alpha+o(\alpha)$, 则
$$\lim\dfrac{\beta}{\alpha}=\lim\dfrac{\alpha+o(\alpha)}{\alpha}=\lim\left[1+\dfrac{o(\alpha)}{\alpha}\right]=1.$$
所以 $\alpha\sim\beta$.

定理 1.26 设 $\alpha\sim\alpha',\beta\sim\beta'$ 且 $\lim\dfrac{\beta'}{\alpha'}$ 存在, 则 $\lim\dfrac{\beta}{\alpha}=\lim\dfrac{\beta'}{\alpha'}$.

证 $\lim\dfrac{\beta}{\alpha}=\lim\dfrac{\beta}{\beta'}\cdot\dfrac{\beta'}{\alpha'}\cdot\dfrac{\alpha'}{\alpha}=\lim\dfrac{\beta}{\beta'}\cdot\lim\dfrac{\beta'}{\alpha'}\cdot\lim\dfrac{\alpha'}{\alpha}=\lim\dfrac{\beta'}{\alpha'}.$

注 (1) 定理 1.26 表明, 求两个无穷小之比的极限时, 分子及分母都可以用与之等价的无穷小来替换, 利用该性质可以简化极限运算. 进一步来说, 在计算某函

数极限的时候,其**分子和分母的无穷小因子**可以用与之等价的无穷小来替换. 但是, 分子或分母中的某一**项**即使是无穷小, 一般也不能用与之等价的无穷小来替换①.

(2) 请读者证明下面和差形式的等价无穷小替换: 若 $\alpha \sim \alpha'$, $\beta \sim \beta'$, 且 α 与 β **不是等价无穷小**, 则 $\lim \dfrac{\alpha - \beta}{\gamma} = \lim \dfrac{\alpha' - \beta'}{\gamma}$.

在后面的讨论中会发现,利用等价无穷小求极限很方便. 但是,我们目前已知的等价无穷小却很少. 由复合函数求极限的运算法则, 我们可以得到从已知的等价无穷小得到新的等价无穷小的方法.

定理 1.27 设当 $u \to a$ 时, $f(u) \sim g(u)$, 又当 $x \to x_0$ 时, $h(x) \to a$, 且存在 $\delta > 0$, 当 $x \in \overset{\circ}{U}(x_0, \delta)$ 时, 有 $h(x) \neq a$, 则当 $x \to x_0$ 时, $f[h(x)] \sim g[h(x)]$.

例如, 已知当 $u \to 0$ 时, $\sin u \sim u$, 而当 $x \to 0$ 时, $2x \to 0$, 则当 $x \to 0$ 时, $\sin 2x \sim 2x$.

例 2 求 $\lim\limits_{x \to 0} \dfrac{\tan x - \sin x}{\sin^3 2x}$.

错解: 当 $x \to 0$ 时, $\tan x \sim x$, $\sin x \sim x$, 所以原式 $= \lim\limits_{x \to 0} \dfrac{x - x}{(2x)^3} = 0$.

解 当 $x \to 0$ 时, $\sin 2x \sim 2x$, $\tan x - \sin x = \tan x(1 - \cos x) \sim \dfrac{1}{2}x^3$, 故

$$\text{原式} = \lim_{x \to 0} \dfrac{\frac{1}{2}x^3}{(2x)^3} = \dfrac{1}{16}.$$

例 3 求 $\lim\limits_{x \to 0} \dfrac{(1+x^2)^{\frac{1}{3}} - 1}{\cos x - 1}$.

解 当 $x \to 0$ 时, $(1+x^2)^{\frac{1}{3}} - 1 \sim \dfrac{1}{3}x^2$, $\cos x - 1 \sim -\dfrac{1}{2}x^2$, 故

$$\text{原式} = \lim_{x \to 0} \dfrac{\frac{1}{3}x^2}{-\frac{1}{2}x^2} = -\dfrac{2}{3}.$$

例 4 求 $\lim\limits_{x \to 0} \dfrac{\sqrt{1+\tan x} - \sqrt{1-\tan x}}{\sqrt{1+2x} - 1}$.

解 由于 $x \to 0$ 时, $\sqrt{1+2x} - 1 \sim x$, $\tan x \sim x$, 故

$$\text{原式} = \lim_{x \to 0} \dfrac{2\tan x}{x(\sqrt{1+\tan x} + \sqrt{1-\tan x})}$$

$$= \lim_{x \to 0} \dfrac{2x}{x(\sqrt{1+\tan x} + \sqrt{1-\tan x})} = 1.$$

例 5 计算 $\lim\limits_{x \to 0} \dfrac{e^x - e^{x\cos x}}{x \ln(1+x^2)}$.

---

① 一般情况下, 将某表达式看作是若干个其他表达式的和, 则这些表达式称作原表达式的项; 将某表达式看作是若干个其他表达式的积, 则这些表达式称作原表达式的因子.

解 注意到当 $x \to 0$ 时，$x^2 \to 0$，$x - x\cos x \to 0$，且有

$$\ln(1+x^2) \sim x^2, \quad e^{x-x\cos x} - 1 \sim x - x\cos x \sim \frac{1}{2}x^3.$$

所以，

$$原式 = \lim_{x \to 0} \frac{e^{x\cos x}(e^{x-x\cos x} - 1)}{x\ln(1+x^2)} = \lim_{x \to 0} \frac{e^{x\cos x} \cdot \frac{1}{2}x^3}{x \cdot x^2} = \frac{1}{2}.$$

例 6 求 $\lim\limits_{x \to 0} \dfrac{\tan 5x - \cos x + 1}{\sin 3x}$.

解 因为 $\tan 5x \sim 5x$，$\sin 3x \sim 3x$，$1 - \cos x \sim \dfrac{x^2}{2}$，所以，

$$原式 = \lim_{x \to 0} \frac{\tan 5x}{\sin 3x} + \lim_{x \to 0} \frac{1-\cos x}{\sin 3x} = \lim_{x \to 0} \frac{5x}{3x} + \lim_{x \to 0} \frac{\frac{1}{2}x^2}{3x} = \frac{5}{3}.$$

习 题 1-7

【A 组题】

1. 选择填空题.

(1) 当 $x \to 0^+$ 时，与 $\sqrt{x}$ 等价的无穷小是 (   ).

  A. $\ln(1-\sqrt{x})$ B. $\sqrt{1+x} - 1$

  C. $e^{\sqrt{x}} - 1$ D. $1 - \cos\sqrt{x}$

(2) 当 $x \to 0$ 时，$(1-x^2)^k - 1$ 是与 $1 - \cos x$ 等价的无穷小，则 $k = $ _____.

(3) 当 $x \to 0$ 时，$f(x) = 2^x + 3^x - 2$ 是比 x^2 _____ 的无穷小.

2. 当 $x \to 1$ 时，无穷小量 $x-1$ 和 $1-x^3$，$\dfrac{1}{2}(x^2-1)$ 是否同阶？是否等价？

3. 设 m 和 n 为正整数. 证明：当 $x \to 0$ 时，

  (1) $o(x^n) + o(x^n) = o(x^n)$;   (2) $o(x^n)o(x^m) = o(x^{m+n})$;

  (3) $x^n o(x^m) = o(x^{m+n})$;   (4) $o(x^n) + o(x^m) = o(x^n)$，$m > n$.

4. 证明：当 $x \to 0$ 时，有 $\sec x - 1 \sim \dfrac{x^2}{2}$.

5. 计算下列极限.

(1) $\lim\limits_{x\to 0}\dfrac{1-\cos 2x}{x\sin x}$;   (2) $\lim\limits_{x\to 0}\dfrac{(1+2x^3)^2-1}{\tan x\sin x}$;

(3) $\lim\limits_{x\to 0}\dfrac{x\tan 2x}{\ln(1-x^2)}$;   (4) $\lim\limits_{x\to 0}\dfrac{\sqrt{1+x+x^2}-1}{x^2}$;

(5) $\lim\limits_{x\to 0}\dfrac{\tan x-\sin x}{\sin^3 x}$;   (6) $\lim\limits_{x\to 0}\dfrac{\sin x-\tan x}{(\sqrt[3]{1+x^2}-1)(\sqrt{1+\sin x}-1)}$;

(7) $\lim\limits_{x\to 0}\dfrac{3\sin x+x^2\cos\dfrac{1}{x}}{(1+\cos x)\ln(1+x)}$;   (8) $\lim\limits_{n\to\infty}2^n\sin\dfrac{x}{2^n},\ x\neq 0$.

【B 组题】

1. 利用等价无穷小的性质, 求下列极限.

(1) $\lim\limits_{x\to 0}\dfrac{\cos x-\cos 2x}{x^2}$;   (2) $\lim\limits_{x\to e}\dfrac{\ln x-1}{x-e}$;   (3) $\lim\limits_{x\to\frac{\pi}{2}}(\sec x-\tan x)$;

(4) $\lim\limits_{x\to 1}(1-x)\tan\dfrac{\pi}{2}x$;   (5) $\lim\limits_{x\to 0}\dfrac{\ln\cos x}{\ln\cos 2x}$;   (6) $\lim\limits_{x\to a}\dfrac{e^x-e^a}{x-a}$.

2. 确定 a 和 b 的值, 使得等式 $\lim\limits_{x\to 0}\dfrac{a-\cos x}{x(e^x-1)}=b$ 成立.

§ 1.8 连续函数及其性质

客观世界的许多现象和事物不仅是运动变化的, 而且其运动变化的过程往往是连绵不断的, 比如日月行空、岁月流逝、植物生长、物种变化等, 这些连绵不断发展变化的事物在量的方面的反映就是函数的连续性. 本节将要引入的连续函数就是刻画变量连续变化的数学模型.

一、函数的连续性

我们知道 $f(x)=x$ 的图形是一条连续的、没有断开的直线. 现在改变它在 0 处的函数值, 即令 $f(x)=\begin{cases}x, & x\neq 0;\\ 1, & x=0,\end{cases}$ 如图 1.15 所示. 直观上, 我们可以说此时函数 $y=f(x)$ 的图形在 $x=0$ 处 "断开" 了, 或者说 "不连续" 了. 假设有一个质点, 沿着 $y=f(x)$ 的图形向原点运动. 我们有理由认为按照这种运动的 "趋势", 质点应该能 "到达" 原点, 即当质点所在的横坐标趋向于 0 时, 其纵坐标趋向于 0(极限存在). 然而当质点到达原点附近时, 它会 "发现" 这条路径断开了, 无法到达它

应该 "到达" 的地方.

同时, 我们也很容易看出, 只要 $f(0) \neq 0$, 或者 $f(x)$ 在 0 处没有定义, 图形总是断开的. 只有当 $f(0) = 0$ 时, 它的图形才能够 "连起来", 该质点才能够沿着它的图形运动, 并按照该运动的 "趋势" 如期地 "到达" 原点 (极限等于函数值).

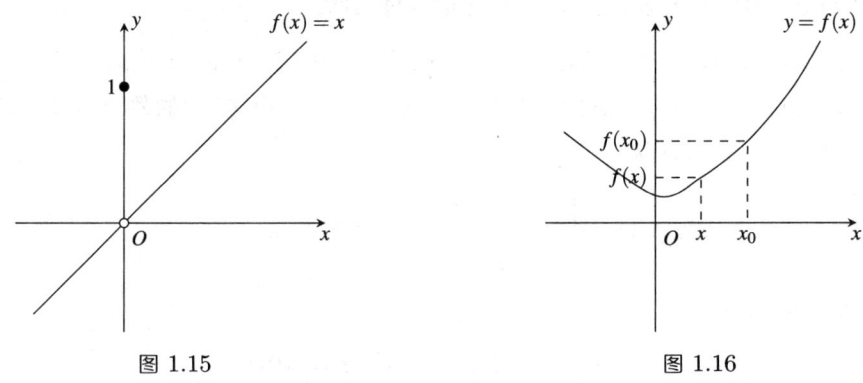

图 1.15　　　　　　　　　　　　图 1.16

由以上分析, 函数 $f(x)$ 的图形在 x_0 处不断开, 需要满足下列全部条件:

(1) 函数 $f(x)$ 在点 x_0 处有定义;

(2) $\lim\limits_{x \to x_0} f(x)$ 存在;

(3) 极限值等于函数在该点的函数值, 即 $\lim\limits_{x \to x_0} f(x) = f(x_0)$.

定义 1.11　若函数 $y = f(x)$ 在点 x_0 的某个邻域内有定义, 且 $\lim\limits_{x \to x_0} f(x) = f(x_0)$, 则称函数 $f(x)$ 在点 x_0 处连续; 否则, 称 $f(x)$ 在点 x_0 处不连续或者间断.

连续也可以用 "增量" 的概念去理解. 如图 1.16 所示, 当自变量从 x_0 变到 x 时, 函数 $y = f(x)$ 相应地从 $f(x_0)$ 变到 $f(x)$, 那么, $\Delta x = x - x_0$ 称为自变量的增量, $\Delta y = f(x) - f(x_0)$ 称为函数的增量. 这里的增量 Δx 或 Δy 也可以叫作相应的改变量, 其值可正、可负, 也可以是零.

按照这个记号, $\lim\limits_{x \to x_0} f(x) = f(x_0)$ 等价于

$$\lim_{x - x_0 \to 0} [f(x) - f(x_0)] = 0, \text{即} \lim_{\Delta x \to 0} \Delta y = 0.$$

这表明函数 $f(x)$ 在点 x_0 处连续, 是指在 x_0 处**自变量的增量趋向于 0 时, 函数值的增量也趋向于 0**.

有时候根据实际情况的需要, 我们只考虑函数 $y = f(x)$ 在点 x_0 的左侧或者右侧的连续情况, 即单侧连续.

定义 1.12　设函数 $y = f(x)$ 在点 x_0 处和 x_0 的某个左邻域内有定义. 若 $\lim\limits_{x \to x_0^-} f(x) = f(x_0)$, 则称函数 $f(x)$ 在点 x_0 处左连续. 类似地, 可以定义函数 $f(x)$ 在点 x_0 处右连续.

显然，函数 $f(x)$ 在点 x_0 处连续的充要条件是函数 $f(x)$ 在点 x_0 处既左连续又右连续.

定义 1.13 若某函数在开区间 (a,b) 内每一点都连续，则称该函数为区间 (a,b) 上的连续函数. 若函数在开区间 (a,b) 内每一点都连续，在 a 点右连续，在 b 点左连续，则称该函数为区间 $[a,b]$ 上的连续函数.

连续函数的图形是一条连续不断的曲线. 由 §1.5 可知，多项式函数在任意点处都连续，有理函数在其定义域的每一点都连续. 由 §1.6 的例 2 可知，函数 $y = \cos x$ 在 $x = 0$ 处连续.

例 1 讨论函数 $f(x) = \begin{cases} x+2, & x \geqslant 0; \\ x-2, & x < 0 \end{cases}$ 的连续性.

解 在 $x = 0$ 处，因为

$$\lim_{x \to 0^+} f(x) = \lim_{x \to 0^+} (x+2) = 2 = f(0),$$

$$\lim_{x \to 0^-} f(x) = \lim_{x \to 0^-} (x-2) = -2 \neq f(0),$$

右连续但不左连续，故函数 $f(x)$ 在点 $x = 0$ 处不连续.

由多项式函数的连续性，在 $(-\infty, 0)$ 和 $(0, +\infty)$ 内，$f(x)$ 都连续.

综合上述，分段函数 $f(x)$ 在实数轴上除原点不连续外，其他点都连续.

例 2 a 取何值时，$f(x) = \begin{cases} \cos x, & x < 0; \\ a+x, & x \geqslant 0 \end{cases}$ 在 $x = 0$ 处连续.

解 因为

$$f(0) = a, \quad \lim_{x \to 0^-} f(x) = \lim_{x \to 0^-} \cos x = 1, \quad \lim_{x \to 0^+} f(x) = \lim_{x \to 0^+} (a+x) = a,$$

要使 $\lim_{x \to 0^-} f(x) = \lim_{x \to 0^+} f(x) = f(0)$，必须 $a = 1$. 故当且仅当 $a = 1$ 时，函数 $f(x)$ 在 $x = 0$ 处连续.

二、函数的间断点及其分类

由函数 $f(x)$ 在点 x_0 处连续的定义可知，$f(x)$ 在点 x_0 处间断只需满足下列条件之一：

(1) 函数 $f(x)$ 在点 x_0 处没有定义；

(2) 函数 $f(x)$ 在点 x_0 处有定义，但 $\lim_{x \to x_0} f(x)$ 不存在；

(3) 函数 $f(x)$ 在点 x_0 处有定义，$\lim_{x \to x_0} f(x)$ 也存在，但 $\lim_{x \to x_0} f(x) \neq f(x_0)$.

定义 1.14 设函数 $f(x)$ 在点 x_0 处间断.

(1) 若函数 $f(x)$ 在点 x_0 处左、右极限都存在，则称点 x_0 为第一类间断点.

其中, 若 $\lim\limits_{x\to x_0}f(x)$ 存在, 则称点 x_0 为 $f(x)$ 的**可去间断点**. 若 $\lim\limits_{x\to x_0^-}f(x)\neq\lim\limits_{x\to x_0^+}f(x)$, 则称点 x_0 为 $f(x)$ 的**跳跃间断点**.

(2) 若函数 $f(x)$ 在点 x_0 处左、右极限至少有一个不存在, 则称点 x_0 为**第二类间断点**.

例 3 讨论函数 $f(x)=\dfrac{\sin x}{x}$ 在 $x=0$ 处的连续性.

解 因为 $f(x)$ 在 $x=0$ 处没有定义, 所以 $f(x)$ 在 $x=0$ 处间断. 又 $\lim\limits_{x\to 0}f(x)=1$, 所以 $x=0$ 为函数 $f(x)$ 的可去间断点 (如图 1.17 所示).

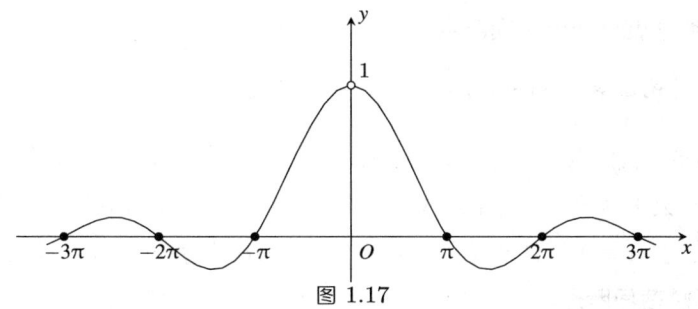

图 1.17

函数在可去间断点存在极限, 但是这个极限值不等于该点的函数值或者该点的函数值不存在. 在例 3 中, 函数有一个可去间断点, 它的图象非常"接近"于连续曲线, 换句话说, 只要在 $x=0$ 处定义一个新的函数值 $f(0)=1$, 那么函数就在该点连续了.

例 4 讨论函数 $f(x)=\begin{cases}-x, & x\leqslant 0;\\ 1+x, & x>0\end{cases}$ 在 $x=0$ 处的连续性.

解 由于 $f(0^-)=\lim\limits_{x\to 0^-}f(x)=0, f(0^+)=\lim\limits_{x\to 0^+}f(x)=1, f(0^-)\neq f(0^+)$, 所以, $x=0$ 为函数的跳跃间断点 (如图 1.18 所示).

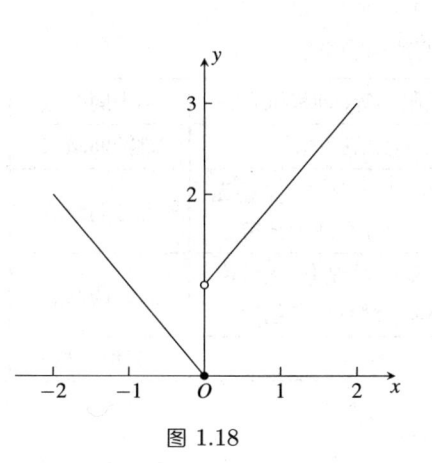

图 1.18

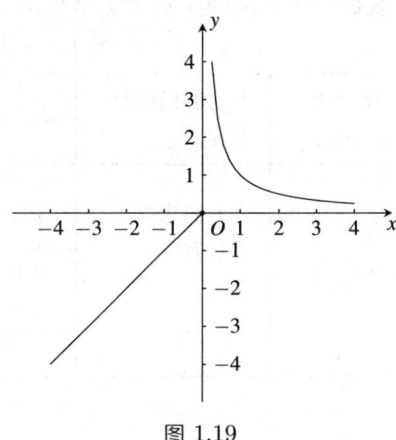

图 1.19

例 5 讨论函数

$$f(x) = \begin{cases} \dfrac{1}{x}, & x > 0; \\ x, & x \leqslant 0 \end{cases}$$

在 $x = 0$ 处的连续性.

解 因为 $f(0^-) = 0, f(0^+) = +\infty$，所以，$x = 0$ 为函数 $f(x)$ 的第二类间断点，该点也称为无穷间断点 (如图 1.19 所示).

函数在某点处，只要左、右极限中有一个为无穷大，另外一个存在或者也为无穷大，该点通常就称作**无穷间断点**.

例 6 讨论函数 $f(x) = \sin\dfrac{1}{x}$ 在 $x = 0$ 处的连续性.

解 函数 $f(x) = \sin\dfrac{1}{x}$ 在 $x = 0$ 处没有定义，且当 $x \to 0$ 时，$\sin\dfrac{1}{x}$ 的值在 1 和 -1 之间变动无穷多次 (如图 1.20 所示, 是 $f(x)$ 在区间 $[0.01, 0.5]$ 上的图象). 所以 $f(x) = \sin\dfrac{1}{x}$ 在 $x = 0$ 处没有左、右极限. 故 $x = 0$ 为 $f(x)$ 的第二类间断点, 该间断点又称为**震荡间断点**.

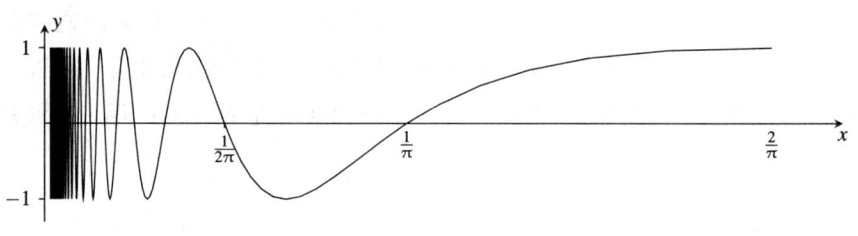

图 1.20

注 一个函数的间断点也可能有无穷多个. 例如，§1.1 的狄利克雷函数在定义域 **R** 内每一点处都间断，且都是第二类间断点.

我们将函数的间断点的类型总结为表 1.1.

表 1.1 函数间断点的类型

第一类间断点	左、右极限都存在	左、右极限相等，即极限存在	可去间断点
		左、右极限不相等	跳跃间断点
第二类间断点	左、右极限中至少有一个不存在	左、右极限中至少有一个是无穷大，另一个存在或为无穷大	无穷间断点
		在自变量变化过程中，函数值反复震荡，没有确定趋向	震荡间断点
		……	其他类型

三、连续函数的运算

根据极限的四则运算法则、复合函数的极限运算法则以及连续的定义,可以得到连续函数四则运算的性质.

定理 1.28 若函数 $f(x), g(x)$ 在点 x_0 处连续,则

$$cf(x),\ f(x)\pm g(x),\ f(x)\cdot g(x),\ \frac{f(x)}{g(x)}(g(x_0)\neq 0)$$

在点 x_0 处也连续.

定理 1.29 设函数 $u=\varphi(x)$ 在点 x_0 处连续,且 $\varphi(x_0)=u_0$,而函数 $y=f(u)$ 在点 $u=u_0$ 处连续,则复合函数 $f[\varphi(x)]$ 在点 x_0 处也连续.

另外,关于连续函数的反函数,有如下定理.

定理 1.30 若函数 $y=f(x)$ 在区间 I_x 上单调增加(或单调减少)且连续,则它的反函数 $x=\varphi(y)$ 也在对应的区间 $I_y=\{y|y=f(x), x\in I_x\}$ 上单调增加(或单调减少)且连续.

证明从略.

例 7 证明 $y=\cos x$ 在 $(-\infty,+\infty)$ 内连续.

证 任取 $x_0\in(-\infty,+\infty)$,只需证明 $y=\cos x$ 在 x_0 处连续. 由于

$$0\leqslant|\cos x-\cos x_0|=2\left|\sin\frac{x+x_0}{2}\right|\left|\sin\frac{x-x_0}{2}\right|\leqslant 2\cdot\frac{|x-x_0|}{2}=|x-x_0|,$$

而 $\lim\limits_{x\to x_0}|x-x_0|=0$,由夹逼准则 $\lim\limits_{x\to x_0}|\cos x-\cos x_0|=0$,即 $\lim\limits_{x\to x_0}\cos x=\cos x_0$.

类似地,可以证明 $y=\sin x$ 在其定义域内也连续. 由连续函数的四则运算法则, $y=\tan x, y=\cot x, y=\sec x, y=\csc x$ 都在其定义域内连续. 指数函数的情况较复杂,其连续性蕴含在指数函数的定义中[①].

再由反函数的连续性,反三角函数、对数函数也是其定义域内的连续函数. 而幂函数 $y=x^{\mu}=e^{\mu\ln x}$,所以幂函数也是其定义域内的连续函数. 于是,基本初等函数在其定义域内都是连续的.

定理 1.31 一切初等函数在其定义域内的任何区间(定义区间)上连续.

注 该定理的结论非常重要,因为微积分的研究对象主要是连续或分段连续的函数,而一般应用中所遇到的函数基本上是初等函数,其连续性的条件总是满足的. 这样我们可以根据连续性去求某些极限,从而使微积分具有强大的生命力和广阔的应用前景.

[①] 当 x 取有理数的时候, a^x 在初等数学中有明确的定义;当 x 是无理数时, a^x 的定义就保证了函数 $y=a^x$ 的连续性. 所以说指数函数的连续性蕴含在其定义中. 若先承认指数函数在 **R** 上的单调性和指数的运算法则,本节课后习题 B 组第 4 题给出了指数函数连续性的一种"证明".

四、闭区间上连续函数的性质

若函数 $y = f(x)$ 在闭区间 $[a,b]$ 上连续, 则有下面的重要性质成立.

定理 1.32(最值定理) 若函数 $f(x)$ 在闭区间 $[a,b]$ 上连续, 则 $f(x)$ 在闭区间 $[a,b]$ 上有最大值和最小值, 即存在两点 $x_1, x_2 \in [a,b]$, 使得对任意的 $x \in [a,b]$, 有 $f(x_2) \leqslant f(x) \leqslant f(x_1)$.

定理中 $f(x_1)$ 是 $[a,b]$ 上的最大值, $f(x_2)$ 是 $[a,b]$ 上的最小值, 如图 1.21 所示.

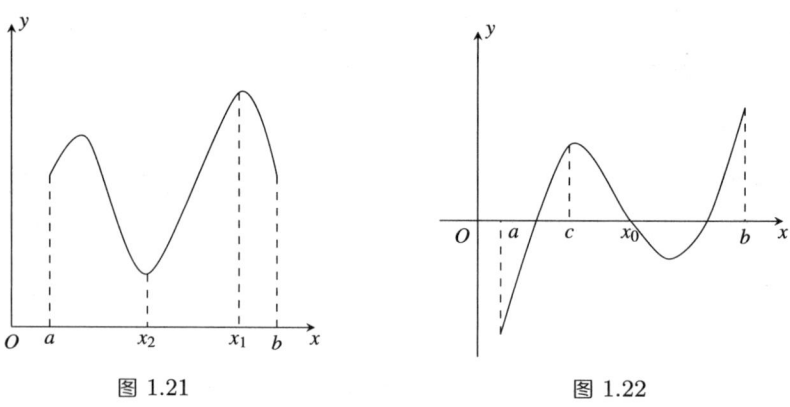

图 1.21　　　　　　　　图 1.22

推论 1.8　闭区间 $[a,b]$ 上的连续函数 $f(x)$ 一定有界.

定义 1.15　如果在点 x_0 处有 $f(x_0) = 0$, 那么点 x_0 称为函数 $f(x)$ 的一个零点.

定理 1.33(零点定理)　若函数 $f(x)$ 在闭区间 $[a,b]$ 上连续, 且 $f(a)f(b) < 0$, 则在 (a,b) 内至少有一点 x_0, 使得 $f(x_0) = 0$.

注　(1) 如图 1.22 所示, 零点定理的几何意义是, 如果连续曲线的两个端点在 x 轴的两侧, 那么该曲线与 x 轴至少有一个交点.

(2) 零点定理的结论说明, 在该定理条件下方程 $f(x) = 0$ 在 (a,b) 内至少有一个根. 但是若不满足定理的条件, $f(x) = 0$ 在 (a,b) 内不一定无根. 例如, 图 1.22 中, $f(x)$ 在区间 (c,b) 内有根, 但是 $f(c)f(b) > 0$.

例 8　证明方程 $x^3 - 4x^2 + 1 = 0$ 在区间 $(0,1)$ 内至少有一个根.

证　令 $f(x) = x^3 - 4x^2 + 1$, 则 $f(x)$ 在 $[0,1]$ 上连续. 又 $f(0) = 1 > 0$, $f(1) = -2 < 0$, 由零点定理, 存在 $\xi \in (0,1)$, 使得 $f(\xi) = 0$, 即 $\xi^3 - 4\xi^2 + 1 = 0$. 所以, 方程 $x^3 - 4x^2 + 1 = 0$ 在 $(0,1)$ 内至少有一个实根 ξ.

例 9　设函数 $f(x)$ 在区间 $[a,b]$ 上连续, 且
$$f(a) < a, \quad f(b) > b.$$

证明: 存在 $\xi \in (a,b)$, 使得 $f(\xi) = \xi$.

证 令 $F(x) = f(x) - x$, 则 $F(x)$ 在 $[a,b]$ 上连续. 而 $F(a) = f(a) - a < 0, F(b) = f(b) - b > 0$, 由零点定理, 存在 $\xi \in (a,b)$, 使得 $F(\xi) = f(\xi) - \xi = 0$, 即 $f(\xi) = \xi$.

例 10 证明方程 $\dfrac{1}{x-1} + \dfrac{1}{x-2} + \dfrac{1}{x-3} = 0$ 有分别包含于 $(1,2), (2,3)$ 内的两个实根.

证 当 $x \neq 1, 2, 3$ 时, 用 $(x-1)(x-2)(x-3)$ 乘方程两端, 得
$$(x-2)(x-3) + (x-1)(x-3) + (x-1)(x-2) = 0.$$
设 $f(x) = (x-2)(x-3) + (x-1)(x-3) + (x-1)(x-2)$, 则
$$f(1) = 2 > 0, \quad f(2) = -1 < 0, \quad f(3) = 2 > 0.$$
由零点定理知, $f(x)$ 在 $(1,2)$ 与 $(2,3)$ 内至少各有一个零点, 即原方程在 $(1,2)$ 与 $(2,3)$ 内至少各有一个实根.

例 11 设 $f(x)$ 在 $[a, +\infty)$ 上连续, $f(a) > 0$, 且 $\lim\limits_{x \to +\infty} f(x) = A < 0$, 证明: 在 $[a, +\infty)$ 上至少有一点 ξ, 使得 $f(\xi) = 0$.

证 只要能找到一点 $x_1 > a$, 使 $f(x_1) < 0$, 便可对 $f(x)$ 在 $[a, x_1]$ 上应用零点定理, 得到所需的结论.

因 $\lim\limits_{x \to +\infty} f(x) = A < 0$, 故对 $\varepsilon_0 = \dfrac{|A|}{2} > 0$, 存在 $X_0 > 0$, 当 $x > X_0$ 时, 有 $|f(x) - A| < \varepsilon_0$, 即 $-\dfrac{|A|}{2} + A < f(x) < \dfrac{|A|}{2} + A = \dfrac{A}{2} < 0$. 取实数 $x_1 > X_0$, 这样 $f(a) > 0$, 而 $f(x_1) < 0$, 由零点定理知: 在 (a, x_1) 内至少有一点 ξ, 使得 $f(\xi) = 0$. 由于 $(a, x_1) \subset (a, +\infty)$, 也就是说在 $[a, +\infty)$ 上至少有一点 ξ, 使得 $f(\xi) = 0$.

定理 1.34(介值定理) 若函数 $f(x)$ 在闭区间 $[a,b]$ 上连续, M 与 m 分别为 $f(x)$ 的最大值和最小值, c 为 M 与 m 之间的任意常数, 即 $m < c < M$, 则在 (a,b) 内至少有一点 x_0, 使得 $f(x_0) = c$.

证 若 $m = M$, $f(x) \equiv c$, 定理显然成立.

若 $m \neq M$, 由最值定理, 必存在 x_1 与 x_2, 使得 $f(x_1) = M$, $f(x_2) = m$.

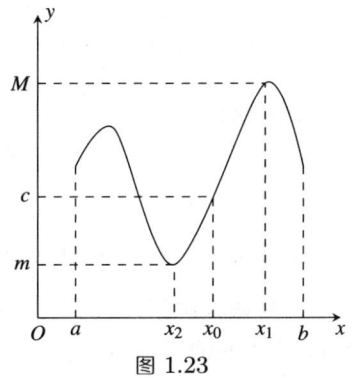

图 1.23

令 $g(x) = f(x) - c$, 则 $g(x_1) = M - c > 0$, $g(x_2) = m - c < 0$ 且 $g(x)$ 在 $[x_1, x_2]$ 或 $[x_2, x_1]$ 上连续, 由零点定理知, $g(x)$ 在 (x_1, x_2) 或 (x_2, x_1) 内至少有一个零点, 即 $g(x_0) = 0$. 从而 $g(x)$ 在 (a,b) 内至少有一个零点, 即 $f(x)$ 在 (a,b) 内至少有一点, 使得 $f(x_0) = c$, 如图 1.23 所示.

习 题 1-8

【A 组题】

1. 下列函数在指出的点处间断，说明这些间断点属于哪一类. 若是可去间断点，则补充或改变函数的定义使它连续.

   (1) $y = \dfrac{x^2-1}{x^2-3x+2}, x=1, x=2$.

   (2) $y = \cos^2 \dfrac{1}{x}, x=0$.

   (3) $y = \begin{cases} x-1, & x \geqslant 1; \\ 3-x, & x < 1, \end{cases} x=1$.

   (4) $y = \dfrac{x}{\tan x}, x=k\pi, x=k\pi+\dfrac{\pi}{2}, k \in \mathbf{Z}$.

2. 试证函数 $f(x) = \begin{cases} x\sin\dfrac{1}{x}, & x \neq 0; \\ 0, & x=0 \end{cases}$ 在 $x=0$ 处连续.

3. 设 $f(x) = \begin{cases} \dfrac{x^4+ax+b}{(x-1)(x+2)}, & x \neq 1, x \neq -2; \\ 2, & x=1. \end{cases}$ 为使 $f(x)$ 在 $x=1$ 处连续, a 与 b 应如何取值？

4. 试确定 a,b 的值，使 $f(x) = \dfrac{e^x - b}{(x-a)(x-1)}$ 分别满足下列条件：

   (1) 有无穷间断点 $x=0$；　(2) 有可去间断点 $x=1$.

5. 若函数 $y = \begin{cases} \dfrac{\tan x}{x}, & x>0; \\ a+e^x, & x \leqslant 0 \end{cases}$ 在 $x=0$ 处是连续的，求 a 的值.

6. 证明：方程 $x = \cos x$ 至少有一个根.

7. 证明：方程 $x = a\sin x + b (a>0, b>0)$ 至少有一个正根，并且不超过 $a+b$.

8. 设连续函数 $f(x)$ 在 $[a,b]$ 上的最大值和最小值分别为 M 和 m，证明：$f(x)$ 在 $[a,b]$ 上的值域为 $[m,M]$.

【B 组题】

1. 若函数 $f(x)$ 在闭区间 $[a,b]$ 上连续，$a<x_1<x_2<\cdots<x_n<b$，则在 $[x_1,x_n]$ 内至少有一点 ξ，使得 $f(\xi) = \dfrac{f(x_1)+f(x_2)+\cdots+f(x_n)}{n}$.

2. 证明: 当 $x \to 0$ 时, $e^x - 1 \sim x$, $\ln(1+x) \sim x$, $(1+x)^a - 1 \sim ax (a \neq 0)$.

3. 证明: 若 $\lim\limits_{x \to x_0} u(x) = a > 0$, $\lim\limits_{x \to x_0} v(x) = b \neq \infty$, 则 $\lim\limits_{x \to x_0} u(x)^{v(x)} = a^b$.

4. 利用下面的步骤证明 $y = a^x (a > 0, a \neq 1)$ 在 $(-\infty, +\infty)$ 内连续.

(1) 利用习题 1-2 的 B 组第 3 题, 证明当 $a > 1$ 时, $\lim\limits_{n \to \infty} \sqrt[n]{a} = 1$.

(2) 利用 (1) 证明若 $a > 1$, 则 $\lim\limits_{x \to 0^+} a^x = 1$.

(3) 证明若 $a > 0, a \neq 1$, 则 $\lim\limits_{x \to 0} a^x = 1$.

(4) 设 $x_0 \in \mathbf{R}$, 证明 $\lim\limits_{x \to x_0} a^x = a^{x_0}$.

5. 讨论 $f(x) = \lim\limits_{n \to \infty} \dfrac{1 - x^{2n}}{1 + x^{2n}} x$ 的连续性.

6. 设函数 $f(x)$ 与 $g(x)$ 在点 x_0 处连续, 证明: 函数
$$\varphi(x) = \max\{f(x), g(x)\}, \quad \psi(x) = \min\{f(x), g(x)\}$$
在点 x_0 处也连续.

第 2 章　导数与微分

微积分概念的提出是近代数学的起点, 而导数是一元微分学中的核心概念. 本章我们讲述导数的基本概念, 介绍导数的运算性质和基本的求导公式, 探究求导法则, 最后介绍微分及其应用.

§2.1　导数的概念和简单运算

一、导数的概念

导数的概念与实际生活中的许多问题有密切的联系, 主要来源于求质点运动速度、求曲线的切线、求函数的极值等问题. 下面我们来看沿直线运动的质点的速度和曲线的切线这两个问题.

引例 1　我们通常所说的速度, 指的是一段时间内质点的平均速度, 等于这段时间内质点所走过的路程除以用掉的时间, 反映了这段时间内质点运动的 (平均) 快慢. 这里的问题是, 质点在某一时刻的速度是个什么概念?

为了定量描述速度, 我们在质点运动的直线上规定原点、单位长度和正方向, 这样质点的位置可以用实数来表示. 设在时刻 t, 质点的坐标为 $s = s(t)$, 则时刻 t_0 该质点的速度是多少呢? 如果质点做匀速直线运动, 那质点在每一时刻的速度理解起来并不难, 因为每个时刻质点的速度一样, 我们自然可以认为质点每一时刻的速度都等于其平均速度. 如果质点做变速直线运动, 那么它在某个时刻的速度该如何理解?

在只有平均速度的概念下, 我们先考察在时刻 t_0 前后的一个时间段内该质点的平均速度. 在时刻 t_0 前后任选时刻 t, 则在 t_0 与 t 之间的时间段内, 质点的平均速度为 $\dfrac{s(t) - s(t_0)}{t - t_0}$. 这个平均速度显然并不是质点在时刻 t_0 的速度, 但是如果质点的运动是连续的, 且 t 和 t_0 的间隔比较小, 质点速度的变化也会比较小, 那么该平均速度就能近似描述时刻 t_0 的速度; 并且, t 和 t_0 的间隔越小, 该平均速度就越能很好地描述时刻 t_0 的速度. 所以, 我们希望 t 和 t_0 的间隔 "无穷小".

用准确的语言来表达, 令 $t \to t_0$, 如果 $\dfrac{s(t)-s(t_0)}{t-t_0}$ 的极限存在, 那么此极限就可以准确地描述质点在时刻 t_0 的速度 v, 也叫**瞬时速度**, 即
$$v = \lim_{t \to t_0} \frac{s(t)-s(t_0)}{t-t_0}.$$

之前所提到的速度, 如果不指明的话, 几乎都是平均速度, 只不过平均的时间有长有短而已. 现在我们利用极限将瞬时速度这个概念明晰之后, 才真正有物体在某一时刻的速度这个概念. 或者说, 我们很容易理解平均速度, 瞬时速度恰好是平均速度的极限. 它与一个运动过程联系在一起, 否则, 没有运动过程只给出物体某个孤立时刻所在的位置就没有在这个时刻的速度这个概念.

引例 2 下面我们来看切线问题. 如图 2.1 所示, 在平面上有一条连续曲线 $y = f(x)$, 曲线上点 $M(x_0, y_0)$ 处切线的斜率是多少?

圆的切线定义为和它只相交于一点的直线, 但是将只相交于一点这个说法套用到其他曲线上来定义切线就会带来问题和不确定性. 例如, 过 $y = x^3$ 上一点有很多条直线与它只相交于这一点, 但切线只有一条.

历史上, 笛卡尔与费马等人最早将切线定义为当两个交点重合在一起时的割线, 也具有一定的局限性. 但这给我们提供了一个思路, 即利用割线研究切线.

如图 2.1 所示, 在点 M 附近的曲线上任取一点 $N(x,y)$, 称直线 MN 为该曲线的割线, 其斜率为 $\dfrac{f(x)-f(x_0)}{x-x_0}$. 当点 N 靠近点 M 时, 即 x 接近 x_0 时, 割线 MN 的斜率和点 M 处切线的斜率比较接近; 且点 N 越靠近点 M, 割线 MN 的斜率和点 M 处切线的斜率就越接近.

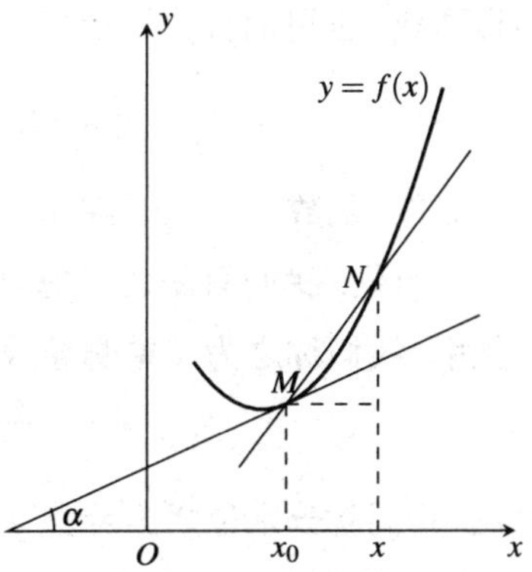

类似于瞬时速度, 我们用极限语言来描述: 若当 $N \to M$, 即 $x \to x_0$ 时, $\dfrac{f(x)-f(x_0)}{x-x_0}$ 的极限存在, 则该极限就是点 M 处切线的斜率 k, 也就是

图 2.1

$$k = \lim_{x \to x_0} \frac{f(x)-f(x_0)}{x-x_0}.$$

从这两个例子我们总结出一个共同的极限过程: 对一个函数 $y = f(x)$ 以及其定义域内一点 x_0, 当自变量由 x_0 变动到 x 时, 自变量有改变量 $\Delta x = x - x_0$, 函数值有增量 $\Delta y = f(x) - f(x_0)$, 极限

$$\lim_{x \to x_0} \frac{f(x)-f(x_0)}{x-x_0} = \lim_{\Delta x \to 0} \frac{\Delta y}{\Delta x} = \lim_{\Delta x \to 0} \frac{f(x_0+\Delta x)-f(x_0)}{\Delta x}$$

有具体的意义.

定义 2.1 设函数 $y = f(x)$ 在 x_0 的某邻域内有定义，当 x 在该邻域内变动时，其增量为 $\Delta x = x - x_0$，相应的函数值的增量

$$\Delta y = f(x) - f(x_0) = f(x_0 + \Delta x) - f(x_0).$$

如果极限

$$\lim_{x \to x_0} \frac{f(x) - f(x_0)}{x - x_0} = \lim_{\Delta x \to 0} \frac{\Delta y}{\Delta x} = \lim_{\Delta x \to 0} \frac{f(x_0 + \Delta x) - f(x_0)}{\Delta x}$$

存在，我们就称该函数在点 x_0 处**可导**，称此极限为函数 $f(x)$ 在 x_0 处的**导数**，记作

$$f'(x_0), \quad y'|_{x=x_0}, \quad \left.\frac{\mathrm{d}y}{\mathrm{d}x}\right|_{x=x_0}, \quad \left.\frac{\mathrm{d}f}{\mathrm{d}x}\right|_{x=x_0}.$$

如果上述极限不存在，就称函数 $y = f(x)$ 在点 x_0 处**不可导**，或者导数不存在. 如果极限不存在的原因是这个极限为无穷大，那么习惯上说函数 $y = f(x)$ 在点 x_0 处的**导数为无穷大**.

函数在一点的导数，考虑的是"函数的增量与相应自变量的增量之比当自变量的增量趋向于 0 时的极限"，也称作函数在这一点的"变化率"，衡量函数随着自变量变化而变化的速度.

如果函数 $y = f(x)$ 在开区间 I 内的每一点都可导，那么称 $y = f(x)$ 在开区间 I 内可导，或者 $y = f(x)$ 是区间 I 上的**可导函数**. 在此条件下，对于每一个 $x_0 \in I$，都可以对应 x_0 处的导数 $f'(x_0)$，这便构成一个新的函数关系，称这个新的函数为 $f(x)$ 的**导函数** (也可简称为导数)，记作 $f'(x), y', \frac{\mathrm{d}y}{\mathrm{d}x}, \frac{\mathrm{d}f}{\mathrm{d}x}$. 同时，有导数的定义式

$$f'(x) = \lim_{\Delta x \to 0} \frac{f(x + \Delta x) - f(x)}{\Delta x} = \lim_{h \to 0} \frac{f(x + h) - f(x)}{h}.$$

显然，函数 $y = f(x)$ 在 x_0 处的导数，等于 $y = f(x)$ 的导函数在 x_0 处的函数值.

有时候，我们只需要考虑自变量只在 x_0 左侧或者右侧变动时，函数在 x_0 处的变化率，我们称之为"单侧导数". 用极限表达就是，如果极限

$$\lim_{\Delta x \to 0^-} \frac{f(x + \Delta x) - f(x)}{\Delta x}, \quad \lim_{\Delta x \to 0^+} \frac{f(x + \Delta x) - f(x)}{\Delta x}$$

存在，我们就分别称之为函数 $f(x)$ 在 x_0 处的**左导数**和**右导数**，记为 $f'_-(x), f'_+(x)$.

根据极限和左、右极限的关系我们知道，若函数在一点可导，则左、右导数存在并且相等. 反之，若函数在一点处左、右导数都存在且相等，则函数在这一点可导，且等于它在这一点的左 (或右) 导数.

同连续类似，函数在闭区间 $[a,b]$ 上可导，是指函数在 (a,b) 内可导，同时在端点处有 $f'_+(a), f'_-(b)$ 存在.

二、常见函数的导数

下面我们来求一些常见函数的导数.

例 1 求 $f(x) = C$ 的导数.

解 依据定义, 其在某点 x 的导数可以如下计算:
$$\lim_{h \to 0} \frac{f(x+h) - f(x)}{h} = \lim_{h \to 0} \frac{C - C}{h} = 0,$$
从而 $C' = 0$.

该结果是显然的. 如果一个常值函数表示位移函数, 那么质点始终没有移动, 自然有速度为零; 若考察常值函数的图象, 则它是一条水平直线, 其切线斜率处处为零. 反过来, 如果一个函数其导数处处为零, 那么它必然也是一个常值函数, 因为速度为零, 路程就没有变化. 但是数学上的严格证明我们要到后面的章节 (微分中值定理) 才进行.

例 2 求幂函数 $f(x) = x^\mu, \mu \in \mathbf{R}^*$ 的导数.

解 当 $x = 0$ 时, $f'(0) = \lim_{h \to 0} \frac{h^\mu - 0^\mu}{h} = \lim_{h \to 0} h^{\mu-1} = \begin{cases} 0, & \mu > 1; \\ 1, & \mu = 1; \\ 不存在, & \mu < 1. \end{cases}$

若 $x \neq 0$, $\dfrac{f(x+h) - f(x)}{h} = \dfrac{(x+h)^\mu - x^\mu}{h} = x^{\mu-1} \dfrac{\left(1 + \dfrac{h}{x}\right)^\mu - 1}{\dfrac{h}{x}}$, 故

$$f'(x) = \lim_{h \to 0} x^{\mu-1} \frac{\left(1 + \dfrac{h}{x}\right)^\mu - 1}{\dfrac{h}{x}} = \lim_{h \to 0} x^{\mu-1} \frac{\mu \cdot \dfrac{h}{x}}{\dfrac{h}{x}} = \mu x^{\mu-1}.$$

例 3 设 $y = \sin x$, 求 y'.

解
$$\begin{aligned}
(\sin x)' &= \lim_{h \to 0} \frac{\sin(x+h) - \sin x}{h} \\
&= \lim_{h \to 0} \frac{\sin x \cos h + \cos x \sin h - \sin x}{h} \\
&= \lim_{h \to 0} \sin x \cdot \frac{\cos h - 1}{h} + \lim_{h \to 0} \cos x \cdot \frac{\sin h}{h} \\
&= \cos x.
\end{aligned}$$

类似地, 可以计算 $(\cos x)' = -\sin x$. 这两个例子中, 我们用到了前面提到的等价无穷小, 当 $x \to 0$ 时,
$$(1+x)^a - 1 \sim ax, \quad \sin x \sim x, \quad 1 - \cos x \sim \frac{1}{2}x^2.$$

例 4 设 $y = e^x$, 求 y'.

解 $(e^x)' = \lim_{h \to 0} \dfrac{e^{x+h} - e^x}{h} = \lim_{h \to 0} e^x \cdot \dfrac{e^h - 1}{h} = e^x.$

例 5 设 $y = \ln x$, 求 y'.

解 $(\ln x)' = \lim\limits_{h\to 0}\dfrac{\ln(x+h)-\ln x}{h} = \lim\limits_{h\to 0}\dfrac{\ln\left(1+\dfrac{h}{x}\right)}{\dfrac{h}{x}\cdot x} = \dfrac{1}{x}.$

类似地可以验证，当 $x<0$ 时，$[\ln(-x)]' = \dfrac{1}{x}$. 于是有 $(\ln|x|)' = \dfrac{1}{x}$. 这两个例子中，我们用到了前面提到的等价无穷小，当 $x\to 0$ 时，
$$e^x - 1 \sim x,\ \ln(1+x) \sim x.$$

例 6 求 $y = \begin{cases} x^2\sin\dfrac{1}{x}, & x\neq 0;\\ 0, & x=0\end{cases}$ 在 $x=0$ 处的导数.

解 按定义，
$$y'(0) = \lim_{x\to 0}\dfrac{y(0+x)-y(0)}{x} = \lim_{x\to 0}\dfrac{x^2\sin\dfrac{1}{x}}{x} = \lim_{x\to 0}x\sin\dfrac{1}{x} = 0.$$

通过下一节的学习可以知道，这个函数在不等于 0 的点，导数为
$$y'(x) = 2x\sin\dfrac{1}{x} + x^2\cos\dfrac{1}{x}\cdot\left(-\dfrac{1}{x^2}\right) = 2x\sin\dfrac{1}{x} - \cos\dfrac{1}{x},$$
并且该导数在 $x\to 0$ 时没有极限.

换言之，$f'_+(0)$ 和 $f'(0^+)$ 不一定相等. 前者是函数在 $x=0$ 这一点的右导数，后者是函数的导数在 0 这一点的右极限.

例 7 设函数
$$f(x) = \begin{cases} e^x, & x\geqslant 0;\\ a\sin x + b, & x < 0.\end{cases}$$
为了使函数 $f(x)$ 在 $x=0$ 处连续且可导，a 和 b 应该取何值？

解 首先函数 $f(x)$ 在 $x=0$ 处连续，即满足
$$\lim_{x\to 0^-}f(x) = \lim_{x\to 0^+}f(x) = f(0).$$
因为
$$\lim_{x\to 0^-}f(x) = \lim_{x\to 0^-}(a\sin x + b) = b,$$
$$\lim_{x\to 0^+}f(x) = \lim_{x\to 0^+}e^x = 1 = f(0),$$
所以有 $b = 1$.

其次，函数 $f(x)$ 在 $x=0$ 处可导，即满足 $f'_-(0) = f'_+(0)$. 因为
$$f'_-(0) = \lim_{x\to 0^-}\dfrac{f(x)-f(0)}{x-0} = \lim_{x\to 0^-}\dfrac{(a\sin x + b) - b}{x} = \lim_{x\to 0^-}\dfrac{a\sin x}{x} = a,$$
$$f'_+(0) = \lim_{x\to 0^+}\dfrac{f(x)-f(0)}{x-0} = \lim_{x\to 0^+}\dfrac{e^x - 1}{x} = 1,$$
所以有 $a = 1$.

综上所述，当 $a = b = 1$ 时，函数 $f(x)$ 在 $x=0$ 处连续且可导.

三、可导和连续的关系

设函数 $f(x)$ 在 x_0 处可导,则 $\lim\limits_{\Delta x \to 0} \dfrac{\Delta y}{\Delta x} = f'(x_0)$,于是,
$$\lim_{\Delta x \to 0} \Delta y = \lim_{\Delta x \to 0} \Delta x \cdot \dfrac{\Delta y}{\Delta x} = 0,$$
这表明函数 $f(x)$ 在 x_0 处连续. 反之则不一定成立,即函数连续但未必在这一点可导,例如下面的两个例子.

例 8 考察函数 $y = f(x) = |x|$ 在 $x = 0$ 处是否可导.

解 由单侧导数定义,很容易得到 $y'_-(0) = -1, y'_+(0) = 1$,也就是说 $y = |x|$ 在 $x = 0$ 处不可导. 但是,该函数在 $x = 0$ 处连续.

例 9 考察函数 $y = f(x) = \sqrt[3]{x}$ 在 $x = 0$ 处是否可导.

解 函数 $y = \sqrt[3]{x}$ 在 $(-\infty, +\infty)$ 内连续. 在 $x = 0$ 处,
$$\lim_{h \to 0} \dfrac{f(0+h) - f(0)}{h} = \lim_{h \to 0} \dfrac{\sqrt[3]{h} - 0}{h} = \lim_{h \to 0} \dfrac{1}{\sqrt[3]{h^2}} = \infty,$$
所以函数 $y = f(x) = \sqrt[3]{x}$ 在 0 处不可导.

四、导数的几何意义

由前述引例 2 以及导数的定义可知,函数 $y = f(x)$ 在 x_0 处的导数 $f'(x_0)$ 在几何上表示曲线 $y = f(x)$ 在点 $M(x_0, f(x_0))$ 处的切线的斜率,即
$$\tan \alpha = f'(x_0),$$
其中 α 是切线的倾斜角(见图 2.1). 因此,曲线 $y = f(x)$ 在点 $M(x_0, f(x_0))$ 处的**切线方程**为
$$y - y_0 = f'(x_0)(x - x_0).$$

称过点 $M(x_0, f(x_0))$ 且与切线垂直的直线为 $y = f(x)$ 在点 $M(x_0, f(x_0))$ 处的**法线**. 若 $f'(x_0) \neq 0$,则法线的斜率为 $-\dfrac{1}{f'(x_0)}$,法线方程为
$$y - y_0 = -\dfrac{1}{f'(x_0)}(x - x_0).$$

注 (1) 若函数 $y = f(x)$ 在 x_0 处的导数为无穷大,即 $f'(x_0) = \infty$,则意味着曲线 $y = f(x)$ 在点 $M(x_0, f(x_0))$ 处的切线是平行于 y 轴的,此时曲线 $y = f(x)$ 在该点处的切线方程为 $x = x_0$,法线方程为 $y = f(x_0)$.

(2) 若函数 $y = f(x)$ 在 x_0 处的导数为 0,即 $f'(x_0) = 0$,则意味着曲线 $y = f(x)$ 在点 $M(x_0, f(x_0))$ 处的切线是平行于 x 轴的,此时曲线 $y = f(x)$ 在该点处的切线方程为 $y = f(x_0)$,法线方程为 $x = x_0$.

例 10 设 $y = x^2$, 求其曲线在点 (a, a^2) 处的切线方程和法线方程.

解 因为 $y' = 2x$, 因此曲线在点 (a, a^2) 处的切线方程为
$$y - a^2 = 2a(x - a), \quad 即 \quad y = 2ax - a^2.$$

当 $a \neq 0$ 时, 曲线在点 (a, a^2) 处的法线方程为
$$y - a^2 = -\frac{1}{2a}(x - a);$$

当 $a = 0$ 时, 曲线在该点处的法线方程为 $x = 0$.

习题 2-1

【A 组题】

1. 选择填空题.

(1) 设 $f(x)$ 在 $x = a$ 处可导, 则 $\lim\limits_{x \to 0} \dfrac{f(a+x) - f(a-x)}{x} = (\quad)$.

    A. $f'(a)$ B. $2f'(a)$

    C. 0 D. $f'(2a)$

(2) 设 $f(x)$ 在 $x = a$ 的某个邻域内有定义, 则 $f(x)$ 在 $x = a$ 处可导的一个充分必要条件是 ( ) 存在.

    A. $\lim\limits_{h \to +\infty} h\left[f\left(a + \dfrac{1}{h}\right) - f(a)\right]$ B. $\lim\limits_{h \to 0} \dfrac{f(a+h) - f(a-h)}{h}$

    C. $\lim\limits_{h \to 0} \dfrac{f(a+2h) - f(a+h)}{h}$ D. $\lim\limits_{h \to 0} \dfrac{f(a) - f(a-h)}{h}$

(3) 设 $f(x) = \begin{cases} \dfrac{2}{3}x^3, & x \leqslant 1; \\ x^2, & x > 1, \end{cases}$ 则 $f(x)$ 在 $x = 1$ 处 ( ).

    A. 左导数不存在, 右导数存在   B. 左导数和右导数都存在

    C. 左导数和右导数都不存在   D. 左导数存在, 右导数不存在

(4) 已知 $f'(x_0) = 2$, 则 $\lim\limits_{h \to 0} \dfrac{f(x_0 - h) - f(x_0)}{2h} = $ _____.

(5) 函数 $f(x)$ 在 x_0 处连续是 $f(x)$ 在 x_0 处可导的 _____ 条件.

2. 求曲线 $y = e^x$ 上点 $(0, 1)$ 处的切线和法线方程.

3. 讨论函数 $y = \begin{cases} x\sin\dfrac{1}{x}, & x \neq 0; \\ 0, & x = 0 \end{cases}$ 在 $x = 0$ 处的可导性.

4. 设函数 $f(x)=\begin{cases} x^2, & x \leqslant 1; \\ ax+b, & x > 1. \end{cases}$ 为了使函数 $f(x)$ 在 $x=1$ 处连续且可导，a,b 应取何值？

5. 设 $f(x)=x+(x-1)\arcsin\sqrt{\dfrac{x}{x+1}}$，用导数定义求 $f'(1)$。

【B 组题】

1. 设 $f(x)$ 是可导函数，$F(x)=f(x)(1+|\sin x|)$，则 $f(0)=0$ 是 $F(x)$ 在 0 处可导的（　　）。

　　A. 充分必要条件　　　　　　B. 充分非必要条件

　　C. 必要非充分条件　　　　　D. 既非充分又非必要条件

2. 如果 $f(x)$ 是偶函数，且 $f'(0)$ 存在，证明 $f'(0)=0$。进一步，证明可导偶函数的导函数是奇函数，可导奇函数的导函数是偶函数。

3. 求 $\lim\limits_{n\to\infty} n\left[\sin\left(1+\dfrac{1}{n}\right)-\sin 1\right]$ 和 $\lim\limits_{n\to\infty} n(\mathrm{e}^{x+\frac{1}{n}}-\mathrm{e}^x)$。

4. 设 $f(x)=(x-1)(x-2)^2(x-3)^3$，求 $f'(1), f'(2), f'(3)$。

5. 证明：双曲线 $xy=a^2 (a\neq 0)$ 上任一点处的切线与两坐标轴构成的三角形，其面积为 $2a^2$。

§2.2　函数的求导法则和高阶导数

一、函数四则运算的求导法则

为了使函数的求导计算简单化，我们将以导数的定义为基础，建立求导法则。利用这些法则，我们可以更快地求出初等函数的导数。

定理 2.1　若函数 $f(x)$ 与 $g(x)$ 可导，则它们的和、差、积和商（商在分母不为零处）均可导，且

$$[f(x) \pm g(x)]' = f'(x) \pm g'(x),$$

$$[f(x)g(x)]' = f'(x)g(x) + f(x)g'(x),$$

$$\left[\dfrac{f(x)}{g(x)}\right]' = \dfrac{f'(x)g(x) - f(x)g'(x)}{g^2(x)}.$$

特别地,
$$[Cf(x)]' = Cf'(x), \quad \left[\frac{1}{g(x)}\right]' = -\frac{g'(x)}{g^2(x)}.$$

证 这里只证明函数乘法和除法的求导法则.

$$\begin{aligned}
[f(x)g(x)]' &= \lim_{\Delta x \to 0} \frac{f(x+\Delta x)g(x+\Delta x) - f(x)g(x)}{\Delta x} \\
&= \lim_{\Delta x \to 0} \left[\frac{f(x+\Delta x)g(x+\Delta x) - f(x)g(x+\Delta x)}{\Delta x} + \frac{f(x)g(x+\Delta x) - f(x)g(x)}{\Delta x}\right] \\
&= \lim_{\Delta x \to 0} \left[g(x+\Delta x) \cdot \frac{f(x+\Delta x) - f(x)}{\Delta x} + f(x) \cdot \frac{g(x+\Delta x) - g(x)}{\Delta x}\right] \\
&= g(x)f'(x) + f(x)g'(x).
\end{aligned}$$

$$\begin{aligned}
\left[\frac{f(x)}{g(x)}\right]' &= \lim_{\Delta x \to 0} \frac{\frac{f(x+\Delta x)}{g(x+\Delta x)} - \frac{f(x)}{g(x)}}{\Delta x} \\
&= \lim_{\Delta x \to 0} \frac{f(x+\Delta x)g(x) - f(x)g(x+\Delta x)}{g(x)g(x+\Delta x)\Delta x} \\
&= \lim_{\Delta x \to 0} \frac{g(x) \cdot \frac{f(x+\Delta x) - f(x)}{\Delta x} - f(x) \cdot \frac{g(x+\Delta x) - g(x)}{\Delta x}}{g(x)g(x+\Delta x)} \\
&= \frac{f'(x)g(x) - f(x)g'(x)}{g^2(x)}.
\end{aligned}$$

其余的等式请读者自己证明.

例 1 设 $y = x^2 + 2x + 1$,求 y'.

解 $y' = (x^2)' + (2x)' + 1' = 2x + 2.$

例 2 设 $y = e^x \sin x$,求 y'.

解 $y' = (e^x)' \sin x + e^x (\sin x)' = e^x (\cos x + \sin x).$

例 3 设 $y = \tan x$,求 y'.

解 $y' = \left(\frac{\sin x}{\cos x}\right)' = \frac{\cos x \cos x - \sin x(-\sin x)}{\cos^2 x} = \frac{1}{\cos^2 x} = \sec^2 x.$

二、复合函数的求导

我们知道,初等函数是基本初等函数和常数经过有限次的四则运算和函数复合得到的函数. 上面介绍了函数四则运算的求导法则,下面我们讨论复合函数的求导法则.

定理 2.2 设函数 $y = f[g(x)]$ 由 $y = f(u)$ 与 $u = g(x)$ 复合而成. 若 $u = g(x)$ 在 x 处可导, $y = f(u)$ 在 $u = g(x)$ 处可导, 则 $y = f[g(x)]$ 在 x 处可导, 且
$$y' = f'[g(x)]g'(x) = \frac{\mathrm{d}y}{\mathrm{d}u} \cdot \frac{\mathrm{d}u}{\mathrm{d}x}.$$

证 当 $g(x + \Delta x) \neq g(x)$ 时,
$$\frac{f[g(x + \Delta x)] - f[g(x)]}{\Delta x} = \frac{f[g(x + \Delta x)] - f[g(x)]}{g(x + \Delta x) - g(x)} \cdot \frac{g(x + \Delta x) - g(x)}{\Delta x}. \tag{2-1}$$
当 $g(x + \Delta x) = g(x)$ 时, 有
$$\frac{f[g(x + \Delta x)] - f[g(x)]}{\Delta x} = f'(g(x)) \cdot \frac{g(x + \Delta x) - g(x)}{\Delta x} = 0. \tag{2-2}$$
令 $\tilde{u} = g(x + \Delta x)$, 由 $u = g(x)$ 在 x 处的连续性, 当 $\Delta x \to 0$ 时, $\tilde{u} \to g(x)$, 所以
$$\lim_{\Delta x \to 0} \frac{f[g(x + \Delta x)] - f[g(x)]}{g(x + \Delta x) - g(x)} = \lim_{\tilde{u} \to g(x)} \frac{f(\tilde{u}) - f[g(x)]}{\tilde{u} - g(x)} = f'[g(x)].$$
又因为 $\lim\limits_{\Delta x \to 0} \dfrac{g(x + \Delta x) - g(x)}{\Delta x} = g'(x)$, 综合 (2-1) 和 (2-2), 有
$$\lim_{\Delta x \to 0} \frac{f[g(x + \Delta x)] - f[g(x)]}{\Delta x} = f'[g(x)]g'(x).$$

上述求导规则称为复合函数求导的**链式法则**. 若再多加一重复合, $x = s(t)$, 则 y 可成为 t 的函数, 对 t 按如下方式求导:
$$\{f[g(x(t))]\}'_t = f'[g(x(t))] \cdot g'(x(t)) \cdot x'(t),$$
简记为 $y'_t = y'_u \cdot u'_x \cdot x'_t$, 或者 $\dfrac{\mathrm{d}y}{\mathrm{d}t} = \dfrac{\mathrm{d}y}{\mathrm{d}u} \cdot \dfrac{\mathrm{d}u}{\mathrm{d}x} \cdot \dfrac{\mathrm{d}x}{\mathrm{d}t}$.

例 4 设 $y = \mathrm{e}^{x^3}$, 求 y'.

解 $y = \mathrm{e}^{x^3}$ 可以看作是 $y = \mathrm{e}^u$ 和 $u = x^3$ 复合而成, 于是,
$$y' = \frac{\mathrm{d}y}{\mathrm{d}u} \cdot \frac{\mathrm{d}u}{\mathrm{d}x} = \mathrm{e}^u \cdot 3x^2 = 3x^2 \cdot \mathrm{e}^{x^3}.$$

例 5 设 $y = \sqrt{1 + x^2}$, 求 y'.

解 $y = \sqrt{1 + x^2}$ 可以看作是 $y = \sqrt{u}$ 和 $u = 1 + x^2$ 复合而成, 于是,
$$y' = \frac{\mathrm{d}y}{\mathrm{d}u} \cdot \frac{\mathrm{d}u}{\mathrm{d}x} = \frac{1}{2\sqrt{u}} \cdot 2x = \frac{x}{\sqrt{1 + x^2}}.$$

例 6 设 $y = \ln\sin(1 - 2x)$, 求 y'.

解 $y = \ln\sin(1 - 2x)$ 是 $y = \ln u$, $u = \sin t$ 和 $t = 1 - 2x$ 复合而成, 于是,
$$y' = \frac{\mathrm{d}y}{\mathrm{d}u} \cdot \frac{\mathrm{d}u}{\mathrm{d}t} \cdot \frac{\mathrm{d}t}{\mathrm{d}x} = \frac{1}{u} \cdot \cos t \cdot (-2) = -\frac{2\cos(1 - 2x)}{\sin(1 - 2x)} = -2\cot(1 - 2x).$$

我们看到对复合函数求导时, 是先对外层函数求导, 将里面所复合的函数当成一个整体或整体变量, 再对里层函数进行求导, 一层一层这样求下去. 如果对复合函数的分解和求导运算较熟悉, 可以将中间变量省去. 例如, 例 6 的过程可以写作:
$$y' = \frac{1}{\sin(1 - 2x)} \cdot [\sin(1 - 2x)]'$$
$$= \frac{1}{\sin(1 - 2x)} \cdot \cos(1 - 2x) \cdot (1 - 2x)' = -2\cot(1 - 2x).$$

在求解一些形式复杂的函数的导数时,要能够灵活利用求导法则.

例 7 设 $y = x^{\sin x}$, 求 y'.

解 方法一: 由于 $y = x^{\sin x} = e^{\sin x \ln x}$, 由复合函数的求导法则,
$$y' = [e^{\sin x \ln x}]' = e^{\sin x \ln x} \cdot (\sin x \ln x)'$$
$$= x^{\sin x}\left(\cos x \ln x + \frac{\sin x}{x}\right).$$

方法二: 由于 $\ln y = \sin x \ln x$, 在该等式两边同时关于自变量 x 求导,
$$\frac{y'}{y} = \cos \ln x + \frac{\sin x}{x},$$

因此,
$$y' = y\left(\cos \ln x + \frac{\sin x}{x}\right) = x^{\sin x}\left(\cos x \ln x + \frac{\sin x}{x}\right).$$

注 (1) 函数 $y = x^{\sin x}$ 是幂指函数,它并不是简单地由幂函数和指数函数,或者幂函数和三角函数复合而成. 很多时候处理幂指函数的技巧是将其变成底数为 e 的复合函数.

(2) 例 7 的方法二中,在对 $\ln y$ 关于 x 求导时,要注意到 y 是 x 的函数,因此,这是复合函数的情形,要视 $\ln y$ 为 $\ln y(x)$, 结果为 $\frac{y'}{y}$, 而非 $\frac{1}{y}$.

例 8 设 $y = \sqrt[5]{\frac{(x-1)(x-2)}{(x-3)(x-4)}}$, 求 y'.

解 两边同时取对数,
$$\ln|y| = \frac{1}{5}(\ln|x-1| + \ln|x-2| - \ln|x-3| - \ln|x-4|),$$

两边再分别关于 x 求导,
$$\frac{y'}{y} = \frac{1}{5}\left(\frac{1}{x-1} + \frac{1}{x-2} - \frac{1}{x-3} - \frac{1}{x-4}\right),$$

从而
$$y' = \frac{1}{5}\sqrt[5]{\frac{(x-1)(x-2)}{(x-3)(x-4)}}\left(\frac{1}{x-1} + \frac{1}{x-2} - \frac{1}{x-3} - \frac{1}{x-4}\right).$$

三、高阶导数

物理上,位移函数 $s(t)$ 的导数是速度函数 $v(t)$, 速度函数 $v(t)$ 的导数是加速度函数 $a(t)$, 即
$$a(t) = v'(t) = [s'(t)]'.$$

一般地,若可导函数 $y = f(x)$ 的导数 y' 仍然可导,则称 y' 的导数为 y 的**二阶导数**,记作 y'', 或者 $f''(x)$, $\frac{d^2 y}{dx^2}$, $\frac{d^2 f}{dx^2}$. 若函数 $y = f(x)$ 的 $n-1$ 阶导数仍然可导,

则称 $n-1$ 阶导数的导数为 y 的 n 阶导数，记作 $y^{(n)}$，或者 $f^{(n)}(x)$, $\dfrac{\mathrm{d}^n y}{\mathrm{d} x^n}$, $\dfrac{\mathrm{d}^n f}{\mathrm{d} x^n}$. 习惯上，一阶、二阶和三阶导数记作 y', y'', y'''，四阶导数记作 $y^{(4)}$.

称阶数大于等于二的导数为**高阶导数**. 为了记号的统一，称 $y = f(x)$ 是它自己的 0 阶导数，即 $y^{(0)} = y$.

下面我们来看几个常用函数的高阶导数：

(1) $y = \mathrm{e}^{ax}, y' = a\mathrm{e}^{ax}, y'' = a^2 \mathrm{e}^{ax}, \cdots$. 一般地，
$$(\mathrm{e}^{ax})^{(n)} = a^n \mathrm{e}^{ax}, \ n = 0, 1, 2, \cdots.$$

(2) $y = \sin x, y' = \cos x, y'' = -\sin x, y^{(3)} = -\cos x, y^{(4)} = \sin x, \cdots$. 于是正弦函数 $y = \sin x$ 的各阶导数每 4 阶一循环，或者统一记作
$$(\sin x)^{(n)} = \sin\left(x + \frac{n}{2}\pi\right).$$
类似地，$(\cos x)^{(n)} = \cos\left(x + \dfrac{n}{2}\pi\right)$. 这两个等式中，$n$ 可以取所有的自然数.

(3) $y = \ln(1+x), y' = \dfrac{1}{1+x}, y'' = -\dfrac{1}{(1+x)^2}, y''' = \dfrac{2}{(1+x)^3}, \cdots$. 一般地，
$$[\ln(1+x)]^{(n)} = (-1)^{n-1} \frac{(n-1)!}{(1+x)^n}, \ n = 1, 2, \cdots.$$

(4) $y = x^\mu$, μ 不为自然数. $y' = \mu x^{\mu-1}$, $y'' = \mu(\mu-1)x^{\mu-2}$, $y''' = \mu(\mu-1)(\mu-2)x^{\mu-3}, \cdots$. 一般地，
$$(x^\mu)^{(n)} = \mu(\mu-1)\cdots(\mu-n+1)x^{\mu-n}, \ n = 1, 2, \cdots.$$

设 $u(x)$ 和 $v(x)$ 为 n 阶可导函数. 由两个函数加减法的求导法则，我们很容易得到
$$[u(x) \pm v(x)]^{(n)} = u^{(n)}(x) \pm v^{(n)}(x).$$

相对于加减法，两个函数乘积的高阶导数就复杂多了. 通过直接的计算我们可以得到下面的等式：
$$(fg)^{(0)} = fg,$$
$$(fg)' = f'g + g'f,$$
$$(fg)'' = (f'g + g'f)' = f''g + 2f'g' + fg'',$$
$$(fg)^{(3)} = (f''g + 2f'g' + fg'')'$$
$$= f^{(3)}g + 3f^{(2)}g^{(1)} + 3f^{(1)}g^{(2)} + fg^{(3)},$$
$$\cdots$$

一般地，我们有
$$(fg)^{(n)} = f^{(n)}g + nf^{(n-1)}g^{(1)} + \cdots + C_n^k f^{(n-k)} g^{(k)} + \cdots + fg^{(n)}$$
$$= \sum_{k=0}^{n} C_n^k f^{(n-k)} g^{(k)}.$$

我们称上述函数乘积的高阶导数公式为**莱布尼茨公式**,它和牛顿的二项式定理很像,只不过把后者的方幂换成了前者的求导阶数.

例 9 求 $e^{2x}x^2$ 的 20 阶导数.

解 注意到 x^2 的三阶和三阶以上的导数都为 0. 所以,依据莱布尼茨公式,我们有

$$(e^{2x}x^2)^{(20)} = C_{20}^0 (e^{2x})^{(20)} x^2 + C_{20}^1 (e^{2x})^{(19)} (x^2)^{(1)} + C_{20}^2 (e^{2x})^{(18)} (x^2)^{(2)}$$
$$= e^{2x}\left(2^{20}x^2 + 20 \cdot 2^{19} \cdot 2x + \frac{20 \cdot 19}{2} \cdot 2^{18} \cdot 2\right)$$
$$= 2^{20} e^{2x}(x^2 + 20x + 95).$$

四、隐函数求导

前面像 $y = x^2, y = e^{3x}, y = \arctan \dfrac{1}{x}$ 这样写出明确解析式的函数,我们称为**显函数**. 但是有些情况下因变量 y 依赖于自变量 x 的函数关系是由一个方程给出的,如 $e^y + xy - e = 0$.

一般地,如果变量 x 和 y 满足方程 $F(x,y) = 0$,在一定条件下,当 x 取某区间内的任意一值时,相应地存在唯一的 y 满足方程,那么就称 $F(x,y) = 0$ 在该区间内确定了一个**隐函数**.

我们希望有一种方法,能够直接由方程求出它确定的隐函数的导数及高阶导数,而不用求出对应的显式函数再求导 (事实上, 有的隐函数无法用解析式来表达其显函数). 下面我们用例题的形式来阐述这种方法.

例 10 求由方程 $e^y + xy - e = 0$ 确定的隐函数的导数.

解 我们视变量 y 为变量 x 的函数. 方程左端对 x 求导,

$$\frac{d(e^y + xy - e)}{dx} = \frac{d(e^y)}{dx} + \frac{d(xy)}{dx} = e^y \cdot \frac{dy}{dx} + y + x \cdot \frac{dy}{dx};$$

方程右端对 x 求导,

$$(0)'_x = 0.$$

由两边相等,得

$$e^y \cdot \frac{dy}{dx} + y + x \cdot \frac{dy}{dx} = 0,$$

从而当 $x + e^y \neq 0$ 时便可解出

$$\frac{dy}{dx} = -\frac{y}{x + e^y}.$$

注 因为我们无法解出该隐函数的显示解,因此导函数 $\dfrac{dy}{dx}$ 的表达式中一般会同时含有变量 x 和 y.

例 11 求 $x - 2y + \sin y = 0$ 所确定的隐函数的导数 $\dfrac{dy}{dx}$ 和二阶导数 $\dfrac{d^2y}{dx^2}$，并求它们在 $x = 0$ 处的值.

解 视变量 y 为变量 x 的函数，方程两端对 x 求导，得
$$1 - 2 \cdot \frac{dy}{dx} + \cos y \cdot \frac{dy}{dx} = 0.$$
解出 $\dfrac{dy}{dx}$，
$$\frac{dy}{dx} = \frac{1}{2 - \cos y}.$$
将上述方程两边再关于 x 求导，得
$$\frac{d^2y}{dx^2} = -\frac{\sin y \cdot \dfrac{dy}{dx}}{(2 - \cos y)^2} = -\frac{\sin y}{(2 - \cos y)^3}.$$
将 $x = 0$ 代入 $x - 2y + \sin y = 0$，得到 $y = 0$. 再将 $x = 0, y = 0$ 代入 $\dfrac{dy}{dx}$ 和 $\dfrac{d^2y}{dx^2}$ 的表达式，就得到
$$\left.\frac{dy}{dx}\right|_{x=0} = 1, \quad \left.\frac{d^2y}{dx^2}\right|_{x=0} = 0.$$

五、反函数求导

定理 2.3 设函数 $x = f(y)$ 在区间 I_y 内严格单调、可导且导数不为零，则它的反函数 $y = f^{-1}(x)$ 在区间 $f(I_y)$ 内也可导，并且
$$[f^{-1}(x)]' = \frac{1}{f'(y)} = \frac{1}{\dfrac{dx}{dy}}.$$

证 该定理中反函数的可导性证明略去，作为复合函数求导的应用，我们只对反函数求导公式作出推导. 由于 $f[f^{-1}(x)] = x$，两边关于自变量 x 求导，得
$$f'[f^{-1}(x)] \cdot [f^{-1}(x)]' = 1,$$
于是有
$$[f^{-1}(x)]' = \frac{1}{f'[f^{-1}(x)]} = \frac{1}{f'(y)}.$$

例 12 设 $y = \arcsin x$，求 y'.

解 $y = \arcsin x$ 是 $x = \sin y$ 的反函数，且 $\dfrac{dx}{dy} = \cos y$. 于是
$$y' = \frac{1}{\dfrac{dx}{dy}} = \frac{1}{\cos y} = \frac{1}{\sqrt{1 - \sin^2 y}} = \frac{1}{\sqrt{1 - x^2}}.$$
由于 $y = \arcsin x$ 的值域为 $\left[-\dfrac{\pi}{2}, \dfrac{\pi}{2}\right]$，故 $\cos y \geqslant 0$. 因此在上述解题过程中，$\cos y = \sqrt{1 - \sin^2 y}$.

例 13 设 $y = \arctan x$, 求 y'.

解 $y = \arctan x$ 是 $x = \tan y$ 的反函数, 且 $\dfrac{dx}{dy} = 1 + \tan^2 y$. 于是

$$y' = \frac{1}{\dfrac{dx}{dy}} = \frac{1}{1 + \tan^2 y} = \frac{1}{1+x^2}.$$

例 14 已知 $(a^x)' = a^x \ln a$, 求 $(\log_a x)'$.

解 $y = \log_a x$ 是 $x = a^y$ 的反函数, 且 $\dfrac{dx}{dy} = a^y \ln a$. 从而

$$(\log_a x)' = \frac{1}{a^y \ln a} = \frac{1}{x \ln a}.$$

我们断言, 若初等函数在其定义域内 (最多除了个别点外) 可导, 则得到的导数仍然是初等函数 (请根据我们得到的关于基本初等函数的导数加以思考). 现在, 将一些函数的导数列表如下.

(1) $(C)' = 0$; (2) $(x^\mu)' = \mu x^{\mu-1}$;

(3) $(\sin x)' = \cos x$; (4) $(\cos x)' = -\sin x$;

(5) $(\tan x)' = \sec^2 x$; (6) $(\cot x)' = -\csc^2 x$;

(7) $(\sec x)' = \sec x \tan x$; (8) $(\csc x)' = -\csc x \cot x$;

(9) $(a^x)' = a^x \ln a$; (10) $(e^x)' = e^x$;

(11) $(\log_a x)' = \dfrac{1}{x \ln a}$; (12) $(\ln |x|)' = \dfrac{1}{x}$;

(13) $(\arcsin x)' = \dfrac{1}{\sqrt{1-x^2}}$; (14) $(\arccos x)' = -\dfrac{1}{\sqrt{1-x^2}}$;

(15) $(\arctan x)' = \dfrac{1}{1+x^2}$; (16) $(\text{arccot}\, x)' = -\dfrac{1}{1+x^2}$.

六、参数方程确定的函数求导

一般情况下, 参数方程 $y = \psi(t), x = \varphi(t) (a \leqslant t \leqslant b)$ 表示一条曲线. 这条曲线很有可能不是某个函数的图象, 如 $x = \cos t, y = \sin t (0 \leqslant t \leqslant 2\pi)$. 但是, 这条曲线上的点有可能存在切线, 怎样求得参数方程表示的曲线上的点的切线呢?

参数方程确定的曲线整体上看可能不是某个函数的图象, 但是切线是曲线上的点在局部的性质, 而参数方程确定的曲线在局部有可能是某个函数的图象. 这样我们就可以把这个函数叫作由参数方程确定的函数.

事实上, 设参数方程 $y = \psi(t), x = \varphi(t)$ 在 $t = t_0$ 的某个邻域 $U(t_0)$ 内满足 $x = \varphi(t)$ 是单调的, $\psi(t)$ 和 $\varphi(t)$ 均可导, 且 $\varphi'(t) \neq 0$. 则 $x = \varphi(t)$ 有可导的反函数 $t = \varphi^{-1}(x)$, 从而

$$y = \psi(t) = \psi[\varphi^{-1}(x)]$$

即是该参数方程在 $U(t_0)$ 内确定的函数. 根据复合函数和反函数的求导法则,

$$\frac{dy}{dx} = \psi'[\varphi^{-1}(x)] \cdot [\varphi^{-1}(x)]' = \frac{\psi'(t)}{\varphi'(t)} = \frac{\dfrac{dy}{dt}}{\dfrac{dx}{dt}}. \tag{2-3}$$

例 15 已知椭圆方程 $\begin{cases} x = a\cos t, \\ y = b\sin t \end{cases} (a, b > 0)$, 求 $t = \dfrac{\pi}{3}$ 时的切线方程.

解 $t = \dfrac{\pi}{3}$ 时, $(x, y) = \left(\dfrac{a}{2}, \dfrac{\sqrt{3}b}{2}\right)$.

$$x'(t) = -a\sin t, \ y'(t) = b\cos t, \ \frac{dy}{dx} = -\frac{b\cos t}{a\sin t}.$$

从而切线的斜率为 $\dfrac{dy}{dx}\bigg|_{t=\frac{\pi}{3}} = -\dfrac{\sqrt{3}b}{3a}$, 切线方程为

$$\frac{y - \dfrac{\sqrt{3}b}{2}}{-\sqrt{3}b} = \frac{x - \dfrac{a}{2}}{3a},$$

化简后得到

$$bx + \sqrt{3}ay - 2ab = 0.$$

根据上面由参数方程确定的函数的求导公式, $\dfrac{dy}{dx}$ 是用参数 t 来表示的, 即这里的导函数也是由参数方程

$$\begin{cases} x = \varphi(t), \\ y' = \dfrac{\psi'(t)}{\varphi'(t)} \end{cases}$$

确定的. 所以计算二阶导数, 相当于对上面的参数方程确定的函数求导, 即

$$\frac{d^2 y}{dx^2} = \frac{\left[\dfrac{\psi'(t)}{\varphi'(t)}\right]'}{\varphi'(t)} = \frac{\psi''(t)\varphi'(t) - \psi'(t)\varphi''(t)}{[\varphi'(t)]^3}. \tag{2-4}$$

例 16 计算由摆线的参数方程

$$\begin{cases} x = a(t - \sin t), \\ y = a(1 - \cos t) \end{cases}$$

所确定的函数 $y = y(x)$ 的二阶导数, 如图 2.2 所示.

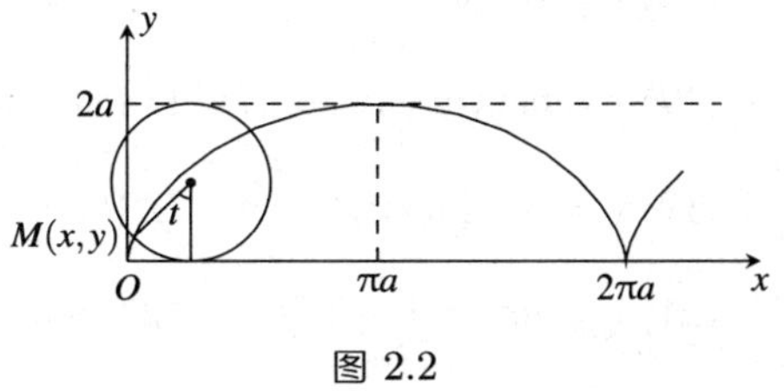

图 2.2

解 根据公式(2-3)和(2-4),

$$y'(x) = \frac{y'(t)}{x'(t)} = \frac{a\sin t}{a(1-\cos t)} = \frac{\sin t}{1-\cos t},$$

$$y''(x) = \frac{\left(\dfrac{\sin t}{1-\cos t}\right)'}{[a(t-\sin t)]'} = -\frac{1}{a(1-\cos t)^2}, t \neq 2n\pi, n \in \mathbf{Z}.$$

注 上例中二阶导数的求法, 利用了公式(2-4)的第一个等号, 也可以按照第二个等号来计算.

习 题 2-2

【A 组题】

1. 求函数 $y = x + \sin^2 x$ 在点 $\left(\dfrac{\pi}{2}, 1+\dfrac{\pi}{2}\right)$ 处的切线方程.

2. 推导余切函数和余割函数的求导公式:

(1) $(\cot x)' = -\csc^2 x$; (2) $(\csc x)' = -\csc x \cot x$.

3. 求下列函数的导数.

(1) $y = x^3 + \dfrac{7}{x^4} - \dfrac{2}{x} + 12$;   (2) $y = 5x^3 - 2^x + 3\mathrm{e}^x$;

(3) $y = 2\tan x + \sec x - 1$;   (4) $y = \sin x \cos x$;

(5) $y = x^2 \ln x$;   (6) $y = 3\mathrm{e}^x \cos x$;

(7) $y = \dfrac{\ln x}{x}$;   (8) $y = \dfrac{\mathrm{e}^x}{x^2} + 3$;

(9) $y = x^2 \ln(\cos x)$;   (10) $s = \dfrac{1+\sin t}{1+\cos t}$;

(11) $y = (2x+5)^4$;   (12) $y = \cos(4-3x)$;

(13) $y = \mathrm{e}^{-3x^2}$;   (14) $y = \ln(1+x^2)$;

(15) $y = \sin^2 x$;   (16) $y = \sqrt{a^2 - x^2}$;

(17) $y = \tan x^2$;   (18) $y = \arctan \mathrm{e}^x$;

(19) $y = (\arcsin x)^2$;   (20) $y = \ln \cos x$;

(21) $y = \arcsin(1-2x)$;   (22) $y = \dfrac{1}{\sqrt{1-x^2}}$;

(23) $y = \mathrm{e}^{-\frac{1}{2}x} \cos 3x$;   (24) $y = \arccos \dfrac{1}{x}$;

(25) $y = \dfrac{1-\ln x}{1+\ln x}$;   (26) $y = \dfrac{\sin 2x}{x}$;

(27) $y = \arcsin \sqrt{x}$;   (28) $y = \ln(x + \sqrt{a^2 + x^2})$;

(29) $y = \ln(\sec x + \tan x)$;   (30) $y = \ln(\csc x - \cot x)$;

(31) $y = (\arcsin \frac{x}{2})^2$; (32) $y = \ln \tan \frac{x}{2}$;

(33) $y = \sqrt{1 + \ln^2 x}$; (34) $y = e^{\arctan \sqrt{x}}$;

(35) $y = \sin^n x \cos nx$; (36) $y = \arctan \frac{x+1}{x-1}$;

(37) $y = \dfrac{\arcsin x}{\arccos x}$; (38) $y = \ln \ln \ln x$;

(39) $y = \dfrac{\sqrt{1+x} - \sqrt{1-x}}{\sqrt{1+x} + \sqrt{1-x}}$; (40) $y = \arcsin \sqrt{\dfrac{1-x}{1+x}}$;

(41) $y = e^{-x}(x^2 - 2x + 3)$; (42) $y = \ln \cos \dfrac{1}{x}$;

(43) $y = \dfrac{e^x - e^{-x}}{e^x + e^{-x}}$; (44) $y = \sqrt{x + \sqrt{x}}$;

(45) $y = \arcsin \dfrac{x}{2} + \sqrt{4 - x^2}$; (46) $y = e^{-\sin^2 \frac{1}{x}}$;

(47) $y = \dfrac{\ln x}{x^n}$; (48) $y = (1 + \sqrt{x})(1 + \sqrt{2x})(1 + \sqrt{3x})$;

(49) $y = x^{a^a} + a^{x^a} + a^{a^x}$; (50) $y = \arcsin \dfrac{2t}{1+t^2}$;

(51) $y = \left(\dfrac{x}{1+x}\right)^x$; (52) $y = (\ln x)^{1+\sin x}$.

4. 求下列函数的二阶导数.

(1) $y = 2x^3 + \ln x$; (2) $y = e^{2x-1}$; (3) $y = x \cos x$;

(4) $y = e^{-x} \sin x$; (5) $y = \dfrac{1}{x^3 + 1}$; (6) $y = \ln(x + \sqrt{1 + x^2})$.

5. 设 $f(x) = (x+10)^7$, 求 $f'''(2)$.

6. 设 $f''(x)$ 存在, 求下列函数的二阶导数.

(1) $y = f(x^2)$; (2) $y = \ln[f(x)]$.

7. 求曲线 $\begin{cases} x = a \cos^3 t, \\ y = a \sin^3 t \end{cases}$ 在 $t = 0$ 相应点处的切线方程.

8. 求曲线 $\begin{cases} x = \sin t, \\ y = \cos 2t \end{cases}$ 在 $t = \dfrac{\pi}{4}$ 相应点处的切线方程与法线方程.

9. 求椭圆 $\dfrac{x^2}{16} + \dfrac{y^2}{9} = 1$ 在点 $\left(2, \dfrac{3\sqrt{3}}{2}\right)$ 处的切线方程与法线方程.

10. 求下列方程确定的隐函数的指定导数.

(1) $\ln(x^2 + y) = x^3 y + \sin x$, 求 $y'(0)$; (2) $x - y + \dfrac{1}{2} \sin y = 0$, 求 y'';

(3) $e^y + xy = e$, 求 $y''(0)$; (4) $x^3 + y^3 - 3axy = 0$, 求 y''.

11. 求下列参数方程确定的函数的二阶导数.

(1) $\begin{cases} x = 5(t - \sin t), \\ y = 5(1 - \cos t); \end{cases}$ (2) $\begin{cases} x = \dfrac{1}{2}\ln(1 + t^2), \\ y = \arctan t; \end{cases}$

(3) $\begin{cases} x = 2t - t^2, \\ y = 3t - t^3; \end{cases}$ (4) $\begin{cases} x = t \ln t, \\ y = e^t. \end{cases}$

12. 求下列函数指定阶的导数.

(1) $y = e^x \cos x$,求 $y^{(4)}$; (2) $y = x^2 \sin 2x$,求 $y^{(50)}$;

(3) $y = x^2 \ln(1 + x)$,求 $y^{(50)}$; (4) $y = \dfrac{1}{x^2 - 5x + 6}$,求 $y^{(50)}$.

【B 组题】

1. 求函数 $y = \begin{cases} \dfrac{x}{1 + e^{\frac{1}{x}}}, & x \neq 0; \\ 0, & x = 0 \end{cases}$ 在 $x = 0$ 处的左导数和右导数.

2. 试从 $\dfrac{dx}{dy} = \dfrac{1}{y'}$ 导出:

(1) $\dfrac{d^2 x}{dy^2} = -\dfrac{y''}{(y')^3}$; (2) $\dfrac{d^3 x}{dy^3} = \dfrac{3(y'')^2 - y'y'''}{(y')^5}$.

3. 设函数 $f(x)$ 和 $g(x)$ 均在点 x_0 的某一邻域内有定义,$f(x)$ 在 x_0 处可导,$f(x_0) = 0$,$g(x)$ 在 x_0 处连续,试讨论 $f(x)g(x)$ 在 x_0 处的可导性.

4. 要使 $y = e^{\lambda x}$ 满足方程 $y'' + py' + qy = 0$(其中 p, q 为常数),则 λ 应满足什么条件?

§2.3 微分和近似计算

一、微分的定义与导数的关系

微分是高等数学中很重要的概念. 我们平时处理问题的时候,总是将一个复杂的问题简单化,将其变成简单的关系或者模型来处理. 微分也是基于这种思想.

设函数 $y = f(x)$ 在 x_0 附近有定义. 如果自变量有增量 Δx,即自变量由 x_0 变到 $x_0 + \Delta x$,那么相应的函数值就从 $f(x_0)$ 变到 $f(x_0 + \Delta x)$,函数值的增量为

$$\Delta y = f(x_0 + \Delta x) - f(x_0).$$

这表明 Δy 是 Δx 的函数. 两个变量之间的关系中,正比例关系是最简单的,但是

一般情况下, Δy 与 Δx 的关系比较复杂, 并不是正比例关系. 例如, 函数 $y = e^x$ 在 $x_0 = 0$ 处,
$$\Delta y = e^{\Delta x} - 1.$$
另一方面, 我们知道当 $\Delta x \to 0$ 时, $e^{\Delta x} - 1 \sim \Delta x$, 即
$$\Delta y = \Delta x + o(\Delta x).$$
这表明 Δy 与 Δx "近似" 成正比.

一般情况下, 我们把这种 "近似" 正比例关系称作 "可微", 有如下定义.

定义 2.2 设函数 $y = f(x)$ 在 x_0 的某邻域内有定义, $x_0 + \Delta x$ 在该邻域内,
$$\Delta y = f(x_0 + \Delta x) - f(x_0).$$
若存在常数 A 使得 $\Delta y = A\Delta x + o(\Delta x)$, 则称函数 $y = f(x)$ 在 $x = x_0$ 点可微, 称 $A\Delta x$ 为函数 $y = f(x)$ 在 $x = x_0$ 点的微分, 记作 $\mathrm{d}y = A\Delta x$.

因为 x 可以视作自身的函数, 因此根据微分的定义有 $\mathrm{d}x = 1 \cdot \Delta x$. 于是, 以后也经常用 $\mathrm{d}x$ 来表示自变量 x 的增量 Δx, 进而微分的关系便可写作 $\mathrm{d}y = A\mathrm{d}x$.

从可微的定义我们容易看出, 若函数 $y = f(x)$ 在 x_0 处可微, 则当 $\Delta x \to 0$ 时, $\Delta y \to 0$, 即函数 $y = f(x)$ 在 $x = x_0$ 这一点连续.

下面我们来看看可微和可导之间存在什么样的关系. 假设函数 $y = f(x)$ 在 $x = x_0$ 点可微, 即存在常数 A 使得 $\Delta y = A\Delta x + o(\Delta x)$, 则
$$\lim_{\Delta x \to 0} \frac{\Delta y}{\Delta x} = \lim_{\Delta x \to 0} \frac{A\Delta x + o(\Delta x)}{\Delta x} = A.$$
这就是说函数 $y = f(x)$ 在 $x = x_0$ 点可导, 并且在点 x_0 处的导数刚好满足 $f'(x_0) = A$.

反之, 若函数 $y = f(x)$ 在 $x = x_0$ 处可导, 也就是 $\lim_{x \to x_0} \frac{\Delta y}{\Delta x} = f'(x_0)$, 则由定理 1.12 可得, 存在一个 $\Delta x \to 0$ 时的无穷小 α, 使得
$$\frac{\Delta y}{\Delta x} = f'(x_0) + \alpha,$$
从而
$$\Delta y = f'(x_0)\Delta x + \alpha\Delta x.$$
显然, $\alpha\Delta x = o(\Delta x)$. 这就是说, 函数 $y = f(x)$ 在 $x = x_0$ 点可微, 并且在 x_0 点对应的微分系数满足 $A = f'(x_0)$. 从而, $y = f(x)$ 在 $x = x_0$ 点**可微和可导是等价的**.

类似于区间上的连续函数和可导函数, 若 $y = f(x)$ 在区间 I 内的每一点都可微, 则称 $y = f(x)$ 在区间 I 内可微, 是区间 I 上的**可微函数**. 称 $\mathrm{d}y = f'(x)\mathrm{d}x$ 为函数 $y = f(x)$ 的微分.

导数的表示 $\frac{\mathrm{d}y}{\mathrm{d}x}$ 就是从微分的记号来的, 所以有时也称导数为微商.

根据如上微分的定义和求导的运算法则, 我们可以得到如下微分的运算法则:
$$\mathrm{d}(f \pm g) = \mathrm{d}f \pm \mathrm{d}g,$$

$$d(fg) = f\,dg + g\,df,$$
$$d\left(\frac{f}{g}\right) = \frac{g\,df - f\,dg}{g^2}.$$

前面曾列举过 16 个导数公式,那么相应地,我们能列举 16 个微分公式,请读者自己完成. 例如, $(\tan x)' = \sec^2 x, d(\tan x) = \sec^2 x\,dx$.

例 1 求函数 $y = x^2$ 在 $x = 1$ 处的微分.

解 先求函数 $y = x^2$ 在任意点 x 的微分
$$dy = (x^2)'\Delta x = 2x\Delta x,$$
再求它在 $x = 1$ 处的微分
$$dy|_{x=1} = 2dx.$$

例 2 求函数 $y = x^3$ 在 $x = 1$ 处当 $\Delta x = 0.01$ 时的微分.

解 先求函数 $y = x^3$ 在任意点 x 的微分
$$dy = (x^3)'\Delta x = 3x^2\Delta x,$$
再求它在 $x = 1$ 处当 $\Delta x = 0.01$ 时的微分
$$dy\Big|_{\substack{x=1 \\ \Delta x=0.01}} = 0.03.$$

二、微分的形式不变性

复合函数的导数满足链式法则,下面我们来看复合函数的微分法则.

设 $y = f(u)$ 及 $u = g(x)$ 均是可导函数. 由 $y = f(u)$ 可得
$$dy = y'_u du,$$
其中 y'_u 表示 y 关于自变量 u 求导. $y = f(u)$ 与 $u = g(x)$ 复合得到函数 $y = f[g(x)]$,又有
$$dy = y'_x dx.$$
这两个 dy 相等吗?实际上,它们确实是相等的,由复合函数求导法则,
$$y'_x dx = y'_u \cdot u'_x dx = y'_u du.$$
这表明,在计算微分的时候,不管 u 作为中间变量还是最终变量,求微分的法则是相同的,称之为**微分的形式不变性**. 换句话说,一个变量的微分,总是等于这个变量关于另外一个变量的导数,再乘以另外这个变量的微分.

例 3 气球从离开观察员 500 m 处的地面垂直上升,当气球高度为 500 m 时,气球上升的速度为 140 m/min,问:此时观察员视线仰角增加的速率是多少?假设观察员的视线始终与气球对齐.

解 设气球离地面的高度为 h, 观察员视线与地面的倾角为 α, 则有
$$\tan\alpha = \frac{h}{500}, \quad \sec^2\alpha\,\mathrm{d}\alpha = \frac{1}{500}\mathrm{d}h.$$
已知 $\dfrac{\mathrm{d}h}{\mathrm{d}t} = 140$, 则有
$$\frac{\mathrm{d}\alpha}{\mathrm{d}t} = \cos^2\alpha \cdot \frac{1}{500} \cdot \frac{\mathrm{d}h}{\mathrm{d}t} = \frac{1}{2} \cdot \frac{1}{500} \cdot 140 = 0.14\,(\mathrm{rad/min}).$$

三、微分的几何意义及近似计算

如图 2.3 所示, 函数 $f(x)$ 在某一点 x, 自变量有增量 Δx, 那么函数相应有增量 $\Delta y = f(x+\Delta x) - f(x)$, 这是真实的增量.

如果函数 $f(x)$ 在 x 处可微的话, 我们看到函数在 $(x, f(x))$ 这一点有一条切线. 对应到该切线上, 我们也有另外一个增量 $\mathrm{d}y = f'(x)\mathrm{d}x$.

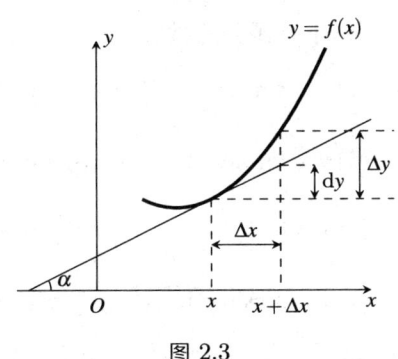

图 2.3

随着 Δx 越来越小, Δy 与 $\mathrm{d}y$ 之间的差别也越来越小, 以至于相对于 Δy 来说可以忽略不计.

这就是我们可以用微分来进行近似计算的基础: Δx 很小时, $\Delta y \approx \mathrm{d}y$. 换句话说, $f(x+\Delta x) \approx f(x) + f'(x)\Delta x$.

例 4 计算 1.002^5.

解 考虑函数 $f(x) = x^5$, 则 $f'(x) = 5x^4$. 由微分近似计算公式,
$$1.002^5 = (1+0.002)^5 \approx f(1) + f'(1) \cdot 0.002 = 1 + 5 \cdot 0.002 = 1.01.$$

例 5 计算 $\sin 29°50'$.

解 考虑函数 $f(x) = \sin x$, 则 $f'(x) = \cos x$. 由微分近似计算公式,
$$\sin 29°50' = \sin(30° - 10') = \sin\left(\frac{\pi}{6} - \frac{1}{6} \cdot \frac{\pi}{180}\right)$$
$$\approx \sin\frac{\pi}{6} + \cos\frac{\pi}{6} \cdot \left(-\frac{\pi}{1080}\right)$$
$$\approx \frac{1}{2} - \frac{\sqrt{3}}{2} \cdot \frac{\pi}{1080} \approx 0.497.$$

类似地, 我们可以很容易得到下列近似公式 (当 x 很小时):
$$\ln(1+x) \approx x,\ \mathrm{e}^x \approx 1+x,\ \sin x \approx x,\ (1+x)^a \approx 1+ax\,(a\neq 0).$$

习 题 2-3

【A 组题】

1. 已知 $y = x^3 - x$, 计算 $x = 2$ 处当 Δx 分别等于 $1, 0.1, 0.01$ 时的 Δy 及 dy.

2. 求下列函数的微分.

(1) $y = \sin(2x+1)$;   (2) $y = x^x$;

(3) $y = \ln(\cos x)$;   (4) $y = \ln^2(1-x)$;

(5) $y = e^{-\sin^2 \frac{1}{x}}$;   (6) $y = e^{-x}\cos(3-x)$;

(7) $y = \arcsin\sqrt{1-x^2}$;   (8) $y = \tan^2(1+2x^2)$;

(9) $y = \arctan\dfrac{1-x^2}{1+x^2}$;   (10) $s = A\sin(\omega t + \varphi)$;

(11) $y = \arccos(x^2)$;   (12) $y = \ln(x+\sqrt{a^2+x^2})$.

3. 计算下列函数在指定的点 x_0 处的微分.

(1) $x\sin x$, $x_0 = \dfrac{\pi}{4}$;   (2) $(1+x)^\alpha$, $x_0 = 0$ (其中 $\alpha > 0$ 是常数).

4. 设 $y = \dfrac{2}{x-1}$, 计算当自变量 x 由 3 变到 3.001 时函数的增量与相应的微分.

5. 计算下列近似值.

(1) $\cos 29°$;   (2) $\sqrt[5]{32.16}$.

6. 当 $|x|$ 较小时, 证明下列近似公式.

(1) $\tan x \approx x$ (x 是弧度);   (2) $\ln(1+x) \approx x$;

(3) $e^x - 1 \approx x$;   (4) $\dfrac{1}{1+x} \approx 1-x$.

第 3 章　微分中值定理与导数的应用

前两章我们研究了函数与其导数. 导数是函数的局部性质, 函数在某一点处的导数反映的是函数在这一点附近的变化率. 对于任何一个初等函数, 我们都能求得它的导数. 一般地, 如果知道一个函数具有某些性质, 我们能够得到它的导函数会具有相应的性质. 例如, 如果函数在某个区间单调增加且可导, 那么它的导函数非负; 又如, 若一个函数在某个关于原点对称的区间上是奇函数且可导, 则它的导数是偶函数. 反之, 如果知道一个函数的导函数具有某些性质, 我们能否得到该函数具有的相应性质? 如果知道一个函数的导函数, 我们能否反推出这个函数?

本章的目的就是建立函数的性质与导函数性质间更多的逻辑关系. 我们将得到几个微分中值定理, 即罗尔定理、拉格朗日中值定理、柯西中值定理、泰勒公式. 作为应用, 我们介绍求极限的洛必达法则, 以及通过导数来判断函数的单调性与最值、凹凸性与拐点等性质. 最后, 我们将展示泰勒公式在近似计算中的应用.

§3.1　微分中值定理

一、罗尔定理

首先, 我们来探讨一个简单的物理模型——带有阻尼的一维震动模型, 其位移-时间函数记为 $x = f(t)$, 函数图形如图 3.1 所示.

由生活经验可知, 在一定条件下, 当位移达到最大值时, 物体的速度为零. 这就我们所说的费马引理.

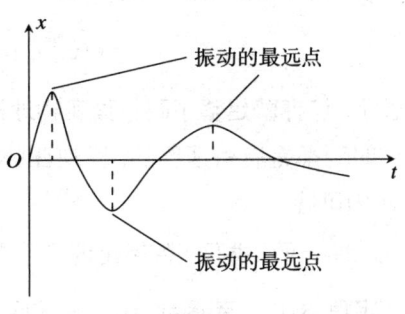

图 3.1

定理 3.1(费马引理)　设函数 $f(x)$ 在 x_0 的某个邻域 $U(x_0)$ 内有定义, 且当

$x \in U(x_0)$ 时, $f(x_0) \geqslant f(x)$(或者$f(x_0) \leqslant f(x)$). **如果函数** $f(x)$ **在** x_0 **处可导, 那么** $f'(x_0) = 0$.

证 不妨设当 $x \in U(x_0, \delta)$ 时, $f(x_0) \geqslant f(x)$. 于是, 在左邻域 $(x_0 - \delta, x_0)$ 内有 $x - x_0 < 0$, 所以

$$f'(x_0) = f'_-(x_0) = \lim_{x \to x_0^-} \frac{f(x) - f(x_0)}{x - x_0} \geqslant 0;$$

在右邻域 $(x_0, x_0 + \delta)$ 内有 $x - x_0 > 0$, 所以

$$f'(x_0) = f'_+(x_0) = \lim_{x \to x_0^+} \frac{f(x) - f(x_0)}{x - x_0} \leqslant 0.$$

因此, 有 $f'(x_0) = 0$.

一般地, 若 $f'(x_0) = 0$, 则称点 x_0 是函数 $f(x)$ 的**驻点**. 有的书上也称驻点为**稳定点, 临界点**.

我们继续讨论上述物理问题. 假设我们在时刻 0 和时刻 T 观察到质点刚好都位于平衡位置——位移为零, 而在 $(0, T)$ 之间, 我们不清楚质点是如何运动的, 但是我们依然可以根据经验判断: 质点一定在某些时间点达到位移的最远点, 而质点运动到最远点处的速度一定为零. 更一般地, 我们可以得到这样的推理: 如果我们只是知道一个质点做直线运动, 且在两个时间点 a 和 b 具有相同的位移, 虽然在时间段 $[a, b]$ 内它的位移-时间曲线图可以很复杂, 但是我们依然可以肯定地说在时间段 (a, b) 内, 至少有一个时刻的速度为零!

下面我们把上述推理翻译成数学语言: 用字母 x 表式时间, 充当自变量, 用 x 的函数 $f(x)$ 表示位移, 于是, 条件"在两个时间点 a 和 b 具有相同的位移"就可以用

$$f(a) = f(b)$$

来表示. 我们知道速度是位移关于时间的导函数, 因此, 结论"在时间段 (a, b) 内, 至少有一个时刻的速度为零"就可以用

$$存在 \xi \in (a, b), 满足 f'(\xi) = 0$$

来表示. 这样就足够了吗? 其实物理模型中还隐含着另外一个条件, 那就是质点在每一时刻都是具有速度的, 反映在数学语言中, 就应该表达为: 函数 $f(x)$ 在区间 $[a, b]$ 内可导.

总结一下, 我们的数学定理应该表述如下.

定理 3.1' 若函数 $f(x)$ 在区间 $[a, b]$ 内可导且 $f(a) = f(b)$, 则至少存在一点 $\xi \in (a, b)$, **使得** $f'(\xi) = 0$.

证明的思路也来源于物理模型: 如果质点停在一点不动, 那么每一点的速度都是零; 如果质点不是停在一点不动, 那么找到它运动的最远点, 最远点处的速度一定为零.

证 (1) 设 $f(x)$ 是常值函数, 则对于任意一点 $\xi \in (a,b)$, 都有 $f'(\xi) = 0$, 命题的结论显然成立.

(2) 设 $f(x)$ 不是常值函数. 因为 $f(x)$ 在 $[a,b]$ 上可导, 因此 $f(x)$ 在 $[a,b]$ 上连续, 根据最值定理, 这时 $f(a)(= f(b))$ 不可能既是 $f(x)$ 在区间 $[a,b]$ 上的最大值又是最小值. 因此, $f(x)$ 的最大值点和最小值点至少有一个在 (a,b) 内达到. 不妨设有一最大值点 $\xi \in (a,b)$, 即
$$f(x) \leqslant f(\xi), \ \forall x \in [a,b].$$
于是
$$f'(\xi) = f'_-(\xi) = \lim_{x \to \xi^-} \frac{f(x) - f(\xi)}{x - \xi} \geqslant 0,$$
$$f'(\xi) = f'_+(\xi) = \lim_{x \to \xi^+} \frac{f(x) - f(\xi)}{x - \xi} \leqslant 0,$$
所以 $f'(\xi) = 0$.

反观定理的证明, 条件"函数 $f(x)$ 在 $[a,b]$ 上可导"起到两个作用, 一个是保证函数 $f(x)$ 在闭区间 $[a,b]$ 上连续, 另一个是保证函数 $f(x)$ 在开区间 (a,b) 内可导. 因此, 我们可以将命题的条件减弱而并不影响结论, 这样我们就得到了这一节的第一个中值定理.

定理 3.2(罗尔定理) 设函数 $f(x)$ 满足

(1) 在闭区间 $[a,b]$ 上连续;

(2) 在开区间 (a,b) 内可导;

(3) 在区间端点处取值相同, 即 $f(a) = f(b)$,

则在开区间 (a,b) 内至少存在一点 ξ, 使得 $f'(\xi) = 0$.

罗尔定理的条件相对于之前的讨论减弱了, 但是结论却是一样的. 我们很自然地要问: 在保证结论的前提下, 我们还能否进一步减弱罗尔定理的条件? 答案是否定的, 也就是说, 罗尔定理的三个条件中减弱任何一个, 结论都有可能不再成立!

罗尔定理可以用来证明方程根在给定区间内的存在性.

例 1 若函数 $f(x)$ 在 (a,b) 内具有二阶导数, 且 $f(x_1) = f(x_2) = f(x_3)$, 其中 $a < x_1 < x_2 < x_3 < b$. 证明: 在 (x_1, x_3) 内至少有一点 ξ, 使得 $f''(\xi) = 0$.

证 首先, 易知函数 $f(x)$ 在闭区间 $[x_1, x_2]$ 上连续, 在开区间 (x_1, x_2) 内可导, 且 $f(x_1) = f(x_2)$, 因此, 根据罗尔定理, 存在 $\xi_1 \in (x_1, x_2)$, 使得
$$f'(\xi_1) = 0.$$

其次，如同第一步的证明，在区间 $[x_2,x_3]$ 上对于函数 $f(x)$ 运用罗尔定理，则存在 $\xi_2 \in (x_2,x_3)$，使得
$$f'(\xi_2) = 0.$$

最后，函数 $f'(x)$ 在闭区间 $[\xi_1,\xi_2]$ 上连续，在开区间 (ξ_1,ξ_2) 内可导，且 $f'(\xi_1) = f'(\xi_2)$. 因此，在闭区间 $[\xi_1,\xi_2]$ 上对于函数 $f'(x)$ 运用罗尔定理，则存在 $\xi \in (\xi_1,\xi_2)$，使得
$$f''(\xi) = 0.$$

二、拉格朗日中值定理

在继续我们新的探索之前，有必要在此停留足够多的时间来理解一下罗尔定理的几何意义. 罗尔定理从图形上看 (如图 3.2 所示)，函数 $f(x)$ 是闭区间 $[a,b]$ 上的连续函数，在开区间 (a,b) 内可导，则必存在一点 $\xi \in (a,b)$ 使得 $f(x)$ 在该点处的切线平行于过两端点的直线. 这是函数曲线的内在性质即与曲线所在坐标系无关的性质，所以当坐标系发生平移或旋转后，函数曲线依然有这样的性质 (如图 3.3 所示). 这就是下面的拉格朗日中值定理.

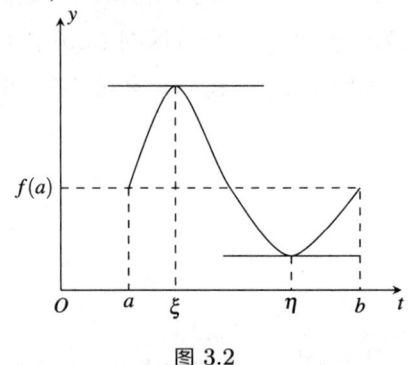

图 3.2

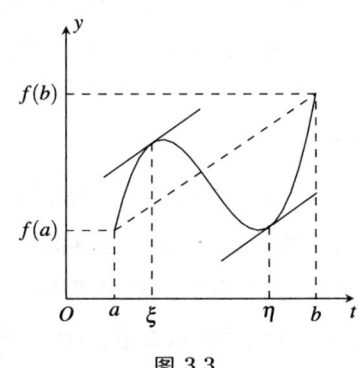

图 3.3

定理 3.3(拉格朗日中值定理) 若函数 $f(x)$ 满足

(1) 在闭区间 $[a,b]$ 上连续；

(2) 在开区间 (a,b) 内可导，

则在开区间 (a,b) 内至少存在一点 ξ，使得
$$f'(\xi) = \frac{f(b) - f(a)}{b - a}. \tag{3-1}$$

证 连接两端点的直线方程为
$$L(x) = f(a) + \frac{f(b) - f(a)}{b - a}(x - a).$$

引进辅助函数，令 $\varphi(x) = f(x) - L(x)$，容易验证函数 $\varphi(x)$ 适合罗尔定理的条件：$\varphi(x)$ 在闭区间 $[a,b]$ 上连续，在开区间 (a,b) 内可导，且 $\varphi(a) = \varphi(b) = 0$. 又知
$$\varphi'(x) = f'(x) - \frac{f(b) - f(a)}{b - a},$$

根据罗尔定理,可知在开区间 (a,b) 内至少有一点 ξ,使得 $\varphi'(\xi)=0$,即
$$f'(\xi)=\frac{f(b)-f(a)}{b-a}.$$

公式 (3-1) 或者
$$f(b)-f(a)=f'(\xi)(b-a)$$

叫作**拉格朗日中值公式**. 这个公式对于 $b<a$ 也是成立的. 下面我们来比较一下拉格朗日中值公式和函数的微分.

设函数 $y=f(x)$ 满足拉格朗日中值定理的条件,x 为区间 $[a,b]$ 内一点,$x+\Delta x$ 为该区间内的另一点 $(\Delta x\neq 0)$,则在区间 $[x,x+\Delta x](\Delta x>0)$ 或 $[x+\Delta x,x](\Delta x<0)$ 上应用拉格朗日中值公式,得在 x 与 $x+\Delta x$ 之间存在 ξ,使得
$$f(x+\Delta x)-f(x)=f'(\xi)\cdot\Delta x.$$

由于 x 与 $x+\Delta x$ 之间的数可以由 $x+\theta\Delta x$ 表示,其中 $0<\theta<1$,所以上式又可写作
$$\Delta y=f'(x+\theta\Delta x)\cdot\Delta x,\ 0<\theta<1.$$

与函数微分 $\mathrm{d}y$ 相比,$\mathrm{d}y=f'(x)\cdot\Delta x$ 是函数值增量 Δy 的近似表达式,而 $\Delta y=f'(x+\theta\Delta x)\cdot\Delta x$ 是函数值增量 Δy 的精确表达式.

作为拉格朗日中值定理的应用,我们证明如下定理.

定理 3.4 若函数 $f(x)$ 在区间 (a,b) 内的导数恒为零,则 $f(x)$ 在区间 (a,b) 上是常数.

证 在区间 (a,b) 内任取两点 $x_1,x_2(x_1<x_2)$,应用拉格朗日中值定理,可得
$$f(x_2)-f(x_1)=f'(\xi)(x_2-x_1),\ \xi\in(x_1,x_2).$$

由假定 $f'(\xi)=0$,所以 $f(x_2)-f(x_1)=0$,即 $f(x_2)=f(x_1)$.

因为 x_1,x_2 是 (a,b) 上任意两点,所以上面的等式表明,$f(x)$ 在 (a,b) 上任意两点的函数值总是相等的,故 $f(x)$ 在区间 (a,b) 上是常数.

拉格朗日中值定理另外的应用是证明函数间的不等式.

例 2 证明当 $x>0$ 时,有 $\dfrac{x}{1+x}<\ln(1+x)<x$.

证 设 $f(x)=\ln x$,显然 $f(x)$ 在区间 $[1,1+x]$ 上满足拉格朗日中值定理的条件,根据该定理,存在 $\xi\in(1,1+x)$ 使得
$$\frac{f(1+x)-f(1)}{x}=f'(\xi).$$

由于 $f(1)=0,f'(\xi)=\dfrac{1}{\xi}$,上式变为
$$\frac{\ln(1+x)}{x}=\frac{1}{\xi},\ 1<\xi<1+x.$$

因此
$$\frac{1}{1+x} < \frac{\ln(1+x)}{x} < 1, \text{ 即 } \frac{x}{1+x} < \ln(1+x) < x.$$

例 3 证明不等式 $\mathrm{e}^x > 1+x, x \neq 0$.

证 要证明的不等式等价于 $\mathrm{e}^x - \mathrm{e}^0 > x$. 下面分情况讨论.

当 $x > 0$ 时, 对函数 $f(x) = \mathrm{e}^x$ 在闭区间 $[0,x]$ 上应用拉格朗日中值定理, 则存在 $\xi \in (0,x)$, 使得
$$\mathrm{e}^x - 1 = x\mathrm{e}^\xi,$$
由于 $\xi > 0$, 所以 $\mathrm{e}^x - 1 = x\mathrm{e}^\xi > x \cdot \mathrm{e}^0 = x$, 即 $\mathrm{e}^x > 1+x$.

当 $x < 0$ 时, 可类似证明.

例 4 设函数 $f(x)$ 在 $[a,b]$ 上连续, 在 (a,b) 内可导, 利用辅助函数
$$\varphi(x) = \begin{vmatrix} x & f(x) & 1 \\ a & f(a) & 1 \\ b & f(b) & 1 \end{vmatrix}$$
证明拉格朗日中值定理.

证 因为函数 $f(x)$ 在 $[a,b]$ 上连续, 在 (a,b) 内可导, 所以函数 $\varphi(x)$ 也在 $[a,b]$ 上连续, 在 (a,b) 内可导, 并且有
$$\varphi(a) = \begin{vmatrix} a & f(a) & 1 \\ a & f(a) & 1 \\ b & f(b) & 1 \end{vmatrix} = 0, \ \varphi(b) = \begin{vmatrix} b & f(b) & 1 \\ a & f(a) & 1 \\ b & f(b) & 1 \end{vmatrix} = 0,$$
即 $\varphi(a) = \varphi(b)$. 根据罗尔定理, 至少存在一点 $\xi \in (a,b)$, 使得 $\varphi'(\xi) = 0$. 而
$$\varphi(x) = \begin{vmatrix} f(a) & 1 \\ f(b) & 1 \end{vmatrix} \cdot x - \begin{vmatrix} a & 1 \\ b & 1 \end{vmatrix} \cdot f(x) + \begin{vmatrix} a & f(a) \\ b & f(b) \end{vmatrix},$$
$$\varphi'(x) = \begin{vmatrix} f(a) & 1 \\ f(b) & 1 \end{vmatrix} - \begin{vmatrix} a & 1 \\ b & 1 \end{vmatrix} \cdot f'(x),$$

因此有
$$\varphi'(\xi) = [f(a) - f(b)] - (a-b)f'(\xi) = 0,$$
即 $f'(\xi) = \dfrac{f(b) - f(a)}{b - a}$.

三、柯西中值定理

之前的探讨告诉我们,拉格朗日中值定理可以理解为罗尔定理情况中的坐标系发生扰动后的表现形式. 让我们的思维走得再远一点, 若我们将拉格朗日中值定理中的函数关系用参数方程重新描述的话, 那么, 拉格朗日中值定理又该有怎样的表现形式呢 (如图 3.4 所示)? 假设 x 与 y 的函数关系 $y = F(x)$ 由参数方程

$$\begin{cases} x = f(t), \\ y = g(t) \end{cases} \tag{3-2}$$

给出. 根据参数方程所确定的函数的求导法则, 为了保证 $y = F(x)$ 满足拉格朗日中值定理的条件, 我们只要 $f(t)$ 和 $g(t)$ 满足在闭区间 $[a,b]$ 上连续, 在开区间 (a,b) 内可导, 并且 $f'(t)$ 在开区间 (a,b) 内均不为零即可. 总结一下, 我们就会很自然地得到第三个中值定理.

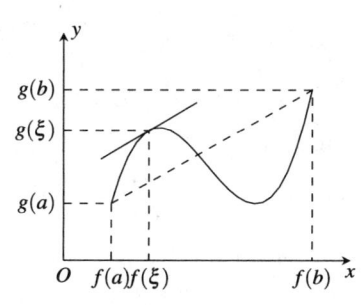

图 3.4

定理 3.5(柯西中值定理) 如果函数 $f(x)$ 及 $g(x)$ 满足

(1) 在闭区间 $[a,b]$ 上连续;

(2) 在开区间 (a,b) 内可导;

(3) $f'(x)$ 在 (a,b) 内的每一点处均不为零,

那么在 (a,b) 内至少有一点 ξ, 满足

$$\frac{g(b) - g(a)}{f(b) - f(a)} = \frac{g'(\xi)}{f'(\xi)}. \tag{3-3}$$

证 首先, 因为对于任意的 $x \in (a,b)$, $f'(x) \neq 0$, 所以根据拉格朗日中值定理, 有 $f(b) - f(a) = f'(\xi)(b-a) \neq 0$, 其中 $\xi \in (a,b)$. 这说明式 (3-3) 的左边总是有意义的.

其次, 类似于拉格朗日中值定理证明中辅助函数的构造, 取辅助函数 $\varphi(x)$ 为

$$\varphi(x) = g(x) - g(a) - \frac{g(b) - g(a)}{f(b) - f(a)}[f(x) - f(a)], \ x \in [a,b].$$

经验证, $\varphi(x)$ 满足罗尔定理的三个条件, 因此, 在开区间 (a,b) 内存在一点 ξ, 使得 $\varphi'(\xi) = 0$, 即

$$g'(\xi) - \frac{g(b) - g(a)}{f(b) - f(a)} \cdot f'(\xi) = 0,$$

所以

$$\frac{g(b) - g(a)}{f(b) - f(a)} = \frac{g'(\xi)}{f'(\xi)}, \ \xi \in (a,b).$$

显然, 如果取 $f(x) = x$, 那么 $f(b) - f(a) = b - a$, $f'(x) \equiv 1$, 因而公式 (3-3) 就可以写成

$$g(b) - g(a) = g'(\xi)(b-a), \quad \xi \in (a,b),$$

这样就变成拉格朗日中值公式了.

最后, 我们用柯西中值定理证明如下例题, 它将对后面泰勒公式的证明起到重要的作用.

例 5 设函数 $y = f(x)$ 在 $x = 0$ 的某个邻域 U 内具有 $n+1$ 阶导数, 且 $f(0) = f'(0) = \cdots = f^{(n)}(0) = 0$, 证明: 对于每个 $x \in U$, 存在 $\theta \in (0,1)$, 使得

$$f(x) = \frac{f^{(n+1)}(\theta x)}{(n+1)!} x^{n+1}.$$

证 当 $x = 0$ 时, 等式自然成立. 下面假设 $x \neq 0$.

取 $g_1(x) = x^{n+1}$. 根据柯西中值定理, 在 x 和 0 之间存在 x_1, 使得

$$\frac{f(x)}{x^{n+1}} = \frac{f(x) - f(0)}{g_1(x) - g_1(0)} = \frac{f'(x_1)}{g_1'(x_1)} = \frac{f'(x_1)}{(n+1)x_1^n}.$$

同理, 取 $g_2(x) = (n+1)x^n$, 根据柯西中值定理, 在 x_1 和 0 之间存在 x_2, 使得

$$\frac{f'(x_1)}{(n+1)x_1^n} = \frac{f'(x_1) - f'(0)}{g_2(x_1) - g_2(0)} = \frac{f''(x_2)}{g_2'(x_2)} = \frac{f''(x_2)}{(n+1)nx_2^{n-1}}.$$

以此类推, 我们可以得到

$$\frac{f(x)}{x^{n+1}} = \frac{f'(x_1)}{(n+1)x_1^n} = \cdots = \frac{f^{(n+1)}(x_{n+1})}{(n+1)!},$$

其中 x_{n+1} 介于 0 和 x 之间. 记 $\theta = \dfrac{x_{n+1}}{x}$, 则有 $\theta \in (0,1)$, 且

$$f(x) = \frac{f^{(n+1)}(\theta x)}{(n+1)!} x^{n+1}.$$

例 6 设 $a, b > 0$, 证明: 存在 $\xi \in (a,b)$, 使得

$$ae^b - be^a = (1-\xi)e^\xi(a-b).$$

分析 利用中值定理证明等式的关键是构造辅助函数, 而辅助函数往往是根据要证明的等式 "凑" 出来的. 对上述要证明的等式做恒等变换, 将有 ξ 的项留在等式一边, 没有 ξ 的项留在等式另一边, 得

$$\frac{ae^b - be^a}{a - b} = (1-\xi)e^\xi.$$

再将左边 "凑" 成 $\dfrac{f(b) - f(a)}{b - a}$ 的形式或者 $\dfrac{g(b) - g(a)}{f(b) - f(a)}$ 的形式, 分子分母同除以 ab, 得

$$\frac{ae^b - be^a}{a - b} = \frac{\dfrac{e^b}{b} - \dfrac{e^a}{a}}{\dfrac{1}{b} - \dfrac{1}{a}},$$

即要证明的等式为

$$\frac{\dfrac{e^b}{b}-\dfrac{e^a}{a}}{\dfrac{1}{b}-\dfrac{1}{a}}=(1-\xi)e^\xi.$$

此时便很容易地看出需要构造两个辅助函数 f, g, 分别为 $f(x)=\dfrac{1}{x}$, $g(x)=\dfrac{e^x}{x}$, $x\in[a,b]$. 我们的证明从构造这两个辅助函数开始.

证 构造辅助函数

$$f(x)=\frac{1}{x}, g(x)=\frac{e^x}{x}, x\in[a,b].$$

显然, $f(x)$ 和 $g(x)$ 在闭区间 $[a,b]$ 上连续, 在开区间 (a,b) 内可导, 且 $f'(x)=-\dfrac{1}{x^2}$ 在开区间 (a,b) 内每一点处均不为零. 因此, 根据柯西中值定理, 存在一点 $\xi\in(a,b)$, 使得

$$\frac{g(b)-g(a)}{f(b)-f(a)}=\frac{g'(\xi)}{f'(\xi)},$$

即

$$\frac{\dfrac{e^b}{b}-\dfrac{e^a}{a}}{\dfrac{1}{b}-\dfrac{1}{a}}=\frac{\dfrac{\xi e^\xi-e^\xi}{\xi^2}}{-\dfrac{1}{\xi^2}}=(1-\xi)e^\xi,$$

整理得,

$$ae^b-be^a=(1-\xi)e^\xi(a-b).$$

习 题 3-1

【A 组题】

1. 填空题.

(1) 对 $f(x)=\sqrt{x-1}$ 在闭区间 $[1,4]$ 上应用拉格朗日中值定理, 则结论中的 $\xi=$ _____.

(2) 已知 $f(x)=\sin x$, $g(x)=\cos x$, 在闭区间 $\left[0,\dfrac{\pi}{2}\right]$ 上应用柯西中值定理, 则结论中的 $\xi=$ _____.

2. 证明下列命题.

(1) 方程 $x^5+x-1=0$ 只有一个正根.

(2) 若方程 $a_0x^n + a_1x^{n-1} + \cdots + a_{n-1}x = 0$ 有一个正根 $x = x_0$，则方程

$$a_0nx^{n-1} + a_1(n-1)x^{n-2} + \cdots + a_{n-1} = 0$$

必有一个小于 x_0 的正根．

3. 证明下列不等式或者等式．

(1) $\dfrac{1}{1+x} < \ln(1+x) - \ln x < \dfrac{1}{x}$；

(2) 当 $x > 1$ 时，$e^x > ex$；

(3) 当 $a > b > 0$，$n > 1$ 时，$nb^{n-1}(a-b) < a^n - b^n < na^{n-1}(a-b)$；

(4) 当 $a > b > 0$ 时，$\dfrac{a-b}{a} < \ln\dfrac{a}{b} < \dfrac{a-b}{b}$；

(5) $|\arctan a - \arctan b| \leqslant |a-b|$；

(6) $\arcsin x + \arccos x = \dfrac{\pi}{2}$，$-1 \leqslant x \leqslant 1$；

(7) $\arctan e^x + \arctan e^{-x} = \dfrac{\pi}{2}$．

4. 证明题．

(1) 设函数 $f(x)$ 在 $[0,1]$ 上连续，在 $(0,1)$ 内可导，且 $f(1) = 0$．证明：存在 $\xi \in (0,1)$，使得 $f'(\xi) = -\dfrac{f(\xi)}{\xi}$．

(2) 设函数 $f(x)$ 在 $[0,1]$ 上三阶可导，且 $f(0) = f(1) = 0$，$F(x) = x^2f(x)$．证明：存在 $\xi \in (0,1)$，使得 $F'''(\xi) = 0$．

(3) 设函数 $f(x)$ 在 $[0,1]$ 上连续，在 $(0,1)$ 内可导，且 $f(0) = f(1) = 0$，$f\left(\dfrac{1}{2}\right) = 1$．证明：存在 $\xi \in (0,1)$，使得 $f'(\xi) = 1$．

(4) 设函数 $f(x)$ 在 $[0,1]$ 上连续，在 $(0,1)$ 内可导，且 $f(1) = 0$．证明：存在 $\xi \in (0,1)$，使得 $3f(\xi) + \xi f'(\xi) = 0$．

【B 组题】

1. 证明题．

(1) 设 $\varphi(x) = x^2 f(x)$，其中 $f(x)$ 在 $[0,1]$ 上二阶可导，且 $f(1) = 0$．证明：存在 $\xi \in (0,1)$，使得 $\varphi''(\xi) = 0$．

(2) 设函数 $f(x)$ 和 $g(x)$ 在 $[a,b]$ 上连续，在 (a,b) 内二阶可导，且在 (a,b) 内取到相等的最大值，又 $f(a) = g(a)$，$f(b) = g(b)$．证明：存在 $\xi \in (a,b)$，使得 $f''(\xi) = g''(\xi)$．

(3) 设函数 $f(x)$ 和 $g(x)$ 在 $[a,b]$ 上连续，在 (a,b) 内可导．证明：存在 $\xi \in (a,b)$，使得

$$\begin{vmatrix} f(a) & f(b) \\ g(a) & g(b) \end{vmatrix} = (b-a) \begin{vmatrix} f(a) & f'(\xi) \\ g(a) & g'(\xi) \end{vmatrix}.$$

(4) 设函数 $f(x)$ 在 $[0,1]$ 上连续,在 $(0,1)$ 内可导,且 $f(0)=0$, $f(1)=1$. 证明: (i) 存在 $\xi \in (0,1)$,使得 $f(\xi)=1-\xi$; (ii) 存在两个不同的 $\eta,\zeta \in (0,1)$,使得 $f'(\eta)f'(\zeta)=1$.

(5) 设函数 $f(x)$ 在 $[a,b]$ 上连续,在 (a,b) 内可导. 证明: 存在 $\xi \in (a,b)$,使得 $2\xi[f(a)-f(b)]=(a^2-b^2)f'(\xi)$.

(6) 设函数 $f(x)$ 在 $[0,3]$ 上连续,在 $(0,3)$ 内可导,且 $f(0)+f(1)+f(2)=3$, $f(3)=1$. 证明: 存在 $\xi \in (0,3)$,使得 $f'(\xi)=0$.

(7) 设函数 $f(x)$ 和 $g(x)$ 在 $[a,b]$ 上二阶可导,且 $f(a)=f(b)=g(a)=g(b)=0$. 证明: 存在 $\xi \in (a,b)$,使得 $f(\xi)g''(\xi)-f''(\xi)g(\xi)=0$.

(8) 设函数 $f(x)$ 在 $[0,1]$ 上连续,在 $(0,1)$ 内可导,且 $f(0)=f(1)=0$, $f\left(\dfrac{1}{2}\right)=1$. 证明: (i) 存在 $\xi \in \left(\dfrac{1}{2},1\right)$,使得 $f(\xi)=\xi$; (ii) 存在 $\eta \in (0,\xi)$,使得 $f'(\eta)=f(\eta)-\eta+1$.

§3.2 洛必达法则

我们在第 1 章学习了无穷小的概念,知道两个无穷小的和、差、积都是无穷小,那么两个无穷小的商还是不是无穷小? 不难发现两个无穷小的商可能是无穷小,也可能不是无穷小. 比如
$$\lim_{x\to 3}\frac{x^2-9}{x-3}=6,\quad \lim_{x\to 0}\frac{x^2}{x}=0,\quad \lim_{x\to 0}\frac{\sin x}{x}=1.$$
我们把两个无穷小或者无穷大的商记为 $\dfrac{0}{0}$ 或者 $\dfrac{\infty}{\infty}$ 型极限,并把这种形式的极限称作**未定型**. 本节我们将介绍求解这类极限的一种有效的方法——洛必达法则.

定理 3.6(洛必达法则) 如果函数 $f(x)$ 及 $g(x)$ 满足如下条件:
(1) $\lim\limits_{x\to a}f(x)=\lim\limits_{x\to a}g(x)=0$;
(2) **函数 $f(x)$ 及 $g(x)$ 在点 a 的某去心邻域内可导**,且 $g'(x)\neq 0$;
(3) $\lim\limits_{x\to a}\dfrac{f'(x)}{g'(x)}$ 存在 (或为无穷大),
那么
$$\lim_{x\to a}\frac{f(x)}{g(x)}=\lim_{x\to a}\frac{f'(x)}{g'(x)}.$$

证 因为极限 $\lim\limits_{x\to a}\dfrac{f(x)}{g(x)}$ 与 $f(a)$ 及 $g(a)$ 无关,所以可以假定 $f(a)=g(a)=0$, 于是由条件 (1)、(2) 知, $f(x)$ 及 $g(x)$ 在点 a 的某一邻域内是连续的. 设 x 是该邻

域内的一点,在以 x 及 a 为端点的区间上,柯西中值定理的条件均满足,因此有
$$\frac{f(x)}{g(x)} = \frac{f(x)-f(a)}{g(x)-g(a)} = \frac{f'(\xi)}{g'(\xi)},$$
其中 ξ 介于 x 与 a 之间.

令 $x \to a$,并对上式两端求极限,注意到 $x \to a$ 时 $\xi \to a$,即有
$$\lim_{x \to a}\frac{f(x)}{g(x)} = \lim_{\xi \to a}\frac{f'(\xi)}{g'(\xi)}.$$

例 1 求 $\lim\limits_{x \to 0}\dfrac{\sin 2x}{\sin 5x}$.

解 $\lim\limits_{x \to 0}\dfrac{\sin 2x}{\sin 5x} = \lim\limits_{x \to 0}\dfrac{(\sin 2x)'}{(\sin 5x)'} = \lim\limits_{x \to 0}\dfrac{2\cos 2x}{5\cos 5x} = \dfrac{2}{5}.$

例 2 求 $\lim\limits_{x \to 0}\dfrac{x - \sin x}{x^3}$.

解 $\lim\limits_{x \to 0}\dfrac{x-\sin x}{x^3} = \lim\limits_{x \to 0}\dfrac{(x-\sin x)'}{(x^3)'} = \lim\limits_{x \to 0}\dfrac{1-\cos x}{3x^2} = \lim\limits_{x \to 0}\dfrac{\sin x}{6x} = \dfrac{1}{6}.$

我们指出,对于 $x \to \infty$ 时的未定型 $\dfrac{0}{0}$,以及对于 $x \to a^{\pm}$ 或 $x \to \pm\infty$ 时的未定型 $\dfrac{\infty}{\infty}$,也有相应的洛必达法则.

定理 3.7(洛必达法则) 如果函数 $f(x)$ 及 $g(x)$ 满足如下条件:

(1) 当 $x \to \infty$ 时,函数 $f(x)$ 及 $g(x)$ 都是无穷大;

(2) 当 $|x| > X$ 时,$f'(x)$ 及 $g'(x)$ 都存在且 $g'(x) \neq 0$;

(3) $\lim\limits_{x \to \infty}\dfrac{f'(x)}{g'(x)}$ 存在 (或为无穷大),

那么
$$\lim_{x \to \infty}\frac{f(x)}{g(x)} = \lim_{x \to \infty}\frac{f'(x)}{g'(x)}.$$

例 3 求 $\lim\limits_{x \to +\infty}\dfrac{\ln x}{x^n}$,其中 n 为正整数.

解 $\lim\limits_{x \to +\infty}\dfrac{\ln x}{x^n} = \lim\limits_{x \to +\infty}\dfrac{\dfrac{1}{x}}{nx^{n-1}} = \lim\limits_{x \to +\infty}\dfrac{1}{nx^n} = 0.$

例 4 求 $\lim\limits_{x \to +\infty}\dfrac{x^n}{e^{\lambda x}}$,其中 n 为正整数,$\lambda > 0$.

解
$$\lim_{x \to +\infty}\frac{x^n}{e^{\lambda x}} = \lim_{x \to +\infty}\frac{nx^{n-1}}{\lambda e^{\lambda x}} = \lim_{x \to +\infty}\frac{n(n-1)x^{n-2}}{\lambda^2 e^{\lambda x}}$$
$$= \cdots = \lim_{x \to +\infty}\frac{n!}{\lambda^n e^{\lambda x}} = 0.$$

在例 4 中,若 n 不是正整数,则结论依然成立. 例 3 和例 4 告诉我们,对数函数 $\ln x$,幂函数 $x^\mu (\mu > 0)$,指数函数 $e^{\lambda x}(\lambda > 0)$ 均为当 $x \to +\infty$ 时的无穷大,但是这三个函数趋向于无穷的速率是不一样的,幂函数趋向于无穷的速率比对数函数快,而指数函数趋向于无穷的速率又比幂函数快.

除了 $\dfrac{0}{0}, \dfrac{\infty}{\infty}$ 型，常见的未定型还有 $0 \cdot \infty, \infty - \infty, 0^0, 1^\infty, \infty^0$. 例如：

$$\lim_{x \to 0^+} x^n \ln x \, (0 \cdot \infty \text{型}), \quad \lim_{x \to \frac{\pi}{2}} (\sec x - \tan x)(\infty - \infty \text{型}),$$

$$\lim_{x \to 0^+} x^x \,(0^0 \text{型}), \quad \lim_{x \to \infty}\left(1 + \dfrac{1}{x}\right)^x (1^\infty \text{型}), \quad \lim_{x \to \infty}(x^2 + a^2)^{\frac{1}{x^2}}(\infty^0 \text{型}).$$

这些未定型都可以转化为 $\dfrac{0}{0}$ 或 $\dfrac{\infty}{\infty}$ 型来计算.

(1) $0 \cdot \infty$ 型可化为 $\dfrac{\infty}{\infty}$ 或 $\dfrac{0}{0}$ 型.

例 5 求 $\lim\limits_{x \to 0^+} x^n \ln x$, 其中 n 为正整数.

解 $\lim\limits_{x \to 0^+} x^n \ln x = \lim\limits_{x \to 0^+} \dfrac{\ln x}{x^{-n}} = \lim\limits_{x \to 0^+} \dfrac{\dfrac{1}{x}}{-n x^{-n-1}} = \lim\limits_{x \to 0^+} \dfrac{-x^n}{n} = 0.$

例 6 求 $\lim\limits_{x \to +\infty} x\left(\dfrac{\pi}{2} - \arctan x\right)$.

解 原式 $= \lim\limits_{x \to +\infty} \dfrac{\dfrac{\pi}{2} - \arctan x}{\dfrac{1}{x}} = \lim\limits_{x \to +\infty} \dfrac{-\dfrac{1}{1+x^2}}{-\dfrac{1}{x^2}} = \lim\limits_{x \to +\infty} \dfrac{x^2}{1+x^2} = 1.$

(2) $\infty - \infty$ 型可通过通分、分子 (分母) 有理化等方法变成 $\dfrac{0}{0}$ 或 $\dfrac{\infty}{\infty}$ 型.

例 7 求 $\lim\limits_{x \to 0}\left(\dfrac{1}{x} - \dfrac{1}{e^x - 1}\right)$.

解 该未定型为 $\infty - \infty$ 型，通分以后，可变为 $\dfrac{0}{0}$ 型. 于是,

$$\text{原式} = \lim_{x \to 0} \dfrac{e^x - x - 1}{x(e^x - 1)} = \lim_{x \to 0} \dfrac{e^x - x - 1}{x^2} = \lim_{x \to 0} \dfrac{e^x - 1}{2x} = \dfrac{1}{2}.$$

例 8 求 $\lim\limits_{x \to +\infty}(\sqrt{x^2 + x} - \sqrt{x^2 - x})$.

解 该未定型为 $\infty - \infty$ 型，通分以后，可变为 $\dfrac{\infty}{\infty}$ 型. 于是,

$$\text{原式} = \lim_{x \to +\infty} \dfrac{(\sqrt{x^2+x} + \sqrt{x^2-x})(\sqrt{x^2+x} - \sqrt{x^2-x})}{(\sqrt{x^2+x} + \sqrt{x^2-x})}$$

$$= \lim_{x \to +\infty} \dfrac{2x}{\sqrt{x^2+x} + \sqrt{x^2-x}} = \lim_{x \to +\infty} \dfrac{2}{\sqrt{1+\dfrac{1}{x}} + \sqrt{1-\dfrac{1}{x}}} = 1.$$

(3) $0^0, 1^\infty, \infty^0$ 型.

只要 $\lim f(x)^{g(x)}$ 是以上三种类型之一, 都可以通过对数恒等式变形

$$\lim f(x)^{g(x)} = \lim e^{g(x) \ln f(x)} = e^{\lim g(x) \ln f(x)}$$

变成 $0 \cdot \infty$ 型, 从而通过例 5 的方法来求解.

例 9 求 $\lim\limits_{x \to 0^+} x^x$.

解 原式 $= \lim\limits_{x \to 0^+} e^{x \ln x} = e^{\lim\limits_{x \to 0^+} x \ln x} = e^0 = 1$ (根据例 5 的结果).

洛必达法则是求未定型的一种有效方法,但在计算过程中,尽可能先应用等价无穷小替换,这样可以使运算简捷.

例 10 求 $\lim\limits_{x\to 0}\dfrac{e^x-\sin x-1}{1-\sqrt{1-x^2}}$.

解 原式 $=\lim\limits_{x\to 0}\dfrac{e^x-\sin x-1}{\dfrac{1}{2}x^2}=\lim\limits_{x\to 0}\dfrac{e^x-\cos x}{x}=\lim\limits_{x\to 0}\dfrac{e^x+\sin x}{1}=1.$

最后,我们指出,本节定理给出的洛必达法则是求未定型的一种很好的方法,但是若利用洛必达法则未能求得结果,这时不能说明该极限不存在.

例 11 求 $\lim\limits_{x\to+\infty}\dfrac{x+\sin x}{x}$.

因为极限

$$\lim_{x\to+\infty}\dfrac{(x+\sin x)'}{x'}=\lim_{x\to+\infty}\dfrac{1+\cos x}{1}$$

不存在,所以不能用洛必达法则. 实际上

$$\lim_{x\to+\infty}\dfrac{x+\sin x}{x}=\lim_{x\to+\infty}\left(1+\dfrac{\sin x}{x}\right)=1.$$

此时,不能因为 $\lim\limits_{x\to+\infty}\dfrac{(x+\sin x)'}{x'}=\lim\limits_{x\to+\infty}\dfrac{1+\cos x}{1}$ 不存在,而说原极限不存在.

例 12 求 $\lim\limits_{x\to 0}\dfrac{x+\sin x}{1+\cos x}$.

这不是未定型,根据函数极限的四则运算,

$$\lim_{x\to 0}\dfrac{x+\sin x}{1+\cos x}=\dfrac{\lim\limits_{x\to 0}(x+\sin x)}{\lim\limits_{x\to 0}(1+\cos x)}=0.$$

若误认为这是未定型,而贸然使用洛必达法则,将得到错误的结果:

$$\lim_{x\to 0}\dfrac{x+\sin x}{1+\cos x}=\lim_{x\to 0}\dfrac{1+\cos x}{-\sin x}=\infty.$$

到此为止,我们已经介绍了很多求极限的方法,有必要将这些方法总结一下:

(1) 无穷小的性质;   (2) 夹逼准则;   (3) 极限运算法则;

(4) 函数的连续性;   (5) 两个重要极限;   (6) 洛必达法则.

习 题 3-2

【A 组题】

1. 当 $x\to 0$ 时,$\sin x - x$ 与 x^n 是同阶无穷小,则 $n=$ _____.
2. 设 $\lim\limits_{x\to 0}\dfrac{\ln(1+x)-(ax+bx^2)}{x^2}=2$,求 a, b.

3. 用洛必达法则求下列极限.

(1) $\lim\limits_{x\to 0}\dfrac{x-\sin x}{x^2(e^x-1)}$;

(2) $\lim\limits_{x\to 0}\dfrac{\tan x-x}{x^2\sin x}$;

(3) $\lim\limits_{x\to e}\dfrac{\ln x-1}{x-e}$;

(4) $\lim\limits_{x\to 0}\dfrac{x\sin x}{e^{2x}-2x-1}$;

(5) $\lim\limits_{x\to 0}\dfrac{\sin x-x\cos x}{\sin^3 x}$;

(6) $\lim\limits_{x\to 0}\dfrac{e^x-e^{-x}}{\sin x}$;

(7) $\lim\limits_{x\to 0}\left[\dfrac{1}{\ln(1+x)}-\dfrac{1}{x}\right]$;

(8) $\lim\limits_{x\to 0^+}\sin x\ln x$;

(9) $\lim\limits_{x\to +\infty}\dfrac{x^2}{e^x}$;

(10) $\lim\limits_{x\to \frac{\pi}{2}}(\sec x-\tan x)$;

(11) $\lim\limits_{x\to 0}\dfrac{x^3-5x}{x^3+2\sin x}$;

(12) $\lim\limits_{x\to +\infty}\dfrac{\ln^2 x}{x}$;

(13) $\lim\limits_{x\to 0^+}\dfrac{\ln\tan 7x}{\ln\tan 2x}$;

(14) $\lim\limits_{x\to 0}\dfrac{x^2\sin\dfrac{1}{x}}{\sin x}$;

(15) $\lim\limits_{x\to \frac{\pi}{2}}\dfrac{\tan x}{\tan 3x}$.

4. 求幂指函数的极限.

(1) $\lim\limits_{x\to 0}(\cos x)^{\frac{1}{x^2}}$;

(2) $\lim\limits_{x\to +\infty}x^{\frac{1}{x}}$.

【B 组题】

1. 求下列极限.

(1) $\lim\limits_{x\to \frac{\pi}{4}}\dfrac{\tan x-1}{\sin 4x}$;

(2) $\lim\limits_{x\to 0}\dfrac{2xe^x-e^x+1}{(e^x-1)\cdot e^x}$;

(3) $\lim\limits_{x\to 0}\dfrac{e^x-\cos x}{\sin x}$;

(4) $\lim\limits_{x\to +\infty}\dfrac{\ln(1+e^x)}{x^2}$;

(5) $\lim\limits_{x\to +\infty}\dfrac{e^x}{\left(1+\dfrac{1}{x}\right)^{x^2}}$;

(6) $\lim\limits_{x\to \infty}\left(\sin\dfrac{2}{x}+\cos\dfrac{1}{x}\right)^x$;

(7) $\lim\limits_{n\to \infty}\left(n\tan\dfrac{1}{n}\right)^{n^2}$;

(8) $\lim\limits_{x\to +\infty}(x+\sqrt{1+x^2})^{\frac{1}{x}}$.

§3.3 泰勒公式

这节我们将利用中值定理,展示如何用多项式逼近已知函数在某点附近的取值. 首先, 我们来探讨一个看起来很棘手的问题: 如何能够近似地计算 $\sin\dfrac{\pi}{7}$, 并给出误差?

对于三角函数, 我们只能算出一些特殊角度对应的三角函数值, 例如 $\sin\dfrac{\pi}{6}=\dfrac{1}{2}$, $\sin\dfrac{\pi}{3}=\dfrac{\sqrt{3}}{2}$, 等等, 再加上三角函数的和差化积公式等一些恒等式, 我们能算出更多的一些三角函数值, 但是, 对于任意角度的三角函数, 我们没有信心保证一定能够算出它们的精确值. 对于 $y=e^x$ 这个函数也有类似的问题. 所以, 有必要总结出一种普遍的方法能够计算这些函数在任一点处的近似值, 并给出误差.

解决这个问题的数学思想是: 从一些简单的问题入手, 把复杂的问题化为简单问题的 "和" 的形式. 现在, 我们就用 "如何求解 $\sin x, \mathrm{e}^x$ 的值" 这样的问题, 来演示这一数学思想.

首先, 假设我们只能计算多项式的值 (因为多项式的计算只需要有限次的加、减、乘运算), 我们就把多项式作为求解上述问题的出发点, 我们希望的是将 $\mathrm{e}^x, \sin x$ 这样的复杂函数近似表示为多项式的 "和" 的形式 (回忆函数的微分). 当然, 我们不能指望 e^x 或者 $\sin x$ 恰好就等于几个多项式相加, 因为多项式之和还是多项式. 那么这里的 "和" 又该如何去理解呢? 以 e^x 为例, 在微分的应用中已经知道, 当 $|x|$ 很小时, 有如下的近似等式

$$\mathrm{e}^x \approx 1 + x.$$

这个近似表达式的意义在于: 当 $|x|$ 很小时, 用 $1+x$ 这个一次多项式代替 e^x 的误差是 x 的高阶无穷小. 用几何的语言来表述的话, 意义在于: 用曲线 $y = \mathrm{e}^x$ 在点 $(0,1)$ 处的切线 $l : y_1 = 1 + x$ 近似描述原来的曲线.

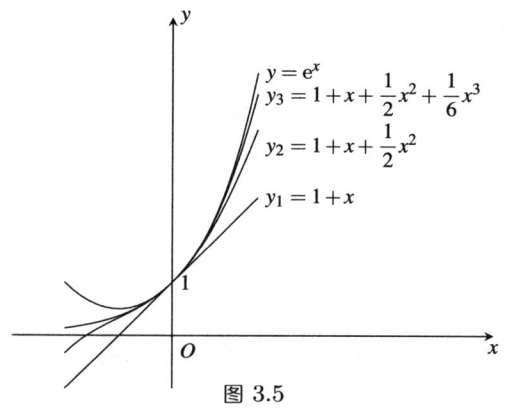

图 3.5

从图 3.5 很容易看出来这种近似只在 $(0,1)$ 点附近比较接近, 一旦远离 $(0,1)$ 点, 两个图形的差别就非常大了. 如果我们用 $y_2 = 1 + x + \dfrac{1}{2}x^2$ 去代替, 那么从效果上来看, 至少要更 "接近" 于原来的曲线. 若再用 $y_3 = 1 + x + \dfrac{1}{2}x^2 + \dfrac{1}{3!}x^3$ 代替又会怎样呢? 效果会更好些. 我们发现随着多项式项数的增加, 多项式就越来越接近原来的函数 $y = \mathrm{e}^x$. 大家可以根据 y_1, y_2, y_3 的变化规律写出 $y_4, y_5, \cdots$, 并检验一下它们是否会越来越接近 $y = \mathrm{e}^x$. 更深入地分析, 我们会发现一种规律:

y_1 和 y 在点 $x = 0$ 处具有相同的取值和相同的导数; 而 y_2 和 y 在点 $x = 0$ 处不但具有相同的取值和相同的导数, 还具有相同的二阶导数; 最后, y_3 和 y 在点 $x = 0$ 处不但具有相同的取值、相同的导数、相同的二阶导数, 还有相同的三阶导数.

这似乎就是为什么它们会越来越接近 $y=e^x$ 的根本原因. 更进一步, 我们要做的是对于任何满足某些条件的函数 $y=f(x)$, 找出这样一列多项式 $\{y_1, y_2, y_3, \cdots\}$, 使得它们越来越接近原来的函数.

设函数 $f(x)$ 在含有 x_0 的某个开区间内具有直到 n 阶导数, 现在我们希望做的是找出一个关于 $x-x_0$ 的 n 次多项式

$$p_n(x) = a_0 + a_1(x-x_0) + \cdots + a_n(x-x_0)^n$$

来近似表达 $f(x)$, 要求 $f(x)$ 与 $p_n(x)$ 在 x_0 处具有相同的取值、相同的导数、相同的二阶导数……直到具有相同的 n 阶导数. 而

$$p_n'(x) = a_1 + 2a_2(x-x_0) + \cdots + na_n(x-x_0)^{n-1},$$
$$p_n''(x) = 2a_2 + 3\cdot 2\cdot a_3(x-x_0) + \cdots + n(n-1)a_n(x-x_0)^{n-2},$$
$$p_n'''(x) = 3!a_3 + 4\cdot 3\cdot 2\cdot a_4(x-x_0) + \cdots + n(n-1)(n-2)a_n(x-x_0)^{n-3},$$
$$\cdots$$
$$p_n^{(n)}(x) = n!a_n,$$

于是

$$p_n(x_0) = a_0, \ p_n'(x_0) = a_1, \ p_n''(x_0) = 2!a_2,$$
$$p_n'''(x_0) = 3!a_3, \ \cdots, \ p_n^{(n)}(x_0) = n!a_n,$$

从而有

$$a_0 = f(x_0), \ a_1 = f'(x_0), \ a_2 = \frac{1}{2!}f''(x_0),$$
$$a_3 = \frac{1}{3!}f'''(x_0), \ \cdots, \ a_n = \frac{1}{n!}f^{(n)}(x_0),$$

即

$$a_k = \frac{1}{k!}f^{(k)}(x_0), \ k=0,1,2,\cdots,n.$$

于是就有

$$p_n(x) = f(x_0) + f'(x_0)(x-x_0) + \frac{1}{2!}f''(x_0)(x-x_0)^2 + \cdots + \frac{1}{n!}f^{(n)}(x_0)(x-x_0)^n.$$

这样得到的多项式是否会真的像我们期望的那样接近原来的函数 $f(x)$ 呢? 下面的定理将给出肯定的回答, 其中的证明则用到了 §3.1 例 5 的结果.

定理 3.8(泰勒中值定理) 如果函数 $f(x)$ 在含有 x_0 的某个开区间 (a,b) 内具有直到 $n+1$ 阶的导数, 那么当 $x \in (a,b)$ 时, $f(x)$ 可以表示为 $x-x_0$ 的一个 n 次多项式与一个余项 $R_n(x)$ 之和:

$$f(x) = f(x_0) + f'(x_0)(x-x_0) + \frac{1}{2!}f''(x_0)(x-x_0)^2 + \cdots +$$
$$\frac{1}{n!}f^{(n)}(x_0)(x-x_0)^n + R_n(x),$$

其中 $R_n(x) = \dfrac{f^{(n+1)}(\xi)}{(n+1)!}(x-x_0)^{n+1}$, ξ 介于 x 与 x_0 之间.

证 从 §3.1 的例 5 出发, 我们很容易得到一个形式上看起来更一般的结论: 若 $y = g(x)$ 在 x_0 的某个邻域内具有 $n+1$ 阶导数, 且
$$g(x_0) = g'(x_0) = g''(x_0) = \cdots = g^{(n)}(x_0) = 0,$$
则有
$$g(x) = \dfrac{g^{(n+1)}(\xi)}{(n+1)!}(x-x_0)^{n+1},$$
其中 ξ 介于 x 与 x_0 之间. 根据我们上述的分析, 若令
$$g(x) = f(x) - f(x_0) - f'(x_0)(x-x_0) - \cdots - \dfrac{f^{(n)}(x_0)}{n!}(x-x_0)^n,$$
则 $g(x)$ 满足上述条件, 因此我们有
$$f(x) - f(x_0) - f'(x_0)(x-x_0) - \cdots - \dfrac{f^{(n)}(x_0)}{n!}(x-x_0)^n = \dfrac{g^{(n+1)}(\xi)}{(n+1)!}(x-x_0)^{n+1},$$
根据 $g(x)$ 的定义, $g^{(n+1)}(\xi) = f^{(n+1)}(\xi)$, 代入上式, 即得到所要结果.

我们称
$$p_n(x) = f(x_0) + f'(x_0)(x-x_0) + \cdots + \dfrac{1}{n!}f^{(n)}(x_0)(x-x_0)^n$$
为函数 $f(x)$ 按 $x-x_0$ 展开的 n 次**泰勒多项式**, 定理 3.8 中的公式称为 $f(x)$ 按 $x-x_0$ 展开的 n 阶**泰勒公式**, 而 $R_n(x)$ 称为拉格朗日型余项.

当 $n=0$ 时, 泰勒公式变成拉格朗日中值公式
$$f(x) - f(x_0) = f'(\xi)(x-x_0),$$
其中 ξ 介于 x 与 x_0 之间. 因此, 可以说泰勒中值定理是拉格朗日中值定理的推广.

如果对于某个固定的 n, $f^{(n+1)}(x)$ 在区间 (a,b) 上有界, 即存在常数 $M > 0$, 使得 $|f^{(n+1)}(x)| \leqslant M$, 则有误差估计式
$$|R_n(x)| = \left| \dfrac{f^{(n+1)}(\xi)}{(n+1)!}(x-x_0)^{n+1} \right| \leqslant \dfrac{M}{(n+1)!}|x-x_0|^{n+1},$$
进而 $\lim\limits_{x \to x_0} \dfrac{R_n(x)}{(x-x_0)^n} = 0$.

可见, 当 $x \to x_0$ 时, 误差 $|R_n(x)|$ 是比 $(x-x_0)^n$ 高阶的无穷小, 即
$$R_n(x) = o((x-x_0)^n),$$
此余项称为**佩亚诺型余项**.

在泰勒中值定理中, 若函数的导函数都是连续的, 我们将有更好的结果.

定理 3.8' (**泰勒中值定理**) 如果函数 $f(x)$ 在含有 x_0 的某个开区间 (a,b) 内具有直到 n 阶的连续导数, 那么当 $x \in (a,b)$ 时, 有
$$f(x) = f(x_0) + f'(x_0)(x-x_0) + \dfrac{1}{2!}f''(x_0)(x-x_0)^2 + \cdots +$$
$$\dfrac{1}{n!}f^{(n)}(x_0)(x-x_0)^n + o((x-x_0)^n).$$

证 由定理 3.8, 可以写出 $f(x)$ 的 $n-1$ 阶的泰勒公式,
$$f(x) = f(x_0) + f'(x_0)(x-x_0) + \frac{1}{2!}f''(x_0)(x-x_0)^2 + \cdots + \frac{1}{n!}f^{(n-1)}(x_0)(x-x_0)^{n-1} + \frac{1}{n!}f^{(n)}(\xi)(x-x_0)^n,$$
其中 ξ 介于 x 和 x_0 之间. 于是, 当 $x \to x_0$ 时, $\xi \to x_0$, 由 $f(x)$ 的 n 阶导数的连续性, $\lim\limits_{\xi \to x_0} f^{(n)}(\xi) = f^{(n)}(x_0)$. 由函数极限和无穷小的关系, $f^{(n)}(\xi) = f^{(n)}(x_0) + \alpha$. 于是, 余项
$$\frac{1}{n!}f^{(n)}(\xi)(x-x_0)^n = \frac{1}{n!}(f^{(n)}(x_0) + \alpha)(x-x_0)^n$$
$$= \frac{1}{n!}f^{(n)}(x_0)(x-x_0)^n + o((x-x_0)^n).$$

当 $x_0 = 0$ 时, 泰勒公式称为**麦克劳林公式**. 其中带拉格朗日型余项的麦克劳林公式为
$$f(x) = f(0) + f'(0)x + \frac{1}{2!}f''(0)x^2 + \cdots + \frac{1}{n!}f^{(n)}(0)x^n + R_n(x),$$
其中 $R_n(x) = \frac{f^{(n+1)}(\theta x)}{(n+1)!}x^{n+1}$, $0 < \theta < 1$; 带佩亚诺型余项的麦克劳林公式为
$$f(x) = f(0) + f'(0)x + \frac{1}{2!}f''(0)x^2 + \cdots + \frac{1}{n!}f^{(n)}(0)x^n + o(x^n).$$

由麦克劳林公式, 可得函数的近似公式
$$f(x) \approx f(0) + f'(0)x + \frac{1}{2!}f''(0)x^2 + \cdots + \frac{1}{n!}f^{(n)}(0)x^n,$$
误差估计式为
$$|R_n(x)| \leqslant \frac{M}{(n+1)!}|x|^{n+1}.$$

例 1 写出函数 $y = e^x$ 的 n 阶带拉格朗日型余项的麦克劳林公式.

解 因为 $f(x) = f'(x) = f''(x) = \cdots = f^{(n)}(x) = e^x,$
所以 $f(0) = f'(0) = f''(0) = \cdots = f^{(n)}(0) = 1,$
于是
$$e^x = 1 + x + \frac{1}{2!}x^2 + \cdots + \frac{1}{n!}x^n + \frac{e^{\theta x}}{(n+1)!}x^{n+1}, \ 0 < \theta < 1,$$
并有
$$e^x \approx 1 + x + \frac{1}{2!}x^2 + \cdots + \frac{1}{n!}x^n,$$
这时所产生的误差为
$$|R_n(x)| = \left|\frac{e^{\theta x}}{(n+1)!}x^{n+1}\right| < \frac{e^{|x|}}{(n+1)!}|x|^{n+1}.$$
当 $x = 1$ 时, 可得 e 的近似式
$$e \approx 1 + 1 + \frac{1}{2!} + \cdots + \frac{1}{n!},$$

其误差为 $|R_n| < \dfrac{\mathrm{e}}{(n+1)!} < \dfrac{3}{(n+1)!}$.

例 2 求 $f(x) = \sin x$ 的 n 阶带拉格朗日型余项的麦克劳林公式.

解 因为
$$f'(x) = \cos x, \ f''(x) = -\sin x, \ f'''(x) = -\cos x,$$
$$f^{(4)}(x) = \sin x, \ \cdots, \ f^{(n)}(x) = \sin\left(x + n \cdot \dfrac{\pi}{2}\right),$$

进而
$$f(0) = 0, \ f'(0) = 1, \ f''(0) = 0, \ f'''(0) = -1, \ f^{(4)}(0) = 0, \ \cdots,$$

于是
$$\sin x = x - \dfrac{1}{3!}x^3 + \dfrac{1}{5!}x^5 - \cdots + \dfrac{(-1)^{m-1}}{(2m-1)!}x^{2m-1} + R_{2m}(x),$$

其中 $R_{2m}(x) = \dfrac{\sin\left(\theta x + \dfrac{2m+1}{2}\pi\right)}{(2m+1)!} x^{2m+1}, \ 0 < \theta < 1$.

函数 $y = \sin x$ 带有佩亚诺型余项的麦克劳林公式为
$$\sin x = x - \dfrac{1}{3!}x^3 + \dfrac{1}{5!}x^5 - \cdots + \dfrac{(-1)^{m-1}}{(2m-1)!}x^{2m-1} + o(x^{2m}).$$

类似地, 当 $m = 1, 2, 3$ 时, 有近似公式
$$\sin x \approx x, \ \sin x \approx x - \dfrac{1}{3!}x^3, \ \sin x \approx x - \dfrac{1}{3!}x^3 + \dfrac{1}{5!}x^5.$$

对比一下它们的图形 (如图 3.6 所示) 就会发现, 在 0 点附近, 它们确实越来越接近于 $y = \sin x$.

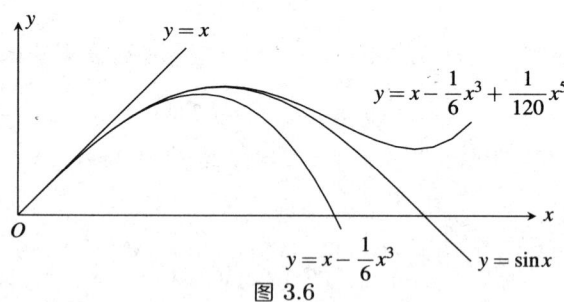

图 3.6

类似地, 还可以得到
$$\cos x = 1 - \dfrac{1}{2!}x^2 + \dfrac{1}{4!}x^4 - \cdots + \dfrac{(-1)^m}{(2m)!}x^{2m} + o(x^{2m+1}),$$
$$\ln(1+x) = x - \dfrac{1}{2}x^2 + \dfrac{1}{3}x^3 - \cdots + \dfrac{(-1)^{n-1}}{n}x^n + o(x^n),$$
$$(1+x)^\alpha = 1 + \alpha x + \dfrac{\alpha(\alpha-1)}{2!}x^2 + \cdots + \dfrac{\alpha(\alpha-1)\cdots(\alpha-n+1)}{n!}x^n + o(x^n),$$
$$\dfrac{1}{1-x} = 1 + x + x^2 + \cdots + x^n + o(x^n).$$

还有一些函数的展开式比较复杂, 没有较好的规律性, 我们仅给出它们的 7 阶麦克劳林公式:

$$\tan x = x + \frac{1}{3}x^3 + \frac{2}{15}x^5 + \frac{17}{315}x^7 + o(x^7),$$

$$\arcsin x = x + \frac{1}{6}x^3 + \frac{3}{40}x^5 + \frac{5}{112}x^7 + o(x^7),$$

$$\arctan x = x - \frac{1}{3}x^3 + \frac{1}{5}x^5 - \frac{1}{7}x^7 + o(x^7).$$

由于这三个函数的麦克劳林公式中没有偶数次项, 所以上述三个公式也可以认为是 8 阶麦克劳林公式, 相应的余项可以改为 $o(x^8)$. 我们可以利用已知函数的泰勒公式求其他一些函数的泰勒公式, 看下面的两个例题.

例 3 求函数 $f(x) = \dfrac{1}{x-3}$ 在 $x = 1$ 处带有佩亚诺型余项的 n 阶泰勒公式.

解 利用 $\dfrac{1}{1-x}$ 的 n 阶麦克劳林公式, 可得

$$\begin{aligned}
f(x) &= \frac{1}{(x-1)-2} = -\frac{1}{2} \cdot \frac{1}{1 - \frac{x-1}{2}} \\
&= -\frac{1}{2}\left[1 + \frac{x-1}{2} + \cdots + \left(\frac{x-1}{2}\right)^n + o\left(\left(\frac{x-1}{2}\right)^n\right)\right] \\
&= -\frac{1}{2} - \frac{x-1}{2^2} - \cdots - \frac{(x-1)^n}{2^{n+1}} + o((x-1)^n).
\end{aligned}$$

例 4 求函数 $f(x) = x^2 e^x$ 带有佩亚诺型余项的 $n(>2)$ 阶麦克劳林公式.

解 利用 e^x 的 n 阶麦克劳林公式, 可得

$$\begin{aligned}
f(x) &= x^2\left(1 + x + \frac{1}{2!}x^2 + \cdots + \frac{1}{(n-2)!}x^{n-2} + o(x^{n-2})\right) \\
&= x^2 + x^3 + \frac{1}{2!}x^4 + \cdots + \frac{1}{(n-2)!}x^n + o(x^n).
\end{aligned}$$

利用带有佩亚诺型余项的麦克劳林公式求解极限, 在某些情况下会更加简单、便捷.

例 5 求极限 $\lim\limits_{x \to 0} \dfrac{\tan x - x}{\sin^3 x}$.

解 注意到 $\tan x = x + \dfrac{1}{3}x^3 + o(x^3)$,

$$\begin{aligned}
\lim_{x \to 0} \frac{\tan x - x}{\sin^3 x} &= \lim_{x \to 0} \frac{x + \frac{1}{3}x^3 + o(x^3) - x}{x^3} = \lim_{x \to 0} \frac{\frac{1}{3}x^3 + o(x^3)}{x^3} \\
&= \frac{1}{3} + \lim_{x \to 0} \frac{o(x^3)}{x^3} = \frac{1}{3}.
\end{aligned}$$

例 6 利用麦克劳林公式, 求极限 $\lim\limits_{x \to 0} \dfrac{\sin x - x\cos x}{\sin^3 x}$.

这是个 $\frac{0}{0}$ 型的极限,我们很容易想到用洛必达法则来求解,但是分母的导函数会比较复杂,二阶、三阶导函数就更复杂了.

解 由于分母 $\sin^3 x \sim x^3 (x \to 0)$,我们只需将分子中的 $\sin x$ 和 $x\cos x$ 分别用三阶麦克劳林公式表示,即

$$\sin x = x - \frac{1}{3!}x^3 + o(x^3),$$

$$x\cos x = x\left(1 - \frac{1}{2!}x^2 + o(x^2)\right) = x - \frac{1}{2}x^3 + o(x^3).$$

因此,

$$\lim_{x \to 0} \frac{\sin x - x\cos x}{\sin^3 x} = \lim_{x \to 0} \frac{\left[x - \frac{1}{3!}x^3 + o(x^3)\right] - \left[x - \frac{1}{2}x^3 + o(x^3)\right]}{x^3} = \frac{1}{3}.$$

例 7 求极限 $\lim\limits_{x \to 0} \dfrac{\cos x - \mathrm{e}^{-\frac{x^2}{2}}}{x^4}$.

解 方法一:从极限的形式上看,这是一个 $\dfrac{0}{0}$ 型的未定型,若用洛必达法则,则需要连续使用 4 次才能求出结果:

$$\lim_{x \to 0} \frac{\cos x - \mathrm{e}^{-\frac{x^2}{2}}}{x^4}$$
$$= \lim_{x \to 0} \frac{-\sin x + x\mathrm{e}^{-\frac{x^2}{2}}}{4x^3} \text{(第一次用洛必达法则)}$$
$$= \lim_{x \to 0} \frac{-\cos x + \mathrm{e}^{-\frac{x^2}{2}} - x^2\mathrm{e}^{-\frac{x^2}{2}}}{12x^2} \text{(第二次用洛必达法则)}$$
$$= \lim_{x \to 0} \frac{\sin x - 3x\mathrm{e}^{-\frac{x^2}{2}} + x^3\mathrm{e}^{-\frac{x^2}{2}}}{24x} \text{(第三次用洛必达法则)}$$
$$= \lim_{x \to 0} \frac{\cos x - 3\mathrm{e}^{-\frac{x^2}{2}} + 6x^2\mathrm{e}^{-\frac{x^2}{2}} - x^4\mathrm{e}^{-\frac{x^2}{2}}}{24} \text{(第四次用洛必达法则)}$$
$$= -\frac{1}{12}.$$

显然,这样的过程太过烦琐,且容易出错. 若采用泰勒公式,则步骤看起来会简洁许多. 因为分母是 x^4,所以在 $\cos x$ 和 $\mathrm{e}^{-\frac{x^2}{2}}$ 的泰勒公式中,我们只要展开到 x^4 项即可,后面的余项用 $o(x^4)$ 表示,即有

$$\cos x = 1 - \frac{1}{2}x^2 + \frac{1}{24}x^4 + o(x^4),$$

在 e^x 的泰勒公式中,用 $-\dfrac{1}{2}x^2$ 去替换等式两边的每一个 x,即可得到 $\mathrm{e}^{-\frac{x^2}{2}}$ 的泰勒公式

$$\mathrm{e}^{-\frac{x^2}{2}} = 1 + \left(-\frac{x^2}{2}\right) + \frac{1}{2}\left(-\frac{x^2}{2}\right)^2 + o(x^4)$$
$$= 1 - \frac{1}{2}x^2 + \frac{1}{8}x^4 + o(x^4).$$

方法二：将上述两个泰勒公式代入极限便有

$$\text{原式} = \lim_{x\to 0} \frac{\left[1 - \frac{1}{2}x^2 + \frac{1}{24}x^4 + o(x^4)\right] - \left[1 - \frac{1}{2}x^2 + \frac{1}{8}x^4 + o(x^4)\right]}{x^4}$$

$$= \lim_{x\to 0} \frac{-\frac{1}{12}x^4 + o(x^4)}{x^4} = -\frac{1}{12}.$$

泰勒公式的一个简单应用就是近似计算，我们现在可以回答"如何求解 $\sin x$，e^x 的值"这个问题了. 例如，我们想要求解的是 e^x 在 $x=1$ 处的近似值，误差小于 0.01(当然，你也可以让误差更小). 在具体的求解之前，我们先分析误差的来源. 根据例 1，我们已经知道 e^x 的麦克劳林公式为

$$e^x = 1 + x + \frac{1}{2!}x^2 + \cdots + \frac{1}{n!}x^n + \frac{e^{\theta x}}{(n+1)!}x^{n+1}, \quad 0 < \theta < 1.$$

若用 $e^x \approx 1 + x + \frac{1}{2!}x^2 + \cdots + \frac{1}{n!}x^n$ 来近似求解 e^x 在 $x=1$ 处的值，即

$$e \approx 1 + 1 + \frac{1}{2!} + \cdots + \frac{1}{n!},$$

那么就会产生误差 $|R_n| < \frac{3}{(n+1)!}$. 这种因为"截断"了泰勒公式中的有限项做近似而产生的误差，我们称为"截断误差". 但这会是所有误差的来源吗？当然不是，因为在计算 $1 + 1 + \frac{1}{2!} + \cdots + \frac{1}{n!}$ 这有限项的值时，还有因为"四舍五入"产生的误差，这种误差我们称为"舍入误差". 也就是说，"截断误差"和"舍入误差"之和是所有误差的来源，它们的和要小于事先给定的要求. 如果我们要求总误差小于 0.01，那么一种简单的想法就是让"截断误差"和"舍入误差"分别小于 0.005. 下面是具体的计算.

首先，为了使截断误差小于 0.005，即 $|R_n| < 0.005$，根据估计，只要 $\frac{3}{(n+1)!} < 0.005$ 即可，简单计算，发现只要 $n \geqslant 5$ 就可以保证 $\frac{3}{(n+1)!} < 0.005$. 也就是说，只要截断泰勒公式中的前 6 项，就可以让截断误差小于 0.005. 现在我们用

$$1 + 1 + \frac{1}{2!} + \frac{1}{3!} + \frac{1}{4!} + \frac{1}{5!}$$

来近似计算 e. 根据上述分析，我们需要让舍入误差小于 0.005，前 3 项

$$1 + 1 + \frac{1}{2!} = 2.5$$

没有误差，后 3 项

$$\frac{1}{3!} + \frac{1}{4!} + \frac{1}{5!} = \frac{13}{60} \approx 0.217.$$

综上所述，我们得到 e ≈ 2.717，误差小于 0.01.

如果你有兴致，可以让误差更小，例如误差小于 10^{-5}，验证一下你得到的结果和已知的事实是否一致.

如果我们不满足于得到像 $e^x \approx 1+x+\dfrac{1}{2!}x^2+\cdots+\dfrac{1}{n!}x^n$ 这样的近似展开公式，而是精确的等式，那我们就不能奢望右边是有限项之和的多项式，而应该是"无穷个多项式的和"，严格的数学称谓叫作"函数项级数"(这在本书的第 11 章会有详细的讨论). 到此，我们已经回答了本节开始的问题: 怎样用"把复杂的问题化为简单问题的'和'的形式"这样的思想来求解 e^x, $\sin x$ 的值？答案是: 将它们展开成泰勒公式. 这种思想的另外一个完美应用将在傅里叶级数一章得到充分的表述. 傅里叶级数 (以及傅里叶变换) 的出现对整个科学产生了巨大的影响，它展现给我们的是"时域-频域"的转换，直至今天的信号通信技术都含有它的身影.

习 题 3-3

【A 组题】

1. 利用泰勒公式计算下列极限.
   (1) $\lim\limits_{x\to 0}\left(\dfrac{1}{x}-\dfrac{1}{e^x-1}\right)$;
   (2) $\lim\limits_{x\to 0}\left(\dfrac{1}{x^2}-\dfrac{1}{x\tan x}\right)$;
   (3) $\lim\limits_{x\to 0}\dfrac{x-\sin x}{x^2(e^x-1)}$;
   (4) $\lim\limits_{x\to 0}\dfrac{x^2}{e^{2x}-2x-1}$;
   (5) $\lim\limits_{x\to 0}\left[\dfrac{1}{\ln(1+x)}-\dfrac{1}{x}\right]$;
   (6) $\lim\limits_{x\to 0}\dfrac{\tan x-\sin x}{x^2\tan x}$.

2. 计算题.
   (1) 求函数 $f(x)=xe^x$ 的带有佩亚诺型余项的 n 阶麦克劳林公式.
   (2) 求函数 $f(x)=\dfrac{1}{x-2}$ 在 $x=1$ 处带有佩亚诺型余项的 n 阶泰勒公式.

【B 组题】

1. 填空题.
   (1) 若函数 $\lim\limits_{x\to 0}\dfrac{\sin 6x+xf(x)}{x^3}=0$, 则 $\lim\limits_{x\to 0}\dfrac{6+f(x)}{x^2}=$ _____.
   (2) 若函数 $\lim\limits_{x\to 0}\dfrac{\ln(1+x)-(ax+bx^2)}{x^2}=2$, 则 $a=$ _____, $b=$ _____.
   (3) 若函数 $f(x)=x-(a+b\cos x)\sin x$ 为当 $x\to 0$ 时关于 x 的 5 阶无穷小，则 $a=$ _____, $b=$ _____.
   (4) 已知 $e^x(1+Bx+Cx^2)=1+Ax+o(x^3)$, 则 $A=$ _____, $B=$ _____, $C=$ _____.

2. 求下列极限.

(1) $\lim\limits_{x\to 0}\dfrac{e^x-\sin x-1}{1-\sqrt{1-x^2}}$; (2) $\lim\limits_{x\to 0}\dfrac{x-x\cos x}{x-\sin x}$;

(3) $\lim\limits_{x\to 0}\dfrac{\arcsin x-\arctan x}{\sin x-\tan x}$; (4) $\lim\limits_{x\to 0}\dfrac{\arctan x-x}{\ln(1+2x^3)}$;

(5) $\lim\limits_{x\to 0}\dfrac{\arctan x-\sin x}{x^3}$; (6) $\lim\limits_{x\to 1}\left(\dfrac{x}{x-1}-\dfrac{1}{\ln x}\right)$;

(7) $\lim\limits_{x\to 0}\dfrac{\sin x-x+\dfrac{1}{6}x^3}{x^5}$; (8) $\lim\limits_{x\to 0}\dfrac{e^x\sin x-x(1+x)}{x^3}$;

(9) $\lim\limits_{x\to 0}\left(\dfrac{1}{x^2}-\dfrac{\cos x}{\sin^2 x}\right)$; (10) $\lim\limits_{x\to 0}\dfrac{e^{\tan x}-e^x}{x^3}$;

(11) $\lim\limits_{x\to 0^+}\dfrac{x^x-(\sin x)^x}{x^2\ln(1+x)}$; (12) $\lim\limits_{x\to 0}\dfrac{\cos x-e^{-\frac{x^2}{2}}}{x^2[x+\ln(1-x)]}$;

(13) $\lim\limits_{x\to 0}\dfrac{\sqrt{1+\tan x}-\sqrt{1+\sin x}}{x\ln(1+x)-x^2}$; (14) $\lim\limits_{x\to 0}\dfrac{[\sin x-\sin(\sin x)]x}{\sin^4 x}$.

3. 利用泰勒公式或者麦克劳林公式证明.

(1) 设 $f(x)$ 在 $[0,+\infty)$ 上连续, 在 $(0,+\infty)$ 内二阶可导且 $f''(x)<0$, $f(0)=0$. 证明: 对于任意的 $x_1,x_2>0$ 且 $x_1\neq x_2$, 恒有 $f(x_1+x_2)<f(x_1)+f(x_2)$.

(2) 设 $f(x)$ 在开区间 (a,b) 内二阶可导且 $f''(x)>0$. 证明: 对于任意的 $x_1,x_2\in(a,b)$ 且 $x_1\neq x_2$, 恒有 $f\left(\dfrac{x_1+x_2}{2}\right)<\dfrac{f(x_1)+f(x_2)}{2}$.

§ 3.4 函数的单调性与曲线的凹凸性

这一节我们将利用中值定理阐述如何根据函数导函数的性质描述函数的性质.

在中学阶段我们介绍过函数的单调性和凹凸性的概念, 从定义不难发现, 单调性与凹凸性是函数在某一个区间上的性质, 因此它们都是"整体的性质". 本节的内容告诉我们: 可以用函数的导数、二阶导数的性质 (局部性质) 来研究函数的单调性、凹凸性 (整体性质).

一、函数单调性的判定法

如果函数 $y=f(x)$ 在区间 $[a,b]$ 上单调增加 (单调减少), 那么它的图形是一条沿 x 轴正向上升 (下降) 的曲线. 如果这条曲线在每一点处都有切线, 那么各点处的切线斜率是非负的 (非正的), 即 $f'(x)\geqslant 0(f'(x)\leqslant 0)$, 如图 3.7 所示.

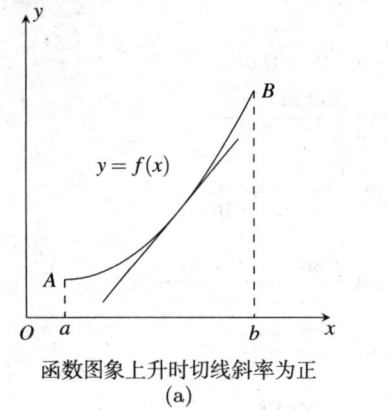
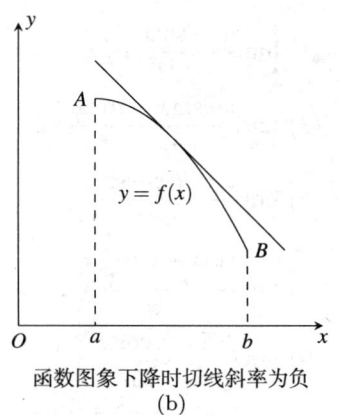

函数图象上升时切线斜率为正　　　　　函数图象下降时切线斜率为负
　　　　　　(a)　　　　　图 3.7　　　　　　(b)

由此可见, 由函数的单调性能够得到导数的性质. 反过来, 能否用导数的符号来判定函数的单调性呢? 利用拉格朗日中值定理, 我们能够得到下面的定理.

定理 3.9(函数单调性的判定法)　设函数 $y=f(x)$ 在 $[a,b]$ 上连续, 在 (a,b) 内可导.

(1) **如果在** (a,b) **内** $f'(x)>0$, **那么函数** $y=f(x)$ **在** $[a,b]$ **上严格单调增加**;

(2) **如果在** (a,b) **内** $f'(x)<0$, **那么函数** $y=f(x)$ **在** $[a,b]$ **上严格单调减少**.

证　只证 (1) 即可. 在 $[a,b]$ 上任取两点 x_1, x_2 ($x_1<x_2$), 应用拉格朗日中值定理, 存在 $\xi\in(x_1,x_2)$, 使得
$$f(x_2)-f(x_1)=f'(\xi)(x_2-x_1).$$
由于在上式中 $x_2-x_1>0, f'(\xi)>0$, 于是
$$f(x_2)-f(x_1)=f'(\xi)(x_2-x_1)>0,$$
即 $f(x_1)<f(x_2)$. 此时, 函数 $y=f(x)$ 在 $[a,b]$ 上严格单调增加.

注　(1) 判定法中的闭区间可换成其他各种区间, 结论依然成立.

(2) 由于 $y=f(x)$ 在 $[a,b]$ 上连续, 所以若在 (a,b) 内 $f'(x)\geqslant 0$, 且**只在有限个点处** $f'(x)=0$, 则函数 $y=f(x)$ 在 $[a,b]$ 上依然严格单调增加.

例 1　判定函数 $y=x-\sin x$ 在 $[0,2\pi]$ 上的单调性.

解　因为在 $(0,2\pi)$ 内, $f'(x)=1-\cos x>0$, 所以由定理 3.9 可知函数 $y=x-\sin x$ 在 $[0,2\pi]$ 上单调增加. 函数图象如图 3.8 所示.

实际上, $y=x-\sin x$ 的定义域为 $(-\infty,+\infty)$, 在区间 $(2(k-1)\pi,2k\pi)$ $(k\in \mathbf{Z})$ 上有 $f'(x)>0$, 即 $y=x-\sin x$ 在 $[2(k-1)\pi,2k\pi]$ 上单调增加. 又因为 $y=x-\sin x$ 在定义域上是连续函数, 因此, 函数 $y=x-\sin x$ 在整个定义域 $(-\infty,+\infty)$ 上都是单调增加的.

例 2　讨论函数 $y=e^x-x-1$ 的单调性. (没指明在什么区间怎么办?)

解 $y = e^x - x - 1$ 的定义域为 $(-\infty, +\infty)$, $y' = e^x - 1$.

因为在 $(-\infty, 0)$ 内, $y' < 0$, 所以函数 $y = e^x - x - 1$ 在 $(-\infty, 0]$ 上单调减少; 因为在 $(0, +\infty)$ 内, $y' > 0$, 所以函数 $y = e^x - x - 1$ 在 $[0, +\infty)$ 上单调增加. 函数图象如图 3.9 所示.

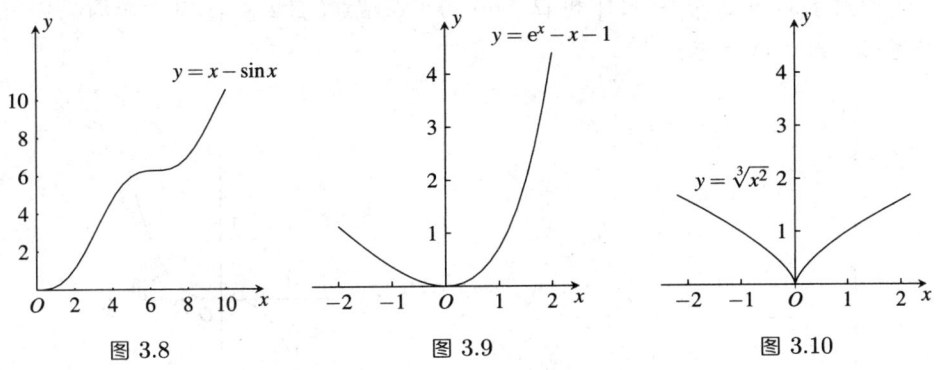

图 3.8　　　　　图 3.9　　　　　图 3.10

例 3　讨论函数 $y = \sqrt[3]{x^2}$ 的单调性.

解　函数 $y = \sqrt[3]{x^2}$ 的定义域为 $(-\infty, +\infty)$. 当 $x \neq 0$ 时, $y' = \dfrac{2}{3\sqrt[3]{x}}$; 当 $x = 0$ 时, y' 不存在.

因为在 $(-\infty, 0)$ 内, $y' < 0$, 所以函数 $y = \sqrt[3]{x^2}$ 在 $(-\infty, 0]$ 上单调减少; 因为在 $(0, +\infty)$ 内, $y' > 0$, 所以函数 $y = \sqrt[3]{x^2}$ 在 $[0, +\infty)$ 上单调增加. 该函数的图象如图 3.10 所示.

我们注意到, 在例 2 中, $x = 0$ 是函数 $y = e^x - x - 1$ 的单调减少区间 $(-\infty, 0]$ 与单调增加区间 $[0, +\infty)$ 的分界点, 而在该点处函数导数为 0. 在例 3 中, $x = 0$ 是函数 $y = \sqrt[3]{x^2}$ 的单调减少区间 $(-\infty, 0]$ 与单调增加区间 $[0, +\infty)$ 的分界点, 而在该点处函数导数不存在. 一般地, 单调减少区间与单调增加区间的分界点有可能是导数为零的点, 也有可能是导数不存在的点. 因此, 我们总结如下:

如果函数 $y = f(x)$ 在定义区间上连续, 除去有限个导数不存在的点外, 导数存在且连续, 那么只要用方程 $f'(x) = 0$ 的根及导数不存在的点来划分函数 $f(x)$ 的定义区间, 就能保证 $f'(x)$ 在各个部分区间内保持固定的符号, 因而函数 $f(x)$ 在每个部分区间上单调.

例 4　确定函数 $f(x) = 2x^3 - 9x^2 + 12x - 3$ 的单调区间.

解　该函数的定义域为 $(-\infty, +\infty)$, 处处可导且 $f'(x) = 6x^2 - 18x + 12$. 导数为零的点有两个, $x_1 = 1$ 和 $x_2 = 2$. 这两个点将函数 $f(x)$ 的定义域分成三个区间, 如下表所示.

x	$(-\infty,1)$	$(1,2)$	$(2,+\infty)$
$f'(x)$	+	−	+
$f(x)$	单调增加	单调减少	单调增加

函数 $f(x)$ 在区间 $(-\infty,1]$ 和 $[2,+\infty)$ 内单调增加, 在区间 $[1,2]$ 上单调减少. 函数图形如图 3.11 所示.

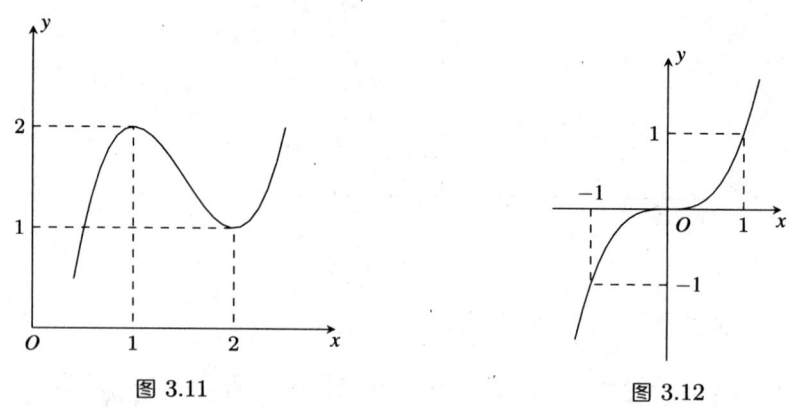

图 3.11　　　　　　　　　　图 3.12

但是, 并不是说驻点和导数不存在的点就一定是单调性发生改变的分界点, 如下例中的函数, $x=0$ 是驻点, 但不是单调区间的分界点.

例 5　讨论函数 $y=x^3$ 的单调性.

解　函数的定义域为 $(-\infty,+\infty)$, 函数的导数为 $y'=3x^2$. 除当 $x=0$ 时 $y'=0$ 外, 在其余各点处均有 $y'>0$, 因此函数在区间 $(-\infty,+\infty)$ 内是单调增加的. 函数图形如图 3.12 所示.

利用函数的单调性, 我们可以证明一些不等式.

例 6　证明: 当 $x>1$ 时, $2\sqrt{x}>3-\dfrac{1}{x}$.

证　令 $f(x)=2\sqrt{x}-3+\dfrac{1}{x}$, 则
$$f'(x)=\dfrac{1}{\sqrt{x}}-\dfrac{1}{x^2}=\dfrac{1}{x^2}(x\sqrt{x}-1).$$

因为当 $x>1$ 时, $f'(x)>0$, 因此, $f(x)$ 在 $[1,+\infty)$ 上单调增加, 从而当 $x>1$ 时, $f(x)>f(1)=0$, 即 $2\sqrt{x}>3-\dfrac{1}{x}$.

例 7　证明: 当 $x>0$ 时, $\sin x>x-\dfrac{1}{6}x^3$.

证　令 $f(x)=\sin x-x+\dfrac{1}{6}x^3$, 则 $f(x)$ 在 $[0,+\infty)$ 上连续、可导, 且
$$f'(x)=\cos x-1+\dfrac{1}{2}x^2.$$

$f'(x)$ 也在 $[0,+\infty)$ 上连续、可导, 并且
$$f''(x) = x - \sin x.$$

当 $x > 0$ 时, $f''(x) > 0$, 所以 $f'(x)$ 在 $[0,+\infty)$ 上单调增加, 从而当 $x > 0$ 时, $f'(x) > f'(0) = 0$.

进一步, 这又说明 $f(x)$ 在 $[0,+\infty)$ 上单调增加, 从而当 $x > 0$ 时, $f(x) > f(0) = 0$, 即 $\sin x > x - \dfrac{1}{6}x^3$.

例 8 确定 $f(x) = \ln x - \dfrac{x}{e} + k \, (k > 0)$ 在 $(0,+\infty)$ 内的零点个数.

解 注意到 $f(x)$ 在 $(0,+\infty)$ 内连续, $f'(x) = \dfrac{e - x}{ex}$.

当 $x < e$ 时, $f'(x) > 0$, 所以函数 $f(x)$ 在区间 $(0,e]$ 上严格单调增加; 当 $x > e$ 时, $f'(x) < 0$, 所以函数 $f(x)$ 在区间 $[e,+\infty)$ 上严格单调减少. 在 $x = 0$ 处, 极限 $\lim\limits_{x \to 0^+} f(x) = -\infty$; 在 $x = e$ 处, $f(x) = k > 0$; 当 $x \to +\infty$ 时, $f(x) \to -\infty$. 因此, 函数恰有两个零点.

二、曲线的凹凸性与拐点

在第一目中, 我们讨论了函数的单调性, 其反映在图形上, 就是曲线的上升或下降. 但是, 曲线在上升或下降的过程中, 还有一个弯曲方向的问题, 如图 3.13 所示.

虽然图中两条曲线弧都是上升的, 但是图形却有显著的不同, $\overset{\frown}{ACB}$ 是向上凸的曲线弧, $\overset{\frown}{ADB}$ 是向上凹的曲线弧. 下面我们来研究曲线的凹凸性及其判别法.

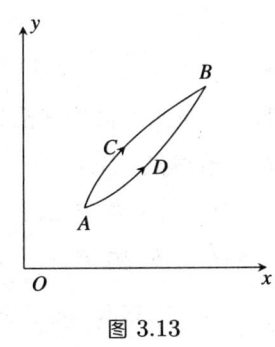

图 3.13

1. 凹凸性的概念

从几何上看, 在有的曲线上任取两点, 连接这两点的弦总是位于这两点间的曲线弧段的上方, 如图 3.14(a) 所示; 而有的曲线弧则正好相反, 如图 3.14(b) 所示. 曲线的这种性质就是曲线的凹凸性. 下面给出曲线凹凸性的严格定义.

定义 3.1 设 $f(x)$ 在区间 I 上连续, 如果对 I 上任意不同的两点 x_1 和 x_2, 恒有
$$f\left(\dfrac{x_1 + x_2}{2}\right) < \dfrac{f(x_1) + f(x_2)}{2},$$
那么称 $f(x)$ 在 I 上的图形是凹的 (或凹弧); 如果恒有
$$f\left(\dfrac{x_1 + x_2}{2}\right) > \dfrac{f(x_1) + f(x_2)}{2},$$

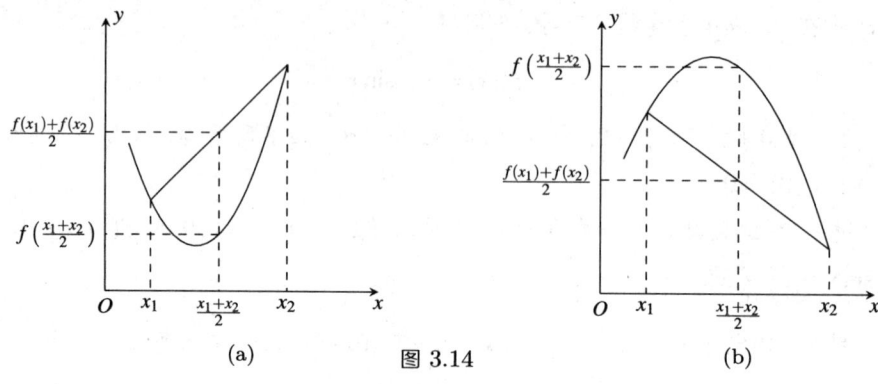

图 3.14

那么称 $f(x)$ 在 I 上的图形是凸的 (或凸弧).

2. 凹凸性的判定

在给出判定凹凸性的定理之前, 我们还是先积累一些几何直观的认识. 想象我们有一条凹曲线弧, 这条弧上的每一点都是有切线的, 如图 3.14(a) 所示. 我们从弧的左端点开始慢慢地运动到弧的右端点, 在此过程中, 切线从斜向下慢慢变为斜向上, 即切线的斜率从负变为正, 也就是说, 该凹弧对应的函数的导函数是一个增函数. 相反, 如果我们考虑的是凸曲线弧, 如图 3.14(b) 所示, 在相同的过程中, 切线斜率的变化过程正好相反, 从正变为负, 也就是说该凸弧对应的函数的导函数是一个减函数. 这就是凹凸性的判别法.

定理 3.10(函数曲线凹凸性判别法) 设 $f(x)$ 在 $[a,b]$ 上连续, 在 (a,b) 内具有一阶和二阶导数, 那么

(1) 若在 (a,b) 内 $f''(x) > 0$, 则 $f(x)$ 在 $[a,b]$ 上的图形是凹的;

(2) 若在 (a,b) 内 $f''(x) < 0$, 则 $f(x)$ 在 $[a,b]$ 上的图形是凸的.

证 只证 (1) 即可. 设 $x_1, x_2 \in [a,b]$, 且 $x_1 < x_2$, 记 $x_0 = \dfrac{x_1 + x_2}{2}$. 由拉格朗日中值公式, 存在 $\xi_1 \in (x_1, x_0)$ 和 $\xi_2 \in (x_0, x_2)$, 使得

$$f(x_1) - f(x_0) = f'(\xi_1)(x_1 - x_0) = f'(\xi_1) \cdot \frac{x_1 - x_2}{2},$$
$$f(x_2) - f(x_0) = f'(\xi_2)(x_2 - x_0) = f'(\xi_2) \cdot \frac{x_2 - x_1}{2}.$$

两式相加得

$$f(x_1) + f(x_2) - 2f(x_0) = [f'(\xi_2) - f'(\xi_1)] \cdot \frac{x_2 - x_1}{2}.$$

再对 $f'(x)$ 在区间 $[\xi_1, \xi_2]$ 上应用拉格朗日中值定理, 则存在 $\xi \in (\xi_1, \xi_2)$, 使得

$$f'(\xi_2) - f'(\xi_1) = f''(\xi)(\xi_2 - \xi_1).$$

于是

$$f(x_1) + f(x_2) - 2f(x_0) = f''(\xi)(\xi_2 - \xi_1) \cdot \frac{x_2 - x_1}{2} > 0,$$

所以 $f(x)$ 在 $[a,b]$ 上的图形是凹的.

注 定理的陈述并不是像我们想象中的那样, 以导数的增减性为条件, 而是以二阶导数的正负为条件, 这只是为了表述形式上的简洁, 因为根据定理 3.9, 我们知道二阶导数的正负能够决定一阶导数的增减性.

例 9 判断曲线 $f(x) = \sin x, x \in [0, 2\pi]$ 的凹凸性.

解 求导得 $f'(x) = \cos x, f''(x) = -\sin x$.

令 $f''(x) < 0$, 解得 $0 < x < \pi$, 所以函数的图形在区间 $[0, \pi]$ 上是凸的. 令 $f''(x) > 0$, 解得 $\pi < x < 2\pi$, 所以函数的图形在区间 $[\pi, 2\pi]$ 上是凹的. 该函数的图像如图 3.15 所示.

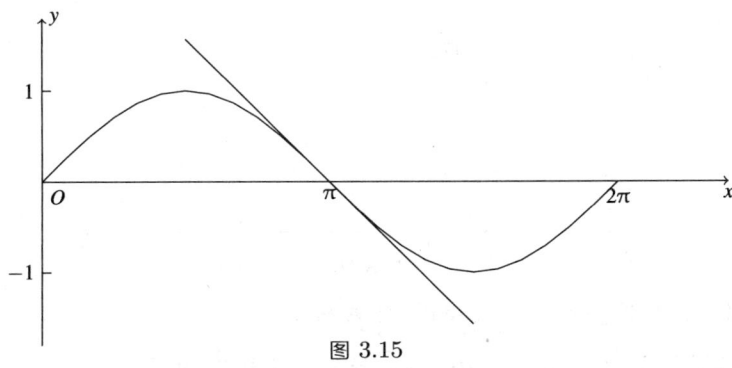

图 3.15

例 9 中点 $(\pi, 0)$ 是该曲线凹凸性发生变化的点, 对于具有这样性质的点, 我们以后称之为**拐点**, 即连续曲线 $y = f(x)$ 上凹弧与凸弧的分界点称为该曲线的拐点.

注 (1) 拐点一般存在于二阶导数为零的点和二阶导数不存在的点中.

(2) 在拐点处, 如果存在切线, 那么该切线一定穿过函数图象.

下面, 我们总结一下确定曲线 $y = f(x)$ 的凹凸区间和拐点的步骤:

(1) 确定函数 $y = f(x)$ 的定义域;

(2) 求函数 $f(x)$ 的二阶导数 $f''(x)$;

(3) 求出二阶导数为零的点和二阶导数不存在的点;

(4) 判断或列表判断, 确定出曲线的凹凸区间和拐点.

例 10 求曲线 $y = 3x^4 - 4x^3 + 1$ 的拐点及凹凸区间.

解 函数 $y = 3x^4 - 4x^3 + 1$ 的定义域为 $(-\infty, +\infty)$,

$$y' = 12x^3 - 12x^2, \quad y'' = 36x^2 - 24x = 36x\left(x - \frac{2}{3}\right),$$

解方程 $y'' = 0$ 得 $x_1 = 0, x_2 = \frac{2}{3}$.

列表判断:

x	$(-\infty,0)$	0	$\left(0,\dfrac{2}{3}\right)$	$\dfrac{2}{3}$	$\left(\dfrac{2}{3},+\infty\right)$
$f''(x)$	+	0	−	0	+
$f(x)$	凹	1	凸	$\dfrac{11}{27}$	凹

在区间 $(-\infty,0]$ 和 $\left[\dfrac{2}{3},+\infty\right)$ 上曲线是凹的, 在区间 $\left[0,\dfrac{2}{3}\right]$ 上曲线是凸的, 点 $(0,1)$ 和 $\left(\dfrac{2}{3},\dfrac{11}{27}\right)$ 是曲线的拐点. 如图 3.16 所示.

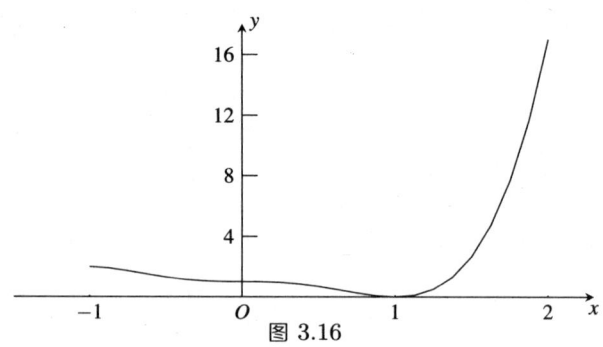

图 3.16

例 11 求曲线 $f(x)=x^4(12\ln x-7)$ 的拐点.

解 函数 $f(x)$ 的定义域为 $(0,+\infty)$, 没有不可导点. 求导得
$$f'(x)=4x^3(12\ln x-7)+x^4\cdot\dfrac{12}{x}=4x^3(12\ln x-7)+12x^3,$$
$$f''(x)=12x^2(12\ln x-7)+4x^3\cdot\dfrac{12}{x}+36x^2=144x^2\ln x.$$

令 $f''(x)=0$, 在 $(0,+\infty)$ 内解得 $x=1$. 在 $(0,1)$ 内, $f''(x)<0$; 在 $(1,+\infty)$ 内, $f''(x)>0$. 又 $f(1)=-7$, 故 $(1,-7)$ 是函数 $f(x)$ 图象的拐点.

例 12 判断曲线 $y=x^4$ 是否有拐点.

解 $y'=4x^3, y''=12x^2$. 当 $x\ne 0$ 时, $y''>0$, 所以在区间 $(-\infty,+\infty)$ 内曲线是凹的, 因此曲线无拐点.

例 13 求曲线 $y=\sqrt[3]{x}$ 的拐点.

解 函数的定义域为 $(-\infty,+\infty)$,
$$y'=\dfrac{1}{3\sqrt[3]{x^2}},\quad y''=-\dfrac{2}{9x\sqrt[3]{x^2}}.$$

该函数无二阶导数为 0 的点, 二阶导数不存在的点为 $x=0$. 当 $x<0$ 时, $y''>0$; 当 $x>0$ 时, $y''<0$. 因此, 点 $(0,0)$ 是曲线的拐点.

定理 3.11 设 $f(x)$ 在 x_0 处有三阶导数, $f''(x_0)=0$, 且 $f'''(x_0) \neq 0$, 则 $(x_0, f(x_0))$ 是函数 $f(x)$ 图象的拐点.

证 不妨设 $f'''(x_0) > 0$. 由导数的定义
$$0 < f'''(x_0) = \lim_{x \to x_0} \frac{f''(x) - f''(x_0)}{x - x_0} = \lim_{x \to x_0} \frac{f''(x)}{x - x_0}.$$
由函数极限的局部保号性, 存在 x_0 的某个去心 δ 邻域, 使得
$$\frac{f''(x)}{x - x_0} > 0.$$
这样, 在 $(x_0 - \delta, x_0)$ 内, $f''(x) < 0$; 在 $(x_0, x_0 + \delta)$ 内, $f''(x) > 0$. 所以, $(x_0, f(x_0))$ 是函数 $f(x)$ 图象的拐点.

例 14 求曲线 $f(x) = x^3$ 的拐点.

解 $f'(x) = 3x^2$, $f''(x) = 6x$, $f'''(x) = 6$. 函数没有不可导点, 令 $f''(x) = 0$, 得 $x = 0$, 而 $f'''(0) = 6 \neq 0$, 所以 $(0,0)$ 是该曲线的拐点.

函数的凹凸性也可以用来证明不等式.

例 15 证明 $\dfrac{x^n + y^n}{2} > \left(\dfrac{x+y}{2}\right)^n$, 其中 $x > 0, y > 0, x \neq y, n > 1$.

证 取函数 $f(x) = x^n$. 因为当 $x > 0$ 时,
$$f''(x) = n(n-1)x^{n-2} > 0,$$
所以曲线在 $[0, +\infty)$ 上是凹的. 故对任意的 $x > 0, y > 0, x \neq y$, 有
$$f\left(\frac{x+y}{2}\right) < \frac{f(x) + f(y)}{2}, \text{ 即 } \frac{x^n + y^n}{2} > \left(\frac{x+y}{2}\right)^n.$$

习 题 3-4

【A 组题】

1. 选择题.

(1) 若在 (a,b) 内恒有 $f'(x) < 0, f''(x) > 0$, 则在 (a,b) 内曲线 $y = f(x)$ 的弧为 (   ).

　　A. 上升的凸弧　　　　B. 下降的凸弧

　　C. 上升的凹弧　　　　D. 下降的凹弧

(2) 若在 $(0,1)$ 内恒有 $f''(x) < 0$, 则 $f'(1), f'(0), f(1) - f(0)$(或者 $f(0) - f(1)$) 的大小顺序为 (   ).

A. $f'(0) > f(1) - f(0) > f'(1)$ B. $f'(1) > f(1) - f(0) > f'(0)$

C. $f(1) - f(0) > f'(1) > f'(0)$ D. $f'(1) > f'(0) > f(1) - f(0)$

(3) 方程 $x^3 - 3x + 1 = 0$ 的实根个数为 (　　).

A. 0 B. 1

C. 2 D. 3

2. 给出下列函数的单调区间.

(1) $f(x) = 2x^3 - 6x^2 - 18x - 7$;　(2) $f(x) = \ln(x + \sqrt{1+x^2})$.

3. 利用单调性证明不等式.

(1) 当 $x > 0$ 时, $1 + \dfrac{1}{2}x > \sqrt{1+x}$;

(2) 当 $x > 0$ 时, $1 + x\ln(x + \sqrt{1+x^2}) > \sqrt{1+x^2}$;

(3) 当 $x > 0$ 时, $x - \dfrac{1}{2}x^2 < \ln(1+x) < x$;

(4) 当 $x > 4$ 时, $2^x > x^2$;

(5) 当 $x > 0$ 时, $\ln(1+x) > \dfrac{\arctan x}{1+x}$;

(6) 当 $x > 0$ 时, $\arctan x < x$.

4. 求下列曲线的拐点和凹凸区间.

(1) $y = 3x^4 + 4x^3 + 1$;　(2) $y = x^4 - 2x^3 + 1$;

(3) $y = x^3 - 5x^2 + 3x + 5$;　(4) $y = \ln(1+x^2)$.

【B 组题】

1. 填空选择题.

(1) 若点 $(1,3)$ 为曲线 $y = ax^3 + bx^2$ 的拐点, 则 $a = $ _____, $b = $ _____.

(2) 已知曲线 $y = f(x)$ 具有连续的二阶导数, 且在 $x = a$ 处有拐点 $(a, f(a))$, 则 $\lim\limits_{h \to 0} \dfrac{f(a+h) - 2f(a) + f(a-h)}{h^2} = $ _____.

(3) 设函数 $y = f(x)$ 具有二阶导数, $g(x) = f(0)(1-x) + f(1)x$, 则在区间 $[0,1]$ 上 (　　).

A. 当 $f'(x) \leqslant 0$ 时, $f(x) \geqslant g(x)$　B. 当 $f'(x) \leqslant 0$ 时, $f(x) \leqslant g(x)$

C. 当 $f''(x) \geqslant 0$ 时, $f(x) \geqslant g(x)$　D. 当 $f''(x) \geqslant 0$ 时, $f(x) \leqslant g(x)$

2. 利用单调性证明不等式.

(1) 当 $0 < x < \dfrac{\pi}{2}$ 时, $\tan x > x + \dfrac{1}{3}x^3$;

(2) 当 $0 < x < \dfrac{\pi}{2}$ 时, $\sin x + \tan x > 2x$;

(3) 当 $0 < x < \dfrac{\pi}{2}$ 时, $\dfrac{2x}{\pi} < \sin x < x$.

3. 求下列函数图形的拐点及凹凸区间.

(1) $y = xe^{-x}$;　　(2) $y = e^{\arctan x}$;　　(3) $y = \dfrac{1}{1+x^2}$;　　(4) $y = e^{-x^2}$.

4. 利用凹凸性证明不等式.

(1) $x\ln x + y\ln y > (x+y)\ln\dfrac{x+y}{2}$, 其中 $x > 0, y > 0$ 且 $x \neq y$;

(2) 当 $x \neq y$ 时, $\dfrac{e^x + e^y}{2} > e^{\frac{x+y}{2}}$.

§3.5 函数的极值与最值

先考虑一个物理模型: 一束光线由空气中 A 点经过水面折射后到达水中 B 点 (如图 3.17 所示). 物理学告诉我们: 光线穿过水面时满足折射定律, 即

$$\frac{\sin\theta_1}{v_1} = \frac{\sin\theta_2}{v_2},$$

其中 θ_1, θ_2 分别是光线的入射角和折射角, v_1, v_2 分别是光线在空气中和水中的传播速度. 根据这个折射定律, 我们能够找到光线进入水面的位置点 P. 现在我们要说的是, 光线沿着 APB 这条折线从 A 点传播到 B 点也是耗时最短的 (具体证明在本节例 6 中). 我们现在可以

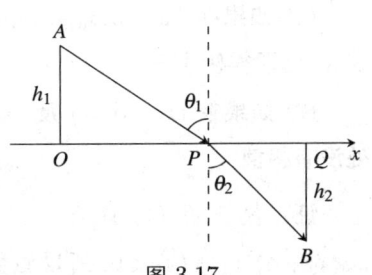

图 3.17

这样理解, 所谓的折射定律只是"光线总是沿着耗时最短的路径传播"这一论断的表现形式.

为了验证"光线总是沿着耗时最短的路径传播"这个论断, 我们需要考虑的数学问题是函数的最值. 函数的最值问题在日常生活、工农业生产以及科学研究等很多问题中都有体现.

一、函数的极值及其求法

定义 3.2　设函数 $f(x)$ 在 x_0 的某个邻域 $U(x_0)$ 内有定义. 若对任意的 $x \in \mathring{U}(x_0)$, 都有 $f(x) > f(x_0)$, 则称 $f(x_0)$ 是 $f(x)$ 的极小值, 相应地, 称 x_0 为函数 $f(x)$ 的极小值点; 类似地, 若对任意的 $x \in \mathring{U}(x_0)$, 都有 $f(x) < f(x_0)$, 则称 $f(x_0)$ 是 $f(x)$ 的极大值, 相应地, 称 x_0 为函数 $f(x)$ 的极大值点.

函数的极大值和极小值概念是局部概念. 如果 $f(x_0)$ 是函数 $f(x)$ 的一个极大值, 那么 $f(x_0)$ 只是 $f(x)$ 在 x_0 附近的一个最大值; 如果就 $f(x)$ 的整个定义域来说,

$f(x_0)$ 不一定是最大值. 关于极小值也类似.

首先我们来看极值点的性质.

定理 3.12 如果 x_0 是 $f(x)$ 的极值点, 且 $f(x)$ 在 x_0 处可导, 那么 $f'(x_0) = 0$.

证 不妨设 x_0 是 $f(x)$ 的一个极小值点 (极大值点也可类似证明). 由定义存在 x_0 的一个邻域 $U(x_0)$ 使得对任意的 $x \in \mathring{U}(x_0)$, 都有 $f(x) > f(x_0)$. 根据费马引理可得 $f'(x_0) = 0$.

上述定理说明, 可导函数 $f(x)$ 的极值点必定是函数的驻点. 反过来, 函数 $f(x)$ 的驻点却不一定是极值点. 例如, 考察函数 $f(x) = x^3$ 在 $x = 0$ 处的情况. 一般地, 函数的极值点一定存在于函数的驻点和不可导点中.

定理 3.13(第一充分条件) 设函数 $f(x)$ 在 x_0 点连续, 且在 x_0 的某去心邻域 $\mathring{U}(x_0, \delta)$ 内可导.

(1) 如果在 $(x_0 - \delta, x_0)$ 内 $f'(x) > 0$, 在 $(x_0, x_0 + \delta)$ 内 $f'(x) < 0$, 那么函数 $f(x)$ 在 x_0 处取得极大值;

(2) 如果在 $(x_0 - \delta, x_0)$ 内 $f'(x) < 0$, 在 $(x_0, x_0 + \delta)$ 内 $f'(x) > 0$, 那么函数 $f(x)$ 在 x_0 处取得极小值;

(3) 如果在 $(x_0 - \delta, x_0)$ 及 $(x_0, x_0 + \delta)$ 内 $f'(x)$ 的符号相同, 那么函数 $f(x)$ 在 x_0 处没有极值.

证 仅证明 (1) 即可. 因为函数 $f(x)$ 在区间 $(x_0 - \delta, x_0)$ 内 $f'(x) > 0$, 在 $(x_0, x_0 + \delta)$ 内 $f'(x) < 0$, 所以函数 $f(x)$ 在区间 $[x_0 - \delta, x_0]$ 上严格单调递增, 在区间 $[x_0, x_0 + \delta]$ 上严格单调递减. 故 x_0 是区间 $(x_0 - \delta, x_0 + \delta)$ 内唯一的最大值点, 所以函数 $f(x)$ 在 x_0 处取得极大值. 反之则不一定.

定理 3.13 也可简单地这样说, 当 x 在 x_0 的邻近渐增地经过 x_0 时, 如果 $f'(x)$ 的符号由正变负, 那么 $f(x)$ 在 x_0 处取得极大值; 如果 $f'(x)$ 的符号由负变正, 那么 $f(x)$ 在 x_0 处取得极小值; 如果 $f'(x)$ 的符号不改变, 那么 $f(x)$ 在 x_0 处没有极值. 图 3.18 中 (a), (b) 分别对应于定理 3.13 中 (1), (2) 两种情况, (c), (d) 则是定理 3.13 中 (3) 的两种情形.

下面, 我们总结确定极值点和极值的步骤:

(1) 求出导数 $f'(x)$;

(2) 求出 $f(x)$ 的全部驻点和不可导点;

(3) 列表判断, 考察 $f'(x)$ 的符号在每个驻点和不可导点的左右邻近的情况, 以便根据定理 3.13 确定该点是否是极值点, 是极大值还是极小值;

(4) 确定出函数的所有极值点和极值.

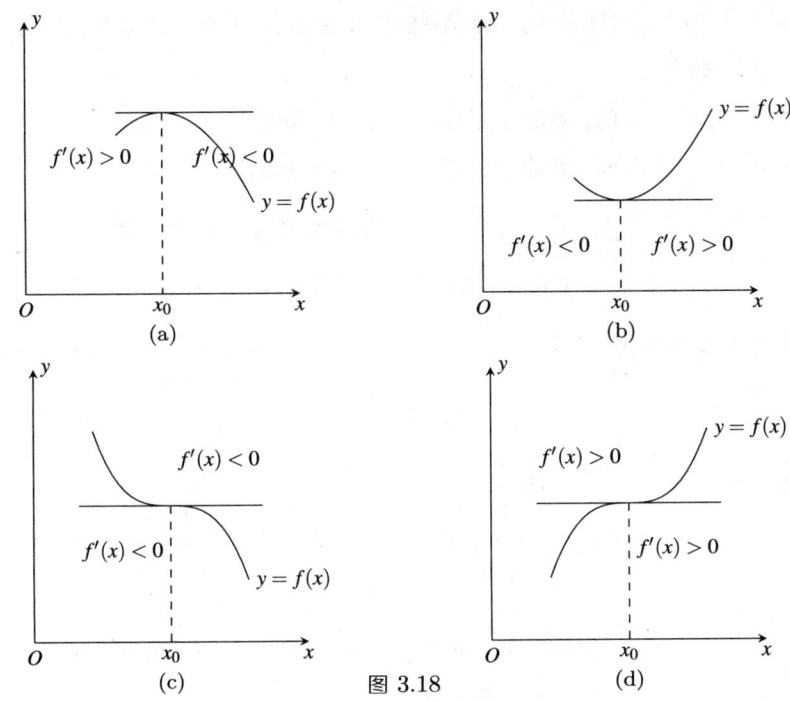
图 3.18

例 1 求函数 $f(x) = (x-4)\sqrt[3]{(x+1)^2}$ 的极值.

解 $f(x)$ 在 $(-\infty, +\infty)$ 内连续, 且
$$f'(x) = \frac{5(x-1)}{3\sqrt[3]{x+1}}.$$
令 $f'(x) = 0$, 得驻点 $x = 1$; $x = -1$ 为 $f(x)$ 的不可导点.

列表判断:

x	$(-\infty, -1)$	-1	$(-1, 1)$	1	$(1, +\infty)$
$f'(x)$	$+$	不可导	$-$	0	$+$
$f(x)$	单调增加	0	单调减少	$-3\sqrt[3]{4}$	单调增加

所以, $f(x)$ 的极大值为 $f(-1) = 0$, 极小值为 $f(1) = -3\sqrt[3]{4}$. 如图 3.19 所示.

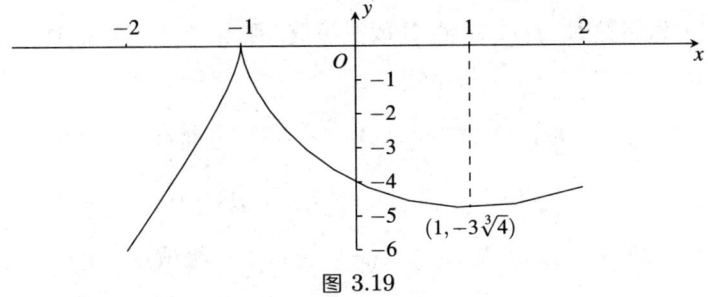
图 3.19

定理 3.14(第二充分条件)　设函数 $f(x)$ 在点 x_0 处具有二阶导数, 且 $f'(x_0) = 0, f''(x_0) \neq 0$, 那么

(1) 当 $f''(x_0) < 0$ 时, 函数 $f(x)$ 在 x_0 处取得极大值;

(2) 当 $f''(x_0) > 0$ 时, 函数 $f(x)$ 在 x_0 处取得极小值.

证　仅证明情形 (1). 由于 $f''(x_0) < 0$, 根据二阶导数的定义有

$$f''(x_0) = \lim_{x \to x_0} \frac{f'(x) - f'(x_0)}{x - x_0} < 0,$$

由函数极限的局部保号性, 存在 x_0 的某个去心邻域 $\mathring{U}(x_0, \delta)$, 当 $x \in \mathring{U}(x_0, \delta)$ 时,

$$\frac{f'(x) - f'(x_0)}{x - x_0} < 0.$$

因为 $f'(x_0) = 0$, 所以上式变为 $\dfrac{f'(x)}{x - x_0} < 0$.

在左邻域 $(x_0 - \delta, x_0)$ 内, 有 $x - x_0 < 0$, 所以 $f'(x_0) > 0$; 在右邻域 $(x_0, x_0 + \delta)$ 内, 有 $x - x_0 > 0$, 所以 $f'(x_0) < 0$. 由第一充分条件可知 $f(x)$ 在 x_0 处取得极大值.

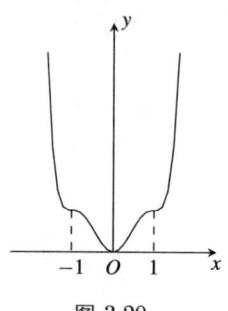

图 3.20

例 2　求函数 $f(x) = (x^2 - 1)^3 + 1$ 的极值.

解　求导得

$$f'(x) = 6x(x^2 - 1)^2, \quad f''(x) = 6(x^2 - 1)(5x^2 - 1).$$

令 $f'(x) = 0$, 求得驻点 $x = 0, \pm 1$.

因 $f''(0) = 6 > 0$, 所以 $f(x)$ 在 $x = 0$ 处取得极小值, 极小值为 $f(0) = 0$.

因 $f''(\pm 1) = 0$, 用定理 3.14 无法判别. 但在 -1 的左、右邻域内, $f'(x) < 0$, 所以 $f(x)$ 在 -1 处没有极值. 同理, $f(x)$ 在 1 处也没有极值. 如图 3.20 所示.

定理 3.14 表明, 如果函数 $f(x)$ 在 x_0 处有 $f'(x_0) = 0, f''(x_0) \neq 0$, 那么 x_0 一定是极值点. 但如果 $f''(x_0) = 0$, 那么定理 3.14 失效, 可以参考下面的定理.

定理 3.14′　设函数 $f(x)$ 在 x_0 处有 n 阶导数, 且 $f'(x_0) = f''(x_0) = \cdots = f^{(n-1)}(x_0) = 0, f^{(n)}(x_0) \neq 0$, 则

(1) 当 n 为奇数时, $f(x)$ 在 x_0 处不取极值.

(2) 当 n 为偶数时, $f(x)$ 在 x_0 处取得极值, 且当 $f^{(n)}(x_0) < 0$ 时, $f(x_0)$ 为极大值, 当 $f^{(n)}(x_0) > 0$ 时, $f(x_0)$ 为极小值.

在例 2 中, 可进一步计算 $f'''(x) = 24x(5x^2 - 3)$, 进而有

$$f'(\pm 1) = f''(\pm 1) = 0, f'''(\pm 1) \neq 0.$$

由定理 3.14′ 可知, $x = \pm 1$ 不是 $f(x) = (x^2 - 1)^3 + 1$ 的极值点.

二、最大值、最小值问题

在工农业生产、工程技术及科学实验中,经常遇到在一定条件下,怎样使"产品最多"、"用料最省"、"成本最低"、"效率最高"等问题. 这类问题在数学上有时可归结为求某一函数 (通常称为目标函数) 的最大值或最小值问题.

设函数 $f(x)$ 在闭区间 $[a,b]$ 上连续, 则函数 $f(x)$ 的最大值和最小值一定存在. 函数的最大值和最小值有可能在区间的端点取得; 若最值不在区间的端点取得, 则必在 (a,b) 内取得, 在这种情况下, 最值必是函数的极值. 以上讨论说明, 函数的最值点有可能在区间的端点、驻点、不可导点取到. 因此我们有以下最值的求法:

求出 $f(x)$ 在 $[a,b]$ 上所有可能的最值点, 包括驻点和不可导点, 区间端点 a 和 b; 然后比较这些点函数值的大小, 其中最大的是最大值, 最小的是最小值.

例 3 求函数 $f(x) = \dfrac{x}{1+x^2}$ 在 $[0,2]$ 上的最大值与最小值.

解 求导得
$$f'(x) = \frac{1-x^2}{(1+x^2)^2}.$$

令 $f'(x) = 0$ 可得函数 $f(x)$ 在 $(0,2)$ 内的驻点为 $x=1$, 且函数没有不可导点. 由于
$$f(0)=0,\ f(1)=\frac{1}{2},\ f(2)=\frac{2}{5},$$
所以函数 $f(x)$ 在 $[0,2]$ 上的最大值为 $\dfrac{1}{2}$, 最小值为 0.

例 4 求函数 $f(x) = |x^2 - 3x + 2|$ 在 $[-3, 4]$ 上的最大值与最小值.

解 用分段函数来表示,
$$f(x) = \begin{cases} x^2 - 3x + 2, & x \in [-3, 1] \cup [2, 4]; \\ -x^2 + 3x - 2, & x \in (1, 2), \end{cases}$$

$$f'(x) = \begin{cases} 2x - 3, & x \in (-3, 1) \cup (2, 4); \\ -2x + 3, & x \in (1, 2). \end{cases}$$

在 $(-3, 4)$ 内, $f(x)$ 的驻点为 $\dfrac{3}{2}$, 不可导点为 $1, 2$. 由于
$$f(-3) = 20,\ f(1) = 0,\ f\left(\frac{3}{2}\right) = \frac{1}{4},\ f(2) = 0,\ f(4) = 6,$$
因此函数 $f(x)$ 在 $[-3, 4]$ 上的最大值为 20, 最小值为 0.

注 如果 $f(x)$ 在一个区间 (有限或无限, 开或闭) 内可导, 且只有一个驻点 x_0, 并且这个驻点 x_0 是函数 $f(x)$ 的极值点, 那么当 $f(x_0)$ 是极大值时, $f(x_0)$ 就是 $f(x)$ 在该区间上的最大值; 当 $f(x_0)$ 是极小值时, $f(x_0)$ 就是 $f(x)$ 在该区间上的最小值. 如图 3.21 所示.

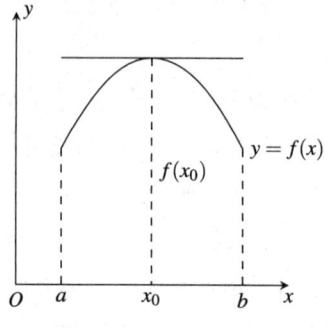
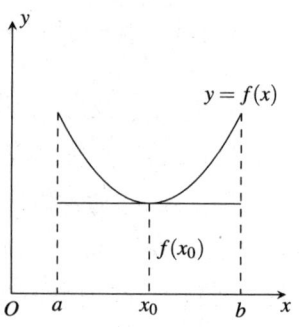

图 3.21

应当指出,实际问题中,往往根据问题的性质就可断定函数 $f(x)$ 确有最大值或最小值,而且一定在定义区间内部取得. 这时,如果 $f(x)$ 在定义区间内部只有一个驻点 x_0,那么不必讨论 $f(x_0)$ 是否是极值点,就可断定 $f(x_0)$ 是最大值或最小值.

例 5 把一根直径为 d 的圆木锯成截面为矩形的梁,则矩形截面的高 h 和宽 b 应如何选择才能使梁的抗弯截面模量 $W\left(W=\dfrac{1}{6}bh^2\right)$ 最大?

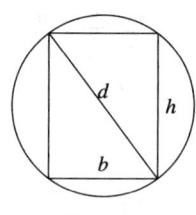

图 3.22

解 如图 3.22 所示,有关系式 $h^2=d^2-b^2$. 因而
$$W=\frac{1}{6}b(d^2-b^2),\ 0<b<d.$$

现在,问题化为 b 等于多少时,目标函数 W 取最大值. 求 W 关于 b 的导数
$$\frac{\mathrm{d}W}{\mathrm{d}b}=\frac{1}{6}(d^2-3b^2),$$
并解方程 $\dfrac{\mathrm{d}W}{\mathrm{d}b}=0$ 得驻点 $b=\dfrac{\sqrt{3}}{3}d$.

由于梁的最大抗弯截面模量一定存在,且在 $(0,d)$ 内部取得,而函数在 $(0,d)$ 内只有一个驻点,所以当 $b=\dfrac{\sqrt{3}}{3}d$ 时,W 的值最大,这时 $h=\dfrac{\sqrt{6}}{3}d$,即 $d:h:b=\sqrt{3}:\sqrt{2}:1$.

例 6 一束光线由空气中 A 点经过水面折射后到达水中 B 点,已知光在空气中和水中传播的速度分别是 v_1 和 v_2,证明:光线按照折射率传播的路径是耗时最短的传播路径.

证 如图 3.17 所示,设点 A 到水面的垂直距离为 $AO=h_1$,点 B 到水面的垂直距离为 $BQ=h_2$,x 轴沿水面过点 O,Q,且 $OQ=l$.

由于光线在同一介质内沿着直线传播,设光线的传播路径与 x 轴的交点为 P,$OP=x$,则光线从 A 到 B 的传播路径为折线 APB,其所需要的传播时间为
$$T(x)=\frac{\sqrt{x^2+h_1^2}}{v_1}+\frac{\sqrt{(l-x)^2+h_2^2}}{v_2},\ x\in[0,l].$$

由于
$$T'(x)=\frac{1}{v_1}\cdot\frac{x}{\sqrt{x^2+h_1^2}}-\frac{1}{v_2}\cdot\frac{l-x}{\sqrt{(l-x)^2+h_2^2}},\ x\in(0,l),$$

$$T''(x) = \frac{1}{v_1} \cdot \frac{h_1^2}{\sqrt{(x^2+h_1^2)^3}} + \frac{1}{v_2} \cdot \frac{h_2^2}{\sqrt{[(l-x)^2+h_2^2]^3}} > 0, \ x \in (0,l),$$

且有 $T'(0) < 0$, $T'(l) > 0$, $T'(x)$ 在 $[0,l]$ 上单调, 因此 $T'(x)$ 在 $(0,l)$ 内有唯一的零点 x_0. 而 x_0 是 $T(x)$ 在 $(0,l)$ 内唯一的极小值点, 进而一定是 $T(x)$ 在 $[0,l]$ 上的最小值点.

由于 $T'(x_0) = 0$, 所以
$$\frac{1}{v_1} \cdot \frac{x_0}{\sqrt{x_0^2+h_1^2}} = \frac{1}{v_2} \cdot \frac{l-x_0}{\sqrt{(l-x_0)^2+h_2^2}}.$$

又因为
$$\sin\theta_1 = \frac{x_0}{\sqrt{x_0^2+h_1^2}}, \ \sin\theta_2 = \frac{l-x_0}{\sqrt{(l-x_0)^2+h_2^2}},$$

于是有 $\dfrac{\sin\theta_1}{v_1} = \dfrac{\sin\theta_2}{v_2}$, 即光按照折射定率传播的路径是耗时最短的路径.

我们已经验证了: 光在任意两种介质间传播时既满足"折射定律"又满足"耗时最短原则". 一个是在 1621 年, 由荷兰学者斯涅耳通过实验精确地测量入射角与折射角得到的客观规律; 一个是用微积分的方法逻辑推理的结论. 两种不同的思维在此达到了完美的统一, 我们很自然地要问, 在光的传播路径的问题上, "折射定律"和"耗时最短原则"中, 哪个是表面现象? 哪个是问题本质? 亦或二者都是表面现象, 那么又是什么更深层次的本质原因在决定光的传播路径呢? 这已经超出了高等数学的范围.

现在, 我们考虑一种比光传播复杂一点的问题——最速降线问题: 一个质点在重力作用下, 从一个给定点 A 到不在它垂直下方的另一点 B, 如果不计摩擦力, 问沿着什么曲线滑下所需时间最短. 如图 3.23 所示.

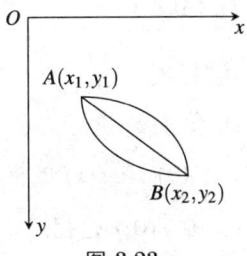

图 3.23

这依然是一个最值问题, 不过已经远远超出了我们当下能力的范围, 问题不是寻找一个点, 而是寻找一个函数. 它的求解需要用到另一门数学课程"泛函分析"和数学理论"变分法".

习 题 3-5

【A 组题】

1. 选择题.

(1) 设 $f(x)$ 满足关系 $f'(x_0) = f''(x_0) = 0, f'''(x_0) > 0$, 则 (　　).

　A. $f'(x_0)$ 是 $f'(x)$ 的极大值　　B. $f(x_0)$ 是 $f(x)$ 的极大值

　C. $f(x_0)$ 是 $f(x)$ 的极小值　　D. $(x_0, f(x_0))$ 是曲线 $y = f(x)$ 的拐点

(2) $f'(0) = 0, f''(0) \neq 0$ 是函数 $f(x)$ 在 0 点取得极值的 (　　).

　A. 充分条件　　B. 必要条件　　C. 充要条件　　D. 无关条件

(3) 函数 $y = f(x)$ 在 $x = x_0$ 处取得极大值, 则以下结论一定成立的是 (　　).

　A. $f'(x_0) = 0$　　　　　　B. $f'(x_0) = 0$ 且 $f''(x_0) < 0$

　C. $f''(x_0) < 0$　　　　　D. $f'(x_0) = 0$ 或者 $f'(x_0)$ 不存在

2. 求下列函数的极值和极值点.

　(1) $f(x) = 2x^3 - 6x^2 - 18x + 7$;　(2) $f(x) = 3x^4 - 8x^3 + 6x^2 + 1$;

　(3) $f(x) = \dfrac{3x^2 + 4x + 4}{x^2 + x + 1}$;　(4) $f(x) = x^2 e^{-x^2}$;

　(5) $f(x) = x - \ln(1+x)$;　(6) $f(x) = 2 - (x-1)^{\frac{2}{3}}$.

3. 求函数 $f(x) = \dfrac{(x-1)^3}{x^2}$ 的极值、极值点、凹凸区间和拐点.

4. 求下列函数的最大值和最小值.

　(1) $y = 2x^3 - 3x^2, -1 \leqslant x \leqslant 4$;　(2) $y = x^4 - 8x^2 + 2, -1 \leqslant x \leqslant 3$;

　(3) $y = x + \sqrt{1-x}, -5 \leqslant x \leqslant 1$.

【B 组题】

1. 选择填空题.

(1) 设 $f(x)$ 满足关系 $(1-x)f''(x) - 3x[f'(x)]^2 = 1 - e^{-x}, f'(0) = 0$, 则 (　　).

　A. $f(0)$ 是 $f(x)$ 的极大值　　B. $f(0)$ 是 $f(x)$ 的极小值

　C. $(0, f(0))$ 是拐点　　　　D. $f(0)$ 非极值, $(0, f(0))$ 非拐点

(2) 设 $f(x)$ 满足关系 $f''(x) + [f'(x)]^2 = x, f'(0) = 0$, 则 (　　).

　A. $f(0)$ 是 $f(x)$ 的极大值　　B. $f(0)$ 是 $f(x)$ 的极小值

　C. $(0, f(0))$ 是拐点　　　　D. $f(0)$ 非极值, $(0, f(0))$ 非拐点

(3) 设 $f(x)$ 在 $(-\infty, +\infty)$ 内连续, 其二阶导数 $f''(x)$ 的图形如下, 则曲线 $y = f(x)$ 的拐点个数为 (　　).

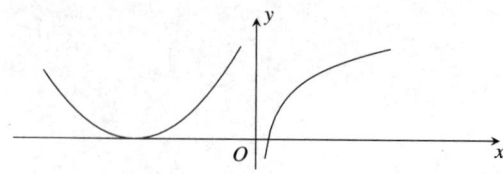

A. 0 　　　　　　B. 1
C. 2 　　　　　　D. 3

(4) 设 $f(x)$ 在 $(-\infty,+\infty)$ 内连续，其导数 $f'(x)$ 的图形如下，则 $y=f(x)$ 有_____个极大值点，_____个极小值点.

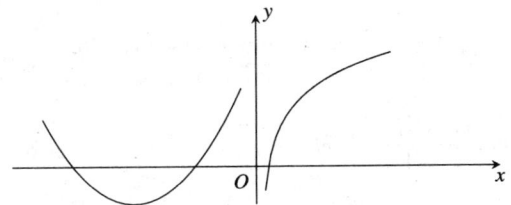

2. 求下列函数的极值和极值点.
(1) $f(x)=\dfrac{\ln x}{x}$;　　(2) $f(x)=(x+6)\mathrm{e}^{\frac{1}{x}}$;　　(3) $f(x)=\mathrm{e}^x\cos x,\ x\in[0,2\pi]$.

3. 设函数 $y(x)$ 由方程 $x^3+y^3-3x+3y-2=0$ 确定，求 $y(x)$ 的极值和极值点.

§3.6　函数图形的描绘

我们这一节要探讨的是如何描绘函数的图形. 通过前两节的学习我们知道，借助于函数一阶导数的符号，可以判定函数的上升、下降以及极值; 借助于函数二阶导数的符号，可以判定曲线的凹凸性和拐点. 函数的这些几何性质有助于我们更好地绘制函数图形.

除此之外，曲线的渐近线也揭示了曲线的变化趋势. 曲线的渐近线一般分三类，即水平渐近线、铅直渐近线和斜渐近线.

(1) 若 $\lim\limits_{x\to+\infty}f(x)=A$ 或者 $\lim\limits_{x\to-\infty}f(x)=A$，则称直线 $y=A$ 为函数 $y=f(x)$ 图形的水平渐近线.

例如曲线 $y=\mathrm{e}^x$，因为 $\lim\limits_{x\to-\infty}\mathrm{e}^x=0$，因此 $y=0$ 是曲线 $y=\mathrm{e}^x$ 的水平渐近线. 又如曲线 $y=\arctan x$，因为 $\lim\limits_{x\to+\infty}\arctan x=\dfrac{\pi}{2}$，$\lim\limits_{x\to-\infty}\arctan x=-\dfrac{\pi}{2}$，因此直线 $y=\dfrac{\pi}{2}$，$y=-\dfrac{\pi}{2}$ 都是曲线 $y=\arctan x$ 的水平渐近线.

(2) 若 $\lim\limits_{x\to x_0^+}f(x)=\infty$ 或者 $\lim\limits_{x\to x_0^-}f(x)=\infty$，则称直线 $x=x_0$ 是函数 $f(x)$ 图形的铅直渐近线.

例如曲线 $y=\dfrac{1}{x-1}$，因为 $\lim\limits_{x\to 1}\dfrac{1}{x-1}=\infty$，所以直线 $x=1$ 是曲线 $y=\dfrac{1}{x-1}$ 的

铅直渐近线. 又如曲线 $y = \ln x$, 因为 $\lim\limits_{x \to 0^+} \ln x = -\infty$, 所以直线 $x = 0$ 是曲线 $y = \ln x$ 的铅直渐近线.

(3) 若 $\lim\limits_{x \to +\infty}[f(x) - kx - b] = 0$ 或者 $\lim\limits_{x \to -\infty}[f(x) - kx - b] = 0$, 其中 $k \neq 0$, 则称直线 $y = kx + b$ 为函数 $f(x)$ 图形的斜渐近线. 一般地, 斜渐近线的方程 $y = kx + b$ 由下面的等式确定:

$$\lim_{x \to \infty} \frac{f(x)}{x} = k, \quad \lim_{x \to \infty}[f(x) - kx] = b.$$

例如曲线 $f(x) = \dfrac{3x^3 + 2x}{x^2 - 1}$, 因为

$$\lim_{x \to \infty} \frac{f(x)}{x} = \lim_{x \to \infty} \frac{3x^2 + 2}{x^2 - 1} = 3,$$

$$\lim_{x \to \infty}[f(x) - 3x] = \lim_{x \to \infty}\left(\frac{3x^3 + 2x}{x^2 - 1} - 3x\right) = 0,$$

所以直线 $y = 3x$ 是曲线 $f(x) = \dfrac{3x^3 + 2x}{x^2 - 1}$ 的斜渐近线.

虽然我们可以借助相关的软件来较为准确地描绘任何一个函数的图形, 但是, 如何掌握图形的关键点, 如何选择作图范围等, 仍然需要我们运用微积分的方法. 我们描绘函数图形的一般步骤如下:

(1) 确定函数 $y = f(x)$ 的定义域和函数所具有的某些特性 (如奇偶性、周期性等), 并求函数的一阶导数和二阶导数;

(2) 求出一阶导数、二阶导数为零的点以及求出一阶导数、二阶导数不存在的点, 用这些点把函数的定义域划分成几个区间;

(3) 确定在上述每个区间内一阶导数、二阶导数的符号, 并由此确定函数的单调性、凹凸性、极值点和拐点;

(4) 确定曲线的渐近线 (水平、铅直和斜渐近线) 以及其他变化趋势;

(5) 算出一阶导数、二阶导数为零的点和不存在的点处的函数值, 结合第三、四步的结果, 连接这些点画出函数的图形, 如有必要还可以增加一些辅助的点来更好地描绘函数的图形.

例 1 画出函数 $y = x^3 - x^2 - x + 1$ 的图形.

解 函数的定义域为 $(-\infty, +\infty)$, 求导得

$$f'(x) = 3x^2 - 2x - 1 = (3x + 1)(x - 1), \quad f''(x) = 6x - 2 = 2(3x - 1).$$

$f'(x) = 0$ 的根为 $x_1 = -\dfrac{1}{3}, x_2 = 1$, $f''(x) = 0$ 的根为 $x = \dfrac{1}{3}$. 列表分析:

x	$\left(-\infty,-\frac{1}{3}\right)$	$-\frac{1}{3}$	$\left(-\frac{1}{3},\frac{1}{3}\right)$	$\frac{1}{3}$	$\left(\frac{1}{3},1\right)$	1	$(1,+\infty)$
$f'(x)$	+	0	−	−	−	0	+
$f''(x)$	−	−	−	0	+	+	+
$f(x)$	凸 单调增加	$\frac{32}{27}$ 极大值	凸 单调减少	$\frac{16}{27}$ 拐点	凹 单调减少	0 极小值	凹 单调增加

为了更好地描绘函数的图形,我们再补充图形与坐标轴的交点 $f(0)=1, f(-1)=0$, $f(1)=0$ 以及一个辅助的点 $f\left(\frac{3}{2}\right)=\frac{5}{8}$,然后描点连线画出图形,如图 3.24 所示.

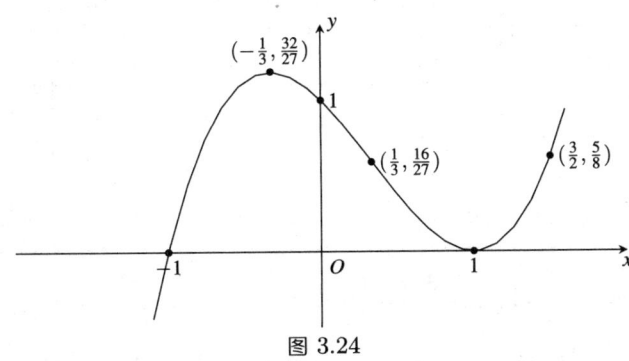

图 3.24

例 2 作函数 $f(x) = \frac{1}{2\pi} e^{-\frac{1}{2}x^2}$ 的图形.

解 函数为偶函数,定义域为 $(-\infty,+\infty)$,图形关于 y 轴对称. 求导得
$$f'(x) = -\frac{x}{2\pi} e^{-\frac{1}{2}x^2}, \quad f''(x) = \frac{(x+1)(x-1)}{2\pi} e^{-\frac{1}{2}x^2}.$$
令 $f'(x)=0$, 得 $x=0$; 令 $f''(x)=0$, 得 $x=\pm 1$. 列表分析:

x	$(-\infty,-1)$	-1	$(-1,0)$	0	$(0,1)$	1	$(1,+\infty)$
$f'(x)$	+	+	+	0	−	−	−
$f''(x)$	+	0	−	−	−	0	+
$f(x)$	凹 单调增加	$\frac{1}{2\pi}e^{-\frac{1}{2}}$ 拐点	凸 单调增加	$\frac{1}{2\pi}$ 极大值	凸 单调减少	$\frac{1}{2\pi}e^{-\frac{1}{2}}$ 拐点	凹 单调减少

因为 $\lim\limits_{x\to\infty} f(x) = \lim\limits_{x\to\infty} \frac{1}{2\pi} e^{-\frac{1}{2}x^2} = 0$, 所以 $y=0$ 是该曲线的一条水平渐近线.

先作出区间 $[0,+\infty)$ 上的图象,然后利用对称性作出 $(-\infty,0]$ 上的图象,如图 3.25 所示.

例 3 作函数 $y = 1 + \frac{36x}{(x+3)^2}$ 的图形.

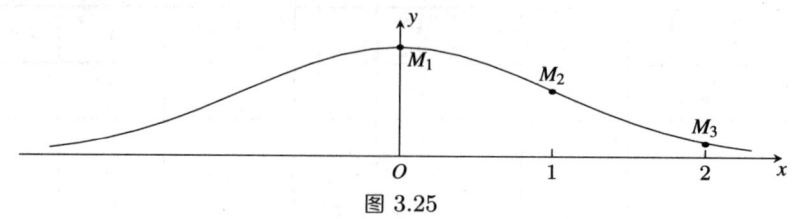

图 3.25

解 函数的定义域为 $(-\infty,-3)\cup(-3,+\infty)$, 求导得
$$f'(x)=\frac{36(3-x)}{(x+3)^3}, \quad f''(x)=\frac{72(x-6)}{(x+3)^4}.$$
令 $f'(x)=0$, 得 $x=3$; 令 $f''(x)=0$, 得 $x=6$. 列表分析:

x	$(-\infty,-3)$	$(-3,3)$	3	$(3,6)$	6	$(6,+\infty)$
$f'(x)$	−	+	0	−	−	−
$f''(x)$	−	−	−	−	0	+
$f(x)$	凸 单调减少	凸 单调增加	4 极大值	凸 单调减少	$\frac{11}{3}$ 拐点	凹 单调减少

因为 $\lim\limits_{x\to\infty}f(x)=\lim\limits_{x\to\infty}\left[1+\frac{36x}{(x+3)^2}\right]=1$, 所以 $y=1$ 是曲线的一条水平渐近线.

因为 $\lim\limits_{x\to-3}\left[1+\frac{36x}{(x+3)^2}\right]=\infty$, 所以 $x=-3$ 是曲线的一条铅直渐近线.

计算特殊点的函数值: $f(0)=1, f(-1)=-8, f(-9)=-8, f(-15)=-\frac{11}{4}$. 最后作图, 如图 3.26 所示.

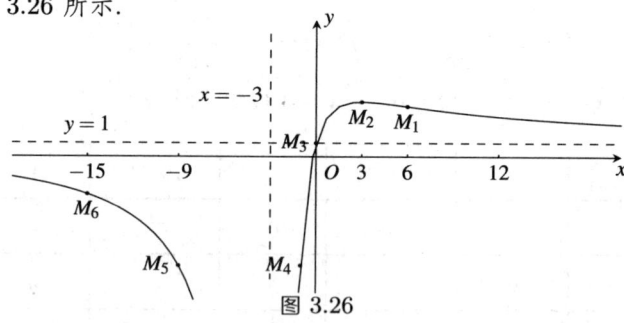

图 3.26

习 题 3-6

【A 组题】

1. 填空题.

(1) 曲线 $y = \dfrac{2x^2}{(x-2)(x-3)}$ 的水平渐近线是_____, 铅直渐近线是_____.

(2) 曲线 $y = (x+3)\mathrm{e}^{-\frac{1}{x}}$ 的斜渐近线是_____.

(3) 已知 $\lim\limits_{x\to\infty}\left(\dfrac{x^3+5x^2+3}{x^2+1} - ax - b\right) = 1$, 则 $a = $_____, $b = $_____.

2. 求下列函数的渐近线.

(1) $y = x + \dfrac{1}{x}$;   (2) $y = \mathrm{e}^{\frac{1}{x}}$;   (3) $y = (1+\mathrm{e}^x)^{\frac{1}{x}}$;

(4) $y = x\ln\left(\mathrm{e} + \dfrac{1}{x}\right)$; (5) $y = \dfrac{x^3+10}{x^2-2x-3}$; (6) $y = \dfrac{4(x+1)}{x^2} - 2$.

3. 绘制下列函数的图形.

(1) $y = \dfrac{2x}{x^2+1}$;   (2) $y = \dfrac{(x-3)^3}{x-1}$.

§ 3.7 曲 率

现在我们已经知道可以通过函数的导数与二阶导数来判断函数的增减性与曲线的凹凸性. 作为本章的结束, 我们来探讨曲线的另外一种性质——曲率. 简单地说, 曲率就是曲线的弯曲程度.

如图 3.27 所示, (a) 是抛物线, 方程是 $y = x^2$, 其中 A, C 为关于 y 轴对称的点, 点 B 为曲线的顶点. 从图形我们不难得到这样的结论: A, B, C 三点中, 曲线在 A, C 两点的弯曲程度相同, 都小于在 B 点的弯曲程度.

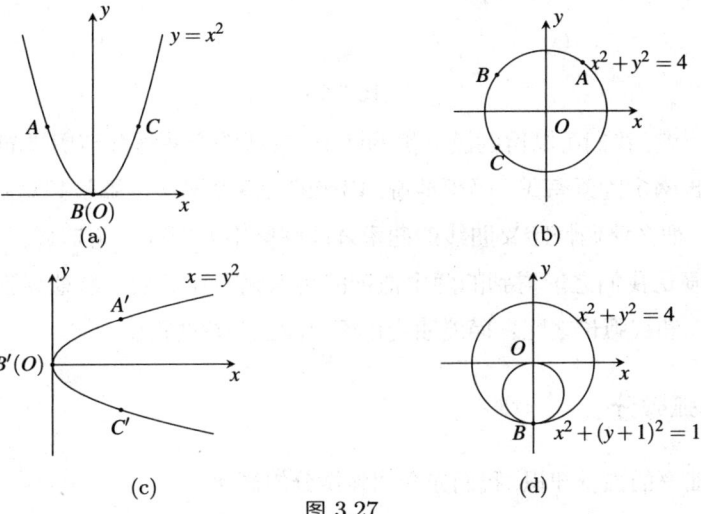

图 3.27

(b) 曲线是圆 $x^2+y^2=4$. 不难看出圆上任一点的弯曲程度都是相同的.

(c) 曲线依然是抛物线, 方程是 $x=y^2$, 可以理解为是 (a) 图的抛物线顺时针旋转 $90°$, 那么 A, B, C 三点经旋转后对应的点分别是 A', B', C'. 显然, 旋转后的曲线和旋转前的曲线在相应的点处应该具有相同的弯曲程度.

最后再看 (d) 的两个圆, 大圆的方程是 $x^2+y^2=4$, 小圆的方程是 $x^2+(y+1)^2=1$, 它们在点 $B(0,-2)$ 处相切, 从图上很容易看出, 大圆在 B 点的弯曲程度小于小圆在 B 点的弯曲程度.

综合以上几点事实, 我们能够得到下面两条有关曲率的基本常识:

(1) 曲线在某一点的曲率只与曲线本身有关, 而与曲线所在的坐标无关;

(2) 直线的曲率显然为 0, 圆上每一点的曲率都相同, 且半径越大, 曲率越小.

下面再看两个例子, 如图 3.28 所示.

从图 3.28(a) 中可以看出, 弧段 $\widehat{M_1M_2}$ 比较平直, 当动点沿该弧段从 M_1 移动到 M_2 时, 切线转过的角度 φ_1 不大, 而弧段 $\widehat{M_2M_3}$ 弯曲得比较厉害, 切线转过的角度 φ_2 就比较大.

但是, 切线转过的角度的大小还不能完全反映曲线弯曲的程度, 例如, 从图 3.28(b) 中可以看出, 两段圆弧 $\widehat{M_1M_2}$ 和 $\widehat{N_1N_2}$ 尽管切线转过的角度都是 φ, 然而小圆的圆弧比大圆的圆弧弯曲得厉害些.

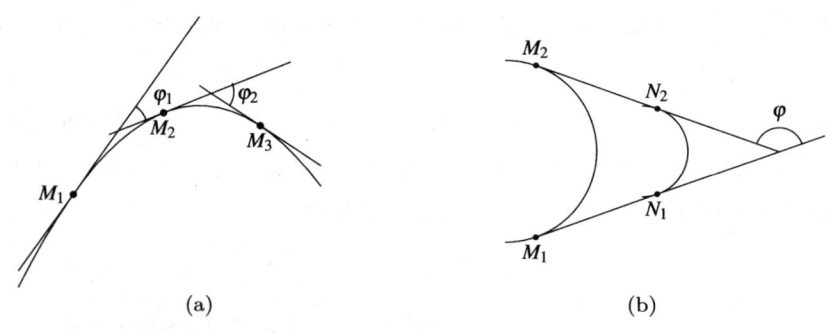

图 3.28

综上所述, 我们可以得到进一步的认识: 曲线的弯曲程度与切线的旋转角度和曲线的弧长两个因素有关. 简单地说, 切线的旋转角越大、弧长越短的曲线, 弯曲程度越大. 那么该如何定义曲线的曲率才能够集中体现旋转角与弧长这两个因素, 并且还要满足我们之前得到的两个直观的常识呢? 我们很自然地想到: 用切线的旋转角度与曲线弧长之比来描述曲线在该弧段上的弯曲程度.

一、弧微分

作为曲率的预备知识, 我们先介绍弧微分的概念.

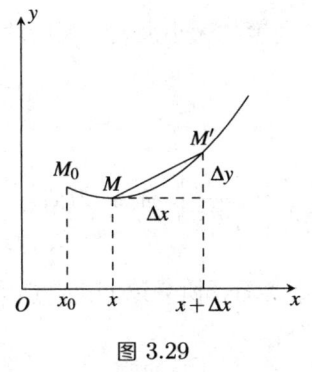
图 3.29

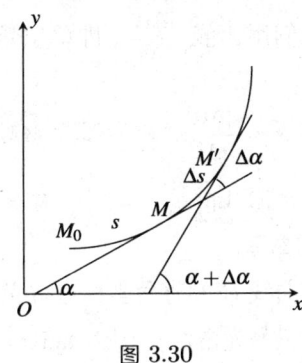
图 3.30

设函数 $f(x)$ 在区间 (a,b) 内具有连续导数. 在曲线 $y=f(x)$ 上取固定点 $M_0(x_0,y_0)$ 作为度量弧长的基点, 并规定依 x 增大的方向为曲线的正向. 对曲线上任一点 $M(x,y)$, 规定有向弧段 $\overset{\frown}{M_0M}$ 的值 s(简称为弧 s) 如下:

s 的绝对值等于该弧段的长度, 当有向弧段 $\overset{\frown}{M_0M}$ 的方向与曲线的正向一致时, $s>0$, 相反时 $s<0$. 显然, 弧 $s=\overset{\frown}{M_0M}$ 是 x 的函数 $s=s(x)$, 而且是 x 的单调增加函数. 下面来求 $s=s(x)$ 的导数及微分.

设 $x,x+\Delta x$ 为 (a,b) 内两个邻近的点, 它们在曲线 $y=f(x)$ 上的对应点为 M 和 M', 如图 3.29 所示, 并设对应于 x 的增量 Δx, 弧 s 的增量为 Δs. 于是

$$\left(\frac{\Delta s}{\Delta x}\right)^2=\left(\frac{\overset{\frown}{MM'}}{\Delta x}\right)^2=\left(\frac{\overset{\frown}{MM'}}{|MM'|}\right)^2\cdot\frac{|MM'|^2}{(\Delta x)^2}$$

$$=\left(\frac{\overset{\frown}{MM'}}{|MM'|}\right)^2\cdot\frac{(\Delta x)^2+(\Delta y)^2}{(\Delta x)^2}=\left(\frac{\overset{\frown}{MM'}}{|MM'|}\right)^2\cdot\left[1+\left(\frac{\Delta y}{\Delta x}\right)^2\right],$$

故

$$\frac{\Delta s}{\Delta x}=\pm\sqrt{\left(\frac{\overset{\frown}{MM'}}{|MM'|}\right)^2\cdot\left[1+\left(\frac{\Delta y}{\Delta x}\right)^2\right]}.$$

因为 $\lim\limits_{\Delta x\to 0}\frac{\overset{\frown}{MM'}}{|MM'|}=1$, $\lim\limits_{\Delta x\to 0}\frac{\Delta y}{\Delta x}=y'$, 所以

$$\frac{\mathrm{d}s}{\mathrm{d}x}=\pm\sqrt{1+(y')^2}.$$

由于 $s=s(x)$ 是单调增加函数, 从而 $\dfrac{\mathrm{d}s}{\mathrm{d}x}>0$, 于是 $\mathrm{d}s=\sqrt{1+(y')^2}\mathrm{d}x$. 这就是弧微分公式.

二、曲率及其计算公式

设曲线 C 是光滑的, 在曲线 C 上选定一点 M_0 作为度量弧 s 的基点. 设曲线 C 上点 M 对应于弧 s, 在点 M 处切线的倾角为 α, 曲线上另外一点 M' 对应于弧 $s+\Delta s$, 在点 M' 处切线的倾角为 $\alpha+\Delta\alpha$, 如图 3.30 所示.

我们用比值 $\dfrac{|\Delta\alpha|}{|\Delta s|}$，即单位弧段上切线转过的角度的大小来表达弧段的平均弯曲程度.

记 $\overline{K} = \dfrac{|\Delta\alpha|}{|\Delta s|}$，称为弧段 $\widehat{MM'}$ 的平均曲率.

若极限 $\lim\limits_{\Delta s \to 0} \dfrac{\Delta\alpha}{\Delta s} = \dfrac{\mathrm{d}\alpha}{\mathrm{d}s}$ 存在, 记 $K = \lim\limits_{\Delta s \to 0} \dfrac{|\Delta\alpha|}{|\Delta s|} = \left|\dfrac{\mathrm{d}\alpha}{\mathrm{d}s}\right|$，称 K 为曲线 C 在点 M 处的曲率.

设曲线 C 的直角坐标方程是 $y = f(x)$，且 $f(x)$ 具有二阶导数 (这时 $f'(x)$ 连续, 从而曲线是光滑的). 因为 $\tan\alpha = y'$，所以两边微分得
$$\sec^2\alpha\,\mathrm{d}\alpha = y''\mathrm{d}x,$$
$$\mathrm{d}\alpha = \dfrac{y''}{\sec^2\alpha}\mathrm{d}x = \dfrac{y''}{1 + \tan^2\alpha}\mathrm{d}x = \dfrac{y''}{1 + (y')^2}\mathrm{d}x.$$

又知 $\mathrm{d}s = \sqrt{1 + (y')^2}\mathrm{d}x$，从而得曲率的计算公式
$$K = \left|\dfrac{\mathrm{d}\alpha}{\mathrm{d}s}\right| = \dfrac{|y''|}{[1 + (y')^2]^{\frac{3}{2}}}.$$

若曲线方程由参数方程
$$\begin{cases} x = \varphi(t), \\ y = \psi(t) \end{cases}$$
给出, 根据参数方程的求导法则,
$$y' = \dfrac{\psi'(t)}{\varphi'(t)}, \quad y'' = \dfrac{\psi''(t)\varphi'(t) - \psi'(t)\varphi''(t)}{[\varphi'(t)]^3},$$
则参数方程的曲率公式为
$$K = \dfrac{|\psi''(t)\varphi'(t) - \psi'(t)\varphi''(t)|}{[(\varphi'(t))^2 + (\psi'(t))^2]^{\frac{3}{2}}}.$$

例 1 计算直线 $y = kx + b$ 上任一点的曲率.

解 因为 $y' = k$, $y'' = 0$，所以根据曲率计算公式, $K = 0$.

例 2 计算半径为 R 的圆上任一点的曲率.

解 圆的参数方程为 $\begin{cases} x = R\cos t, \\ y = R\sin t. \end{cases}$ 代入参数方程的曲率公式, 得 $K = \dfrac{1}{R}$.

例 3 计算等双曲线 $xy = 1$ 在点 $(1,1)$ 处的曲率.

解 由 $y = \dfrac{1}{x}$ 得
$$y' = -\dfrac{1}{x^2}, \quad y'' = \dfrac{2}{x^3},$$
因此 $y'|_{x=1} = -1$, $y''|_{x=1} = 2$. 于是 $xy = 1$ 在点 $(1,1)$ 处的曲率
$$K = \left.\dfrac{|y''|}{[1 + (y')^2]^{\frac{3}{2}}}\right|_{x=1} = \dfrac{\sqrt{2}}{2}.$$

例 4 抛物线 $y = ax^2 + bx + c$ 上哪一点处的曲率最大？

解 由 $y = ax^2 + bx + c$ 得

$$y' = 2ax + b, \quad y'' = 2a,$$

代入曲率公式得

$$K = \frac{|y''|}{[1+(y')^2]^{\frac{3}{2}}} = \frac{|2a|}{[1+(2ax+b)^2]^{\frac{3}{2}}}.$$

显然，当 $2ax + b = 0$ 时曲率最大. 曲率最大时，$x = -\dfrac{b}{2a}$，对应的点为抛物线的顶点. 因此，抛物线在顶点处的曲率最大，最大曲率为 $|2a|$.

三、曲率圆与曲率半径

设曲线 $y = f(x)$ 在点 $M(x,y)$ 处的曲率为 $K(K \neq 0)$. 在点 M 处的法线上，在凹的一侧取一点 D，使 $|DM| = \dfrac{1}{K} = \rho$. 以 D 为圆心，ρ 为半径作圆，如图 3.31 所示. 该圆叫作曲线在点 M 处的**曲率圆**，曲率圆的圆心叫作曲线在点 M 处的**曲率中心**，曲率圆的半径叫作曲线在点 M 处的**曲率半径**.

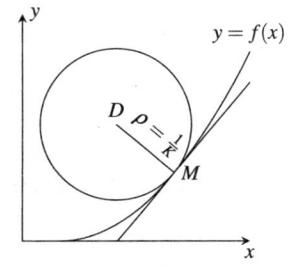

图 3.31

由上述规定可知，曲率圆与曲线在点 M 处有相同的切线和曲率，且在点 M 的邻近有相同的凹向. 因此，在实际问题中，常常用曲率圆在点 M 邻近的一段圆弧来近似代替曲线，以使问题简化.

曲线在点 M 处的曲率 $K(K \neq 0)$ 与曲线在点 M 处的曲率半径 ρ 有如下关系: $K\rho = 1$.

习 题 3-7

【A 组题】

1. 求椭圆 $4x^2 + y^2 = 4$ 在点 $(0, 2)$ 处的曲率.

2. 求曲线 $y = x^2 - 4x + 3$ 在其顶点处的曲率及曲率半径.

3. 对数函数 $y = \ln x$ 上哪点处的曲率半径最小？求出该点处的曲率半径.

4. 求曲线 $y = \ln(\sec x)$ 在点 (x, y) 处的曲率及曲率半径.

第 4 章　不定积分

数学中,很多运算是互为逆运算的. 例如, 已知 $x=2$, 求 y 的值使得 $y=\mathrm{e}^x \rightleftharpoons$ 已知 $y=1$, 求 x 的值使得 $y=\mathrm{e}^x$. 又如, 已知 $x=\dfrac{\pi}{3}$, 求 y 的值使得 $y=\sin x \rightleftharpoons$ 已知 $y=1$, 求 x 的值使得 $y=\sin x$.

上述两个例子中, "$\rightleftharpoons$" 号两端的运算互为逆运算. 对于第二个例子, 我们还有如下显而易见的事实:

首先, 并不是对于所有的 y 值都能找到数 x, 使得 $y=\sin x$, 只有当 $y\in[-1,1]$ 时, 才有 x 满足等式.

其次, 对于给定的某个 $y_0\in[-1,1]$, 若事先已知有一个 x_0 满足 $y_0=\sin x_0$, 则可以满足 $y_0=\sin x$ 的解具有 $x_0+2k\pi$ 或者 $(2k+1)\pi-x_0$ 的形式, 其中 $k\in\mathbf{Z}$.

上述运算均为已知一个数量, 根据某个特定的法则, 求另一个数量. 而函数求导函数的运算法则是: 已知一个函数, 根据求导的法则, 求另一个函数. 例如, 已知 $F(x)=\sin x$, 求 $f(x)$ 使得 $f(x)=F'(x)$. 显然, 很容易就得到 $f(x)=\cos x$. 这一章要探讨的不定积分运算, 可以说就是求导运算的逆运算.

§4.1　不定积分的概念与性质

一、原函数与不定积分

前面我们讨论了已知函数求其导数的问题. 在实际中, 我们还会遇到相反的问题——求一个函数, 使其导数等于给定的函数.

定义 4.1　设 $F(x)$ 为区间 I 上可导的函数. 若对于任意的 $x\in I$,
$$F'(x)=f(x) \text{ 或者 } \mathrm{d}F(x)=f(x)\mathrm{d}x,$$
则称函数 $F(x)$ 为函数 $f(x)$ 在区间 I 上的一个原函数.

例如，在 $(-\infty, +\infty)$ 上，$(x^3)' = 3x^2$，因此 x^3 是 $3x^2$ 在区间 $(-\infty, +\infty)$ 上的一个原函数. 在不引起混淆的情况下，可以简称 x^3 是 $3x^2$ 的原函数.

有了原函数的概念，自然就有下面三个问题：

(1) 区间上的函数满足什么条件才有原函数？

(2) 如果原函数存在，是否是唯一的？若不唯一，不同的原函数间有什么关系？

(3) 如果原函数存在，怎样求得所有的原函数？

关于第一个问题，我们给出下面的定理（其证明在第 5 章）.

定理 4.1 若函数 $f(x)$ 在区间 I 上连续，则 $f(x)$ 在区间 I 上存在原函数.

我们提到过初等函数都是其定义区间上的连续函数，因此每个初等函数都有原函数. 值得注意，该命题的逆命题为假，即 $f(x)$ 存在原函数 $F(x)$，但 $f(x)$ 不一定连续. 比如，函数

$$f(x) = \begin{cases} 2x\sin\dfrac{1}{x} - \cos\dfrac{1}{x}, & x \neq 0; \\ 0, & x = 0. \end{cases}$$

不难看出 $x = 0$ 是它的第二类间断点，但是 $f(x)$ 有原函数

$$F(x) = \begin{cases} x^2 \sin\dfrac{1}{x}, & x \neq 0; \\ 0, & x = 0. \end{cases}$$

关于第二个问题，我们不难发现，x^3 不是 $3x^2$ 唯一的原函数，因为 $x^3 + 1$ 也是它的原函数.

首先，设函数 $F(x)$ 是 $f(x)$ 的原函数，即 $F'(x) = f(x)$. 那么对于任何常数 C，$F(x) + C$ 也是 $f(x)$ 的原函数，因为 $[F(x) + C]' = f(x)$. 这说明函数 $f(x)$ 的原函数不是唯一的，函数集合

$$\{F(x) + C | C \in \mathbf{R}\}$$

里的每一个元素都是 $f(x)$ 的原函数.

其次，若 $F(x)$ 和 $G(x)$ 都是 $f(x)$ 的原函数，即 $F'(x) = f(x)$，$G'(x) = f(x)$，则有 $[F(x) - G(x)]' = 0$. 由定理 3.4，存在常数 C，使得 $G(x) = F(x) + C$. 从而，函数 $f(x)$ 的所有原函数的全体为

$$\{F(x) + C | C \in \mathbf{R}\}.$$

综合以上两个事实，我们给出如下定义.

定义 4.2 设函数 $f(x)$ 在区间 I 上存在原函数，则其所有原函数的全体称作 $f(x)$ 或者 $f(x)\mathrm{d}x$ 在区间 I 上的<u>不定积分</u>，记作

$$\int f(x)\mathrm{d}x,$$

即 $\int f(x)dx = \{F(x)+C|C \in \mathbf{R}\}$，简记为 $\int f(x)dx = F(x)+C$，其中符号 $\int$ 称作积分符号，$f(x)$ 称作被积函数，$f(x)dx$ 称作被积表达式，x 称作积分变量.

例如，x^3 是 $3x^2$ 的原函数，因此 $\int 3x^2 dx = x^3 + C$. 但是，注意到 x^3+1 也是 $3x^2$ 的原函数，因此还可以写作 $\int 3x^2 dx = x^3 + 1 + C$. 这两个等式是不矛盾的，虽然在形式上 x^3+C 和 x^3+C+1 是不同的，但是它们是集合的简记，作为函数的集合

$$\{x^3 + C | C \in \mathbf{R}\} = \{x^3 + 1 + C | C \in \mathbf{R}\}.$$

关于第三个问题，这是本章的重点内容，即如何求原函数，在本章接下来的部分中会继续讨论.

从不定积分的定义出发，我们可以得到下面的关系：

性质 4.1(不定积分与微分的关系)　设 $F(x)$ 是 $f(x)$ 的一个原函数，即 $F'(x) = f(x)$，则有

(1) $\left[\int f(x)dx\right]' = f(x)$；

(2) $d\int f(x)dx = f(x)dx$；

(3) $\int F'(x)dx = F(x)+C$；

(4) $\int dF(x) = F(x)+C$.

由此，我们可以说微分运算和不定积分运算是互逆的.

设 $F'(x) = f(x)$，则 $F'(t) = f(t)$，因此不定积分与积分变量的选取无关，即如果 $\int f(x)dx = F(x)+C$，则 $\int f(t)dt = F(t)+C$.

二、基本积分表与不定积分的性质

怎样求原函数呢？我们很快就会发现，求原函数比求导数困难得多，因为导数的定义是有公式的构造性定义，而原函数是根据导数来定义的，只告诉我们其导数恰好等于某个特定的函数. 通过导数的运算法则，我们可以求出任何一个初等函数的导数，但是，虽然上面提到了初等函数都有原函数，但是绝大多数初等函数的原函数是"求不出来"的，即无法用表达式表示的非初等函数.

既然原函数是根据导数定义的，那么常用的求原函数的方法也是基于导数的公式、性质和运算法则来进行的.

我们先来看求导数的公式. 一个求导数的公式可以改写成求不定积分的公式，所以我们可以将基本的导数公式改写成不定积分，称作基本积分表 (见表 4.1).

例 1　求 $\int \dfrac{1}{x^4}dx$.

解 $\int \dfrac{1}{x^4}\mathrm{d}x = \int x^{-4}\mathrm{d}x = \dfrac{1}{1+(-4)}x^{1+(-4)}+C = -\dfrac{1}{3x^3}+C.$

例 2 求 $\int \dfrac{1}{x\sqrt{x}}\mathrm{d}x.$

解 $\int \dfrac{1}{x\sqrt{x}}\mathrm{d}x = \int x^{-\frac{3}{2}}\mathrm{d}x = \dfrac{1}{1+\left(-\frac{3}{2}\right)}x^{1+\left(-\frac{3}{2}\right)}+C = -\dfrac{2}{\sqrt{x}}+C.$

表 4.1 基本积分表

基本积分公式	基本导数公式
$\int x^\mu \mathrm{d}x = \begin{cases} \dfrac{1}{\mu+1}x^{\mu+1}+C, & \mu \neq -1; \\ \ln|x|+C, & \mu = -1 \end{cases}$	$(x^\mu)' = \mu x^{\mu-1}, (\ln x)' = \dfrac{1}{x}$
$\int \dfrac{1}{1+x^2}\mathrm{d}x = \arctan x + C$	$(\arctan x)' = \dfrac{1}{1+x^2}$
$\int \dfrac{1}{\sqrt{1-x^2}}\mathrm{d}x = \arcsin x + C$	$(\arcsin x)' = \dfrac{1}{\sqrt{1-x^2}}$
$\int \cos x \mathrm{d}x = \sin x + C$	$(\sin x)' = \cos x$
$\int \sin x \mathrm{d}x = -\cos x + C$	$(\cos x)' = -\sin x$
$\int \sec^2 x \mathrm{d}x = \tan x + C$	$(\tan x)' = \sec^2 x$
$\int \csc^2 x \mathrm{d}x = -\cot x + C$	$(\cot x)' = -\csc^2 x$
$\int \sec x \tan x \mathrm{d}x = \sec x + C$	$(\sec x)' = \tan x \sec x$
$\int \csc x \cot x \mathrm{d}x = -\csc x + C$	$(\csc x)' = -\cot x \csc x$
$\int a^x \mathrm{d}x = \dfrac{a^x}{\ln a} + C, \int \mathrm{e}^x \mathrm{d}x = \mathrm{e}^x + C$	$(a^x)' = a^x \ln a, (\mathrm{e}^x)' = \mathrm{e}^x$

例 3 求 $\int 3^x \mathrm{e}^x \mathrm{d}x.$

解 $\int 3^x \mathrm{e}^x \mathrm{d}x = \int (3\mathrm{e})^x \mathrm{d}x = \dfrac{1}{\ln(3\mathrm{e})}(3\mathrm{e})^x + C = \dfrac{3^x \mathrm{e}^x}{1+\ln 3} + C.$

上面的例子表明利用基本积分表可以求一些函数的原函数, 但是能够利用基本积分表求原函数的函数是非常少的.

将不定积分视为求导的逆运算, 则求导的各种法则在不定积分中就会有相应的体现.

首先, 两个函数的线性组合的导数等于它们导数的线性组合. 设 $F'(x) = f(x)$,

$G'(x) = g(x)$,则
$$[\alpha F(x) + \beta G(x)]' = \alpha F'(x) + \beta G'(x) = \alpha f(x) + \beta g(x).$$
上式可改写为
$$\alpha F(x) + \beta G(x) + C = \int [\alpha f(x) + \beta g(x)] \mathrm{d}x, \tag{4-1}$$
又
$$F(x) + C_1 = \int f(x) \mathrm{d}x, \quad G(x) + C_2 = \int g(x) \mathrm{d}x,$$
故
$$\alpha \int f(x) \mathrm{d}x + \beta \int g(x) \mathrm{d}x = \int [\alpha f(x) + \beta g(x)] \mathrm{d}x. \tag{4-2}$$

性质 4.2 若函数 $f(x)$ 和 $g(x)$ 存在原函数，α, β 为任意实数，则函数 $\alpha f(x) + \beta g(x)$ 的原函数也存在，并且
$$\int [\alpha f(x) + \beta g(x)] \mathrm{d}x = \alpha \int f(x) \mathrm{d}x + \beta \int g(x) \mathrm{d}x.$$

注 上边 (4-1) 式左边加上常数 C，是因为等号右边表示集合，如果不加 C，等号左边只能表示一个函数；(4-2) 式左边可以不加常数 C，是因为左右两边都有不定积分，都表示集合.

利用性质 4.2，我们可以通过函数变形，求出一些较复杂的函数的不定积分.

例 4 求 $\int (\mathrm{e}^x + 2\cos x) \mathrm{d}x$.

解 原式 $= \int \mathrm{e}^x \mathrm{d}x + \int 2\cos x \mathrm{d}x = \int \mathrm{e}^x \mathrm{d}x + 2\int \cos x \mathrm{d}x = \mathrm{e}^x + 2\sin x + C.$

例 5 求 $\int \dfrac{1}{x^2(1+x^2)} \mathrm{d}x$.

解
$$\text{原式} = \int \left(\dfrac{1}{x^2} - \dfrac{1}{x^2+1} \right) \mathrm{d}x = \int \dfrac{1}{x^2} \mathrm{d}x - \int \dfrac{1}{x^2+1} \mathrm{d}x$$
$$= -\dfrac{1}{x} - \arctan x + C.$$

例 6 求 $\int \dfrac{1+x^4}{1+x^2} \mathrm{d}x$.

解
$$\text{原式} = \int \dfrac{x^4 - 1 + 2}{1+x^2} \mathrm{d}x = \int \left(x^2 - 1 + \dfrac{2}{1+x^2} \right) \mathrm{d}x$$
$$= \int x^2 \mathrm{d}x - \int \mathrm{d}x + 2 \int \dfrac{1}{1+x^2} \mathrm{d}x$$
$$= \dfrac{1}{3} x^3 - x + 2\arctan x + C.$$

例 7 求 $\int \left(\sin \dfrac{x}{2} + \cos \dfrac{x}{2} \right)^2 \mathrm{d}x$.

解
$$原式 = \int \left(\sin^2 \frac{x}{2} + 2\sin \frac{x}{2} \cos \frac{x}{2} + \cos^2 \frac{x}{2}\right) dx$$
$$= \int (1 + \sin x) dx = x - \cos x + C.$$

例 8 求 $\int \tan^2 x \, dx$.

解 原式 $= \int (\sec^2 x - 1) dx = \int \sec^2 x \, dx - \int dx = \tan x - x + C.$

例 9 求 $\int \sec^2 x \csc^2 x \, dx$.

解
$$原式 = \int \frac{1}{\cos^2 x \sin^2 x} dx = \int \frac{\cos^2 x + \sin^2 x}{\cos^2 x \sin^2 x} dx$$
$$= \int (\sec^2 x + \csc^2 x) dx = \int \sec^2 x \, dx + \int \csc^2 x \, dx$$
$$= \tan x - \cot x + C.$$

习 题 4-1

【A 组题】

1. 填空选择题.

(1) 已知 $f'(x) = 1 + x^2$, 且 $f(0) = 1$, 则 $f(x) =$ _____.

(2) 下列等式中成立的是 (   ).
   A. $d\int f(x)dx = f(x)$
   B. $\frac{d}{dx}\int f(x)dx = f(x)dx$
   C. $\frac{d}{dx}\int f(x)dx = f(x) + C$
   D. $d\int f(x)dx = f(x)dx$

2. 求下列不定积分.

(1) $\int x\sqrt{x} \, dx$;

(2) $\int \left(x^2 + 2^x + \frac{2}{x}\right) dx$;

(3) $\int \left(1 + \frac{1}{x}\right) dx$;

(4) $\int \left(1 - \frac{1}{x^2}\right) \sqrt{x} \, dx$;

(5) $\int \left(x + \frac{1}{1+x^2}\right) dx$;

(6) $\int \frac{\sqrt{x} - x + x^2 e^x}{x^2} dx$;

(7) $\int \frac{e^{3x} + 1}{e^x + 1} dx$;

(8) $\int \frac{x^2}{1 + x^2} dx$;

(9) $\int \dfrac{1+2x^2}{x^2(1+x^2)}\mathrm{d}x$;   (10) $\int \dfrac{3x^4+3x^2+1}{x^2+1}\mathrm{d}x$;

(11) $\int \cot^2 x \mathrm{d}x$;   (12) $\int \left(\dfrac{3}{1+x^2}-\dfrac{1}{\sqrt{1-x^2}}\right)\mathrm{d}x$.

3. 应用题.

(1) 已知曲线 $y=f(x)$ 上任意一点 $M(x,y)$ 处的切线斜率为 $k=4x^3-1$, 且曲线经过点 $(1,3)$, 求曲线的方程.

(2) 已知函数 $f(x)$ 的一个原函数为 $\dfrac{\sin x}{1+x\sin x}$, 求 $\int f'(x)\mathrm{d}x$.

【B 组题】

1. 求下列不定积分.

(1) $\int \dfrac{2^x+5^x}{10^x}\mathrm{d}x$;   (2) $\int \dfrac{\cos 2x}{\cos x-\sin x}\mathrm{d}x$;

(3) $\int \dfrac{(x+1)^2}{x(x^2+1)}\mathrm{d}x$;   (4) $\int \dfrac{1+\cos^2 x}{1+\cos 2x}\mathrm{d}x$.

2. 已知曲线 $y=f(x)$ 过点 $M(\mathrm{e}^2,3)$, 且在任意一点处的切线斜率等于该点横坐标的倒数, 求曲线方程.

§4.2 换元积分法

上一节我们利用基本导数公式和求导的运算法则, 得到了求一些简单函数的原函数的方法. 本节介绍用换元法求不定积分, 这个方法是利用复合函数的求导法则得到的.

设函数 $f(u)$ 具有原函数 $F(u)$, $u=\varphi(x)$ 是可导函数, 则

$$\dfrac{\mathrm{d}}{\mathrm{d}x}F[\varphi(x)]=F'[\varphi(x)]\cdot\varphi'(x)=f[\varphi(x)]\cdot\varphi'(x), \tag{4-3}$$

或者

$$\mathrm{d}F[\varphi(x)]=F'[\varphi(x)]\mathrm{d}\varphi(x)=F'[\varphi(x)]\varphi'(x)\mathrm{d}x. \tag{4-4}$$

该公式改写成不定积分有两种途径, 分别对应于两种换元法.

一、第一类换元法

由式子 (4-3) 可知:

$$\int f[\varphi(x)]\cdot\varphi'(x)\mathrm{d}x=F[\varphi(x)]+C=F(u)+C=\int f(u)\mathrm{d}u,$$

或者是
$$\int f[\varphi(x)] \cdot \varphi'(x) \mathrm{d}x = \int f(u) \mathrm{d}u = F(u) + C = F[\varphi(x)] + C. \tag{4-5}$$

这个表达式表明，如果被积函数可以写成 $f[\varphi(x)] \cdot \varphi'(x)$ 的形式，那么可以用换元法，令 $u = \varphi(x)$，于是这个比较"复杂"的不定积分就可以转化为积分变量为 u，被积函数为 $f(u)$ 的相对"简单"的不定积分。由于原来的积分变量为 x，所以在计算出相对"简单"的不定积分之后，再把 u 换成 $\varphi(x)$。

但是，被积函数是否能写成 $f[\varphi(x)] \cdot \varphi'(x)$ 的形式没有明确的判断方法，需要对求导公式比较熟悉，并对被积函数进行适当的变形。变形的结果是被积函数变成两个因子的乘积，一个因子是复合函数 $f[\varphi(x)]$ 的形式，另一个因子是这个复合函数的中间变量的导数 $\varphi'(x)$，同时要求 $f(u)$ 容易求得原函数。

下面，我们换一个角度来理解第一类换元法。

首先，将被积变量的一部分 $\varphi'(x)$ 和 x 的微分 $\mathrm{d}x$ 看成一个整体"$\varphi'(x)\mathrm{d}x$"，则它就是 $\varphi(x)$ 的微分 $\mathrm{d}\varphi(x)$，因此就有
$$\int F'[\varphi(x)]\varphi'(x)\mathrm{d}x = \int F'[\varphi(x)]\mathrm{d}\varphi(x).$$

其次，同样的道理，再将 $\varphi(x)$ 视为自变量，则 $F'[\varphi(x)]\mathrm{d}\varphi(x)$ 便是 $F[\varphi(x)]$ 关于 $\varphi(x)$ 的微分，因此又有
$$\int F'[\varphi(x)]\mathrm{d}\varphi(x) = \int \mathrm{d}F[\varphi(x)].$$

最后，根据性质 4.1，便有
$$\int \mathrm{d}F[\varphi(x)] = F[\varphi(x)] + C.$$

整体演示一遍计算的过程为：
$$\int F'[\varphi(x)]\varphi'(x)\mathrm{d}x = \int F'[\varphi(x)]\mathrm{d}\varphi(x) = \int \mathrm{d}F[\varphi(x)] = F[\varphi(x)] + C.$$

此运算过程其实就是复合函数求微分 (4-4) 式的"逆"。

例 1 求 $\int 2x\mathrm{e}^{x^2}\mathrm{d}x$.

解 观察被积函数，因式 $2x$ 刚好是 x^2 的导数，被积函数可变形为 $\mathrm{e}^{x^2} \cdot (x^2)'$。于是令 $u = x^2$，根据换元公式，
$$\int 2x\mathrm{e}^{x^2}\mathrm{d}x = \int \mathrm{e}^{x^2} \cdot (x^2)' \mathrm{d}x = \int \mathrm{e}^u \mathrm{d}u = \mathrm{e}^u + C = \mathrm{e}^{x^2} + C.$$

例 2 求 $\int \cos 2x \mathrm{d}x$.

解 被积函数为复合函数的形式，中间变量为 $u = 2x$，而 $u' = 2$ 是常数，因此可以将被积函数变形为 $\frac{1}{2} \cdot \cos 2x \cdot (2x)'$。于是令 $u = 2x$，根据换元公式，
$$\int \cos 2x \mathrm{d}x = \frac{1}{2}\int \cos 2x \cdot (2x)' \mathrm{d}x = \frac{1}{2}\int \cos u \mathrm{d}u = \frac{1}{2}\sin u + C = \frac{1}{2}\sin 2x + C.$$

上面倒数第二个等号后应该是 $\frac{1}{2}(\sin u + C)$, 但是作为集合来讲 $\frac{1}{2}(\sin u + C)$ 和 $\frac{1}{2}\sin u + C$ 是一样的, 我们取较简单的写法.

例 3 求 $\int \frac{1}{ax+b} dx, a \neq 0$.

解 被积函数为复合函数的形式, 中间变量为 $u = ax+b$, 而 $u' = a$ 是常数, 因此可以将被积函数变形为 $\frac{1}{a} \cdot \frac{1}{ax+b} \cdot (ax+b)'$. 于是令 $u = ax+b$, 根据换元公式,

$$\int \frac{1}{ax+b} dx = \frac{1}{a} \int \frac{(ax+b)'}{ax+b} dx = \frac{1}{a} \int \frac{du}{u} = \frac{1}{a} \ln|u| + C = \frac{1}{a} \ln|ax+b| + C.$$

例 4 求 $\int \frac{x}{\sqrt{1+x^2}} dx$.

解 注意到被积函数中 $(1+x^2)' = 2x$, 与因子 x 只差一个常数, 因此可以将被积函数变形为 $\frac{1}{2}(1+x^2)^{-\frac{1}{2}} \cdot (1+x^2)'$. 于是令 $u = 1+x^2$, 根据换元公式,

$$原式 = \frac{1}{2} \int (1+x^2)^{-\frac{1}{2}} \cdot (1+x^2)' dx = \frac{1}{2} \int u^{-\frac{1}{2}} du = \sqrt{u} + C = \sqrt{1+x^2} + C.$$

式子 (4-5) 可以改写为

$$\int f[\varphi(x)] d\varphi(x) = F[\varphi(x)] + C. \tag{4-6}$$

这个式子表明, 如果 $\int f(u) du = F(u) + C$, 那么将等号左、右两边的积分变量 u 全部换成任意一个可导函数 $\varphi(x)$, 等式仍然成立. 根据这个原则, 在熟悉了换元法之后, 我们可以将换元的过程省略. 以例 1 为例,

$$\int 2x e^{x^2} dx = \int e^{x^2} dx^2 \xrightarrow[\text{将}u\text{全部替换为}x^2]{\int e^u du = e^u + C} e^{x^2} + C.$$

例 5 求 $\int \tan x \, dx$.

解 原式 $= \int \frac{\sin x}{\cos x} dx = -\int \frac{d\cos x}{\cos x} \xrightarrow[\text{将}u\text{替换为}\cos x]{\int \frac{du}{u} = \ln|u| + C} -\ln|\cos x| + C.$

类似地, 可以得到 $\int \cot x \, dx = \ln|\sin x| + C$.

例 6 求 $\int \frac{1}{x^2+a^2} dx, a > 0$.

解 利用等式 $\int \frac{1}{1+u^2} du = \arctan u + C$, 可得

$$原式 = \frac{1}{a} \int \frac{1}{1+\left(\frac{x}{a}\right)^2} d\left(\frac{x}{a}\right) = \frac{1}{a} \arctan \frac{x}{a} + C.$$

例 7 求 $\int \frac{1}{x^2-a^2} dx, a > 0$.

解 由于 $\dfrac{1}{x^2-a^2} = \dfrac{1}{2a}\left(\dfrac{1}{x-a} - \dfrac{1}{x+a}\right)$, 所以,

$$\begin{aligned}
原式 &= \frac{1}{2a}\int\left(\frac{1}{x-a} - \frac{1}{x+a}\right)\mathrm{d}x \\
&= \frac{1}{2a}\left(\int\frac{1}{x-a}\mathrm{d}x - \int\frac{1}{x+a}\mathrm{d}x\right) \\
&= \frac{1}{2a}\left[\int\frac{1}{x-a}\mathrm{d}(x-a) - \int\frac{1}{x+a}\mathrm{d}(x+a)\right] \\
&= \frac{1}{2a}\left[\ln|x-a| - \ln|x+a|\right] + C = \frac{1}{2a}\ln\left|\frac{x-a}{x+a}\right| + C.
\end{aligned}$$

例 8 求 $\displaystyle\int \dfrac{1}{\sqrt{a^2-x^2}}\mathrm{d}x, a>0$.

解 原式 $= \displaystyle\int \dfrac{1}{a} \dfrac{\mathrm{d}x}{\sqrt{1-\left(\dfrac{x}{a}\right)^2}} = \int \dfrac{\mathrm{d}\left(\dfrac{x}{a}\right)}{\sqrt{1-\left(\dfrac{x}{a}\right)^2}} = \arcsin\dfrac{x}{a} + C.$

例 9 求 $\displaystyle\int \csc x \mathrm{d}x$.

解 注意到

$$\csc x = \frac{1}{\sin x} = \frac{\sin^2\dfrac{x}{2} + \cos^2\dfrac{x}{2}}{2\sin\dfrac{x}{2}\cos\dfrac{x}{2}} = \frac{1}{2}\tan\frac{x}{2} + \frac{1}{2}\cot\frac{x}{2},$$

所以,

$$\begin{aligned}
原式 &= \int\left(\frac{1}{2}\tan\frac{x}{2} + \frac{1}{2}\cot\frac{x}{2}\right)\mathrm{d}x = \int\frac{1}{2}\tan\frac{x}{2}\mathrm{d}x + \int\frac{1}{2}\cot\frac{x}{2}\mathrm{d}x \\
&= \int\tan\frac{x}{2}\mathrm{d}\left(\frac{x}{2}\right) + \int\cot\frac{x}{2}\mathrm{d}\left(\frac{x}{2}\right) = -\ln\left|\cos\frac{x}{2}\right| + \ln\left|\sin\frac{x}{2}\right| + C \\
&= \ln\left|\tan\frac{x}{2}\right| + C.
\end{aligned}$$

由于

$$\tan\frac{x}{2} = \frac{\sin\dfrac{x}{2}}{\cos\dfrac{x}{2}} = \frac{2\sin^2\dfrac{x}{2}}{2\sin\dfrac{x}{2}\cos\dfrac{x}{2}} = \frac{1-\cos x}{\sin x} = \csc x - \cot x,$$

例 9 的不定积分一般写作

$$\int \csc x \mathrm{d}x = \ln|\csc x - \cot x| + C.$$

利用等式 $\sec x = \csc\left(\dfrac{\pi}{2} + x\right)$, 可以得到 (留作习题)

$$\int \sec \mathrm{d}x = \ln|\sec x + \tan x| + C.$$

例 10 求 $\displaystyle\int \sin^3 x \mathrm{d}x$.

解 原式 $= \displaystyle\int \sin^2 x \sin x \mathrm{d}x = \int(\cos^2 x - 1)\mathrm{d}\cos x = \dfrac{1}{3}\cos^3 x - \cos x + C.$

例 11 求 $\int \cos^4 x \, dx$.

解 根据三角恒等式,
$$\cos^4 x = \left(\frac{1+\cos 2x}{2}\right)^2 = \frac{1+2\cos 2x + \cos^2 2x}{4}$$
$$= \frac{3+4\cos 2x + \cos 4x}{8},$$
所以,
$$原式 = \int \frac{3+4\cos 2x + \cos 4x}{8} dx = \frac{3}{8}x + \frac{1}{4}\sin 2x + \frac{1}{32}\sin 4x + C.$$

例 12 求 $\int \sin^2 x \cos^5 x \, dx$.

解 将被积表达式中的余弦函数用正弦函数表示, 可得
$$原式 = \int \sin^2 x \cos^4 x \cos x \, dx = \int \sin^2 x (1-\sin^2 x)^2 \, d(\sin x)$$
$$= \int (\sin^2 x - 2\sin^4 x + \sin^6 x) \, d(\sin x)$$
$$= \frac{1}{3}\sin^3 x - \frac{2}{5}\sin^5 x + \frac{1}{7}\sin^7 x + C.$$

从上面的例子可以总结出被积表达式是 $\sin^n x \cos^m x \, dx$ 时求不定积分的规律. 若 n 和 m 都是偶数, 则将被积函数里的正弦函数和余弦函数用二倍角公式降次; 若 n 和 m 中有一个是奇数 (不妨设 m 为奇数), 则做变形
$$\sin^n x \cos^m x \, dx = \sin^n x (1-\sin^2 x)^{\frac{m-1}{2}} \, d(\sin x).$$

例 13 求 $\int \cos x \cos 3x \, dx$.

解 利用三角函数的积化和差公式,
$$原式 = \frac{1}{2}\int (\cos 4x + \cos 2x) \, dx = \frac{1}{8}\sin 4x + \frac{1}{4}\sin 2x + C.$$

例 14 求 $\int \frac{\cos \sqrt{x}}{\sqrt{x}} dx$.

解 注意到 $d\sqrt{x} = \frac{1}{2\sqrt{x}} dx$, 于是 $dx = 2\sqrt{x} d\sqrt{x}$, 因此,
$$原式 = 2\int \cos \sqrt{x} \, d\sqrt{x} = 2\sin \sqrt{x} + C.$$

二、第二类换元法

将等式 (4-5) 交换次序, 得
$$\int f(u) \, du = \int f[\varphi(x)] \cdot \varphi'(x) dx.$$
由于不定积分与积分变量的选取无关, 习惯上我们将上式写作
$$\int f(x) \, dx = \int f[\varphi(t)] \cdot \varphi'(t) dt, \tag{4-7}$$

其中 $x = \varphi(t)$. 这就是第二类换元法的公式. 一般地, 用第二类换元法求不定积分有以下的步骤:

(1) 选取适当的换元函数 $x = \varphi(t)$, 要求 $\varphi(t)$ 是可导、单调的;

(2) 将 $x = \varphi(t)$, $\mathrm{d}x = \varphi'(t)\mathrm{d}t$ 代入原不定积分, 得到积分变量为 t 的不定积分;

(3) 计算新得到的不定积分 $\int f[\varphi(t)] \cdot \varphi'(t)\mathrm{d}t$;

(4) 将 $t = \varphi^{-1}(x)$ 代入 (3) 中计算的结果, 得到原函数的不定积分.

第二类换元法一般应用于被积函数中含有不易处理的根号的情形, 本节主要介绍三角换元法. 设 $a > 0$, 如果被积函数中

(1) 含有 $\sqrt{a^2 - x^2}$, 则设 $x = a\sin t$, $-\dfrac{\pi}{2} \leqslant t \leqslant \dfrac{\pi}{2}$, 于是
$$\mathrm{d}x = a\cos t\mathrm{d}t, \quad \sqrt{a^2 - x^2} = a\cos t;$$

(2) 含有 $\sqrt{a^2 + x^2}$, 则设 $x = a\tan t$, $-\dfrac{\pi}{2} < t < \dfrac{\pi}{2}$, 于是
$$\mathrm{d}x = a\sec^2 t\mathrm{d}t, \quad \sqrt{a^2 + x^2} = a\sec t;$$

(3) 含有 $\sqrt{x^2 - a^2}$, 则设 $x = a\sec t$, $0 \leqslant t < \dfrac{\pi}{2}$ 或者 $\dfrac{\pi}{2} < t \leqslant \pi$, 于是
$$\mathrm{d}x = a\sec t\tan t\mathrm{d}t, \quad \sqrt{x^2 - a^2} = a|\tan t|.$$

例 15 求 $\int \sqrt{a^2 - x^2}\mathrm{d}x, a > 0$.

解 设 $x = a\sin t$, $-\dfrac{\pi}{2} \leqslant t \leqslant \dfrac{\pi}{2}$, 则 $\mathrm{d}x = a\cos t\mathrm{d}t$, $\sqrt{a^2 - x^2} = a\cos t$. 于是,
$$\text{原式} = \int a\cos t \cdot a\cos t\mathrm{d}t = \frac{1}{2}a^2 \int 2\cos^2 t\mathrm{d}t$$
$$= \frac{1}{2}a^2 \int (1 + \cos 2t)\mathrm{d}t = \frac{1}{2}a^2 \left(t + \frac{1}{2}\sin 2t\right) + C$$
$$= \frac{1}{2}a^2 t + \frac{1}{2}a^2 \sin t\cos t + C.$$

由于 $x = a\sin t$, 故 $t = \arcsin\dfrac{x}{a}$, $\sin t = \dfrac{x}{a}$, $\cos t = \dfrac{\sqrt{a^2 - x^2}}{a}$, 这样
$$\text{原式} = \frac{1}{2}a^2 \arcsin\frac{x}{a} + \frac{1}{2}x\sqrt{a^2 - x^2} + C.$$

例 16 求 $\int \dfrac{1}{\sqrt{a^2 + x^2}}\mathrm{d}x, a > 0$.

解 设 $x = a\tan t$, $-\dfrac{\pi}{2} < t < \dfrac{\pi}{2}$, 则 $\mathrm{d}x = a\sec^2 t\mathrm{d}t$, $\sqrt{a^2 + x^2} = a\sec t$. 于是,
$$\text{原式} = \int \frac{a\sec^2 t\mathrm{d}t}{a\sec t} = \int \sec t\mathrm{d}t = \ln|\sec t + \tan t| + C_1.$$

由于 $\tan t = \dfrac{x}{a}$, $\sec t = \dfrac{\sqrt{a^2 + x^2}}{a}$, 这样
$$\text{原式} = \ln\left|\frac{\sqrt{a^2 + x^2}}{a} + \frac{x}{a}\right| + C_1 = \ln\left(\sqrt{a^2 + x^2} + x\right) + C.$$

例 16 的结果还可以写成 $\int \dfrac{1}{\sqrt{a^2+x^2}}\mathrm{d}x = \mathrm{arsh}\,\dfrac{x}{a} + C$, 其中 $\mathrm{arsh}\,x$ 是双曲正弦函数 $y = \sinh x = \dfrac{\mathrm{e}^x - \mathrm{e}^{-x}}{2}$ 的反函数.

例 17 求 $\int \dfrac{1}{\sqrt{x^2 - a^2}}\mathrm{d}x$.

解 设 $x = a\sec t$, $0 < t < \dfrac{\pi}{2}$ 或者 $\dfrac{\pi}{2} < t < \pi$, 则 $\mathrm{d}x = a\sec t \tan t\,\mathrm{d}t$, $\sqrt{x^2 - a^2} = a|\tan t|$.

当 $0 < t < \dfrac{\pi}{2}$ 时, $\sec t = \dfrac{x}{a}$, $\tan t = \dfrac{\sqrt{x^2 - a^2}}{a}$,

$$\text{原式} = \int \dfrac{a\sec t \tan t\,\mathrm{d}t}{a\tan t} = \int \sec t\,\mathrm{d}t = \ln|\sec t + \tan t| + C_1$$

$$= \ln\left|\dfrac{x}{a} + \dfrac{\sqrt{x^2 - a^2}}{a}\right| + C_1 = \ln\left|x + \sqrt{x^2 - a^2}\right| + C.$$

当 $\dfrac{\pi}{2} < t < \pi$ 时, $x < 0$, $\sec t = \dfrac{x}{a}$, $\tan t = -\dfrac{\sqrt{x^2 - a^2}}{a}$,

$$\text{原式} = \int \dfrac{a\sec t \tan t\,\mathrm{d}t}{-a\tan t} = -\int \sec t\,\mathrm{d}t = -\ln|\sec t + \tan t| + C_2$$

$$= -\ln\left|\dfrac{x}{a} - \dfrac{\sqrt{x^2 - a^2}}{a}\right| + C_2 = \ln\left|\dfrac{a}{x - \sqrt{x^2 - a^2}}\right| + C_2$$

$$= \ln\left|\dfrac{x + \sqrt{x^2 - a^2}}{a}\right| + C_2 = \ln\left|x + \sqrt{x^2 - a^2}\right| + C.$$

将两种情况结合起来, 都有 $\int \dfrac{1}{\sqrt{x^2 - a^2}}\mathrm{d}x = \ln\left|x + \sqrt{x^2 - a^2}\right| + C$.

前面的例题中, 有一些函数的不定积分以后会经常用到, 所以通常我们把它们当作公式使用. 我们将这些例题加入基本积分表, 如表 4.2 所示. 有了这些公式, 我们可以计算被积函数中含有 $ax^2 + bx + c$ 或 $\sqrt{ax^2 + bx + c}$ 的不定积分.

表 4.2 基本积分表（扩充）

$\int \tan x\,\mathrm{d}x = -\ln|\cos x| + C$	$\int \cot x\,\mathrm{d}x = \ln|\sin x| + C$
$\int \sec x\,\mathrm{d}x = \ln|\sec x + \tan x| + C$	$\int \csc x\,\mathrm{d}x = \ln|\csc x - \cot x| + C$
$\int \dfrac{\mathrm{d}x}{x^2 + a^2} = \dfrac{1}{a}\arctan \dfrac{x}{a} + C$	$\int \dfrac{\mathrm{d}x}{\sqrt{x^2 - a^2}} = \ln\left|x + \sqrt{x^2 - a^2}\right| + C$
$\int \dfrac{\mathrm{d}x}{x^2 - a^2} = \dfrac{1}{2a}\ln\left|\dfrac{x - a}{x + a}\right| + C$	$\int \dfrac{\mathrm{d}x}{\sqrt{x^2 + a^2}} = \ln\left(x + \sqrt{x^2 + a^2}\right) + C$
$\int \dfrac{\mathrm{d}x}{\sqrt{a^2 - x^2}} = \arcsin \dfrac{x}{a} + C$	$\int \sqrt{a^2 - x^2}\,\mathrm{d}x = \dfrac{a^2}{2}\arcsin \dfrac{x}{a} + \dfrac{x}{2}\sqrt{a^2 - x^2} + C$

例 18 求 $\int \dfrac{1}{x^2 + 6x + 5}\mathrm{d}x$.

解 原式 $= \int \dfrac{1}{(x+3)^2 - 2^2} \mathrm{d}(x+3) = \dfrac{1}{4} \ln \left| \dfrac{(x+3)-2}{(x+3)+2} \right| + C$

$= \dfrac{1}{4} \ln \left| \dfrac{x+1}{x+5} \right| + C.$

例 19 求 $\int \dfrac{4x+5}{x^2+4x+4} \mathrm{d}x.$

解 原式 $= \int \dfrac{2(x^2+4x+4)' - 3}{x^2+4x+4} \mathrm{d}x$

$= 2 \int \dfrac{(x^2+4x+4)'}{x^2+4x+4} \mathrm{d}x - 3 \int \dfrac{1}{(x+2)^2} \mathrm{d}x$

$= 2 \int \dfrac{\mathrm{d}(x^2+4x+4)}{x^2+4x+4} - 3 \int \dfrac{1}{(x+2)^2} \mathrm{d}(x+2)$

$= 2 \ln(x^2+4x+4) + \dfrac{3}{x+2} + C.$

例 20 求 $\int \dfrac{x^2+8x+6}{x^2+4x+8} \mathrm{d}x.$

解 原式 $= \int \dfrac{(x^2+4x+8) + 2(x^2+4x+8)' - 10}{x^2+4x+8} \mathrm{d}x$

$= \int \left[1 + \dfrac{2(x^2+4x+8)'}{x^2+4x+8} - \dfrac{10}{x^2+4x+8} \right] \mathrm{d}x$

$= \int \mathrm{d}x + 2 \int \dfrac{(x^2+4x+8)'}{x^2+4x+8} \mathrm{d}x - 10 \int \dfrac{1}{(x+2)^2+4} \mathrm{d}(x+2)$

$= x + 2 \ln(x^2+4x+8) - 5 \arctan \dfrac{x+2}{2} + C.$

例 21 求 $\int \dfrac{4x+9}{\sqrt{x^2+4x+8}} \mathrm{d}x.$

解 原式 $= \int \dfrac{2(x^2+4x+8)' + 1}{\sqrt{x^2+4x+8}} \mathrm{d}x = 2 \int \dfrac{(x^2+4x+8)'}{\sqrt{x^2+4x+8}} \mathrm{d}x + \int \dfrac{1}{\sqrt{x^2+4x+8}} \mathrm{d}x$

$= 4 \int \dfrac{\mathrm{d}(x^2+4x+8)}{2\sqrt{x^2+4x+8}} + \int \dfrac{1}{\sqrt{(x+2)^2+2^2}} \mathrm{d}(x+2)$

$= 4\sqrt{x^2+4x+8} + \ln \left[(x+2) + \sqrt{(x+2)^2+2^2} \right] + C$

$= 4\sqrt{x^2+4x+8} + \ln \left(x+2 + \sqrt{x^2+4x+8} \right) + C.$

上边几个例子, 被积函数的变形可通过待定系数得到. 例如, 在例 20 中, 设

$$\dfrac{x^2+8x+6}{x^2+4x+8} = \dfrac{a(x^2+4x+8) + b(x^2+4x+8)' + c}{x^2+4x+8},$$

再比较两边分子的系数, 可以得到 a, b, c 的值.

另外，对于含有 $ax^2+bx+c(a\neq 0)$ 的被积函数，也可以做换元 $u=x+\dfrac{b}{2a}$，将 ax^2+bx+c 消去一次项，变为 au^2+c'.

习 题 4-2

【A 组题】

1. 在下列每小题的括号里填入适当的函数.

   (1) $\mathrm{d}x = (\quad)\mathrm{d}(3x)$;   (2) $\mathrm{d}x = (\quad)\mathrm{d}(5-2x)$;

   (3) $x\mathrm{d}x = (\quad)\mathrm{d}(x^2)$;   (4) $x^3\mathrm{d}x = (\quad)\mathrm{d}(5x^4-2)$;

   (5) $\mathrm{e}^{-\frac{x}{2}}\mathrm{d}x = (\quad)\mathrm{d}\mathrm{e}^{-\frac{x}{2}}$;   (6) $x\mathrm{d}x = (\quad)\mathrm{d}(1+x^3)$;

   (7) $\dfrac{\mathrm{d}x}{x} = (\quad)\mathrm{d}(3-5\ln|x|)$;   (8) $\dfrac{\mathrm{d}x}{1+9x^2} = (\quad)\mathrm{d}(\arctan 3x)$;

   (9) $\dfrac{x\mathrm{d}x}{\sqrt{1-x^2}} = (\quad)\mathrm{d}(\sqrt{1-x^2})$;   (10) $\dfrac{\mathrm{d}x}{\sqrt{x}} = (\quad)\mathrm{d}(\sqrt{x})$;

   (11) $\dfrac{\mathrm{d}x}{\sqrt{9-x^2}} = (\quad)\mathrm{d}\left(\arcsin\dfrac{x}{3}\right)$;   (12) $\sin 2x\mathrm{d}x = (\quad)\mathrm{d}(3+\cos 2x)$.

2. 填空题.

   (1) 已知 $\int f(x)\mathrm{d}x = \arctan x + C$，则 $\int \dfrac{\mathrm{d}x}{f(x)} = $ ＿＿＿＿＿＿.

   (2) 已知 $\int f(x)\mathrm{d}x = x^2 + C$，则 $\int xf(1-x^2)\mathrm{d}x = $ ＿＿＿＿＿＿.

3. 求不定积分.

   (1) $\int \mathrm{e}^{-3x}\mathrm{d}x$;   (2) $\int \cos 2x\mathrm{d}x$;   (3) $\int \mathrm{e}^{2-3x}\mathrm{d}x$;   (4) $\int \sqrt{1-2x}\mathrm{d}x$;

   (5) $\int \dfrac{\mathrm{d}x}{\sqrt{1-3x}}$;   (6) $\int \dfrac{\mathrm{d}x}{(3-x)^2}$;   (7) $\int x\mathrm{e}^{x^2}\mathrm{d}x$;   (8) $\int \mathrm{e}^{\sin x}\cos x\mathrm{d}x$;

   (9) $\int x^2\sin x^3\mathrm{d}x$;   (10) $\int \dfrac{x\mathrm{d}x}{3-2x^2}$;   (11) $\int \dfrac{x\mathrm{d}x}{\sqrt{1-x^2}}$;   (12) $\int \dfrac{\ln x}{x}\mathrm{d}x$;

   (13) $\int \dfrac{\cos\ln x}{x}\mathrm{d}x$;   (14) $\int \dfrac{\mathrm{e}^{\frac{1}{x}}}{x^2}\mathrm{d}x$;   (15) $\int \dfrac{\mathrm{e}^x\mathrm{d}x}{1+\mathrm{e}^x}$;   (16) $\int \dfrac{\sin\sqrt{x}}{\sqrt{x}}\mathrm{d}x$.

4. 求不定积分.

   (1) $\int \dfrac{1}{\sqrt{x}(1+x)}\mathrm{d}x$;   (2) $\int x\sqrt{1+x^2}\mathrm{d}x$;   (3) $\int \sin^2 x\mathrm{d}x$;

   (4) $\int \sin^5 x\cos x\mathrm{d}x$;   (5) $\int \sin^2 x\cos^3 x\mathrm{d}x$;   (6) $\int \sin^4 x\mathrm{d}x$;

   (7) $\int \dfrac{\arctan x}{1+x^2}\mathrm{d}x$;   (8) $\int \dfrac{\arcsin x}{\sqrt{1-x^2}}\mathrm{d}x$;   (9) $\int \dfrac{1}{x^2+2x+3}\mathrm{d}x$;

(10) $\int \dfrac{1}{x^2-5x+6}\mathrm{d}x$;　　(11) $\int \dfrac{6x}{2+3x}\mathrm{d}x$;　　(12) $\int \dfrac{x^2}{x+1}\mathrm{d}x$;

(13) $\int \dfrac{1}{1+\mathrm{e}^x}\mathrm{d}x$.

5. 求不定积分.

(1) $\int \dfrac{1}{\mathrm{e}^x+\mathrm{e}^{-x}}\mathrm{d}x$;　　(2) $\int \dfrac{x\sin\sqrt{1+x^2}}{\sqrt{1+x^2}}\mathrm{d}x$;　　(3) $\int \dfrac{1+\ln x}{(x\ln x)^2}\mathrm{d}x$;

(4) $\int \dfrac{\arctan\sqrt{x}}{\sqrt{x}(1+x)}\mathrm{d}x$;　　(5) $\int \dfrac{x\tan\sqrt{1+x^2}}{\sqrt{1+x^2}}\mathrm{d}x$;　　(6) $\int \sin 3x\cos 5x\,\mathrm{d}x$;

(7) $\int \dfrac{1}{x\sqrt{3-x^2}}\mathrm{d}x$;　　(8) $\int \dfrac{x^2}{\sqrt{a^2-x^2}}\mathrm{d}x$;　　(9) $\int \dfrac{1}{x\sqrt{1+x^2}}\mathrm{d}x$;

(10) $\int \dfrac{\mathrm{d}x}{\sqrt{(1+x^2)^3}}$;　　(11) $\int \dfrac{\sqrt{x^2-9}}{x}\mathrm{d}x$;　　(12) $\int \dfrac{x+1}{x^2-2x+5}\mathrm{d}x$;

(13) $\int \dfrac{(x-2)\mathrm{d}x}{x^2+2x+3}$;　　(14) $\int \dfrac{x+5}{x^2-2x-1}\mathrm{d}x$;　　(15) $\int \dfrac{x}{\sqrt{1+x-x^2}}\mathrm{d}x$;

(16) $\int \dfrac{\mathrm{d}x}{x^4-1}$;　　(17) $\int \dfrac{\sin x+\cos x}{\sqrt[3]{\sin x-\cos x}}\mathrm{d}x$.

【B 组题】

1. 填空题.

(1) 已知 $f(x)$ 的一个原函数是 $\ln(x+\sqrt{1+x^2})$, 则 $\int f(x)f'(x)\mathrm{d}x=$_____.

(2) 已知 $f(x)$ 的一个原函数是 $\dfrac{\ln x}{x}$, 则 $\int xf'(x^2)\mathrm{d}x=$_____.

2. 求不定积分.

(1) $\int \left(1-\dfrac{1}{x^2}\right)\mathrm{e}^{x+\frac{1}{x}}\mathrm{d}x$;　　(2) $\int \dfrac{1}{x+\sqrt{1-x^2}}\mathrm{d}x$;

(3) $\int \sqrt{5-4x-x^2}\,\mathrm{d}x$;　　(4) $\int \dfrac{\cos x}{\sin x+2\cos x}\mathrm{d}x$.

§4.3　分部积分法

两个函数乘积的求导法则对应于求不定积分的法则称为分部积分法. 设 $u(x)$ 和 $v(x)$ 是可导函数, 则
$$[u(x)v(x)]' = u'(x)v(x)+u(x)v'(x),$$
移项, 两边分别求不定积分得
$$\int u(x)v'(x)\mathrm{d}x = \int [u(x)v(x)]'\mathrm{d}x - \int u'(x)v(x)\mathrm{d}x,$$

即
$$\int u(x)v'(x)\mathrm{d}x = u(x)v(x) - \int u'(x)v(x)\mathrm{d}x, \tag{4-8}$$

或者写作
$$\int u(x)\mathrm{d}v(x) = u(x)v(x) - \int v(x)\mathrm{d}u(x). \tag{4-9}$$

公式 (4-8) 和 (4-9) 即是分部积分法的步骤和依据.

使用分部积分法不仅要把被积函数改写成 $u(x)v'(x)$ 的形式, 而且要保证函数 $u'(x)v(x)$ 的原函数容易求得. 应用分部积分法最常见的情况是被积函数为 x^k (k 是自然数) 与指数函数、对数函数、三角函数或者反三角函数相乘.

例 1 求 $\int x\mathrm{e}^x\mathrm{d}x$.

被积函数 $x\mathrm{e}^x$ 是两个函数相乘的形式, 改写成 $u(x)v'(x)$ 的形式有两种方法: 一种是 $u(x) = \mathrm{e}^x$, $v'(x) = x$, 即 $v(x) = \frac{1}{2}x^2$, 但是此时 $u'(x)v(x) = \frac{1}{2}x^2\mathrm{e}^x$ 的原函数并不容易求出; 另一种是 $u(x) = x$, $v'(x) = \mathrm{e}^x$, 即 $v(x) = \mathrm{e}^x$, 此时 $u'(x)v(x) = \mathrm{e}^x$ 的原函数很容易求出.

解 原式 $= \int x(\mathrm{e}^x)'\mathrm{d}x = x\mathrm{e}^x - \int (x)'\mathrm{e}^x\mathrm{d}x = x\mathrm{e}^x - \int \mathrm{e}^x\mathrm{d}x = x\mathrm{e}^x - \mathrm{e}^x + C.$

上边的解法是利用了 (4-8) 式, 也可以利用 (4-9) 式,
$$\int x\mathrm{e}^x\mathrm{d}x = \int x\mathrm{d}(\mathrm{e}^x) = x\mathrm{e}^x - \int \mathrm{e}^x\mathrm{d}x = x\mathrm{e}^x - \mathrm{e}^x + C.$$

例 2 求 $\int x^2\cos x\mathrm{d}x$.

被积函数 $x^2\cos x$ 改写成 $u(x)v'(x)$ 的形式也有两种方法: 一种是 $u(x) = \cos x$, $v'(x) = x^2$, 即 $v'(x) = \frac{1}{3}x^3$, 但是此时 $u'(x)v(x) = -\frac{1}{3}x^3\sin x$, 积分变得比原来更复杂; 另一种是 $u(x) = x^2$, $v'(x) = \cos x$, 即 $v(x) = \sin x$, 此时 $u'(x)v(x) = 2x\sin x$ 的原函数虽然仍然不易求得, 但是其形式相对比原来简单. 事实上, 我们可以再用一次分部积分, 即可求得 $2x\sin x$ 的原函数.

解 原式 $= \int x^2(\sin x)'\mathrm{d}x = x^2\sin x - \int (x^2)'\sin x\mathrm{d}x$
$= x^2\sin x - \int 2x\sin x\mathrm{d}x$
$= x^2\sin x - \int 2x(-\cos x)'\mathrm{d}x$
$= x^2\sin x - \left[-2x\cos x - \int -\cos x(2x)'\mathrm{d}x\right]$
$= x^2\sin x + \left(2x\cos x - \int 2\cos x\mathrm{d}x\right)$
$= x^2\sin x + 2x\cos x - 2\sin x + C.$

例 3 求 $\int \arctan x\mathrm{d}x$.

虽然被积函数只有一个因子，但我们仍可以将被积表达式看成 $u(x)dv(x)$ 的形式，即 $u(x)=\arctan x, v(x)=x$.

解 原式 $= x\arctan x - \int x\mathrm{d}(\arctan x) = x\arctan x - \int \dfrac{x}{1+x^2}\mathrm{d}x$

$= x\arctan x - \dfrac{1}{2}\int \dfrac{\mathrm{d}(1+x^2)}{1+x^2} = x\arctan x - \dfrac{1}{2}\ln(1+x^2) + C.$

例 4 求 $\int x\ln(1+x^2)\mathrm{d}x$.

解 原式 $= \int \left(\dfrac{1}{2}x^2\right)' \ln(1+x^2)\mathrm{d}x$

$= \dfrac{1}{2}x^2\ln(1+x^2) - \int \dfrac{1}{2}x^2[\ln(1+x^2)]'\mathrm{d}x$

$= \dfrac{1}{2}x^2\ln(1+x^2) - \int \dfrac{x^3}{1+x^2}\mathrm{d}x$

$= \dfrac{1}{2}x^2\ln(1+x^2) - \int \left(x - \dfrac{x}{1+x^2}\right)\mathrm{d}x$

$= \dfrac{1}{2}x^2\ln(1+x^2) - \dfrac{1}{2}x^2 + \dfrac{1}{2}\ln(1+x^2) + C.$

通过这四个例题，我们可以总结出来这样的规律：x^k 与指数函数、三角函数相乘时，将指数函数或者三角函数写成某个函数的导数的形式；x^k 与反三角函数、对数函数相乘时，将 x^k 写成 $\dfrac{1}{k+1}x^{k+1}$ 的导数的形式.

有时候通过两次或者两次以上分部积分，等式右边会再次得到原不定积分表达式，通过解方程的方法可得到原不定积分.

例 5 求 $\int e^x \cos x \mathrm{d}x$.

解 原式 $= \int (e^x)' \cos x \mathrm{d}x = e^x \cos x - \int e^x (\cos x)' \mathrm{d}x$

$= e^x \cos x + \int e^x \sin x \mathrm{d}x = e^x \cos x + \int (e^x)' \sin x \mathrm{d}x$

$= e^x \cos x + e^x \sin x - \int e^x (\sin x)' \mathrm{d}x$

$= e^x \cos x + e^x \sin x - \int e^x \cos x \mathrm{d}x,$

即 $2\int e^x \cos x \mathrm{d}x = e^x \cos x + e^x \sin x + C_1$，从而

$$\int e^x \cos x \mathrm{d}x = \dfrac{1}{2}(e^x \cos x + e^x \sin x) + C.$$

例 6 求 $\int \dfrac{1}{(x^2+a^2)^3}\mathrm{d}x$.

解 设 $I_n = \int \dfrac{1}{(x^2+a^2)^n}\mathrm{d}x$，则用分部积分法得

$I_n = \int \dfrac{1}{(x^2+a^2)^n}\mathrm{d}x = \dfrac{x}{(x^2+a^2)^n} - \int x\mathrm{d}\left[\dfrac{1}{(x^2+a^2)^n}\right]$

$= \dfrac{x}{(x^2+a^2)^n} + n\int \dfrac{2x^2}{(x^2+a^2)^{n+1}}\mathrm{d}x$

$$= \frac{x}{(x^2+a^2)^n} + 2n\int\left[\frac{x^2+a^2}{(x^2+a^2)^{n+1}} - \frac{a^2}{(x^2+a^2)^{n+1}}\right]dx$$

$$= \frac{x}{(x^2+a^2)^n} + 2n\int\frac{1}{(x^2+a^2)^n}dx - 2na^2\int\frac{1}{(x^2+a^2)^{n+1}}dx$$

$$= \frac{x}{(x^2+a^2)^n} + 2nI_n - 2na^2 I_{n+1},$$

即 $I_{n+1} = \frac{1}{2na^2}\left[\frac{x}{(x^2+a^2)^n} + (2n-1)I_n\right]$. 由于

$$I_1 = \int\frac{1}{x^2+a^2}dx = \frac{1}{a}\arctan\frac{x}{a} + C_1,$$

所以

$$I_2 = \frac{1}{2a^2}\left(\frac{x}{x^2+a^2} + I_1\right) = \frac{1}{2a^2}\left(\frac{x}{x^2+a^2} + \frac{1}{a}\arctan\frac{x}{a} + C_1\right),$$

$$I_3 = \frac{1}{4a^2}\left[\frac{x}{(x^2+a^2)^2} + 3I_2\right]$$

$$= \frac{1}{4a^2}\frac{x}{(x^2+a^2)^2} + \frac{3}{8a^4}\frac{x}{x^2+a^2} + \frac{3}{8a^5}\arctan\frac{x}{a} + C.$$

习 题 4-3

【A 组题】

1. 已知 $f(x)$ 的一个原函数是 e^{-x^2},则 $\int xf'(x)dx = $ _____.

2. 求下列不定积分.

(1) $\int x\sin x\,dx$; (2) $\int x\ln x\,dx$; (3) $\int xe^{-x}dx$; (4) $\int x\cos 3x\,dx$;

(5) $\int \ln x\,dx$; (6) $\int\frac{\ln x}{x^2}dx$; (7) $\int x\arctan x\,dx$; (8) $\int \arcsin x\,dx$;

(9) $\int (\arcsin x)^2 dx$; (10) $\int x\tan^2 x\,dx$.

3. 求下列不定积分.

(1) $\int \arctan\sqrt{x}\,dx$; (2) $\int \ln(x+\sqrt{1+x^2})dx$; (3) $\int\frac{\arcsin\sqrt{x}}{\sqrt{x}}dx$;

(4) $\int e^{-x}\sin x\,dx$; (5) $\int \sin(\ln x)dx$; (6) $\int e^{\sqrt[3]{x}}dx$;

(7) $\int x\sin^2 x\,dx$.

【B 组题】

1. 求下列不定积分.

(1) $\int e^{3x}\cos 2x\,dx$; (2) $\int \dfrac{\arcsin\sqrt{x}}{\sqrt{1-x}}\,dx$; (3) $\int \dfrac{x\arctan x}{\sqrt{1+x^2}}\,dx$;

(4) $\int \dfrac{x+\sin x}{1+\cos x}\,dx$; (5) $\int \sqrt{1-x^2}\arcsin x\,dx$; (6) $\int \dfrac{xe^x}{(1+e^x)^2}\,dx$;

(7) $\int \dfrac{\sin x\cos x}{\sin x+\cos x}\,dx$.

2. 求下列不定积分.

(1) $\int \dfrac{xe^{\arctan x}}{(1+x^2)^{\frac{3}{2}}}\,dx$; (2) $\int \left(1+x-\dfrac{1}{x}\right)e^{x+\frac{1}{x}}\,dx$;

(3) $\int x\arctan x\ln(1+x^2)\,dx$; (4) $\int e^{2x}(\tan x+1)^2\,dx$;

(5) $\int \dfrac{\ln x}{(1+x^2)^{\frac{3}{2}}}\,dx$; (6) $\int \dfrac{1}{1-x^2}\ln\dfrac{1-x}{1+x}\,dx$;

(7) $\int e^{\sin x}\cdot \dfrac{x\cos^3 x-\sin x}{\cos^2 x}\,dx$.

3. 利用分部积分法证明下列递推公式, 其中 n 为正整数.

(1) 设 $I_n = \int \sin^n x\,dx$, 则 $I_n = \dfrac{-\cos x\sin^{n-1}x}{n} + \dfrac{n-1}{n}I_{n-2}, n \geqslant 2$.

(2) 设 $I_n = \int \cos^n x\,dx$, 则 $I_n = \dfrac{\sin x\cos^{n-1}x}{n} + \dfrac{n-1}{n}I_{n-2}, n \geqslant 2$.

(3) 设 $I_n = \int \tan^n x\,dx$, 则 $I_n = \dfrac{\tan^{n-1}x}{n-1} - I_{n-2}, n \geqslant 2$.

(4) 设 $I_n = \int \sec^n x\,dx$, 则 $I_n = \dfrac{\sin x\sec^{n-1}x}{n-1} + \dfrac{n-2}{n-1}I_{n-2}, n \geqslant 2$.

§4.4 有理函数的不定积分

数学上已经证明像 e^{x^2}, $\dfrac{\sin x}{x}$, $\dfrac{1}{\ln x}$ 这样简单的函数虽然存在原函数, 但原函数不能够用初等函数来表示, 通常称为该函数的原函数 "求不出来". 但是, 有一些类型的函数, 按照一定的步骤, 不管被积函数多么复杂, 都能把它们的原函数求出来.

一、有理函数 $R(x)$

本节提到的 $R(x)$ 都是指有理函数, 即 $R(x) = \dfrac{P(x)}{Q(x)}$, 其中 $P(x)$ 和 $Q(x)$ 为多项式. 如果 $P(x)$ 的次数小于 $Q(x)$ 的次数, 就称 $R(x)$ 为真分式; 否则, 称 $R(x)$ 为假分式. 在下面的讨论中, 假定 $Q(x)$ 的最高次项系数为 1.

通过多项式的除法,可以将假分式写成一个多项式和一个真分式的和. 例如,
$$\frac{x^3}{1+x^2} = x - \frac{x}{1+x^2}.$$

由于多项式的原函数比较容易求得,所以只需要掌握真分式的原函数的求法,即可求得假分式的原函数. 因此, 本节讨论的有理函数均是真分式. 下面我们不加证明地给出求真分式的原函数的步骤:

(1) 将分母 $Q(x)$ 在实数范围内分解因式①,得到
$$Q(x) = (x-a_1)^{\lambda_1} \cdots (x-a_s)^{\lambda_s} (x^2+p_1x+q_1)^{\mu_1} \cdots (x^2+p_tx+q_t)^{\mu_t},$$
其中每个 $x^2+p_ix+q_i (i=1,2,\cdots,m)$ 都不能继续分解因式, 即 $p_i^2 - 4q_i < 0$.

(2) 分母中每个形如 $(x-a)^\lambda$ 的因式,对应一个部分分式
$$\frac{A_1}{x-a} + \frac{A_2}{(x-a)^2} + \cdots + \frac{A_\lambda}{(x-a)^\lambda};$$
分母中每个形如 $(x^2+px+q)^\mu$ 的因式, 也对应一个部分分式
$$\frac{B_1x+C_1}{x^2+px+q} + \frac{B_2x+C_2}{(x^2+px+q)^2} + \cdots + \frac{B_\mu x+C_\mu}{(x^2+px+q)^\mu}.$$
把所有的部分分式加起来,使其等于 $\frac{P(x)}{Q(x)}$. 该过程称作**部分分式化**.

例如, 分式 $\frac{x+1}{x(1+x^2)^2}$, 分母中有因式 x, 其对应的部分分式为 $\frac{A}{x}$; 分母中有因式 $(1+x^2)^2$, 其对应的部分分式为 $\frac{Bx+C}{1+x^2} + \frac{Dx+E}{(1+x^2)^2}$. 所以,
$$\frac{x+1}{x(1+x^2)^2} = \frac{A}{x} + \frac{Bx+C}{1+x^2} + \frac{Dx+E}{(1+x^2)^2}.$$

(3) 求出所有部分分式中分子的系数. 将部分分式之和通分, 比较左、右两边的系数. 例如,
$$\frac{x+1}{x(1+x^2)^2} = \frac{A}{x} + \frac{Bx+C}{1+x^2} + \frac{Dx+E}{(1+x^2)^2}$$
$$= \frac{(A+B)x^4 + Cx^3 + (2A+B+D)x^2 + (C+E)x + A}{x(1+x^2)^2},$$
比较两边的系数, 有 $A+B=0, C=0, 2A+B+D=0, C+E=1, A=1$. 解该方程组可得 $A=1, B=D=-1, C=0, E=1$, 于是,
$$\frac{1}{x(1+x^2)^2} = \frac{1}{x} - \frac{x}{1+x^2} - \frac{x-1}{(1+x^2)^2}.$$

(4) 求出每一项的不定积分. 经过第三步,我们只需要求出形如 $\frac{A}{(x-a)^k}$ 和 $\frac{Bx+C}{(x^2+px+q)^k}$ 这样函数的不定积分即可. 前者比较简单,事实上我们有
$$\int \frac{A}{(x-a)^k} dx = \begin{cases} A\ln|x-a| + C, & k=1; \\ \dfrac{A}{(1-k)(x-a)^{k-1}} + C, & k \neq 1. \end{cases}$$

---
① 任何一个实系数多项式都可以在实数范围内分解因式,且每个因式的次数不超过 2.

后者的不定积分求法比较复杂. 首先作换元, 令 $t = x + \dfrac{p}{2}$, 则积分可变形为

$$\int \frac{Bx+C}{(x^2+px+q)^k} dx = \int \frac{Dt+E}{(t^2+r^2)^k} dt = \frac{D}{2}\int \frac{(t^2+r^2)'}{(t^2+r^2)^k} dt + E\int \frac{1}{(t^2+r^2)^k} dt.$$

上式中前一个不定积分很容易求得, 而后一个不定积分出现在上节的例 6 中.

接着上边的例子,

$$\int \frac{1}{x} dx = \ln|x| + C,$$

$$\int \frac{x}{1+x^2} dx = \frac{1}{2}\int \frac{d(1+x^2)}{1+x^2} = \frac{1}{2}\ln(1+x^2) + C,$$

$$\int \frac{x}{(1+x^2)^2} dx = \frac{1}{2}\int \frac{d(1+x^2)}{(1+x^2)^2} = -\frac{1}{2(1+x^2)} + C,$$

根据上节例 6 的递推公式,

$$\int \frac{1}{(1+x^2)^2} dx = \frac{1}{2}\left(\frac{x}{x^2+1} + \arctan x\right) + C,$$

进而

$$\int \frac{x-1}{(1+x^2)^2} dx = -\frac{1+x}{2(1+x^2)} - \frac{1}{2}\arctan x + C.$$

于是

$$\int \frac{1}{x(1+x^2)^2} dx = \ln|x| - \frac{1}{2}\ln(1+x^2) + \frac{1+x}{2(1+x^2)} + \frac{1}{2}\arctan x + C.$$

例 1 求 $\displaystyle\int \frac{1}{x^2(x+1)} dx$.

被积函数为有理函数, 根据分母的因子, 设

$$\frac{1}{x^2(x+1)} = \frac{A}{x} + \frac{B}{x^2} + \frac{C}{x+1},$$

对等式右边通分得,

$$\frac{1}{x^2(x+1)} = \frac{(A+C)x^2 + (A+B)x + B}{x^2(x+1)},$$

比较两边的系数, 有 $A+C = A+B = 0, B = 1$, 可以解得 $A = -1, B = C = 1$, 于是,

$$\frac{1}{x^2(x+1)} = -\frac{1}{x} + \frac{1}{x^2} + \frac{1}{x+1}.$$

根据被积函数的特点, 我们还可用其他技巧将被积函数部分分式化. 例如,

$$\frac{1}{x^2(x+1)} = \frac{(x+1)-x}{x^2(x+1)} = \frac{1}{x^2} - \frac{1}{x(x+1)} = \frac{1}{x^2} - \frac{1}{x} + \frac{1}{x+1}.$$

解 因为 $\dfrac{1}{x^2(x+1)} = \dfrac{1}{x^2} - \dfrac{1}{x} + \dfrac{1}{x+1}$, 所以

$$\int \frac{1}{x^2(x+1)} dx = \int \left(\frac{1}{x^2} - \frac{1}{x} + \frac{1}{x+1}\right) dx$$

$$= \int \frac{1}{x^2} dx - \int \frac{1}{x} dx + \int \frac{1}{x+1} dx$$

$$= -\frac{1}{x} - \ln|x| + \ln|x+1| + C.$$

例 2 求 $\int \dfrac{5x+14}{x^3-8}\mathrm{d}x$.

解 因为

$$\dfrac{5x+14}{x^3-8} = \dfrac{2}{x-2} - \dfrac{2x+2}{x^2+2x+4} - \dfrac{1}{x^2+2x+4}$$

$$= \dfrac{2}{x-2} - \dfrac{(x^2+2x+4)'}{x^2+2x+4} - \dfrac{1}{(x+1)^2+(\sqrt{3})^2},$$

所以,

$$\text{原式} = \int\left[\dfrac{2}{x-2} - \dfrac{(x^2+2x+4)'}{x^2+2x+4} - \dfrac{1}{(x+1)^2+(\sqrt{3})^2}\right]\mathrm{d}x$$

$$= 2\int \dfrac{1}{x-2}\mathrm{d}x - \int \dfrac{(x^2+2x+4)'}{x^2+2x+4}\mathrm{d}x - \int \dfrac{1}{(x+1)^2+(\sqrt{3})^2}\mathrm{d}(x+1)$$

$$= 2\ln|x-2| - \ln(x^2+2x+4) - \dfrac{\sqrt{3}}{3}\arctan\dfrac{x+1}{\sqrt{3}} + C.$$

二、三角函数有理式

三角函数有理式是指三角函数和常数经过有限次四则运算所得到的函数. 由于其他四个三角函数都可以用 $\sin x$ 和 $\cos x$ 表示, 因此我们将三角函数有理式记作 $R(\sin x, \cos x)$.

对于三角函数有理式的不定积分, 通常作换元令 $t = \tan \dfrac{x}{2}$, 这样就可以将原不定积分的被积函数变成有理函数. 这是因为

$$\sin x = \dfrac{2\tan\dfrac{x}{2}}{1+\tan^2\dfrac{x}{2}} = \dfrac{2t}{1+t^2},\ \cos x = \dfrac{1-\tan^2\dfrac{x}{2}}{1+\tan^2\dfrac{x}{2}} = \dfrac{1-t^2}{1+t^2},\ \mathrm{d}x = \dfrac{2}{1+t^2}\mathrm{d}t,$$

于是,

$$\int R(\sin x, \cos x)\mathrm{d}x = \int R\left(\dfrac{2t}{1+t^2}, \dfrac{1-t^2}{1+t^2}\right)\cdot\dfrac{2}{1+t^2}\mathrm{d}t.$$

例 3 求 $\int \dfrac{1+\sin x}{\sin x(1+\cos x)}\mathrm{d}x$.

解 设 $t = \tan\dfrac{x}{2}$, 则 $x = 2\arctan t$, $\mathrm{d}x = \dfrac{2}{1+t^2}\mathrm{d}t$, 于是,

$$\text{原式} = \int \dfrac{1+\dfrac{2t}{1+t^2}}{\dfrac{2t}{1+t^2}\left(1+\dfrac{1-t^2}{1+t^2}\right)}\cdot\dfrac{2}{1+t^2}\mathrm{d}t$$

$$= \int \dfrac{t^2+2t+1}{2t}\mathrm{d}t = \dfrac{1}{2}\int\left(t+2+\dfrac{1}{t}\right)\mathrm{d}t$$

$$= \dfrac{1}{4}t^2 + t + \dfrac{1}{2}\ln|t| + C$$

$$= \dfrac{1}{4}\tan^2\dfrac{x}{2} + \tan\dfrac{x}{2} + \dfrac{1}{2}\ln\left|\tan\dfrac{x}{2}\right| + C.$$

有时候, 通过三角函数的变形, 可以将换元过程省去. 由于
$$d\left(\tan\frac{x}{2}\right) = \frac{1}{2}\frac{1}{\cos^2\frac{x}{2}}dx = \frac{dx}{1+\cos x},$$
例 3 也可以通过下面的方式求解.
$$\text{原式} = \int\frac{\left(\sin\frac{x}{2}+\cos\frac{x}{2}\right)^2}{2\sin\frac{x}{2}\cos\frac{x}{2}}d\left(\tan\frac{x}{2}\right) = \int\frac{\left(1+\tan\frac{x}{2}\right)^2}{2\tan\frac{x}{2}}d\left(\tan\frac{x}{2}\right)$$
$$= \frac{1}{2}\int\left(\frac{1}{\tan\frac{x}{2}}+2+\tan\frac{x}{2}\right)d\left(\tan\frac{x}{2}\right)$$
$$= \frac{1}{4}\tan^2\frac{x}{2}+\tan\frac{x}{2}+\frac{1}{2}\ln\left|\tan\frac{x}{2}\right|+C.$$

三、无理根式

无理根式 $R\left(x, \sqrt[n]{\frac{ax+b}{cx+d}}\right)$ 是指常数, x 和 $\sqrt[n]{\frac{ax+b}{cx+d}}$ 之间经过有限次四则运算得到的函数, 其中 $ac-bd\neq 0$. 对于这类函数, 通常作换元令 $t = \sqrt[n]{\frac{ax+b}{cx+d}}$, 即可将被积函数中的根号去掉.

例 4 求 $\int\frac{1}{1+\sqrt{x}}dx$.

解 令 $t = \sqrt{x}$, 则 $x = t^2$, $dx = 2tdt$, 于是
$$\text{原式} = \int\frac{2t}{1+t}dt = 2\int\left(1-\frac{1}{1+t}\right)dt$$
$$= 2t - 2\ln|1+t| + C = 2\sqrt{x} - 2\ln(1+\sqrt{x}) + C.$$

例 5 求 $\int\frac{1}{x}\sqrt{\frac{x+2}{x-2}}dx$.

解 令 $t = \sqrt{\frac{x+2}{x-2}}$, 则 $x = \frac{2t^2+2}{t^2-1}$, $dx = -\frac{8t}{(t^2-1)^2}dt$, 于是
$$\text{原式} = \int\frac{t^2-1}{2t^2+2}\cdot t\cdot\left[-\frac{8t}{(t^2-1)^2}\right]dt = \int\frac{4t^2}{(1-t^2)(1+t^2)}dt$$
$$= \int\left(\frac{2}{1-t^2}-\frac{2}{1+t^2}\right)dt = \ln\left|\frac{1+t}{1-t}\right| - 2\arctan t + C$$
$$= \ln\left|\frac{\sqrt{x-2}+\sqrt{x+2}}{\sqrt{x-2}-\sqrt{x+2}}\right| - 2\arctan\sqrt{\frac{x+2}{x-2}} + C.$$

例 6 求 $\int\frac{1}{x\sqrt{-x^2+2x}}dx$.

解 被积函数可以变形为
$$\frac{1}{x\sqrt{-x^2+2x}} = \frac{1}{x^2\sqrt{\frac{2-x}{x}}},$$

因此,令 $t = \sqrt{\dfrac{2-x}{x}}$,则 $x = \dfrac{2}{t^2+1}$,$\mathrm{d}x = -\dfrac{4t}{(t^2+1)^2}\mathrm{d}t$,于是

$$原式 = \int \dfrac{1}{x^2\sqrt{\dfrac{2-x}{x}}}\mathrm{d}x = \int \dfrac{(t^2+1)^2}{4} \cdot \dfrac{1}{t} \cdot \left[-\dfrac{4t}{(t^2+1)^2}\right]\mathrm{d}t$$

$$= -\int \mathrm{d}t = -t + C = -\sqrt{\dfrac{2-x}{x}} + C.$$

例 7 求 $\int \dfrac{1}{\sqrt{x}+\sqrt[3]{x}}\mathrm{d}x$.

解 由于 $\sqrt{x} = (\sqrt[6]{x})^3$,$\sqrt[3]{x} = (\sqrt[6]{x})^2$,因此令 $t = \sqrt[6]{x}$,则 $x = t^6$,$\mathrm{d}x = 6t^5\mathrm{d}t$,于是

$$原式 = \int \dfrac{6t^5}{t^3+t^2}\mathrm{d}t = \int \dfrac{6t^3}{t+1}\mathrm{d}t$$

$$= 6\int \left(t^2 - t + 1 - \dfrac{1}{t+1}\right)\mathrm{d}t$$

$$= 2t^3 - 3t^2 + 6t - 6\ln|1+t| + C$$

$$= 2\sqrt{x} - 3\sqrt[3]{x} + 6\sqrt[6]{x} - 6\ln\left(1+\sqrt[6]{x}\right) + C.$$

以前,人们构造各种各样的技巧,试图将所有的初等函数的原函数都求出来. 但是,随后发现,这是不可能的,绝大多数初等函数的原函数不再是初等函数. 随着科技的发展,很多计算机软件可以求不定积分. 为了方便,我们将常用的不定积分公式制成积分表(见附录一). 求积分的时候,我们根据被积函数的类型,直接或者通过将被积函数变形,在积分表中查得所需的结果.

虽然有积分表,但是我们还是要掌握基本的求不定积分的方法,将这两者结合起来,能够达到最高的效率.

习 题 4-4

【A 组题】

1. 写出下列有理函数的部分分式.

(1) $\dfrac{1}{x^2+5x+6}$; 　　(2) $\dfrac{x+1}{x^2-5x+6}$; 　　(3) $\dfrac{x-2}{x^2-2x-3}$;

(4) $\dfrac{x-3}{(x-1)(x^2-1)}$; (5) $\dfrac{x^2+1}{(x+1)^2(x-1)}$; (6) $\dfrac{x+2}{(2x+1)(x^2+x+1)}$;

(7) $\dfrac{1}{x^3(x-1)}$; 　　(8) $\dfrac{x+1}{x(1+x^2)^2}$; 　　(9) $\dfrac{x^5+x^4-8}{x^3-1}$.

2. 计算下列不定积分.

(1) $\int \dfrac{1}{(x-1)(x-3)} dx$; (2) $\int \dfrac{x}{x^2-1} dx$; (3) $\int \dfrac{x}{(x+1)(x+2)(x+3)} dx$;

(4) $\int \dfrac{2x+3}{x^2+3x-10} dx$; (5) $\int \dfrac{3}{x^3+1} dx$.

3. 计算下列不定积分.

(1) $\int \dfrac{1}{3+5\cos x} dx$; (2) $\int \dfrac{1+\sin x}{1+\cos x} dx$; (3) $\int \dfrac{1}{\sqrt{1+e^x}} dx$;

(4) $\int \dfrac{\sqrt{x+2}}{1+\sqrt{x+2}} dx$; (5) $\int \dfrac{\sqrt{x-1}}{x} dx$; (6) $\int \dfrac{1}{\sqrt{x}+\sqrt[4]{x}} dx$;

(7) $\int \dfrac{\ln x}{x\sqrt{1+\ln x}} dx$; (8) $\int \dfrac{1}{x}\sqrt{\dfrac{1+x}{x}} dx$.

【B 组题】

1. 计算下列不定积分.

(1) $\int \dfrac{2x+3}{x^3+x^2-2x} dx$; (2) $\int \dfrac{(x+1)^2}{(1+x^2)^2} dx$;

(3) $\int \dfrac{x^4}{(1+x^2)^2} dx$; (4) $\int \dfrac{x^3+2x^2+12x+11}{x^2+2x+10} dx$;

(5) $\int \dfrac{1+\tan x}{\sin 2x} dx$; (6) $\int \dfrac{\sqrt{1+x}-1}{\sqrt{1+x}+1} dx$.

第 5 章 定积分

§5.1 定积分的概念与计算

一、曲边梯形的面积

下面我们来考虑直角坐标系中曲线 $y = x^2$, $x = 1$ 和 $y = 0$ 围成的面积 S. 借助于 §1.2 中计算圆面积的思想, 将区间 $[0,1]$ 进行 n 等分. 在第 i 个区间 $\left[\dfrac{i-1}{n}, \dfrac{i}{n}\right]$ 的右端点 $\dfrac{i}{n}$ 处作 x 轴的垂线, 过此垂线与抛物线的交点作 x 轴的平行线, 得到一个宽度为 $\dfrac{1}{n}$ 和高度为 $\left(\dfrac{i}{n}\right)^2$ 的小矩形, 如图 5.1 所示. 我们用这个矩形的面积近似其在 $y = x^2$ 下方的面积.

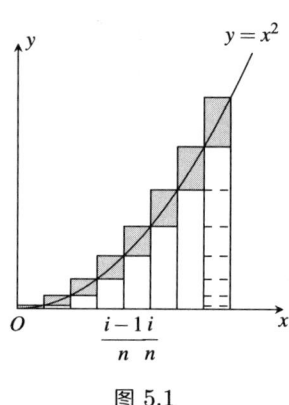

图 5.1

记 S_n 为这 n 个矩形面积之和, 则

$$S_n = \frac{1}{n} \cdot \left(\frac{1}{n}\right)^2 + \frac{1}{n} \cdot \left(\frac{2}{n}\right)^2 + \cdots + \frac{1}{n} \cdot \left(\frac{n}{n}\right)^2$$

$$= \frac{1^2 + 2^2 + \cdots + n^2}{n^3} = \frac{n(n+1)(2n+1)}{6n^3}.$$

S_n 近似 S 的程度有多好呢? 我们发现, S_n 总是大于 S, 但是大于部分的面积不会超过图中阴影部分的面积. 而如果把所有的阴影部分都平移到最后一个矩形上, 刚好把它填满, 可以知道阴影部分的总面积为 $\dfrac{1}{n}$. 于是, 我们有不等式 $0 < |S_n - S| < \dfrac{1}{n}$. 由夹逼定理,

$$\lim_{n \to \infty} |S_n - S| = 0, \text{即} S = \lim_{n \to \infty} S_n = \frac{1}{3}.$$

这样, 我们得到了要求的曲边图形的面积, 同时也得到了一个求类似曲边图形面积的方法. 例如, 我们要求出直角坐标系中 $y = f(x)$, $y = 0$, $x = 0$ 和 $x = 1$ 围成

的面积 S, 将区间 $[0,1]$ n 等分, 以每个区间 $\left[\dfrac{i-1}{n}, \dfrac{i}{n}\right]$ 为底, 右端点处的函数值 $f\left(\dfrac{i}{n}\right)$ 为高作出 n 个小矩形, 求出小矩形的面积之和

$$S_n = \frac{1}{n}f\left(\frac{1}{n}\right) + \frac{1}{n}f\left(\frac{2}{n}\right) + \cdots + \frac{1}{n}f\left(\frac{n}{n}\right) = \frac{1}{n}\sum_{i=1}^{n}f\left(\frac{i}{n}\right), \qquad (5\text{-}1)$$

则 $\lim\limits_{n\to\infty} S_n$ 即为该曲边图形的面积.

但是, 再考虑下面这个例子, 就会发现上述方法是有局限性的. 取 $f(x)$ 为定义在 $[0,1]$ 区间上的狄利克雷函数

$$D_1(x) = \begin{cases} 1, & x \in \mathbf{Q} \cap [0,1]; \\ 0, & x \in [0,1] - \mathbf{Q}. \end{cases}$$

当把区间 $[0,1]$ n 等分后, 每个分点都是有理数, 因此 $D_1\left(\dfrac{i}{n}\right) = 1$, 于是 $S_n = 1$. 对 S_n 取极限, 得到 $y = D_1(x), y = 0, x = 0$ 和 $x = 1$ 围成的面积 $S_1 = 1$. 这看起来似乎还算合理, 但是很快我们就发现不合理的地方了. 再取 $f(x)$ 为定义在 $[0,\pi]$ 上的狄利克雷函数

$$D_2(x) = \begin{cases} 1, & x \in \mathbf{Q} \cap [0,\pi]; \\ 0, & x \in [0,\pi] - \mathbf{Q}. \end{cases}$$

把区间 $[0,\pi]$ n 等分后, 每个分点都是无理数, 因此 $D_2\left(\dfrac{\pi i}{n}\right) = 0$, 类似地可以得到 $y = D_2(x), y = 0, x = 0$ 和 $x = \pi$ 围成的面积 $S_2 = 0$. 由于 $D_2(x)$ 的图象包含了 $D_1(x)$ 的图象, 正常情况下应该有 $S_2 \geqslant S_1$, 但这里得出的 $S_2 < S_1$.

显然, 上边矛盾的产生主要是因为等分区间造成分点可能为有理数或者无理数. 为了避免因为特殊函数导致的特殊结果, 我们在分割区间的时候不能仅仅考虑等分的情况, 甚至也不再将每个小区间的右端点的函数值作为小矩形的高.

设 $y = f(x)$ 是 $[a,b]$ 上的连续函数, 我们把曲线 $y = f(x)$, 直线 $x = a, x = b$ 及 x 轴所围成的图形称为**曲边梯形**. 求曲边梯形的面积可以通过区间分割、求和、取极限的步骤得到. 这里为了叙述方便, 我们假设 $f(x) > 0$, 如图 5.2 所示.

首先, 在区间 $[a,b]$ 内插入分点 $a = x_0, x_1, x_2, x_3, \cdots, x_n = b$, 将区间分成 n 个小区间 $[x_0, x_1], [x_1, x_2], \cdots, [x_{n-1}, x_n]$. 第 i 个小区间的长度用 Δx_i 表示, 即 $\Delta x_i = x_i - x_{i-1}$. 过每个分点作垂直于 x 轴的直线, 将曲边梯形分成 n 个小曲边梯形.

其次, 对于小曲边梯形而言, 它的面积还是不易求得, 但是我们知道曲线 $y = f(x)$ 是连续的, 根据连续的定义, 当自变量变化比较小时, 函数值的变化也比较小. 第 i 个小曲边梯形可以理解为一个底边为 $[x_{i-1}, x_i]$ 而高在不断变化的 "矩形". 现在看来, 如果小曲边梯形的底边很小, 那么高的变化就不大, 这样很容得到一个

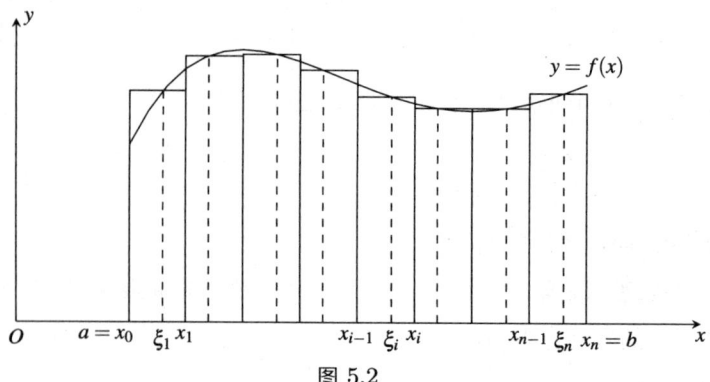

图 5.2

与之近似的小矩形. 在小区间上任取一点 ξ_i, 以 $f(\xi_i)$ 为高作一个小矩形, 这个小矩形的面积就近似于小曲边梯形的面积. 在每个小曲边梯形上都做同样的操作, 我们就得到了曲边梯形面积的一个近似值:

$$S = \sum_{i=1}^{n} S_i \approx \sum_{i=1}^{n} f(\xi_i) \Delta x_i,$$

这里 S_i 表示第 i 个小曲边梯形的面积.

最后, 可以想象当小区间的分割越来越密集时, 这个近似值就越来越接近于曲边梯形真实的面积, 所以这是一个极限问题. 如何来刻画小区间的分割越来越密集呢? 我们需要引进一个量 λ, 表示每次分割中小区间长度的最大值, 即 $\lambda = \max\{\Delta x_1, \Delta x_2, \cdots, \Delta x_n\}$. λ 越小, 则对应的分割就越密集. 于是我们得到了曲边梯形的"精确面积":

$$S = \lim_{\lambda \to 0} \sum_{i=1}^{n} f(\xi_i) \Delta x_i.$$

历史上, 很多数学家都用这种方法求不规则图形的面积、不规则立体的体积, 还有曲线的弧长等. 这就是我们所要讲的定积分思想.

二、定积分的定义

定义 5.1 设函数 $f(x)$ 在区间 $[a,b]$ 上有界. 在 $[a,b]$ 之间放入 $n-1$ 个分点

$$a = x_0 < x_1 < x_2 < \cdots < x_{n-1} < x_n = b,$$

将区间 $[a,b]$ 分割成 n 个小区间 $\Delta x_i = [x_{i-1}, x_i]$, $i = 1, 2, \cdots, n$, 称这些分点为区间 $[a,b]$ 的一个分割, 记作 T. 同时也用 Δx_i 表示小区间的长度 $x_i - x_{i-1}$, 记 $\lambda = \max\{\Delta x_1, \Delta x_2, \cdots, \Delta x_n\}$, 称作分割 T 的模. 任取 $\xi_i \in \Delta x_i$, $i = 1, 2, \cdots, n$, 作和式

$$\sum_{i=1}^{n} f(\xi_i) \Delta x_i = f(\xi_1) \Delta x_1 + f(\xi_2) \Delta x_2 + \cdots + f(\xi_n) \Delta x_n.$$

如果不论分点 $x_i (i = 1, 2, \cdots, n-1)$ 和 $\xi_i (i = 1, 2, \cdots, n)$ 怎样选取, 只要 $\lambda \to 0$, $\sum_{i=1}^{n} f(\xi_i) \Delta x_i$ 总是趋向于一个固定的常数, 那么将此常数称作函数 $f(x)$ 在区间 $[a,b]$

上的定积分, 记作 $\int_a^b f(x)\mathrm{d}x$, 并称函数 $f(x)$ 在区间 $[a,b]$ 上可积, 即

$$\int_a^b f(x)\mathrm{d}x = \lim_{\lambda \to 0}\sum_{i=1}^n f(\xi_i)\Delta x_i. \tag{5-2}$$

上式中称 $\sum_{i=1}^n f(\xi_i)\Delta x_i$ 为 $f(x)$ 的积分和, x 为积分变量, $f(x)$ 为被积函数, $f(x)\mathrm{d}x$ 为被积表达式, 区间 $[a,b]$ 为积分区间, a 和 b 分别为积分下限和上限.

前面在求抛物线与 x 轴所夹的面积时采用的过程和该定义是类似的, 我们取的分点 $x_i = \dfrac{i}{n}$, $\xi_i = \dfrac{i}{n}$, $\lambda = \dfrac{1}{n}$, S_n 即是积分和, $\lambda \to 0$ 即是 $n \to \infty$. 因此定积分从某种程度上表示的是函数图象与 x 轴所夹的面积.

在定积分的定义中, 积分和趋向于一个固定常数时定积分才存在, 否则函数就不可积. 那么自然就有一个问题, 区间 $[a,b]$ 上的函数 $f(x)$ 满足什么条件才可积? 下面给出几个函数可积的条件, 其证明超出了高等数学的范围, 因此不做证明.

定理 5.1 设函数 $f(x)$ 在区间 $[a,b]$ 上连续, 则 $f(x)$ 在区间 $[a,b]$ 上可积.

定理 5.2 设函数 $f(x)$ 在区间 $[a,b]$ 上单调, 则 $f(x)$ 在区间 $[a,b]$ 上可积.

定理 5.3 设函数 $f(x)$ 在区间 $[a,b]$ 上有界, 并且间断点数目是有限的, 则 $f(x)$ 在区间 $[a,b]$ 上可积.

定积分的定义告诉我们, 如果 $f(x)$ 的定积分存在, 那么积分值 $\int_a^b f(x)\mathrm{d}x$ 就与小区间的分法及 ξ_i 的取法无关, 只需保证分割可以越来越细就可以了. 这样, 由于 $f(x) = x^2$ 在 $[0,1]$ 上连续, 因而可积, 并且 $\int_0^1 x^2\mathrm{d}x$ 的值与小区间的分法及 ξ_i 的取法无关. 于是我们在计算该定积分的值时, 就可以取特殊的分法即等分 $[0,1]$, 取特殊的 ξ_i 即第 i 个小区间的右端点, 也就是 $x_i = \xi_i = \dfrac{i}{n}$. 根据前面的讨论, 我们得到 $\int_0^1 x^2\mathrm{d}x = \dfrac{1}{3}$.

类似地, 我们在求区间 $[a,b]$ 上的可积函数 $f(x)$ 的定积分时, 可以 n 等分该区间, 即分点 $x_i = a + \dfrac{i(b-a)}{n}$, 取 $\xi_i = x_i$ 为区间的右端点, 这样积分和

$$S_n = \sum_{i=1}^n f(\xi_i)\Delta x_i = \dfrac{b-a}{n}\sum_{i=1}^n f\left(a + \dfrac{i(b-a)}{n}\right),$$

进而

$$\int_a^b f(x)\mathrm{d}x = \lim_{n\to\infty}\dfrac{b-a}{n}\sum_{i=1}^n f\left(a + \dfrac{i(b-a)}{n}\right). \tag{5-3}$$

对于区间 $[a,b]$ 上的函数 $f(x)$, $\int_a^b f(x)\mathrm{d}x$ 的值不仅与小区间的分法及 ξ_i 的选取无关, 而且与积分变量用哪个字母表示无关, 即 $\int_a^b f(x)\mathrm{d}x = \int_a^b f(t)\mathrm{d}t$. 实际上定积分 $\int_a^b f(x)\mathrm{d}x$ 只与函数 $f(x)$ 和积分区间 $[a,b]$ 有关.

三、定积分的几何意义

由前面的分析,当被积函数 $f(x) > 0$ 时,定积分 $\int_a^b f(x)\mathrm{d}x$ 表示由直线 $x = a$, $x = b$ 和曲线 $y = f(x)$ 及 x 轴所围成的曲边梯形的面积.

若被积函数 $f(x)$ 在区间 $[a,b]$ 上都取负值,由于 $\Delta x_i > 0$,积分和 $\sum_{i=1}^n f(\xi_i)\Delta x_i < 0$,由极限的保不等号性,必有 $\int_a^b f(x)\mathrm{d}x \leqslant 0$. 于是,该定积分表示的是曲边梯形面积的相反数.

综合上面的情况,可积函数 $f(x)$ 在区间 $[a,b]$ 上的定积分的几何意义是由曲线 $y = f(x)$ 和直线 $x = a$, $x = b$, $y = 0$ 所围成的图形的 "面积",其中在 x 轴上方的面积取正值,下方的面积取负值.

例 1 利用定积分的几何意义,求 $\int_0^1 \sqrt{1-x^2}\mathrm{d}x$.

解 如图 5.3 所示,曲线 $y = \sqrt{1-x^2}$ 和直线 $x = 0$, $y = 0$ 所围成的图形是圆心角为直角、半径为 1 的扇形,其面积为 $\dfrac{\pi}{4}$,即 $\int_0^1 \sqrt{1-x^2}\mathrm{d}x = \dfrac{\pi}{4}$.

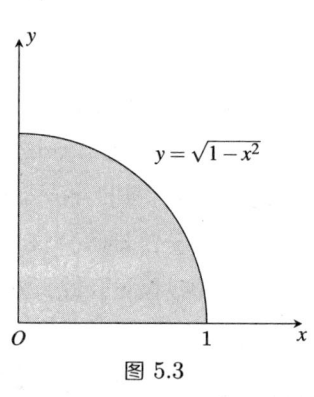

图 5.3

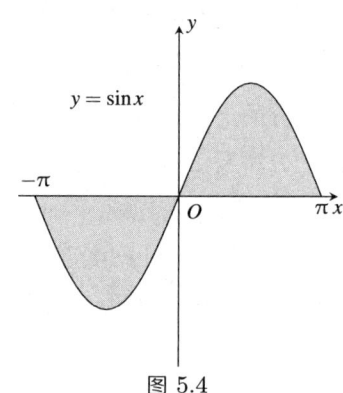

图 5.4

例 2 利用定积分的几何意义求 $\int_{-\pi}^{\pi} \sin x\mathrm{d}x$.

解 如图 5.4 所示,曲线 $y = \sin x$ 和直线 $x = -\pi$, $x = \pi$, $y = 0$ 所围成的图形由两部分组成. 由正弦函数的中心对称性,两部分的面积相等,但是其中一部分在 x 轴上方,另一部分在 x 轴下方,因此 "面积" 之和为零,即 $\int_{-\pi}^{\pi} \sin x\mathrm{d}x = 0$.

四、牛顿-莱布尼茨公式

关于计算区间 $[a,b]$ 上的函数 $f(x)$ 的定积分,前面提到了两种方法. 一种方法是按照定义,通过分割区间、求积分和,再取极限获得. 这种方法比较麻烦,计算过程也很烦琐. 另一种方法是通过定积分所表示的几何意义计算出定积分值,局限性也很大. 那么, 有没有比较简单的方法计算定积分呢? 下面的定理给出了计算连续函数定积分的方法.

定理 5.4(牛顿-莱布尼茨公式) 设函数 $f(x)$ 在区间 $[a,b]$ 上连续, $F(x)$ 为 $f(x)$ 的一个原函数, 则
$$\int_a^b f(x)\mathrm{d}x = F(b) - F(a).$$

证 在 $[a,b]$ 之间放入 $n-1$ 个分点
$$a = x_0 < x_1 < x_2 < \cdots < x_{n-1} < x_n = b,$$

令 $\Delta x_i = x_i - x_{i-1}, i = 1, 2, \cdots, n$. 由于函数 $f(x)$ 在区间 $[a,b]$ 上可积, 所以其定积分与 ξ_i 的选取无关.

由拉格朗日中值定理, 在每个区间 $[x_{i-1}, x_i]$ 内总选取 $\xi_i \in (x_{i-1}, x_i)$, 使得
$$F'(\xi_i)(x_i - x_{i-1}) = F(x_i) - F(x_{i-1}).$$

于是,
$$\sum_{i=1}^n f(\xi_i)\Delta x_i = \sum_{i=1}^n F'(\xi_i)\Delta x_i = \sum_{i=1}^n [F(x_i) - F(x_{i-1})] = F(b) - F(a).$$

上式两端对 $\lambda \to 0$ 取极限得到 $\int_a^b f(x)\mathrm{d}x = F(b) - F(a)$.

牛顿-莱布尼茨公式的右边通常简记为 $[F(x)]_a^b$, 即
$$[F(x)]_a^b = F(b) - F(a).$$

该公式给我们提供了求定积分的非常便利的方法. 比如, $\frac{1}{3}x^3$ 是 x^2 的一个原函数, 因此,
$$\int_0^1 x^2 \mathrm{d}x = \left[\frac{1}{3}x^3\right]_0^1 = \frac{1}{3} - 0 = \frac{1}{3}.$$

同样, 由于 $-\cos x$ 是 $\sin x$ 的一个原函数, 因此,
$$\int_{-\pi}^\pi \sin x \mathrm{d}x = [-\cos x]_{-\pi}^\pi = 1 - 1 = 0.$$

用不定积分求被积函数的原函数, 再用原函数求得定积分成为计算定积分的一种行之有效的方法.

注 牛顿-莱布尼茨公式可表示为 $\int_a^b f(x)\mathrm{d}x = \left[\int f(x)\mathrm{d}x\right]_a^b$, 这种表示方法中不定积分 $\int f(x)\mathrm{d}x$ 表示 $f(x)$ 的一个原函数.

例 3 计算 $\int_1^2 \ln x \mathrm{d}x$.

解 因为
$$\int \ln x \mathrm{d}x = x\ln x - \int x \mathrm{d}\ln x = x\ln x - \int \mathrm{d}x = x\ln x - x + C,$$

所以 $x\ln x - x$ 为 $\ln x$ 的一个原函数. 由牛顿-莱布尼茨公式,
$$\int_1^2 \ln x \, dx = [x\ln x - x]_1^2 = (2\ln 2 - 2) - (-1) = 2\ln 2 - 1.$$

例 4 计算 $\lim\limits_{n\to\infty} n\left(\dfrac{1}{(n+1)^2} + \dfrac{1}{(n+2)^2} + \cdots + \dfrac{1}{(n+n)^2}\right)$.

解 由于
$$n\left(\frac{1}{(n+1)^2} + \frac{1}{(n+2)^2} + \cdots + \frac{1}{(n+n)^2}\right)$$
$$= n\sum_{i=1}^n \frac{1}{(n+i)^2} = \frac{1}{n}\sum_{i=1}^n \frac{n^2}{(n+i)^2} = \frac{1}{n}\sum_{i=1}^n \frac{1}{\left(1+\dfrac{i}{n}\right)^2},$$

在 (5-3) 式中, 取 $a = 0, b = 1, f(x) = \dfrac{1}{(1+x)^2}$, 则
$$\text{原式} = \lim_{n\to\infty} \frac{1}{n}\sum_{i=1}^n \frac{1}{\left(1+\dfrac{i}{n}\right)^2} = \int_0^1 \frac{1}{(1+x)^2} dx.$$

由于 $-\dfrac{1}{1+x}$ 是 $\dfrac{1}{(1+x)^2}$ 的一个原函数, 由牛顿-莱布尼茨公式,
$$\int_0^1 \frac{1}{(1+x)^2} dx = \left[-\frac{1}{1+x}\right]_0^1 = \frac{1}{2}.$$

于是 $\lim\limits_{n\to\infty} n\left[\dfrac{1}{(n+1)^2} + \dfrac{1}{(n+2)^2} + \cdots + \dfrac{1}{(n+n)^2}\right] = \dfrac{1}{2}$.

习 题 5-1

【A 组题】

1. 利用定积分的几何意义计算下列定积分.
   (1) $\int_0^1 2x \, dx$;
   (2) $\int_{-\frac{\pi}{2}}^{\frac{\pi}{2}} \sin^3 x \, dx$;
   (3) $\int_{-1}^1 x^2(x + x\cos x) \, dx$;
   (4) $\int_0^\pi \sqrt{\pi^2 - x^2} \, dx$.

2. 设在 $[a,b]$ 上 $f(x) < 0, f'(x) > 0$, 并记
$$S_1 = \int_a^b f(x) \, dx, \quad S_2 = f(a)(b-a), \quad S_3 = f(b)(b-a).$$
利用定积分的几何意义判断 S_1, S_2, S_3 的大小关系.

3. 计算下列定积分.

(1) $\int_0^1 (x^3+2x)\mathrm{d}x;$ (2) $\int_0^{\frac{\pi}{4}} \tan x \mathrm{d}x;$

(3) $\int_1^2 \dfrac{1}{x(x+1)}\mathrm{d}x;$ (4) $\int_{-1}^1 \dfrac{\mathrm{d}x}{\sqrt{1-x^2}};$

(5) $\int_0^1 \mathrm{e}^{2x}\mathrm{d}x;$ (6) $\int_0^{\frac{\pi}{4}} \tan^2 x \mathrm{d}x;$

(7) $\int_0^\pi \sqrt{1-\sin^2 x}\mathrm{d}x;$ (8) $\int_{-1}^1 |x|\mathrm{d}x;$

(9) $\int_0^2 \max\{x,x^2\}\mathrm{d}x;$ (10) $\int_0^2 f(x)\mathrm{d}x, f(x)=\begin{cases} x+1, & x\leqslant 1; \\ x^2+1, & x>1. \end{cases}$

【B 组题】

1. 利用定积分的定义计算 $\int_0^1 \mathrm{e}^x \mathrm{d}x.$

2. 将极限 $\lim\limits_{n\to\infty} \dfrac{1}{n^2}\left[\mathrm{e}^{\frac{1}{n}}+2\mathrm{e}^{\frac{2}{n}}+\cdots+n\mathrm{e}^{\frac{n}{n}}\right]$ 转化为定积分.

3. 求极限 $\lim\limits_{n\to\infty}\sum\limits_{k=1}^n \dfrac{k}{n^2}\ln\left(1+\dfrac{k}{n}\right).$

4. 求极限 $\lim\limits_{n\to\infty} n\sum\limits_{k=1}^n \dfrac{\sin\dfrac{k\pi}{n}}{n^2+k}.$

§5.2 定积分的性质

在本节的讨论中, 我们假设函数在区间上都是可积的, 通过定积分的定义, 我们可以推出定积分的简单性质. 为了表述方便, 首先作一些约定:

(1) 当 $a=b$ 时, $\int_a^b f(x)\mathrm{d}x = 0;$

(2) 当 $a>b$ 时, $\int_a^b f(x)\mathrm{d}x = -\int_b^a f(x)\mathrm{d}x.$

性质 5.1 $\int_a^b [f(x)\pm g(x)]\mathrm{d}x = \int_a^b f(x)\mathrm{d}x \pm \int_a^b g(x)\mathrm{d}x.$

证 根据定积分的定义,
$$\int_a^b [f(x)\pm g(x)]\mathrm{d}x = \lim_{\lambda\to 0}\sum_{i=1}^n [f(\xi_i)\pm g(\xi_i)]\Delta x_i$$
$$= \lim_{\lambda\to 0}\sum_{i=1}^n f(\xi_i)\Delta x_i \pm \lim_{\lambda\to 0}\sum_{i=1}^n g(\xi_i)\Delta x_i = \int_a^b f(x)\mathrm{d}x \pm \int_a^b g(x)\mathrm{d}x.$$

性质 5.2 $\int_a^b kf(x)\mathrm{d}x = k\int_a^b f(x)\mathrm{d}x$, k 为任意常数.

证 略.

性质 5.1 和性质 5.2 称为定积分的**线性性质**.

性质 5.3 对任意三个数 a,b,c 均有
$$\int_a^b f(x)\mathrm{d}x = \int_a^c f(x)\mathrm{d}x + \int_c^b f(x)\mathrm{d}x.$$

证 假设 $a < c < b$, 因为 $f(x)$ 在 $[a,b]$ 上可积, 定积分 $\int_a^b f(x)\mathrm{d}x$ 存在且与区间的分法无关, 因此, 我们在分区间时, 始终以 c 为其中一个分点. 那么, $[a,b]$ 上的积分和就等于 $[a,c]$ 上的积分和加上 $[c,b]$ 上的积分和, 即
$$\sum_{[a,b]} f(\xi_i)\Delta x_i = \sum_{[a,c]} f(\xi_i)\Delta x_i + \sum_{[c,b]} f(\xi_i)\Delta x_i,$$
两边取极限, 即得
$$\int_a^b f(x)\mathrm{d}x = \int_a^c f(x)\mathrm{d}x + \int_c^b f(x)\mathrm{d}x.$$

一般地, 不妨设 $c < a < b$, 根据上面的结论有
$$\int_c^b f(x)\mathrm{d}x = \int_c^a f(x)\mathrm{d}x + \int_a^b f(x)\mathrm{d}x,$$
所以 $\int_c^b f(x)\mathrm{d}x = -\int_a^c f(x)\mathrm{d}x + \int_a^b f(x)\mathrm{d}x$, 然后移项得,
$$\int_a^b f(x)\mathrm{d}x = \int_a^c f(x)\mathrm{d}x + \int_c^b f(x)\mathrm{d}x.$$

这个性质称为定积分对积分区间的可加性, 即将积分区间任意分成有限个小区间, 积分就等于函数在各个小区间上的积分之和.

性质 5.4 $\int_a^b \mathrm{d}x = b - a$.

证 略.

当 $a < b$ 时, 根据定积分的几何意义, 这个积分值是以区间 $[a,b]$ 为底、高为 1 的矩形的面积.

性质 5.5 若在区间 $[a,b]$ 上 $f(x) \geqslant 0$, 那么 $\int_a^b f(x)\mathrm{d}x \geqslant 0$.

证 因为 $f(x) \geqslant 0$, 所以 $f(\xi_i) \geqslant 0$ $(i=1,2,\cdots,n)$. 又 $\Delta x_i > 0 (i=1,2,\cdots,n)$, 因此
$$\sum_{i=1}^n f(\xi_i)\Delta x_i \geqslant 0.$$
故
$$0 \leqslant \lim_{\lambda \to 0} \sum_{i=1}^n f(\xi_i)\Delta x_i = \int_a^b f(x)\mathrm{d}x.$$

推论 5.1 如果在区间 $[a,b]$ 上 $f(x) \geqslant g(x)$, 则 $\int_a^b f(x)\mathrm{d}x \geqslant \int_a^b g(x)\mathrm{d}x$.

推论 5.2 $\left|\int_a^b f(x)\mathrm{d}x\right| \leqslant \int_a^b |f(x)|\mathrm{d}x$.

证 由于 $-|f(x)| \leqslant f(x) \leqslant |f(x)|$, 两边积分得
$$-\int_a^b |f(x)|\mathrm{d}x \leqslant \int_a^b f(x)\mathrm{d}x \leqslant \int_a^b |f(x)|\mathrm{d}x,$$
即 $\left|\int_a^b f(x)\mathrm{d}x\right| \leqslant \int_a^b |f(x)|\mathrm{d}x$.

性质 5.6(估值定理) 如果在区间 $[a,b]$ 上 $m \leqslant f(x) \leqslant M$, 则
$$m(b-a) \leqslant \int_a^b f(x)\mathrm{d}x \leqslant M(b-a).$$

证 略. 其几何意义如图 5.5 所示.

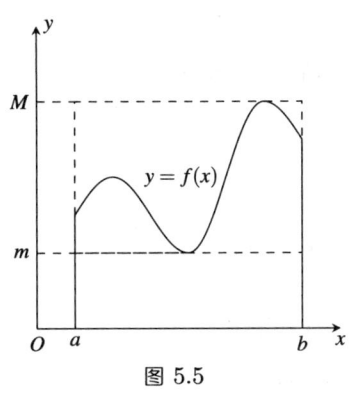

图 5.5

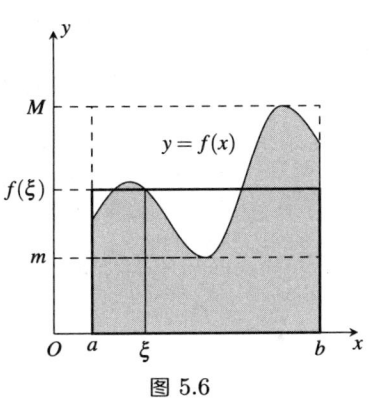

图 5.6

性质 5.7(积分中值定理) 若 $f(x)$ 在区间 $[a,b]$ 上连续, 则至少存在一个 $\xi \in [a,b]$, 使得
$$\int_a^b f(x)\mathrm{d}x = f(\xi)(b-a).$$

证 由于函数 $f(x)$ 在区间 $[a,b]$ 上连续, 因此 $f(x)$ 有最大值 M 和最小值 m, 由性质 5.6 可得
$$m \leqslant \frac{1}{b-a}\int_a^b f(x)\mathrm{d}x \leqslant M.$$

由介值定理, 对于介于 $f(x)$ 的最大值 M 和最小值 m 之间的数 $\frac{1}{b-a}\int_a^b f(x)\mathrm{d}x$, 存在 $\xi \in [a,b]$, 使得 $f(\xi) = \frac{1}{b-a}\int_a^b f(x)\mathrm{d}x$, 即 $\int_a^b f(x)\mathrm{d}x = f(\xi)(b-a)$. 其几何意义如图 5.6 所示.

定义 $\varphi(x) = \int_a^x f(t)\mathrm{d}t \,(a \leqslant x \leqslant b)$. 给定一个上限 x 就能确定一个定积分值, 所以 $\varphi(x)$ 是区间 $[a,b]$ 上的一个函数, 称为**积分上限函数**.

定理 5.5(原函数存在定理) 设函数 $f(x)$ 在区间 $[a,b]$ 上连续, 则积分上限函数 $\varphi(x)$ 在区间 $[a,b]$ 上可导且 $\varphi'(x) = \dfrac{d}{dx}\displaystyle\int_a^x f(t)dt = f(x)$.

证 根据积分上限函数的定义, 函数增量

$$\Delta\varphi = \varphi(x+\Delta x) - \varphi(x) = \int_a^{x+\Delta x} f(t)dt - \int_a^x f(t)dt$$
$$= \int_a^x f(t)dt + \int_x^{x+\Delta x} f(t)dt - \int_a^x f(t)dt$$
$$= \int_x^{x+\Delta x} f(t)dt.$$

再应用积分中值定理,

$$\Delta\varphi = \int_x^{x+\Delta x} f(t)dt = f(\xi)\Delta x,$$

其中 ξ 位于 x 和 $x+\Delta x$ 之间. 又 $f(x)$ 连续, 所以

$$\varphi'(x) = \lim_{\Delta x \to 0}\frac{\Delta\varphi}{\Delta x} = \lim_{\Delta x \to 0} f(\xi) = \lim_{\xi \to x} f(\xi) = f(x).$$

性质 5.8 设 $f(x)$ 是连续函数, $a(x)$ 和 $b(x)$ 都是可导函数, 那么

$$\frac{d}{dx}\int_{a(x)}^{b(x)} f(t)dt = f[b(x)]b'(x) - f[a(x)]a'(x).$$

证 设 $f(x)$ 的原函数为 $F(x)$, 由牛顿-莱布尼茨公式,

$$\frac{d}{dx}\int_{a(x)}^{b(x)} f(t)dt = \frac{d}{dx}[F(t)]_{a(x)}^{b(x)} = \frac{d}{dx}\{F[b(x)] - F[a(x)]\}$$
$$= F'[b(x)]b'(x) - F'[a(x)]a'(x)$$
$$= f[b(x)]b'(x) - f[a(x)]a'(x).$$

例 1 求 $\dfrac{d}{dx}\displaystyle\int_{\sqrt{x}}^{x^2} e^{t^2}dt$.

解 由性质 5.8,

$$\frac{d}{dx}\int_{\sqrt{x}}^{x^2} e^{t^2}dt = e^{(x^2)^2}(x^2)' - e^{(\sqrt{x})^2}(\sqrt{x})' = 2xe^{x^4} - \frac{1}{2\sqrt{x}}e^x.$$

例 2 求 $\displaystyle\lim_{x\to 0}\dfrac{\displaystyle\int_0^x \arctan t\,dt}{x^2}$.

解 由定理 5.5, $\displaystyle\int_0^x \arctan t\,dt$ 在 $(-\infty, +\infty)$ 内连续, 所以

$$\lim_{x\to 0}\int_0^x \arctan t\,dt = \int_0^0 \arctan t\,dt = 0.$$

又因为 $\displaystyle\lim_{x\to 0} x^2 = 0$, 由洛必达法则,

$$原式 = \lim_{x\to 0}\frac{\left(\displaystyle\int_0^x \arctan t\,dt\right)'}{(x^2)'} = \lim_{x\to 0}\frac{\arctan x}{2x} = \lim_{x\to 0}\frac{x}{2x} = \frac{1}{2}.$$

例 3 求函数 $\varphi(x) = \int_0^x t e^{-t^2} dt$ 的极值点.

解 由于函数 $f(t) = t e^{-t^2}$ 在 $(-\infty, +\infty)$ 内连续,由定理 5.5,$\varphi(x)$ 在 $(-\infty, +\infty)$ 内可导,并且 $\varphi'(x) = x e^{-x^2}$,$\varphi''(x) = e^{-x^2} - 2x^2 e^{-x^2}$.

令 $\varphi'(x) = 0$ 可以解得 $x = 0$. 再由 $\varphi''(0) = 1$,可得 $x = 0$ 是函数的极小值点.

习 题 5-2

【A 组题】

1. 利用定积分的性质估计下列定积分的值.

   (1) $\int_1^{\sqrt{3}} x \arctan x \, dx$;　　　　(2) $\int_1^2 e^{x^2} dx$;

   (3) $\int_0^{\frac{\pi}{2}} (1 + \sin^7 x) dx$;　　　(4) $\int_{\frac{\pi}{4}}^{\frac{\pi}{2}} \frac{\sin x}{x} dx$.

2. 利用定积分的性质比较大小.

   (1) $\int_1^2 \ln x \, dx$ 和 $\int_1^2 \ln^2 x \, dx$;　　(2) $\int_0^1 x \, dx$ 和 $\int_0^1 \ln(1+x) dx$;

   (3) $\int_0^1 e^x dx$ 和 $\int_0^1 (1+x) dx$;　　(4) $\int_0^1 x^2 dx$ 和 $\int_0^1 x^3 dx$.

3. 计算下列函数的导数.

   (1) $\int_0^x \sin^3 t \, dt$;　(2) $\int_0^{e^x} (1 + t + t^2) dt$;　(3) $\int_{\ln x}^5 \frac{\tan t}{t} dt$;

   (4) $\int_{\sin x}^{\cos x} \frac{1}{1+t^3} dt$;　(5) $\int_0^x \left[\int_0^t \frac{\sin s}{s} ds \right] dt$;　(6) $\int_0^{x^2} \left[\int_0^{2t} \sqrt{1+s^2} ds \right] dt$.

4. 求下列极限.

   (1) $\lim\limits_{x \to 0} \dfrac{\int_0^x \cos^2 t \, dt}{x}$;　　　(2) $\lim\limits_{x \to \infty} \dfrac{\left(\int_0^x e^{t^2} dt \right)^2}{\int_0^x t e^{2t^2} dt}$;

   (3) $\lim\limits_{x \to 1} \dfrac{\int_1^x e^{t^2} dt}{\ln x}$;　　　(4) $\lim\limits_{x \to 0} \dfrac{\int_0^x \arcsin t \, dt}{x^2}$.

【B 组题】

1. 设 $f(x)$ 和 $g(x)$ 在 $[a, b]$ 上连续. 证明:

(1) 若 $f(x) \geqslant 0$ 且 $f(x)$ 不恒为 0, 则 $\int_a^b f(x)\mathrm{d}x > 0$;

(2) 若 $f(x) \geqslant 0$ 且 $\int_a^b f(x)\mathrm{d}x = 0$, 则 $f(x) \equiv 0$;

(3) 若 $f(x) \geqslant g(x)$ 且 $f(x)$ 不恒等于 $g(x)$, 则 $\int_a^b f(x)\mathrm{d}x > \int_a^b g(x)\mathrm{d}x$.

2. 设
$$f(x) = \begin{cases} x^2, & x \in [0,1]; \\ x, & x \in (1,2]. \end{cases}$$

求 $F(x) = \int_0^x f(t)\mathrm{d}t$ 在 $[0,2]$ 上的表达式, 并讨论其连续性.

3. 求下列极限.

(1) $\displaystyle\lim_{x \to 0} \frac{\int_0^x t\ln(1+t\sin t)\mathrm{d}t}{1-\cos x^2}$;

(2) $\displaystyle\lim_{x \to +\infty} \frac{\int_1^x [t^2(\mathrm{e}^{\frac{1}{t}}-1)-t]\mathrm{d}t}{x^2 \ln\left(1+\dfrac{1}{x}\right)}$.

4. 设函数 $f(x)$ 在 $[a,b]$ 上连续, 在 (a,b) 内可导, 且 $f'(x) \leqslant 0$. 证明: 函数
$$F(x) = \frac{1}{x-a}\int_a^x f(t)\mathrm{d}t$$
在 (a,b) 内有 $F'(x) \leqslant 0$.

5. 设函数 $f(x)$ 在 $[0,+\infty)$ 上连续且取值非负, 证明: 函数
$$F(x) = \frac{\int_0^x tf(t)\mathrm{d}t}{\int_0^x f(t)\mathrm{d}t}$$
在 $(0,+\infty)$ 上单调增加.

6. 设 $I = \int_{\frac{\pi}{8}}^{\frac{\pi}{4}} \ln(\sin x)\mathrm{d}x$, $J = \int_{\frac{\pi}{8}}^{\frac{\pi}{4}} \ln(\cot x)\mathrm{d}x$, $K = \int_{\frac{\pi}{8}}^{\frac{\pi}{4}} \ln(\cos x)\mathrm{d}x$, 比较 I, J, K 的大小关系.

§5.3 定积分的换元法和分部积分法

牛顿-莱布尼茨公式 $\int_a^b f(x)\mathrm{d}x = \left[\int f(x)\mathrm{d}x\right]_a^b$ 告诉我们, 若函数 $f(x)$ 在 $[a,b]$ 上连续, 则 $f(x)$ 在 $[a,b]$ 上的定积分可以通过求 $f(x)$ 的不定积分, 再求原函数在两端点处的差得到. 那么, 不定积分的很多求法便可很自然地成为定积分的求法.

一、换元法

设函数 $f(x)$ 在区间 $[a,b]$ 上连续,$F(x)$ 为 $f(x)$ 的一个原函数,则

$$\int_a^b f(x)\,dx = F(b) - F(a).$$

如果区间 $[\alpha,\beta]$ 上的可导函数 $\varphi(t)$ 使得复合函数 $F[\varphi(t)]$ 有意义,那么由复合函数的求导法则,$F[\varphi(t)]$ 可以作为 $f[\varphi(t)]\varphi'(t)$ 的一个原函数,则

$$\int_\alpha^\beta f[\varphi(t)]\varphi'(t)\,dt = F[\varphi(\beta)] - F[\varphi(\alpha)].$$

观察上边两个等式,如果 $\varphi(\alpha) = a$,$\varphi(\beta) = b$,那么自然就有

$$\int_a^b f(x)\,dx = \int_\alpha^\beta f[\varphi(t)]\varphi'(t)\,dt.$$

这就是定积分的换元公式. 由于定积分的计算关键在于求原函数,因此不定积分换元法的技巧都可以应用到定积分上; 不同的是,定积分需要计算的是一个数值,与原函数的形式无关,所以在计算定积分时通常不区分第一类和第二类换元法. 将上面的内容总结下来,就是下面的定理.

定理 5.6 设函数 $f(x)$ 在区间 $[a,b]$ 上连续,函数 $x = \varphi(t)$ 满足 $\varphi(\alpha) = a$ 和 $\varphi(\beta) = b$,并且 $\varphi(t)$ 在区间 $[\alpha,\beta]$ 或者 $[\beta,\alpha]$ 上具有连续的导数. 若复合函数 $f[\varphi(t)]$ 在区间 $[\alpha,\beta]$ 或者 $[\beta,\alpha]$ 上有意义,则 $\int_a^b f(x)\,dx = \int_\alpha^\beta f[\varphi(t)]\varphi'(t)\,dt.$

对比定理 5.6 中结论的等式左、右两边,当我们选定换元函数 $x = \varphi(t)$ 之后,需要做三处变形:

(1) 积分上、下限的变化: 原来定积分的上、下限 b 和 a 相应地变为 β 和 α.
(2) 被积函数的变化: 原来被积函数 $f(x)$ 中的 x 换为 $\varphi(t)$.
(3) 积分变量微分的变化: $dx = d\varphi(t) = \varphi'(t)dt$.

例 1 计算 $\int_0^1 \dfrac{1}{\sqrt{1+x^2}}\,dx$.

解 设 $x = \tan t$,$t \in \left[0, \dfrac{\pi}{4}\right]$,则 $\tan 0 = 0$,$\tan \dfrac{\pi}{4} = 1$,$dx = \sec^2 t\,dt$. 于是,

$$\text{原式} = \int_0^{\frac{\pi}{4}} \frac{\sec^2 t\,dt}{\sqrt{1+(\tan t)^2}} = \int_0^{\frac{\pi}{4}} \sec t\,dt = \left[\ln|\sec x + \tan x|\right]_0^{\frac{\pi}{4}} = \ln(\sqrt{2}+1).$$

例 2 计算 $\int_0^4 \dfrac{x}{\sqrt{2x+1}}\,dx$.

解 设 $t = \sqrt{2x+1}$,则 $x = \dfrac{t^2-1}{2}$,$dx = t\,dt$,并且当 $t = 1$ 时,$x = 0$,当 $t = 3$ 时,$x = 4$. 由定积分换元法,

$$\text{原式} = \int_1^3 \frac{\frac{t^2-1}{2} \cdot t\,dt}{t} = \int_1^3 \frac{t^2-1}{2}\,dt = \left[\frac{1}{6}t^3 - \frac{1}{2}t\right]_1^3 = \frac{10}{3}.$$

换元函数的选择一般是有规律的. 例 1 中为了将被积函数分母中的根号去掉, 我们选择了 $x = \tan t$, 例 2 也是基于同样的理由来找换元函数. 一般地, 定积分中的换元技巧都来自于不定积分.

定理 5.6 也可以反过来用, 即

$$\int_{\alpha}^{\beta} f[\varphi(x)] \varphi'(x) \mathrm{d}x = \int_{a}^{b} f(t) \mathrm{d}t.$$

为了加深对此公式的使用, 我们将它做一个变形, 即

$$\int_{\alpha}^{\beta} f[\varphi(x)] \mathrm{d}\varphi(x) = \int_{\varphi(\alpha)}^{\varphi(\beta)} f(t) \mathrm{d}t.$$

这表明当我们选定换元函数 $t = \varphi(x)$ 并将被积表达式适当变形后, 也需要做三处变形:

(1) 积分上、下限的变化: 原来定积分的上、下限 β 和 α 相应地变为 $\varphi(\beta)$ 和 $\varphi(\alpha)$.

(2) 被积函数的变化: 原来被积函数 $f[\varphi(x)]$ 中的 $\varphi(x)$ 换为 t.

(3) 自变量微分的变化: $\mathrm{d}\varphi(x)$ 或者 $\varphi'(x)\mathrm{d}x$ 换为 $\mathrm{d}t$.

例 3 计算 $\int_{0}^{1} x\mathrm{e}^{x^2} \mathrm{d}x$.

解 原式 $= \dfrac{1}{2}\int_{0}^{1} \mathrm{e}^{x^2} \mathrm{d}(x^2) = \dfrac{1}{2}\int_{0^2}^{1^2} \mathrm{e}^{t} \mathrm{d}t = \dfrac{1}{2}\int_{0}^{1} \mathrm{e}^{t} \mathrm{d}t = \dfrac{1}{2}[\mathrm{e}^{t}]_{0}^{1} = \dfrac{\mathrm{e}-1}{2}.$

例 4 计算 $\int_{0}^{\frac{\pi}{2}} \cos x \cos 2x \mathrm{d}x$.

解 原式 $= \int_{0}^{\frac{\pi}{2}} (1 - 2\sin^2 x) \mathrm{d}(\sin x) = \int_{\sin 0}^{\sin \frac{\pi}{2}} (1 - 2t^2) \mathrm{d}t$

$= \int_{0}^{1} (1 - 2t^2) \mathrm{d}t = \left[t - \dfrac{2}{3}t^3\right]_{0}^{1} = \dfrac{1}{3}.$

此例题还可以用三角函数的积化和差公式来求解, 请读者自己完成.

奇函数的图象关于原点中心对称, 因此如果该奇函数的图象在 x 轴上方有一块 "面积", 那么相应地在 x 轴下方也有一块 "面积", 在计算定积分的时候, 这两块面积就抵消了. 用定积分来表示上述结论就是:

$$\int_{-a}^{a} f(x) \mathrm{d}x = 0,$$

其中 $f(x)$ 是闭区间 $[-a,a]$ 上连续的奇函数. 类似地, 如果 $f(x)$ 是闭区间 $[-a,a]$ 上连续的偶函数, 其图象关于 y 轴对称, 那么,

$$\int_{-a}^{a} f(x) \mathrm{d}x = 2\int_{0}^{a} f(x) \mathrm{d}x = 2\int_{-a}^{0} f(x) \mathrm{d}x.$$

这两个等式的证明留作习题.

例 5 计算 $\int_{-\frac{1}{2}}^{\frac{1}{2}} \dfrac{x^2 \arctan x + 1}{\sqrt{1-x^2}} \mathrm{d}x$.

解 由于函数 $f(x) = \dfrac{x^2 \arctan x}{\sqrt{1-x^2}}$ 为奇函数，所以，$\displaystyle\int_{-\frac{1}{2}}^{\frac{1}{2}} \dfrac{x^2 \arctan x}{\sqrt{1-x^2}} dx = 0$. 于是，

$$\text{原式} = \int_{-\frac{1}{2}}^{\frac{1}{2}} \frac{x^2 \arctan x}{\sqrt{1-x^2}} dx + \int_{-\frac{1}{2}}^{\frac{1}{2}} \frac{1}{\sqrt{1-x^2}} dx = 0 + [\arcsin x]_{-\frac{1}{2}}^{\frac{1}{2}} = \frac{\pi}{3}.$$

例 6 设函数 $f(x)$ 在 $[0,1]$ 上连续，证明：

(1) $\displaystyle\int_0^{\frac{\pi}{2}} f(\sin x) dx = \int_0^{\frac{\pi}{2}} f(\cos x) dx$;

(2) $\displaystyle\int_0^{\pi} x f(\sin x) dx = \frac{\pi}{2} \int_0^{\pi} f(\sin x) dx$，并由此计算 $\displaystyle\int_{-\pi}^{\pi} \frac{x \sin x}{1 + \cos^2 x} dx$.

证 (1) 令 $x = \dfrac{\pi}{2} - t$，则 $dx = -dt$，$x = \dfrac{\pi}{2}$ 时，$t = 0$，$x = 0$ 时，$t = \dfrac{\pi}{2}$. 于是，

$$\int_0^{\frac{\pi}{2}} f(\sin x) dx = \int_{\frac{\pi}{2}}^0 f\left[\sin\left(\frac{\pi}{2} - t\right)\right] (-dt) = -\int_{\frac{\pi}{2}}^0 f(\cos t) dt = \int_0^{\frac{\pi}{2}} f(\cos x) dx.$$

(2) 令 $x = \pi - t$，则 $dx = -dt$，$x = \pi$ 时，$t = 0$，$x = 0$ 时，$t = \pi$. 于是，

$$\int_0^{\pi} x f(\sin x) dx = \int_{\pi}^0 (\pi - t) f[\sin(\pi - t)](-dt)$$

$$= -\pi \int_{\pi}^0 f(\sin t) dt + \int_{\pi}^0 t f(\sin t) dt = \pi \int_0^{\pi} f(\sin x) dx - \int_0^{\pi} x f(\sin x) dx,$$

所以，$\displaystyle\int_0^{\pi} x f(\sin x) dx = \frac{\pi}{2} \int_0^{\pi} f(\sin x) dx$. 利用该结论，

$$\int_{-\pi}^{\pi} \frac{x \sin x}{1 + \cos^2 x} dx = 2 \int_0^{\pi} \frac{x \sin x}{1 + \cos^2 x} dx = \pi \int_0^{\pi} \frac{\sin x}{1 + \cos^2 x} dx = \frac{\pi^2}{2}.$$

例 7 计算 $\displaystyle\int_0^{\frac{\pi}{2}} \frac{\cos x}{\sin x + \cos x} dx$.

解 方法一：利用例 6 的结论，一方面

$$\int_0^{\frac{\pi}{2}} \frac{\cos x}{\sin x + \cos x} dx = \int_0^{\frac{\pi}{2}} \frac{\sin x}{\cos x + \sin x} dx;$$

另一方面，

$$\int_0^{\frac{\pi}{2}} \frac{\cos x}{\sin x + \cos x} dx + \int_0^{\frac{\pi}{2}} \frac{\sin x}{\cos x + \sin x} dx = \int_0^{\frac{\pi}{2}} dx = \frac{\pi}{2}.$$

所以，$\displaystyle\int_0^{\frac{\pi}{2}} \frac{\cos x}{\sin x + \cos x} dx = \frac{\pi}{4}$.

方法二：

$$\text{原式} = \int_0^{\frac{\pi}{2}} \frac{\cos\left(x - \frac{\pi}{4} + \frac{\pi}{4}\right)}{\sqrt{2} \cos\left(x - \frac{\pi}{4}\right)} d\left(x - \frac{\pi}{4}\right) = \int_{-\frac{\pi}{4}}^{\frac{\pi}{4}} \frac{\cos\left(t + \frac{\pi}{4}\right)}{\sqrt{2} \cos t} dt$$

$$= \frac{1}{2} \int_{-\frac{\pi}{4}}^{\frac{\pi}{4}} \frac{\cos t - \sin t}{\cos t} dt = \frac{1}{2} \int_{-\frac{\pi}{4}}^{\frac{\pi}{4}} dt - \frac{1}{2} \int_{-\frac{\pi}{4}}^{\frac{\pi}{4}} \tan t\, dt = \frac{\pi}{4} - 0 = \frac{\pi}{4}.$$

二、分部积分法

定积分的分部积分法和不定积分的分部积分法也是有密切关系的. 设函数 $u(x)$ 和 $v(x)$ 在区间 $[a,b]$ 上可导, 则

$$\int_a^b u(x)v'(x)\,dx = \left[\int u(x)v'(x)\,dx\right]_a^b = \left[u(x)v(x) - \int u'(x)v(x)\,dx\right]_a^b$$
$$= [u(x)v(x)]_a^b - \left[\int u'(x)v(x)\,dx\right]_a^b$$
$$= [u(x)v(x)]_a^b - \int_a^b u'(x)v(x)\,dx.$$

简单地说, 就是 $\int_a^b uv'\,dx = [uv]_a^b - \int_a^b u'v\,dx$, 或者 $\int_a^b u\,dv = [uv]_a^b - \int_a^b v\,du$.

例 8 计算 $\int_0^1 xe^x\,dx$.

解 原式 $= \int_0^1 x(e^x)'\,dx = [xe^x]_0^1 - \int_0^1 (x)'e^x\,dx = e - [e^x]_0^1 = 1.$

例 9 计算 $\int_0^1 x\arctan x\,dx$.

解 原式 $= \int_0^1 \left(\frac{1}{2}x^2\right)' \arctan x\,dx = \left[\frac{1}{2}x^2 \arctan x\right]_0^1 - \frac{1}{2}\int_0^1 \frac{x^2}{1+x^2}\,dx$
$= \frac{\pi}{8} - \frac{1}{2}\int_0^1 \left(1 - \frac{1}{1+x^2}\right)\,dx = \frac{\pi}{8} - \frac{1}{2}[x - \arctan x]_0^1 = \frac{\pi}{4} - \frac{1}{2}.$

例 10 设 $I_n = \int_0^{\frac{\pi}{2}} \sin^n x\,dx$, $J_n = \int_0^{\frac{\pi}{2}} \cos^n x\,dx$. 证明:

$$I_n = J_n = \begin{cases} \dfrac{n-1}{n} \cdot \dfrac{n-3}{n-2} \cdots \dfrac{3}{4} \cdot \dfrac{1}{2} \cdot \dfrac{\pi}{2}, & n \text{ 为正偶数}; \\ \dfrac{n-1}{n} \cdot \dfrac{n-3}{n-2} \cdots \dfrac{4}{5} \cdot \dfrac{2}{3}, & n \text{ 为正奇数}. \end{cases}$$

证 由例 6, $I_n = J_n$. 当 $n \geqslant 2$ 时,

$$I_n = \int_0^{\frac{\pi}{2}} \sin^n x\,dx = \int_0^{\frac{\pi}{2}} \sin^{n-1} x\,d(-\cos x)$$
$$= [-\cos x \sin^{n-1} x]_0^{\frac{\pi}{2}} + \int_0^{\frac{\pi}{2}} (\sin^{n-1} x)' \cos x\,dx$$
$$= \int_0^{\frac{\pi}{2}} (n-1)\sin^{n-2} x \cos^2 x\,dx = \int_0^{\frac{\pi}{2}} (n-1)\sin^{n-2} x(1 - \sin^2 x)\,dx$$
$$= (n-1)\int_0^{\frac{\pi}{2}} \sin^{n-2} x\,dx - (n-1)\int_0^{\frac{\pi}{2}} \sin^n x\,dx = (n-1)I_{n-2} - (n-1)I_n,$$

由此可得递推公式 $I_n = \dfrac{n-1}{n} I_{n-2}$. 而

$$I_0 = \int_0^{\frac{\pi}{2}} dx = \frac{\pi}{2}, \quad I_1 = \int_0^{\frac{\pi}{2}} \sin x\,dx = [-\cos x]_0^{\frac{\pi}{2}} = 1,$$

由递推公式, 结论得证.

习 题 5-3

【A 组题】

1. 计算下列定积分.

(1) $\int_0^\pi (1-\sin^3 t)\,dt$;

(2) $\int_0^{\frac{\pi}{2}} \cos^2 x\,dx$;

(3) $\int_0^{\frac{\pi}{2}} \sin x\cos^3 x\,dx$;

(4) $\int_0^{\sqrt{2}} \sqrt{2-x^2}\,dx$;

(5) $\int_1^4 \dfrac{dx}{1+\sqrt{x}}$;

(6) $\int_1^{e^2} \dfrac{1}{x\sqrt{1+\ln x}}\,dx$;

(7) $\int_0^2 \dfrac{dx}{x^2-2x+2}$;

(8) $\int_1^{\sqrt{3}} \dfrac{1}{x^2\sqrt{1+x^2}}\,dx$;

(9) $\int_0^1 \dfrac{dx}{e^x+e^{-x}}$;

(10) $\int_0^{\frac{\pi}{2}} \dfrac{\cos x}{1+\sin^2 x}\,dx$;

(11) $\int_{-\frac{1}{2}}^{\frac{1}{2}} \dfrac{(\arcsin x)^2}{\sqrt{1-x^2}}\,dx$;

(12) $\int_{-1}^1 \dfrac{1+x\cos^3 x}{\sqrt{4-x^2}}\,dx$;

(13) $\int_{\frac{1}{2}}^1 e^{\sqrt{2x-1}}\,dx$;

(14) $\int_0^{\frac{\pi}{2}} \dfrac{x+\sin x}{1+\cos x}\,dx$.

2. 计算下列定积分.

(1) $\int_1^e \ln x\,dx$;

(2) $\int_0^2 x^2 e^x\,dx$;

(3) $\int_0^1 \arctan x\,dx$;

(4) $\int_0^1 e^{\sqrt{x}}\,dx$;

(5) $\int_{\frac{\pi}{4}}^{\frac{\pi}{2}} \dfrac{x}{\sin^2 x}\,dx$;

(6) $\int_1^{e^2} \dfrac{\ln x}{x^2}\,dx$;

(7) $\int_0^{\frac{\pi}{2}} e^{2x}\sin x\,dx$;

(8) $\int_1^e \sin(\ln x)\,dx$.

3. 设 $f(x)$ 是以 2 为周期的连续函数, 证明:
$$G(x) = 2\int_0^x f(t)\,dt - x\int_0^2 f(t)\,dt$$
也是以 2 为周期的连续函数.

【B 组题】

1. 计算下列定积分.

(1) $\int_{-\frac{\pi}{2}}^{\frac{\pi}{2}} \left(\frac{\sin x}{1+\cos x} + |x| \right) dx$;   (2) $\int_0^1 \frac{f(x)}{\sqrt{x}} dx$, 其中 $f(x) = \int_1^x \frac{\ln(1+t)}{t} dt$;

(3) $\int_0^2 x\sqrt{2x-x^2} dx$.

2. 设 $f(x) = \begin{cases} xe^{-x^2}, & x \geq 0; \\ \dfrac{1}{1+\cos x}, & x < 0. \end{cases}$ 求定积分 $\int_1^4 f(x-2) dx$.

3. 证明: $\int_x^1 \frac{1}{1+t^2} dt = \int_1^{\frac{1}{x}} \frac{1}{1+t^2} dt$, 其中 $x > 0$.

4. 设 $f(x)$ 是以 l 为周期的连续函数, 证明:

(1) $\int_a^{a+l} f(x) dx = \int_0^l f(x) dx$;   (2) $\int_a^{a+nl} f(x) dx = n \int_0^l f(x) dx, n \in \mathbf{N}$.

5. (1) 证明: $\int_0^{\frac{\pi}{2}} \sin^n x dx = \int_0^{\frac{\pi}{2}} \cos^n x dx$ (n 是自然数);

(2) 利用递推公式 $I_n = \dfrac{n-1}{n} I_{n-2}$, 计算 $I_5 = \int_0^{\frac{\pi}{2}} \cos^5 x dx$ 与 $I_6 = \int_0^{\frac{\pi}{2}} \sin^6 x dx$ 的值.

6. 设 $f(t)$ 为 $[-a, a]$ 上的连续函数. 证明:

(1) 若 $f(t)$ 为奇函数, 则 $\int_a^x f(t) dt$ 为偶函数;

(2) 若 $f(t)$ 为偶函数, 则 $\int_a^x f(t) dt$ 为奇函数.

7. 利用递推公式计算下列积分.

(1) $I_n = \int_0^\pi x \sin^n x dx$;   (2) $I_n = \int_0^1 (1-x^2)^{\frac{n}{2}} dx$.

§5.4 反常积分

前面我们接触的定积分, 都是有界函数在闭区间 $[a,b]$ 上的定积分. 如果被积函数不是有界函数, 或者积分区间不是有限的, 那么相应的 "积分" 是否有意义呢? 我们将定积分的定义做了推广, 得到下面两种与正常定积分不同的积分, 称之为反常积分.

一、有界函数在无穷区间上的积分——无穷限积分

我们首先来看函数 $f(x) = e^{-x}$ 在 $[0, +\infty)$ 上的图象. 该图象和直线 $x=0, y=0$ 围成了一块区域, 其范围是无穷的, 如图 5.7 所示. 这块范围无穷的区域是否会有有限的 "面积" 呢? 无穷区域的面积又该怎么定义呢?

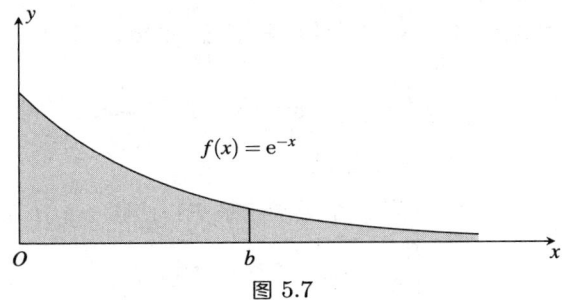

图 5.7

我们取正数 b, $f(x) = e^{-x}$ 在 $[0,b]$ 上是有界的, 并且定积分

$$\int_0^b e^{-x} dx = [-e^{-x}]_0^b = 1 - e^{-b}.$$

这表明 $f(x) = e^{-x}$ 的图象与直线 $x = 0$, $x = b$, $y = 0$ 围成的区域的面积为 $1 - e^{-b}$. 显然, 这个面积并不是上面我们要讨论的面积. 但是, 当 b 越来越大的时候, 该区域就越接近我们要求的区域, 从而 $1 - e^{-b}$ 就越来越 "接近" 这个无穷区域的面积. 自然地, 我们有理由认为当 $b \to +\infty$ 时, $1 - e^{-b}$ 的极限 1 就应该是它的面积. 于是, 我们有下面的定义.

定义 5.2 设函数 $f(x)$ 在区间 $[a, +\infty)$ 上连续, $b > a$. 如果极限

$$\lim_{b \to +\infty} \int_a^b f(x) dx$$

存在, 那么称此极限为函数 $f(x)$ 在区间 $[a, +\infty)$ 上的无穷限积分, 记作 $\int_a^{+\infty} f(x) dx$, 称无穷限积分 $\int_a^{+\infty} f(x) dx$ 在区间 $[a, +\infty)$ 上收敛; 否则, 称 $\int_a^{+\infty} f(x) dx$ 在区间 $[a, +\infty)$ 上发散.

类似地, 设函数 $f(x)$ 在区间 $(-\infty, b]$ 上连续, $a < b$. 如果极限

$$\lim_{a \to -\infty} \int_a^b f(x) dx$$

存在, 那么将此极限称作函数 $f(x)$ 在区间 $(-\infty, b]$ 上的无穷限积分, 记作 $\int_{-\infty}^b f(x) dx$, 称无穷限积分 $\int_{-\infty}^b f(x) dx$ 在区间 $(-\infty, b]$ 上收敛; 否则, 称 $\int_{-\infty}^b f(x) dx$ 在区间 $(-\infty, b]$ 上发散.

设函数 $f(x)$ 在 $(-\infty, +\infty)$ 上连续. 如果 $\int_{-\infty}^a f(x) dx$ 和 $\int_a^{+\infty} f(x) dx$ 都收敛, 那么称它们的和为函数 $f(x)$ 在区间 $(-\infty, +\infty)$ 上的无穷限积分, 记作 $\int_{-\infty}^{+\infty} f(x) dx$, 称无穷限积分 $\int_{-\infty}^{+\infty} f(x) dx$ 在区间 $(-\infty, +\infty)$ 上收敛; 否则, 称 $\int_{-\infty}^{+\infty} f(x) dx$ 在区间 $(-\infty, +\infty)$ 上发散.

由上面的讨论, 由于

$$\lim_{b \to +\infty} \int_0^b e^{-x} dx = \lim_{b \to +\infty} \left(1 - e^{-b}\right) = 1,$$

因此, 我们说 e^{-x} 在区间 $[0,+\infty)$ 上收敛, 并记 $\int_0^{+\infty} e^{-x} dx = 1$. 由于

$$\lim_{b\to+\infty} \int_0^b e^x dx = \lim_{b\to+\infty}(e^b-1) = +\infty,$$

因此, 我们说 e^x 在区间 $[0,+\infty)$ 上发散.

设函数 $f(x)$ 在 $[a,+\infty)$ 上的一个原函数是 $F(x)$. 设 $b>a$, 则

$$\int_a^b f(x)dx = F(b) - F(a),$$

因此, 极限 $\lim\limits_{b\to+\infty}\int_a^b f(x)dx$ 存在的充要条件是 $\lim\limits_{b\to+\infty} F(b)$ 存在. 如果 $\lim\limits_{b\to+\infty} F(b)$ 存在, 记 $F(+\infty) = \lim\limits_{b\to+\infty} F(b)$, 那么

$$\int_a^{+\infty} f(x)dx = F(+\infty) - F(a) = [F(x)]_a^{+\infty}.$$

如果 $\lim\limits_{b\to+\infty} F(b)$ 不存在, 那么 $\int_a^{+\infty} f(x)dx$ 发散.

类似地, 设函数 $f(x)$ 在 $(-\infty,b]$ 上的一个原函数是 $F(x)$. 设 $a<b$, 如果 $\lim\limits_{a\to-\infty} F(a)$ 存在, 记 $F(-\infty) = \lim\limits_{a\to-\infty} F(a)$, 那么

$$\int_{-\infty}^b f(x)dx = F(b) - F(-\infty) = [F(x)]_{-\infty}^b.$$

如果 $\lim\limits_{a\to-\infty} F(x)$ 不存在, 那么 $\int_{-\infty}^b f(x)dx$ 发散.

设函数 $f(x)$ 在 $(-\infty,+\infty)$ 上的一个原函数是 $F(x)$, 如果 $F(+\infty)$ 和 $F(-\infty)$ 都存在, 那么

$$\int_{-\infty}^{+\infty} f(x)dx = F(+\infty) - F(-\infty) = [F(x)]_{-\infty}^{+\infty}.$$

如果 $F(+\infty)$ 和 $F(-\infty)$ 中有一个不存在, 那么 $\int_{-\infty}^{+\infty} f(x)dx$ 就发散.

以上说明, 牛顿-莱布尼茨公式形式上仍然适用于无穷限积分.

例 1 计算 $\int_{-\infty}^{+\infty} \dfrac{1}{x^2+2x+2} dx$.

解 该积分为无穷限积分, 根据无穷限积分的计算方法,

$$原式 = \int_{-\infty}^{+\infty} \frac{1}{(x+1)^2+1} d(x+1) = [\arctan(x+1)]_{-\infty}^{+\infty}$$
$$= \lim_{x\to+\infty} \arctan(x+1) - \lim_{x\to-\infty} \arctan(x+1) = \frac{\pi}{2} - \left(-\frac{\pi}{2}\right) = \pi.$$

例 2 证明 $\int_a^{+\infty} \dfrac{dx}{x^p}$ $(a>0)$ 当 $p>1$ 时收敛, 当 $p\leqslant 1$ 时发散.

证 当 $p=1$ 时, $\int_a^b \dfrac{dx}{x} = [\ln x]_a^b = \ln b - \ln a$, 而 $\lim\limits_{b\to+\infty}(\ln b - \ln a) = +\infty$, 因此 $\int_a^{+\infty} \dfrac{dx}{x}$ 发散.

当 $p \neq 1$ 时,$\int_a^b \dfrac{\mathrm{d}x}{x^p} = \left[\dfrac{1}{1-p}x^{1-p}\right]_a^b = \dfrac{1}{1-p}(b^{1-p}-a^{1-p})$.

当 $p > 1$ 时,
$$\lim_{b\to+\infty}\dfrac{1}{1-p}(b^{1-p}-a^{1-p}) = \lim_{b\to+\infty}\dfrac{1}{1-p}\left(\dfrac{1}{b^{p-1}}-a^{1-p}\right) = \dfrac{a^{1-p}}{p-1},$$

因此 $\int_a^{+\infty}\dfrac{\mathrm{d}x}{x^p}$ 收敛.

当 $p < 1$ 时,$\lim\limits_{b\to+\infty}\dfrac{1}{1-p}(b^{1-p}-a^{1-p}) = +\infty$,因此 $\int_a^{+\infty}\dfrac{\mathrm{d}x}{x^p}$ 发散.

二、无界函数在有限区间上的积分——瑕积分

我们接下来看函数 $f(x) = \dfrac{1}{\sqrt{x}}$ 在 $(0,1]$ 上的图象. 该图象和直线 $x = 0, x = 1, y = 0$ 也围成了一块区域,其范围是无穷的,如图 5.8 所示. 这块范围无穷的区域的 "面积" 有限吗?

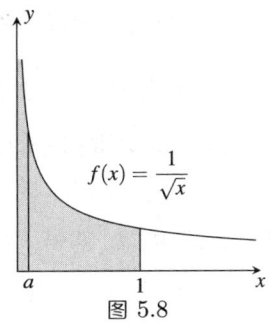

图 5.8

类似于上面的讨论,取实数 $0 < a < 1$,则
$$\int_a^1 \dfrac{1}{\sqrt{x}}\mathrm{d}x = \left[2\sqrt{x}\right]_a^1 = 2 - 2\sqrt{a}.$$

这说明函数 $f(x) = \dfrac{1}{\sqrt{x}}$ 的图象和直线 $x = 1, x = a, y = 0$ 围成的区域的面积为 $2 - 2\sqrt{a}$. 而
$$\lim_{a\to 0^+}(2 - 2\sqrt{a}) = 2,$$

说明上边的区域当直线 $x = a$ 无限地靠近直线 $x = 0$ 时,其面积的极限为 2,于是我们就说函数 $f(x) = \dfrac{1}{\sqrt{x}}$ 的图象和直线 $x = 0, x = 1, y = 0$ 围成的区域的面积为 2.

函数 $f(x) = \dfrac{1}{\sqrt{x}}$ 在 $(0,1]$ 上并不满足定积分的条件,因为它不是有界函数;具体地讲,函数 $f(x) = \dfrac{1}{\sqrt{x}}$ 在 0 点附近是无界的. 一般地,如果函数 $f(x)$ 在点 a 的任何一个去心邻域内都无界,那么称点 a 为函数 $f(x)$ 的**瑕点**. 例如,0 是函数 $f(x) = \dfrac{1}{\sqrt{x}}$ 的瑕点. 根据上面的讨论,我们可以把定积分推广到函数在有瑕点的区间上的积分.

定义 5.3 设函数 $f(x)$ 在区间 $(a,b]$ 上连续,a 为函数 $f(x)$ 的瑕点,$a < t < b$. 如果极限
$$\lim_{t\to a^+}\int_t^b f(x)\,\mathrm{d}x$$

存在,那么将此极限称作函数 $f(x)$ 在区间 $(a,b]$ 上的瑕积分,记作 $\int_a^b f(x)\,\mathrm{d}x$,称瑕积分 $\int_a^b f(x)\,\mathrm{d}x$ 在区间 $(a,b]$ 上**收敛**;否则,称 $\int_a^b f(x)\,\mathrm{d}x$ 在区间 $(a,b]$ 上**发散**.

类似地,设函数 $f(x)$ 在区间 $[a,b]$ 上连续,b 为函数 $f(x)$ 的瑕点,$a < t < b$. 如果极限

$$\lim_{t \to b^-} \int_a^t f(x) \, \mathrm{d}x$$

存在,那么将此极限称作函数 $f(x)$ 在区间 $[a,b]$ 上的瑕积分,记作 $\int_a^b f(x) \, \mathrm{d}x$,称瑕积分 $\int_a^b f(x) \, \mathrm{d}x$ 在区间 $[a,b]$ 上收敛;否则,称 $\int_a^b f(x) \, \mathrm{d}x$ 在区间 $[a,b]$ 上发散.

设函数 $f(x)$ 在区间 $[a,c) \cup (c,b]$ 上连续,c 为函数 $f(x)$ 的瑕点. 如果瑕积分 $\int_a^c f(x) \, \mathrm{d}x$ 和 $\int_c^b f(x) \, \mathrm{d}x$ 都收敛,那么称它们的和为函数 $f(x)$ 在区间 $[a,b]$ 上的瑕积分,记作 $\int_a^b f(x) \, \mathrm{d}x$,称瑕积分 $\int_a^b f(x) \, \mathrm{d}x$ 在区间 $[a,b]$ 上收敛;否则,称瑕积分 $\int_a^b f(x) \, \mathrm{d}x$ 在区间 $[a,b]$ 上发散.

类似于无穷限积分的计算,计算瑕积分也可以利用牛顿-莱布尼茨公式,并可以将两种情况统一起来. 设 a 或者 b 为 $f(x)$ 的瑕点,$F(x)$ 为 $f(x)$ 在区间 $[a,b]$ 上除去瑕点的原函数. 如果 $F(a^+)$ 和 $F(b^-)$ 都存在,那么

$$\int_a^b f(x) \, \mathrm{d}x = [F(x)]_a^b = F(b^-) - F(a^+).$$

如果 $F(a^+)$ 和 $F(b^-)$ 中有一个不存在,那么瑕积分 $\int_a^b f(x) \, \mathrm{d}x$ 发散.

例 3 计算 $\int_0^1 \ln x \, \mathrm{d}x$.

解 $x = 0$ 是函数 $\ln x$ 的瑕点,函数 $\ln x$ 在 $(0,1]$ 上的原函数为 $x \ln x - x$. 由于

$$\lim_{x \to 0^+} (x \ln x - x) = 0,$$

因此,

$$\int_0^1 \ln x \, \mathrm{d}x = [x \ln x - x]_0^1 = -1 - \lim_{x \to 0^+} (x \ln x - x) = -1.$$

例 4 讨论瑕积分 $\int_{-1}^1 \frac{1}{x} \, \mathrm{d}x$ 的收敛性.

解 $x = 0$ 是函数 $\frac{1}{x}$ 的瑕点,函数 $\frac{1}{x}$ 在 $[-1,0) \cup (0,1]$ 上的原函数为 $\ln |x|$. 由于 $\lim_{x \to 0^+} \ln |x|$ 不存在,因此瑕积分 $\int_0^1 \frac{1}{x} \, \mathrm{d}x$ 发散,从而瑕积分 $\int_{-1}^1 \frac{1}{x} \, \mathrm{d}x$ 发散.

在例 4 中,如果忽视了 0 是函数 $\frac{1}{x}$ 的瑕点,利用牛顿-莱布尼茨公式,得到

$$\int_{-1}^1 \frac{1}{x} \, \mathrm{d}x = [\ln |x|]_{-1}^1 = \ln 1 - \ln 1 = 0,$$

就会出现错误. 类似于例 2,我们有如下的结果,瑕积分 $\int_0^a \frac{\mathrm{d}x}{x^p} (a > 0)$ 当 $p \geq 1$ 时发散,当 $p < 1$ 时收敛. 其证明留作习题.

通过上面的讨论,我们发现反常积分的计算都可以利用牛顿-莱布尼茨公式,只需把原函数在无穷大或者瑕点处的函数值当作极限.因此,在计算反常积分时,可以按照正常的定积分来计算,可以使用定积分计算的技巧;在计算的过程中,如果发现有"反常"的地方,均当作极限来处理.下面我们通过两个例题来具体说明.

例 5 计算 $\int_0^{+\infty} x\mathrm{e}^{-x}\mathrm{d}x$.

解 用分部积分法计算该无穷限积分,

$$\begin{aligned}
\text{原式} &= \int_0^{+\infty} x(-\mathrm{e}^{-x})'\mathrm{d}x \\
&= [-x\mathrm{e}^{-x}]_0^{+\infty} + \int_0^{+\infty} \mathrm{e}^{-x}\mathrm{d}x(\text{正无穷处求函数值"反常"}) \\
&= -\lim_{x\to+\infty} x\mathrm{e}^{-x} + [-\mathrm{e}^{-x}]_0^{+\infty}(\text{正无穷处求函数值"反常"}) \\
&= -\lim_{x\to+\infty} \frac{x}{\mathrm{e}^x} - \lim_{x\to+\infty} \mathrm{e}^{-x} - (-1) = 1.
\end{aligned}$$

例 6 计算 $\int_0^{+\infty} \frac{1}{\sqrt{x(1+x)^3}}\mathrm{d}x$.

解 由于 $\frac{1}{\sqrt{x(1+x)^3}} = \frac{1}{x(1+x)}\sqrt{\frac{x}{1+x}}$,可以使用换元法.

令 $t = \sqrt{\frac{x}{1+x}}$,则 $x = \frac{t^2}{1-t^2}$,$\mathrm{d}x = \frac{2t}{(1-t^2)^2}\mathrm{d}t$.当 $x=0$ 时,$t=0$;当 $x\to+\infty$ 时,$t\to 1$($x=+\infty$ 时是"反常"的,因此用极限表示).于是,

$$\begin{aligned}
\text{原式} &= \int_0^1 \frac{1}{\frac{t^2}{1-t^2}\left(1+\frac{t^2}{1-t^2}\right)} \cdot t\frac{2t}{(1-t^2)^2}\mathrm{d}t \\
&= \int_0^1 2\mathrm{d}t = 2.
\end{aligned}$$

例 6 的积分既是瑕积分,瑕点为 $x=0$,也是无穷限积分.通过换元,该反常积分变为"正常"的积分.另外,也可做换元 $t = \sqrt{\frac{1+x}{x}}$,换元后可将被积函数的瑕点消除,但仍是无穷限积分.请读者自己完成.

习 题 5-4

【A 组题】

1.判断下列反常积分的收敛性;如果收敛,计算其积分值.

(1) $\int_0^4 \dfrac{1}{\sqrt{x}} dx$;　　　　　　　(2) $\int_1^{+\infty} \dfrac{1}{\sqrt{x^3}} dx$;

(3) $\int_0^{+\infty} x e^{-x} dx$;　　　　　　　(4) $\int_{-\infty}^{+\infty} \dfrac{1}{4+9x^2}$;

(5) $\int_{-\infty}^{+\infty} \dfrac{dx}{e^x + e^{-x}} dx$;　　　　　(6) $\int_{-1}^{1} \dfrac{1}{x^2} dx$;

(7) $\int_0^1 \dfrac{dx}{\sqrt{1-x^2}}$;　　　　　　(8) $\int_0^2 \dfrac{1}{x^2 - 4x + 3} dx$;

(9) $\int_{-1}^{8} \dfrac{x dx}{\sqrt{x+1}}$;　　　　　　(10) $\int_0^{+\infty} e^{-x} \sin x dx$.

【B 组题】

1. 当 k 为何值时，反常积分 $\int_2^{+\infty} \dfrac{dx}{x(\ln x)^k}$ 收敛？当 k 为何值时，该反常积分取得最小值？

2. 用递推公式计算 $I_n = \int_0^1 \ln^n x dx$.

3. 计算 $\int_1^{+\infty} \dfrac{\ln x}{(1+x)^2} dx$.

§5.5　反常积分的审敛法和 Γ 函数

通过定义来证明反常积分的收敛性，有时候是很麻烦的，并且也不现实，因为很多不定积分是无法具体计算的. 本节我们来讨论其他能够判断反常积分收敛性的方法.

一、无穷限反常积分的审敛法

我们先讨论非负函数在 $[a, +\infty)$ 上的无穷限积分.

定理 5.7　设函数 $f(x)$ 在 $[a, +\infty)$ 上非负、连续，且 $F(x) = \int_a^x f(t) dt$，则无穷限积分 $\int_a^{+\infty} f(x) dx$ 收敛的充要条件为函数 $F(x)$ 在 $[a, +\infty)$ 上有上界.

证　先证必要性. 设无穷限积分 $\int_a^{+\infty} f(x) dx$ 收敛，即极限 $\lim\limits_{x \to +\infty} F(x)$ 存在，设为

l. 由函数极限的局部有界性, 存在 $X > 0$, $F(x)$ 在 $[X, +\infty)$ 上有界; 又因为 $F(x)$ 连续, 故 $F(x)$ 在 $[a, X]$ 上有界. 因此, $F(x)$ 在 $[a, +\infty)$ 上有界, 从而有上界.

再证充分性. 由于 $f(x) \geqslant 0$, $F(x)$ 在 $[a, +\infty)$ 上是单调递增的. 由单调有界法则, $\lim\limits_{x \to +\infty} F(x)$ 存在, 从而无穷限积分 $\int_a^{+\infty} f(x) \mathrm{d}x$ 收敛.

定理 5.7 是无穷限积分收敛的充要条件, 但是利用它来直接证明收敛性仍然很不方便, 而使用较多的是下面的比较审敛法.

定理 5.8(无穷限积分的比较审敛法) 设函数 $f(x)$ 和 $g(x)$ 在 $[a, +\infty)$ 上连续, 且 $0 \leqslant f(x) \leqslant g(x)$.

(1) 若 $\int_a^{+\infty} g(x) \mathrm{d}x$ **收敛**, 则 $\int_a^{+\infty} f(x) \mathrm{d}x$ **也收敛**;

(2) 若 $\int_a^{+\infty} f(x) \mathrm{d}x$ **发散**, 则 $\int_a^{+\infty} g(x) \mathrm{d}x$ **也发散**.

证 我们只证明 (1), 因为 (1) 和 (2) 互为逆否命题.

由定理 5.7, 若 $\int_a^{+\infty} g(x) \mathrm{d}x$ 收敛, 则 $\int_a^x g(t) \mathrm{d}t$ 有上界, 即存在正数 M, 使得 $\int_a^x g(t) \mathrm{d}t \leqslant M$.

又因为 $f(x) \leqslant g(x)$, 则 $\int_a^x f(t) \mathrm{d}t \leqslant \int_a^x g(t) \mathrm{d}t$, 因此, $\int_a^x f(t) \mathrm{d}t \leqslant M$, 即 $\int_a^x f(t) \mathrm{d}t$ 有上界. 再由定理 5.7, $\int_a^{+\infty} f(x) \mathrm{d}x$ 收敛.

由上节例 2 可知, 无穷限积分 $\int_a^{+\infty} \frac{1}{x^p} \mathrm{d}x (a > 0)$ 当 $p > 1$ 时收敛, 当 $p \leqslant 1$ 时发散. 通常我们将无穷限积分和 $\frac{1}{x^p}$ 比较, 根据定理 5.8 判断收敛性.

例 1 判断无穷限积分 $\int_1^{+\infty} \frac{1}{\sqrt{x^3 + x}} \mathrm{d}x$ 的收敛性.

解 由于 $0 \leqslant \frac{1}{\sqrt{x^3 + x}} \leqslant \frac{1}{\sqrt{x^3}} = \frac{1}{x^{\frac{3}{2}}}$, 且 $\int_1^{+\infty} \frac{1}{x^{\frac{3}{2}}} \mathrm{d}x$ 收敛, 由比较审敛法, $\int_1^{+\infty} \frac{1}{\sqrt{x^3 + x}} \mathrm{d}x$ 也收敛.

设函数 $f(x)$ 在 $[a, +\infty)$ 上连续. 由连续函数的性质, 对于 $b > a$, $\int_a^{+\infty} f(x) \mathrm{d}x$ 和 $\int_b^{+\infty} f(x) \mathrm{d}x$ 收敛性相同; 由定积分的性质, 当 $\lambda \neq 0$ 时, $\int_a^{+\infty} f(x) \mathrm{d}x$ 和 $\int_a^{+\infty} \lambda f(x) \mathrm{d}x$ 的收敛性相同. 通过上面的结论, 我们将比较审敛法推广到更方便使用的形式.

定理 5.9 设函数 $f(x)$ 和 $g(x)$ 在 $[a, +\infty)$ 上连续, 并且存在 $b > a$ 和 $k > 0$, 使得在 $[b, +\infty)$ 上有 $0 \leqslant f(x) \leqslant k g(x)$, 则

(1) 若 $\int_a^{+\infty} g(x) \mathrm{d}x$ **收敛**, 则 $\int_a^{+\infty} f(x) \mathrm{d}x$ **也收敛**;

(2) 若 $\int_a^{+\infty} f(x) \mathrm{d}x$ **发散**, 则 $\int_a^{+\infty} g(x) \mathrm{d}x$ **也发散**.

例 2 判断无穷限积分 $\int_2^{+\infty} \dfrac{2x}{\sqrt{x^3-1}} \mathrm{d}x$ 的收敛性.

解 由于 $\dfrac{2x}{\sqrt{x^3-1}} \geqslant \dfrac{2x}{\sqrt{x^3}} = \dfrac{2}{\sqrt{x}}$, 且无穷限积分 $\int_2^{+\infty} \dfrac{1}{\sqrt{x}} \mathrm{d}x$ 发散, 由定理 5.9, 无穷限积分 $\int_2^{+\infty} \dfrac{2x}{\sqrt{x^3-1}} \mathrm{d}x$ 也发散.

可以证明 (留作习题), 若无穷限积分 $\int_a^{+\infty} f(x) \mathrm{d}x$ 收敛, 且 $\lim\limits_{x \to +\infty} f(x)$ 存在, 则 $\lim\limits_{x \to +\infty} f(x) = 0$. 也就是说, 若当 $x \to +\infty$ 时, $f(x)$ 极限存在但不是无穷小, 则无穷限积分 $\int_a^{+\infty} f(x) \mathrm{d}x$ 一定发散. 根据推广的比较审敛法, 我们得到下面更方便使用的审敛法.

定理 5.10 设函数 $f(x)$ 和 $g(x)$ 在 $[a, +\infty)$ 上连续且不变号, 若当 $x \to +\infty$ 时, $f(x)$ 和 $g(x)$ 是同阶无穷小, 则无穷限积分 $\int_a^{+\infty} g(x) \mathrm{d}x$ 和 $\int_a^{+\infty} f(x) \mathrm{d}x$ 具有相同的收敛性.

例 3 判断无穷限积分 $\int_1^{+\infty} \dfrac{2\sqrt{x}}{1+x^2} \mathrm{d}x$ 的收敛性.

解 由于

$$\lim_{x \to +\infty} \dfrac{\dfrac{2\sqrt{x}}{1+x^2}}{\dfrac{1}{x\sqrt{x}}} = \lim_{x \to +\infty} \dfrac{2x^2}{1+x^2} = 2,$$

因此, 当 $x \to +\infty$ 时, $\dfrac{2\sqrt{x}}{1+x^2}$ 和 $\dfrac{1}{x\sqrt{x}}$ 是同阶无穷小. 又 $\int_1^{+\infty} \dfrac{1}{x\sqrt{x}} \mathrm{d}x$ 收敛, 因此 $\int_1^{+\infty} \dfrac{2\sqrt{x}}{1+x^2} \mathrm{d}x$ 也收敛.

例 4 判断无穷限积分 $\int_1^{+\infty} \dfrac{x \arctan x}{1+x^2} \mathrm{d}x$ 的收敛性.

解 由于

$$\lim_{x \to +\infty} \dfrac{\dfrac{x \arctan x}{1+x^2}}{\dfrac{1}{x}} = \lim_{x \to +\infty} \dfrac{x^2}{1+x^2} \cdot \arctan x = \dfrac{\pi}{2},$$

因此, 当 $x \to +\infty$ 时, $\dfrac{x \arctan x}{1+x^2}$ 和 $\dfrac{1}{x}$ 是同阶无穷小. 又 $\int_1^{+\infty} \dfrac{1}{x} \mathrm{d}x$ 发散, 因此 $\int_1^{+\infty} \dfrac{x \arctan x}{1+x^2} \mathrm{d}x$ 也发散.

对于被积函数不一定非负的无穷限积分, 我们有下面的判定法.

定理 5.11 设函数 $f(x)$ 在 $[a, +\infty)$ 上连续. 若无穷限积分 $\int_a^{+\infty} |f(x)| \mathrm{d}x$ 收敛, 则 $\int_a^{+\infty} f(x) \mathrm{d}x$ 也收敛.

证 设 $\varphi(x) = \dfrac{f(x) + |f(x)|}{2}$, 则一方面

$$\varphi(x) = \frac{f(x) + |f(x)|}{2} \geqslant \frac{f(x) + [-f(x)]}{2} = 0,$$

另一方面,

$$\varphi(x) = \frac{f(x) + |f(x)|}{2} \leqslant \frac{|f(x)| + |f(x)|}{2} = |f(x)|.$$

因为无穷限积分 $\int_a^{+\infty} |f(x)| \mathrm{d}x$ 收敛, 由比较审敛法, $\int_a^{+\infty} \varphi(x) \mathrm{d}x$ 收敛. 而

$$\int_a^{+\infty} f(x) \mathrm{d}x = 2 \int_a^{+\infty} \varphi(x) \mathrm{d}x - \int_a^{+\infty} |f(x)| \mathrm{d}x,$$

因此, $\int_a^{+\infty} f(x) \mathrm{d}x$ 收敛.

例 5 判断无穷限积分 $\int_0^{+\infty} \mathrm{e}^{-x} \sin x \mathrm{d}x$ 的收敛性.

解 由于在 $[0, +\infty)$ 上, $0 \leqslant |\mathrm{e}^{-x} \sin x| \leqslant \mathrm{e}^{-x}$, 且无穷限积分 $\int_0^{+\infty} \mathrm{e}^{-x} \mathrm{d}x$ 收敛, 因此由比较审敛法, $\int_0^{+\infty} |\mathrm{e}^{-x} \sin x| \mathrm{d}x$ 收敛. 再由定理 5.11, $\int_0^{+\infty} \mathrm{e}^{-x} \sin x \mathrm{d}x$ 收敛.

定义 5.4 若无穷限积分 $\int_a^{+\infty} |f(x)| \mathrm{d}x$ **收敛**, 则称 $\int_a^{+\infty} f(x) \mathrm{d}x$ **绝对收敛**; 若无穷限积分 $\int_a^{+\infty} |f(x)| \mathrm{d}x$ **发散**而 $\int_a^{+\infty} f(x) \mathrm{d}x$ **收敛**, 则称 $\int_a^{+\infty} f(x) \mathrm{d}x$ **条件收敛**.

从而, 定理 5.11 可以表述为**绝对收敛的无穷限积分一定收敛**.

对于无穷限积分 $\int_{-\infty}^a f(x) \mathrm{d}x$ 和 $\int_{-\infty}^{+\infty} f(x) \mathrm{d}x$, 我们也可以建立类似的判断准则, 这里不再赘述.

二、瑕积分的审敛法

对于瑕积分, 也有和无穷限积分类似的审敛法, 其证明也类似, 下面我们不加证明地给出这些审敛法. 下面定理中, $x = b$ 均为函数 $f(x)$ 的唯一瑕点.

定理 5.12 设函数 $f(x)$ 在 $[a, b)$ 上非负、连续, 且 $F(x) = \int_a^x f(t) \mathrm{d}t$, 则瑕积分 $\int_a^b f(x) \mathrm{d}x$ 收敛的充要条件为函数 $F(x)$ 在 $[a, b)$ 上有上界.

定理 5.13 设函数 $f(x)$ 和 $g(x)$ 在 $[a, b)$ 上连续, 并且存在 $a < c < b$ 和 $k > 0$, 使得在 $[c, b)$ 上有 $0 \leqslant f(x) \leqslant kg(x)$.

(1) 若 $\int_a^b g(x) \mathrm{d}x$ 收敛, 则 $\int_a^b f(x) \mathrm{d}x$ 也收敛;

(2) 若 $\int_a^b f(x) \mathrm{d}x$ 发散, 则 $\int_a^b g(x) \mathrm{d}x$ 也发散.

定理 5.14 设函数 $f(x)$ 和 $g(x)$ 在 $[a,b]$ 上连续且非负，若 $\lim\limits_{x \to b^-} \dfrac{f(x)}{g(x)}$ 存在且不为零，则瑕积分 $\int_a^b f(x)\mathrm{d}x$ 和 $\int_a^b g(x)\mathrm{d}x$ 收敛性相同.

定理 5.15 设函数 $f(x)$ 在 $[a,b]$ 上连续. 若瑕积分 $\int_a^b |f(x)|\mathrm{d}x$ 收敛，则 $\int_a^b f(x)\mathrm{d}x$ 收敛.

例 6 判断瑕积分 $\int_0^1 \dfrac{x^4}{\sqrt{1-x^4}}\mathrm{d}x$ 的收敛性.

解 $x=1$ 为函数 $\dfrac{x^4}{\sqrt{1-x^4}}$ 的瑕点. 因为

$$\lim_{x \to 1^-} \dfrac{\dfrac{x^4}{\sqrt{1-x^4}}}{\dfrac{1}{\sqrt{1-x}}} = \lim_{x \to 1^-} \dfrac{x^4}{\sqrt{(1+x)(1+x^2)}} = \dfrac{1}{2},$$

并且 $\int_0^1 \dfrac{1}{\sqrt{1-x}}\mathrm{d}x$ 收敛，于是瑕积分 $\int_0^1 \dfrac{x^4}{\sqrt{1-x^4}}\mathrm{d}x$ 收敛.

例 7 判断瑕积分 $\int_0^1 \dfrac{1}{\ln(1+x)}\mathrm{d}x$ 的收敛性.

解 $x=0$ 为函数 $\dfrac{1}{\ln(1+x)}$ 的瑕点，因为

$$\lim_{x \to 0^+} \dfrac{\dfrac{1}{\ln(1+x)}}{\dfrac{1}{x}} = \lim_{x \to 0^+} \dfrac{x}{\ln(1+x)} = 1,$$

并且 $\int_0^1 \dfrac{1}{x}\mathrm{d}x$ 发散，于是瑕积分 $\int_0^1 \dfrac{1}{\ln(1+x)}\mathrm{d}x$ 发散.

例 8 判断瑕积分 $\int_0^1 \dfrac{1}{\sqrt{x}}\sin\dfrac{1}{x}\mathrm{d}x$ 的收敛性.

解 $x=0$ 为函数 $\dfrac{1}{\sqrt{x}}\sin\dfrac{1}{x}$ 的瑕点. 因为

$$0 \leqslant \left|\dfrac{1}{\sqrt{x}}\sin\dfrac{1}{x}\right| \leqslant \dfrac{1}{\sqrt{x}},$$

且 $\int_0^1 \dfrac{1}{\sqrt{x}}\mathrm{d}x$ 收敛，于是瑕积分 $\int_0^1 \left|\dfrac{1}{\sqrt{x}}\sin\dfrac{1}{x}\right|\mathrm{d}x$ 收敛. 再由定理 5.15，$\int_0^1 \dfrac{1}{\sqrt{x}}\sin\dfrac{1}{x}\mathrm{d}x$ 也收敛.

三、Γ 函数及其性质

设 $s>0$，考察反常积分 $\int_0^{+\infty} \mathrm{e}^{-x}x^{s-1}\mathrm{d}x$. 由于 $x=0$ 可能是 $\mathrm{e}^{-x}x^{s-1}$ 的瑕点，所以其收敛性由瑕积分 $\int_0^1 \mathrm{e}^{-x}x^{s-1}\mathrm{d}x$ 和无穷限积分 $\int_1^{+\infty} \mathrm{e}^{-x}x^{s-1}\mathrm{d}x$ 决定.

当 $s \geqslant 1$ 时，$\int_0^1 e^{-x}x^{s-1}dx$ 是正常定积分；当 $0 < s < 1$ 时，由于 $e^{-x} \leqslant 1$，$0 < 1-s < 1$，所以

$$0 \leqslant e^{-x}x^{s-1} \leqslant x^{s-1} = \frac{1}{x^{1-s}},$$

又瑕积分 $\int_0^1 \frac{1}{x^{1-s}}dx$ 收敛，因此 $\int_0^1 e^{-x}x^{s-1}dx$ 收敛. 于是，对于 $s > 0$，瑕积分 $\int_0^1 e^{-x}x^{s-1}dx$ 总是收敛的.

因为 $\lim\limits_{x \to +\infty} \dfrac{e^{-x}x^{s-1}}{\frac{1}{x^2}} = \lim\limits_{x \to +\infty} \dfrac{x^{s+1}}{e^x} = 0$，即当 x 足够大时，总有 $e^{-x}x^{s-1} < \dfrac{1}{x^2}$，又因为 $\int_1^{+\infty} \dfrac{1}{x^2}dx$ 收敛，因此 $\int_1^{+\infty} e^{-x}x^{s-1}dx$ 收敛.

由以上讨论可知，函数 $\Gamma(s) = \int_0^{+\infty} e^{-x}x^{s-1}dx$ 在 $(0,+\infty)$ 上有定义，称此函数为 Γ 函数. 该函数在概率论中有重要的应用. 下面我们讨论 Γ 函数的性质.

性质 5.9 $\Gamma(s+1) = s\Gamma(s)$，$s > 0$.

证 利用分部积分法，

$$\Gamma(s+1) = \int_0^{+\infty} e^{-x}x^s dx = -\int_0^{+\infty} x^s de^{-x}$$
$$= [-x^s e^{-x}]_0^{+\infty} + s\int_0^{+\infty} e^{-x}x^{s-1}dx = \lim\limits_{x \to +\infty}[-x^s e^{-x}] + s\Gamma(s) = s\Gamma(s).$$

容易得到，$\Gamma(1) = \int_0^{+\infty} e^{-x}dx = 1$，于是

$$\Gamma(2) = 1 \cdot \Gamma(1) = 1 = 1!, \quad \Gamma(3) = 2 \cdot \Gamma(2) = 2 = 2!,$$

$$\Gamma(4) = 3 \cdot \Gamma(3) = 6 = 3!, \quad \cdots.$$

一般地，对于正整数 n，$\Gamma(n) = (n-1)!$. 因此我们可以把 Γ 函数看作是阶乘的推广.

性质 5.10 $\Gamma(s)\Gamma(1-s) = \dfrac{\pi}{\sin \pi s}$，$0 < s < 1$.

该公式的证明比较复杂，略去.

性质 5.11 $\lim\limits_{s \to 0^+} \Gamma(s) = +\infty$.

证 因为

$$\Gamma(s) = \int_0^{+\infty} e^{-x}x^{s-1}dx > \int_0^1 e^{-x}x^{s-1}dx > e^{-1} \cdot \int_0^1 x^{s-1}dx = \dfrac{e^{-1}}{s},$$

所以，$\lim\limits_{s \to 0^+} \Gamma(s) \geqslant \lim\limits_{s \to 0^+} \dfrac{e^{-1}}{s} = +\infty$.

性质 5.12 $\Gamma\left(\dfrac{s+1}{2}\right) = 2\int_0^{+\infty} e^{-u^2}u^s du$.

证 令 $u=\sqrt{x}$, 则 $\mathrm{d}u = \dfrac{1}{2\sqrt{x}}\mathrm{d}x$, 于是

$$2\int_0^{+\infty} \mathrm{e}^{-u^2} u^s \mathrm{d}u = 2\int_0^{+\infty} \mathrm{e}^{-x} x^{\frac{1}{2}s} \frac{1}{2\sqrt{x}} \mathrm{d}x = \int_0^{+\infty} \mathrm{e}^{-x} x^{\frac{1}{2}s-\frac{1}{2}} \mathrm{d}x$$

$$= \int_0^{+\infty} \mathrm{e}^{-x} x^{\frac{s+1}{2}-1} \mathrm{d}x = \Gamma\left(\frac{s+1}{2}\right).$$

在性质 5.10 中, 令 $s=\dfrac{1}{2}$, 可得 $\Gamma\left(\dfrac{1}{2}\right)=\sqrt{\pi}$. 再在性质 5.12 中, 令 $s=0$, 可得

$$\int_0^{+\infty} \mathrm{e}^{-u^2} \mathrm{d}u = \frac{1}{2}\Gamma\left(\frac{1}{2}\right) = \frac{\sqrt{\pi}}{2},$$

即

$$\frac{2}{\sqrt{\pi}}\int_0^{+\infty} \mathrm{e}^{-u^2} \mathrm{d}u = 1.$$

习 题 5-5

【A 组题】

1. 判断下列反常积分的收敛性.

(1) $\displaystyle\int_1^{+\infty} \frac{x}{1-\mathrm{e}^x}\mathrm{d}x$;

(2) $\displaystyle\int_1^{+\infty} \frac{x-1}{x^3+1}\mathrm{d}x$;

(3) $\displaystyle\int_1^{+\infty} \frac{1}{\sqrt{x+\sqrt{x}}}\mathrm{d}x$;

(4) $\displaystyle\int_1^{+\infty} \frac{\arctan x}{x^2}\mathrm{d}x$;

(5) $\displaystyle\int_0^1 \frac{1}{\sqrt{x^2+x}}\mathrm{d}x$;

(6) $\displaystyle\int_0^1 \frac{\sqrt{x}}{\ln(1+x)}\mathrm{d}x$;

(7) $\displaystyle\int_0^1 \frac{\sin x}{1-\cos x}\mathrm{d}x$;

(8) $\displaystyle\int_0^1 \frac{1-\mathrm{e}^{\sqrt{x}}}{1-\cos\sqrt{x}}\mathrm{d}x$.

【B 组题】

1. 若反常积分 $\displaystyle\int_0^{+\infty} \frac{\mathrm{d}x}{x^a(x+1)^b}$ 收敛, 则 (　　).

A. $a<1$ 且 $b>1$　　　　　　B. $a>1$ 且 $b>1$

C. $a<1$ 且 $a+b>1$　　　　D. $a>1$ 且 $a+b>1$

2. 设 $f(x)$ 和 $g(x)$ 在 $[1,+\infty)$ 上连续, 且 $\displaystyle\int_1^{+\infty} f^2(x)\mathrm{d}x$ 和 $\displaystyle\int_1^{+\infty} g^2(x)\mathrm{d}x$ 都收敛, 求证: 无穷限积分 $\displaystyle\int_1^{+\infty} f(x)g(x)\mathrm{d}x$ 也收敛.

3. 证明: $\Gamma\left(n+\dfrac{1}{2}\right)=\dfrac{1\cdot 3\cdot 5\cdot\cdots\cdot(2n-1)}{2^n}\sqrt{\pi}$, 其中 n 为正整数.

4. 证明: $\Gamma(2n)=\dfrac{2^{2n-1}}{\sqrt{\pi}}\Gamma(n)\Gamma\left(n+\dfrac{1}{2}\right)$, 其中 n 为正整数.

第 6 章 定积分的应用

在前一章中,我们学习了定积分,定积分的几何意义是曲边梯形的"面积". 那么定积分除了能用来求面积之外,还有哪些应用呢?实际上,很早以前人们就把定积分的思想应用于数学和物理,用于求不规则平面图形的面积、不规则体的体积、曲线的弧长以及在物理上求功、压力和引力等. 本章讨论哪些问题能用定积分解决,并给出用定积分解决问题的一般方法——微元法.

§6.1 微 元 法

利用定积分可以求曲边梯形的面积(设代表曲边的连续函数为 $y=f(x)$,变量 x 的范围从 a 到 b)$S=\int_a^b f(x)\mathrm{d}x$,在这个式子中微分 $f(x)\mathrm{d}x$ 表示的几何意义并没有讨论. 第 2 章我们讨论过,一个函数的微分是给定自变量增量后所引起的函数值增量的近似值. 根据定积分的定义,求曲边梯形的面积是通过区间分割、求和、取极限三步实现的. 首先,在区间 $[a,b]$ 内插入 $n-1$ 个分点 $a=x_0, x_1, x_2, \cdots, x_n=b$,将区间分成 n 个小区间. 过每个分点作垂直于 x 轴的直线,将曲边梯形分成 n 个小曲边梯形. 其次,由于曲线 $y=f(x)$ 是连续的,所以第 i 个小曲边梯形的面积近似等于一个小矩形的面积. 这个小矩形是以小区间 $[x_{i-1}, x_i]$ 为底,以 $f(\xi_i)$ 为高作的,ξ_i 是小区间上任意一点,如图 6.1 所示. 这样,我们就得到了曲边梯形面积的一个近似值:

$$S = \sum_{i=1}^n S_i \approx \sum_{i=1}^n f(\xi_i)\Delta x_i.$$

最后,再让分割越来越"密集",也就是 $\lambda \to 0$,取极限就得到了曲边梯形的面积. 在上述过程中注意到小区间的分割是越来越"密集"的,也就是每个小曲边梯形是非常"窄"的. 假设某个小曲边梯形的左端点恰好是 x,小区间长度就可以看作 x 处的一个增量. 这时,小曲边梯形可以换个角度理解,它可以看作从底为 $[a,x]$ 的曲

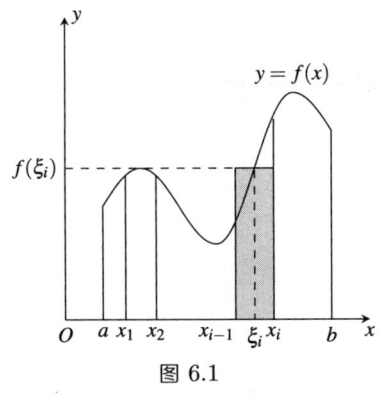
图 6.1

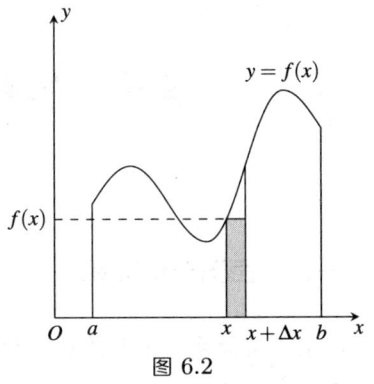
图 6.2

边梯形到底为 $[a,x+\Delta x]$ 的曲边梯形所增加的部分. 根据前面的思想, 我们可以找到与这个小曲边梯形面积近似的小矩形, 即以 $[x,x+\Delta x]$ 为底, 以 $f(x)$ 为高的小矩形, 它的面积正好就是 $f(x)\mathrm{d}x$. 综合上述, $f(x)\mathrm{d}x$ 是在点 x 处给定一个增量 Δx 后, 所引起的面积增量 ΔS（小曲边梯形的面积）的近似值（小矩形的面积）, 如图 6.2 所示. 我们把 $f(x)\mathrm{d}x$ 称为面积微元, 记为 $\mathrm{d}S$, 这些面积微元的叠加就是所求的面积, 最终转化为求解定积分. 总面积可以表示为 $S = \int_a^b \mathrm{d}S = \int_a^b f(x)\mathrm{d}x$. 通过找微元, 利用定积分求解问题的方法称为微元法（或元素法）.

一般地, 如果所求量 Q 满足:

(1) Q 与变量 x 的区间 $[a,b]$ 有关;

(2) Q 对于区间 $[a,b]$ 具有可加性, 就是说, 若把区间 $[a,b]$ 分成许多小区间, 则 Q 相应地被分成许多部分, 而 Q 等于各部分量之和;

(3) Q 的微元可表示为 $\mathrm{d}Q = f(x)\mathrm{d}x$, 其中 $f(x)$ 为 $[a,b]$ 上的连续函数,

那么这个量 Q 可用定积分来求解, 即
$$Q = \int_a^b \mathrm{d}Q = \int_a^b f(x)\mathrm{d}x.$$

上述微元法的思想可以简述为以下的过程:

$$实际问题 \xrightarrow{\text{分割自变量 } x} [x,x+\Delta x] \xrightarrow{\text{客观规律}} \Delta Q = f(x)\Delta x + o(\Delta x)$$

$$\downarrow \text{转化为微分}$$

$$解决问题 \longleftarrow Q = \int_a^b f(x)\mathrm{d}x \xleftarrow{\text{积分求值}} \mathrm{d}Q = f(x)\mathrm{d}x$$

在接下来的两节中, 我们用微元法计算一些几何图形的面积、空间几何体的体积、空间曲面的面积和一些相关的物理问题, 从中我们可以体会到微元法的技巧.

§6.2 定积分在几何学上的应用

一、平面图形的面积

1. 直角坐标系下平面图形面积的计算

我们首先来求由两条不规则曲线围成的图形的面积. 我们把两条连续曲线 $y=y_1(x), y=y_2(x)(y_1(x) \leqslant y_2(x))$ 与直线 $x=a, x=b$ 所围成的图形称为 X 型区域, 如图 6.3 所示, 用集合来表达可以写为

$$D = \{(x,y) | a \leqslant x \leqslant b, y_1(x) \leqslant y \leqslant y_2(x)\}.$$

我们称曲线 $y=y_2(x)$ 为区域 D 的**上边界**, 曲线 $y=y_1(x)$ 为区域 D 的**下边界**. 下面我们试图用微元法给出区域 D 的面积.

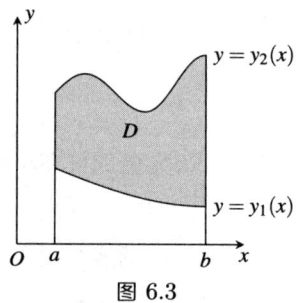

图 6.3

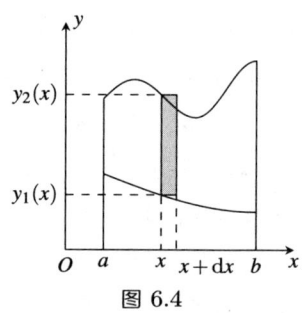

图 6.4

如果将图形沿垂直于 x 轴的方向将其分割成若干个小窄条图形, 那么整个图形的面积 S 就是窄条图形面积之和, 又由于对每个小窄条, 其面积可以用一个小矩形的面积近似, 例如对介于区间 $[x, x+\mathrm{d}x]$ 的窄条的面积, 可由宽为 $\mathrm{d}x$, 长为 $y_2(x) - y_1(x)$ 的小矩形的面积来近似 (如图6.4所示), 从而, 该图形的面积微元为

$$\mathrm{d}S = [y_2(x) - y_1(x)]\mathrm{d}x.$$

因此, 区域 D 的面积可用定积分求解, 具体公式为

$$S = \int_a^b [y_2(x) - y_1(x)]\mathrm{d}x. \tag{6-1}$$

例 1 计算由直线 $y=6x$ 和抛物线 $y=3x^2$ 所围成图形的面积.

解 由这两条曲线所围成的图形如图 6.5 所示. 有了前面的分析铺垫, 不难得知, 在该图中, 上边界为直线 $y=6x$, 下边界为抛物线 $y=3x^2$, 应用面积公式 (6-1)

即可. 要确定积分范围, 需要先求出曲线的两个交点坐标 $(0,0),(2,12)$, 从而横坐标 x 为积分变量, 且积分范围是 0 到 2, 于是图形的面积为
$$S = \int_0^2 (6x - 3x^2) \mathrm{d}x = 4.$$

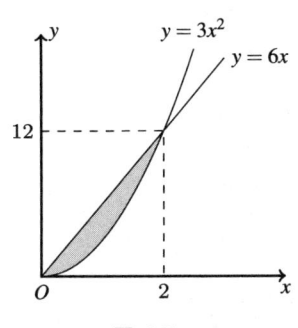

图 6.5

注 通过例题可以观察到, X 型区域中自变量 x 在一个闭区间内变化, 这个闭区间就是图形在 x 轴上的投影.

我们换个角度将 y 视为自变量, 可以定义 Y 型区域: 把两条连续曲线 $x = x_1(y), x = x_2(y)(x_1(y) \leqslant x_2(y))$ 与直线 $y = c, y = d$ 所围成的图形称为 Y 型区域, 用集合来表达可以写为
$$D = \{(x,y) | c \leqslant y \leqslant d, x_1(y) \leqslant x \leqslant x_2(y)\}.$$

我们称曲线 $x = x_1(y)$ 为区域 D 的**左边界**, 曲线 $x = x_2(y)$ 为区域 D 的**右边界**. 区域 D 的面积
$$S = \int_c^d [x_2(y) - x_1(y)] \mathrm{d}y.$$

对于一个区域而言, 有时它既是 X 型区域, 又是 Y 型区域. 比如例 1 中的区域也可以看作 Y 型区域, 变量 y 的变化范围是图形在 y 轴上的投影即 $[0,12]$, 左边界是直线 $x = \dfrac{y}{6}$, 右边界为抛物线 $x = \dfrac{\sqrt{3y}}{3}$, 即
$$D = \{(x,y) | 0 \leqslant y \leqslant 12, \dfrac{y}{6} \leqslant x \leqslant \dfrac{\sqrt{3y}}{3}\}.$$

这样区域面积 $S = \int_0^{12} \left[\dfrac{\sqrt{3y}}{3} - \dfrac{y}{6}\right] \mathrm{d}y = 4.$

注 (1) 在区间 $[a,b]$ 上, 如果曲线 $y = y_2(x)$ 并不总是在曲线 $y = y_1(x)$ 的上方, 那么二者围成的图形的面积为 $S = \int_a^b |y_2(x) - y_1(x)| \mathrm{d}x.$

(2) 对于其他不规则图形的面积, 我们可以用平行于 x 轴和 y 轴的直线将其分割成若干部分, 使得每一部分或为 X 型区域, 或为 Y 型区域.

例 2 计算由抛物线 $y^2 = 2x$ 与直线 $y = x - 4$ 所围成的图形的面积.

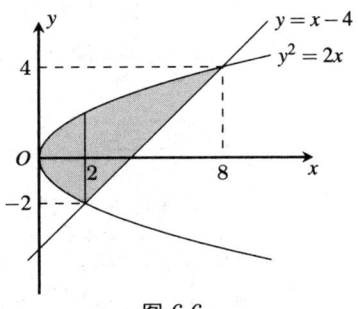

图 6.6

首先画出待求面积的图形, 如图 6.6 所示. 求出直线与抛物线的交点分别为 $(2,-2)$ 和 $(8,4)$. 如果将该图形看作 X 区域, 我们发现它的下边界不是一条曲线, 在 $[0,2]$ 上下边界为抛物线 $y = -\sqrt{2x}$, 在 $[2,8]$ 上下边界为直线 $y = x - 4$, 所以需要用直线 $x = 2$ 将图形分成两部分. 如果把该图

形看成 Y 型区域, 问题就比较简单了, 图形在 y 轴上的投影是 $[-2,4]$, 左边界为抛物线 $x=\dfrac{y^2}{2}$, 右边界为直线 $x=y+4$.

解 方法一: 将图形看成 X 型区域 $D=D_1+D_2$, 其中
$$D_1=\{(x,y)|0\leqslant x\leqslant 2,-\sqrt{2x}\leqslant y\leqslant \sqrt{2x}\},$$
$$D_2=\{(x,y)|2\leqslant x\leqslant 8,x-4\leqslant y\leqslant \sqrt{2x}\},$$

因此该图形的面积
$$S=\int_0^2[\sqrt{2x}-(-\sqrt{2x})]\mathrm{d}x+\int_2^8[\sqrt{2x}-(x-4)]\mathrm{d}x=18.$$

方法二: 将图形看成 Y 型区域
$$D=\left\{(x,y)\Big|-2\leqslant y\leqslant 4,\dfrac{y^2}{2}\leqslant x\leqslant y+4\right\},$$

则该图形的面积
$$S=\int_{-2}^4\left[(y+4)-\dfrac{y^2}{2}\right]\mathrm{d}y=18.$$

例 3 求椭圆 $\begin{cases}x=a\cos t,\\ y=b\sin t\end{cases}(0\leqslant t\leqslant 2\pi)$ 所围图形的面积, 其中 $0<a<b$, 如图 6.7 所示.

解 因为椭圆 (见图 6.7) 是对称图形, 所以它所围的图形面积等于第一象限部分面积的 4 倍.
$$S=4S_1=4\int_0^a y\mathrm{d}x=4\int_{\frac{\pi}{2}}^0 b\sin t\mathrm{d}(a\cos t)=4ab\int_0^{\frac{\pi}{2}}\sin^2 t\mathrm{d}t=\pi ab.$$

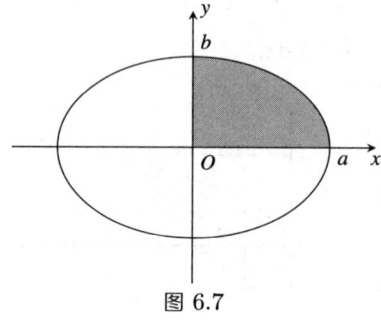

图 6.7

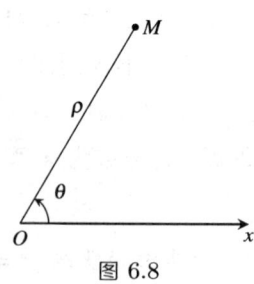

图 6.8

2. 极坐标系下平面图形面积的计算

除了利用平面直角坐标系对平面上的点定位以外, 还可以利用极坐标系. 在平面内取一个定点 O, 该定点称为**极点**, 从极点引一条射线 Ox, 称为**极轴**, 再选定一个单位长度和角度的正方向 (通常取逆时针方向), 这样就建立了平面极坐标系, 简称**极坐标系** (如图 6.8 所示).

对于平面上的任意一点 M, 用 ρ 代表线段 OM 的长度, 称为点 M 的**极径**; 用 θ 表示把极轴 Ox 绕极点转动到 OM 所扫过的角度, 称为点 M 的**极角**; 则序数对 (ρ, θ) 称为平面上点 M 的**极坐标**, 记作 $M(\rho, \theta)$, 如图 6.8 所示.

由极坐标的概念可知, 极径 ρ 非负, 其含义为点 M 到极点 O 的距离; θ 表示以 Ox(极轴) 为起始边, 以 OM 为终边的角度. 显然, (ρ, θ) 与 $(\rho, \theta + 2k\pi)$(k 为自然数) 代表极坐标面上的同一个点. 当 M 在极点时, 它的极径 $\rho = 0$, θ 可以取任意的值.

如果把平面直角坐标系的原点 O 视为极坐标系的极点, x 轴的正半轴视为极坐标系的极轴, 将直角坐标系 "嵌入" 到极坐标系中, 那么平面上的点既有直角坐标又有极坐标. 对于平面上的一个点 M, 如果已知极坐标 (ρ, θ), 那么它的直角坐标 (x, y) 满足

$$\begin{cases} x = \rho \cos \theta, \\ y = \rho \sin \theta. \end{cases}$$

如果已知直角坐标 (x, y), 那么可以求得它的一个极坐标 (ρ, θ) 满足:

(1) 点 M 位于一、四象限时, $\rho = \sqrt{x^2 + y^2}$, $\theta = \arctan \dfrac{y}{x}$;

(2) 点 M 位于二、三象限时, $\rho = \sqrt{x^2 + y^2}$, $\theta = \pi + \arctan \dfrac{y}{x}$.

除此之外, 由上述公式导出的一些简单关系也很重要:

$$\rho^2 = x^2 + y^2, \quad \cos \theta = \frac{x}{\sqrt{x^2 + y^2}}, \quad \sin \theta = \frac{y}{\sqrt{x^2 + y^2}}, \quad \tan \theta = \frac{y}{x}.$$

有些曲线的方程在极坐标系下的表达式比较简单, 比如中心在原点的圆、过原点的直线等. 在直角坐标系下, 单位圆的方程为 $x^2 + y^2 = 1$, 将 $x = \rho \cos \theta$ 和 $y = \rho \sin \theta$ 代入单位圆的方程就得到它在极坐标系下的方程 $\rho = 1$. 反过来, 如果已知图形在极坐标系下的方程为 $\rho = 2\cos \theta$, 两边同乘以 ρ 得 $\rho^2 = 2\rho \cos \theta$, 那么写为直角坐标方程为 $x^2 + y^2 = 2x$, 即 $(x-1)^2 + y^2 = 1$. 它表示中心在 $(1, 0)$, 半径为 1 的圆.

我们将连续曲线 $\rho = \varphi(\theta)$ 及射线 $\theta = \alpha, \theta = \beta (\alpha < \beta)$ 所围的图形称为**曲边扇形**.

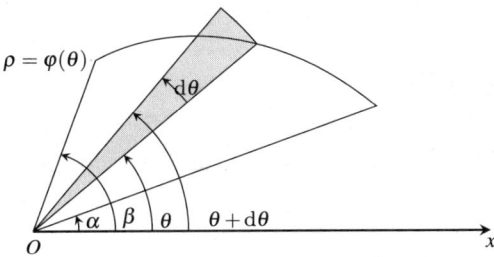

图 6.9

下面我们用微元法求该曲边扇形的面积,其中 θ 为积分变量,其变化范围为 $[\alpha,\beta]$. 任取 $\theta \in [\alpha,\beta]$,给 θ 一个增量 $\mathrm{d}\theta$,如图 6.9 所示,所引起的面积的增量就是两条射线之间的阴影部分所示小曲边扇形的面积,记为 ΔS, 面积微元 $\mathrm{d}S$ 便可以用半径为 $\varphi(\theta)$, 夹角为 $\mathrm{d}\theta$ 的小扇形的面积来表示, 即 $\mathrm{d}S = \frac{1}{2}\varphi^2(\theta)\mathrm{d}\theta$, 则对应的曲边扇形的面积为

$$S = \int_\alpha^\beta \mathrm{d}S = \int_\alpha^\beta \frac{1}{2}\varphi^2(\theta)\mathrm{d}\theta.$$

类似于直角坐标系中的 X 型区域, Y 型区域, 我们将曲线 $\rho = \varphi_1(\theta)$ 和 $\rho = \varphi_2(\theta)(\varphi_2(\theta) \geqslant \varphi_1(\theta))$ 及射线 $\theta = \alpha, \theta = \beta(\alpha < \beta)$ 围成的图形称为 θ 型区域, 即

$$D = \{(\rho,\theta) | \alpha \leqslant \theta \leqslant \beta, \varphi_1(\theta) \leqslant \rho \leqslant \varphi_2(\theta)\}.$$

它的面积

$$S = \int_\alpha^\beta \frac{1}{2}[\varphi_2^2(\theta) - \varphi_1^2(\theta)]\mathrm{d}\theta.$$

例 4 计算圆 $x^2 + y^2 = R^2, R > 0$ 所围图形的面积.

解 圆 $x^2 + y^2 = R^2$ 在极坐标系下的方程为 $\rho = R$, 极角 θ 的取值范围是 0 到 2π. 根据上述公式,

$$S = \int_0^{2\pi} \frac{1}{2}R^2 \mathrm{d}\theta = \pi R^2.$$

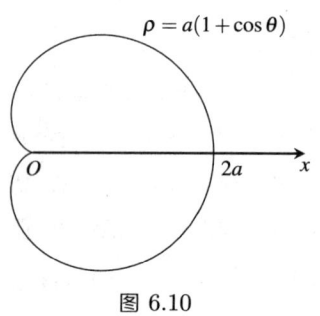

图 6.10

例 5 计算心形线 $\rho = a(1+\cos\theta)(a > 0)$ 所围成的图形的面积.

解 如图 6.10 所示,利用对称性可得面积为

$$\begin{aligned} S &= 2\int_0^\pi \frac{1}{2}[a(1+\cos\theta)]^2 \mathrm{d}\theta \\ &= a^2 \int_0^\pi (1 + 2\cos\theta + \cos^2\theta)\mathrm{d}\theta \\ &= \frac{3}{2}\pi a^2. \end{aligned}$$

注 求曲线所围图形的面积也可以用二重积分(下册内容)解决,当被积函数为 1 时,二重积分值表示被积区域的面积.

二、平面曲线的弧长

利用微元法可以求平面曲线的弧长. 设曲线 $y = f(x), a \leqslant x \leqslant b$ 的参数方程为

$$\begin{cases} x = \varphi(t), \\ y = \psi(t), \end{cases} \alpha \leqslant t \leqslant \beta,$$

其中 t 为参数, 且 $\varphi(\alpha)=a, \varphi(\beta)=b$. 假设 $\varphi(t), \psi(t)$ 有连续的导数, 且 $[\varphi'(t)]^2+[\psi'(t)]^2 \neq 0$, 即曲线的切线是连续变动的, 这样的曲线通常称为**光滑曲线**. 我们指出光滑曲线是可求其弧长的.

现在任取 $t \in [\alpha, \beta]$, 在 t 处给一个增量 $\mathrm{d}t$, 则会引起弧长的变化 Δs, 它是从 t 处到 $t+\mathrm{d}t$ 处的一小段弧长. 由于曲线是连续的, 所以这一小段弧长近似等于连接它的两端点的直线段长. 我们假设在 t 处给一个增量 $\mathrm{d}t$ 后, 所引起的水平方向 x 的变化量为 Δx, 垂直方向 y 的变化量为 Δy, 则

$$\Delta s \approx \sqrt{(\Delta x)^2+(\Delta y)^2}.$$

但是, Δx 和 Δy 不能直接得到. 根据可微的性质, $\Delta x \approx \mathrm{d}x = \varphi'(t)\mathrm{d}t, \Delta y \approx \mathrm{d}y = \psi'(t)\mathrm{d}t$, 所以

$$\Delta s \approx \sqrt{(\Delta x)^2+(\Delta y)^2} \approx \sqrt{[\varphi'(t)]^2+[\psi'(t)]^2}\mathrm{d}t = \sqrt{[x'(t)]^2+[y'(t)]^2}\mathrm{d}t.$$

这说明弧长增量 Δs 近似等于 $\sqrt{[x'(t)]^2+[y'(t)]^2}\mathrm{d}t$, 于是定义

$$\mathrm{d}s = \sqrt{[x'(t)]^2+[y'(t)]^2}\mathrm{d}t,$$

称之为弧长微元或**弧微分**. 这里的弧微分与 §3.7 中的弧微分是一样的. 于是得到弧长公式为

$$s = \int_\alpha^\beta \mathrm{d}s = \int_\alpha^\beta \sqrt{[x'(t)]^2+[y'(t)]^2}\mathrm{d}t. \tag{6-2}$$

我们首先推导出了参数方程所表示的函数曲线的弧长计算公式, 而后给出其他形式的函数曲线的弧长公式. 根据所给函数曲线的不同表示形式, 弧长公式有一些变形:

(1) 若曲线的表示形式为 $y = f(x)(a \leqslant x \leqslant b)$, 则曲线的参数方程为

$$\begin{cases} x = x, \\ y = f(x), \end{cases} a \leqslant x \leqslant b,$$

弧微分为 $\mathrm{d}s = \sqrt{1+[f'(x)]^2}\mathrm{d}x$, 从而对应的弧长公式为

$$s = \int_a^b \sqrt{1+[f'(x)]^2}\mathrm{d}x. \tag{6-3}$$

(2) 若曲线的表示形式为极坐标方程 $\rho = \rho(\theta)$, 则此时曲线对应的参数方程为

$$\begin{cases} x = \rho(\theta)\cos\theta, \\ y = \rho(\theta)\sin\theta, \end{cases} \alpha \leqslant \theta \leqslant \beta,$$

计算各自关于参变量 θ 的导数得

$$x'(\theta) = \rho'(\theta)\cos\theta - \rho(\theta)\sin\theta,$$

$$y'(\theta) = \rho'(\theta)\sin\theta + \rho(\theta)\cos\theta,$$

由此可得, 弧微分为

$$ds = \sqrt{[x'(\theta)]^2 + [y'(\theta)]^2}d\theta = \sqrt{[\rho(\theta)]^2 + [\rho'(\theta)]^2}d\theta,$$

于是相应的弧长公式为

$$s = \int_\alpha^\beta \sqrt{[\rho(\theta)]^2 + [\rho'(\theta)]^2}d\theta. \tag{6-4}$$

例 6 计算抛物线 $y = x^2$ 上介于 $(0,0)$ 和 $(1,1)$ 之间的弧长.

解 利用公式 (6-3), 所求弧长为

$$s = \int_0^1 \sqrt{1 + [f'(x)]^2}dx = \int_0^1 \sqrt{1 + 4x^2}dx.$$

又

$$\int \sqrt{1 + x^2}dx = \frac{x\sqrt{x^2+1}}{2} + \frac{\ln(\sqrt{x^2+1}+x)}{2} + C,$$

所以,

$$\begin{aligned} s &= \int_0^1 \sqrt{1 + 4x^2}dx = \frac{1}{2}\int_0^1 \sqrt{1+4x^2}d(2x) \\ &= \frac{1}{2}\left[\frac{2x\sqrt{4x^2+1}}{2} + \frac{\ln(\sqrt{4x^2+1}+2x)}{2}\right]_0^1 = \frac{\sqrt{5}}{2} + \frac{\ln(2+\sqrt{5})}{4}. \end{aligned}$$

例 7 求摆线 $\begin{cases} x = a(t - \sin t), \\ y = a(1 - \cos t), \end{cases} 0 \leqslant t \leqslant 2\pi, a > 0$ 的弧长.

解 利用公式 (6-2), 所求弧长为

$$\begin{aligned} s &= \int_0^{2\pi} \sqrt{[x'(t)]^2 + [y'(t)]^2}dt = \int_0^{2\pi} \sqrt{[a(1-\cos t)]^2 + [a\sin t]^2}dt \\ &= \sqrt{2}a\int_0^{2\pi}\sqrt{1-\cos t}\,dt = 2a\int_0^{2\pi}\sin\frac{t}{2}dt = 8a. \end{aligned}$$

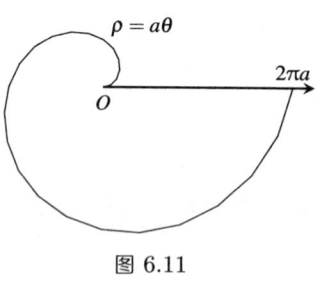

图 6.11

例 8 求阿基米德螺线 $\rho = a\theta$ $(a > 0)$ 相应于 θ 从 0 到 2π 的弧长, 如图 6.11 所示.

解 利用公式 (6-4), 所求弧长为

$$\begin{aligned} s &= \int_0^{2\pi}\sqrt{[\rho(\theta)]^2 + [\rho'(\theta)]^2}d\theta = \int_0^{2\pi}a\sqrt{1+\theta^2}d\theta \\ &= a\left[\frac{\theta\sqrt{1+\theta^2}}{2} + \frac{\ln(\sqrt{1+\theta^2}+\theta)}{2}\right]_0^{2\pi} \\ &= \frac{a}{2}[2\pi\sqrt{1+4\pi^2} + \ln(2\pi+\sqrt{1+4\pi^2})]. \end{aligned}$$

三、体积

利用定积分也可以来求一些立体的体积.

1. 平行截面面积为已知的立体体积

一个立体, 如果我们知道了该立体上垂直于某定轴的各个截面的面积, 那么, 这个立体的体积也可以用定积分来计算.

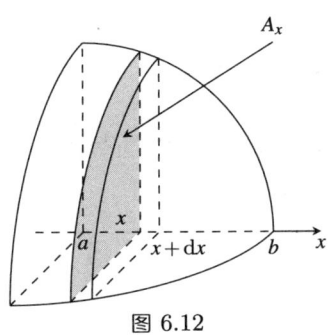

图 6.12

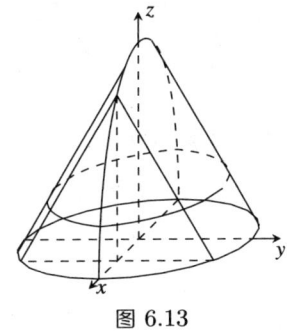

图 6.13

如图 6.12 所示的立体, 它在 x 轴上的投影为 $[a,b]$. 任取 $x \in [a,b]$, 在 x 处用垂直于 x 轴的平面去切该立体, 得到一个截面, 它的面积记为 A_x. 现在若给 x 处一个增量 $\mathrm{d}x$, 再作 $x+\mathrm{d}x$ 处的截面, 该立体在这两个截面之间的部分的体积记为 ΔV. 体积 ΔV 也不容易求, 但它近似于以 A_x 为底, 厚度为 $\mathrm{d}x$ 的一个薄片立体的体积, 薄片立体体积为 $A_x \mathrm{d}x$, 这个体积就是体积微元. 所以, $\Delta V \approx \mathrm{d}V = A_x \mathrm{d}x$. 因此, 如果已知立体截面面积为 A_x, 且 A_x 是关于 x 的连续函数, 那么该立体的体积

$$V = \int_a^b \mathrm{d}V = \int_a^b A_x \mathrm{d}x. \tag{6-5}$$

例 9 计算底面积是半径为 R 的圆, 而垂直于底面上一条固定直径的所有截面都是等边三角形的立体体积 (如图 6.13 所示).

这是一个平行截面 (均为等边三角形) 为已知的立体, 只需要知道截面的面积, 便可使用定积分来求解体积. 我们知道等边三角形的面积公式为 $S = \dfrac{\sqrt{3}}{4}a^2$, 其中 a 是三角形的边长, 因此要求截面面积, 关键是求出截面三角形的边长.

解 该立体在 x 轴上的投影为区间 $[-R,R]$, 用垂直于 x 轴的平面去截该立体, 在任意的 $x \in [-R,R]$ 处, 截面为边长为 $2y$ 的等边三角形. 截面等边三角形的面积为 $A_x = \sqrt{3}y^2 = \sqrt{3}(R^2 - x^2)$, 从而立体的体积为

$$V = \int_{-R}^{R} A_x \mathrm{d}x = \int_{-R}^{R} \sqrt{3}(R^2 - x^2) \mathrm{d}x = \frac{4\sqrt{3}}{3}R^3.$$

2. 旋转体的体积

一个平面图形绕同一平面内一条直线旋转一周而成的立体就称为**旋转体**, 其中的这条绕其旋转的直线称为**旋转轴**. 旋转体是一个立体, 上顶面和下底面是平行

的, 并且用和它们平行的平面去截该立体, 截面是个圆. 我们所熟悉的圆柱可以看作是由矩形绕着它的一条边旋转一周而成的立体, 因此圆柱是旋转体. 类似地, 圆锥、圆台以及球体均为旋转体.

一般地, 一个旋转体可以看作是由区间 $[a,b]$ 上的一条非负连续曲线 $y = f(x)$, 直线 $x = a, x = b$ 以及 x 轴所围成的曲边梯形绕 x 轴旋转一周而成的立体. 这时在任意点 x 处的截面是半径为 $f(x)$ 的圆面, 因此该截面的面积为 $A_x = \pi f^2(x)$, 从而利用公式 (6-5) 可知所求旋转体的体积为

$$V = \int_a^b A_x \mathrm{d}x = \int_a^b \pi f^2(x) \mathrm{d}x.$$

例 10 计算由椭圆 $\dfrac{x^2}{a^2} + \dfrac{y^2}{b^2} = 1$ 绕 x 轴旋转一周所得立体的体积.

解 先画出图形, 如图 6.14 所示, 在 x 处的截面圆的面积

$$A_x = \pi y^2 = \pi b^2 (1 - \dfrac{x^2}{a^2}),$$

所以,

$$V = 2 \int_0^a A_x \mathrm{d}x = 2 \int_0^a \pi b^2 (1 - \dfrac{x^2}{a^2}) \mathrm{d}x = \dfrac{4\pi}{3} ab^2.$$

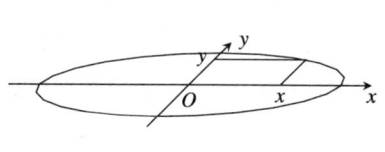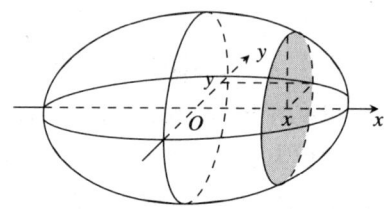

图 6.14

例 11 证明: 由平面图形 $0 \leqslant a \leqslant x \leqslant b, 0 \leqslant y \leqslant f(x)$ 绕 y 轴旋转所成的旋转体的体积为 $V = 2\pi \int_a^b x f(x) \mathrm{d}x$, 其中 $f(x)$ 是连续函数.

解 取坐标 x 为积分变量, 在任一点 x 处给定增量 $\mathrm{d}x$, 所引起的体积增量 ΔV 是小区间 $[x, x+\mathrm{d}x]$ 上相应的窄条图形绕 y 轴旋转所成的旋转体体积, 它近似于一个圆柱壳的体积, 柱壳高为 $f(x)$, 厚为 $\mathrm{d}x$, 底面圆周长为 $2\pi x$, 故其体积近似等于 $2\pi x f(x) \mathrm{d}x$, 即体积元素为 $\Delta V \approx \mathrm{d}V = 2\pi x f(x) \mathrm{d}x$, 从而由定积分的微元法知立体的体积为

$$V = \int_a^b \mathrm{d}V = 2\pi \int_a^b x f(x) \mathrm{d}x.$$

例 12 求摆线 $x = a(t - \sin t), y = a(1 - \cos t), a > 0$ 相应于 $0 \leqslant t \leqslant 2\pi$ 的一拱与 x 轴所围曲边梯形绕 y 轴旋转所成旋转体的体积.

解 根据公式

$$V = 2\pi \int_0^{2\pi a} xy \mathrm{d}x = 2\pi a^3 \int_0^{2\pi} (t - \sin t)(1 - \cos t)^2 \mathrm{d}t$$

$$= 8\pi a^3 \int_0^{2\pi} (t - \sin t) \sin^4 \frac{t}{2} dt$$

$$= 32\pi a^3 \int_0^{\pi} u \sin^4 u du - 32\pi a^3 \int_0^{\pi} \sin^5 u d(\sin u)$$

$$= 16\pi^2 a^3 \int_0^{\pi} \sin^4 u du - \frac{16}{3} \pi a^3 \left[\sin^6 u\right]_0^{\pi}$$

$$= 32\pi^2 a^3 \int_0^{\frac{\pi}{2}} \sin^4 u du = 32\pi^2 a^3 \times \frac{3}{4} \times \frac{1}{2} \times \frac{\pi}{2} = 6\pi^3 a^3.$$

例 13 计算曲线 $y = \sin x, y = \cos x (0 \leqslant x \leqslant \frac{\pi}{4})$ 与 y 轴所围成的图形绕 x 轴旋转所得旋转体的体积.

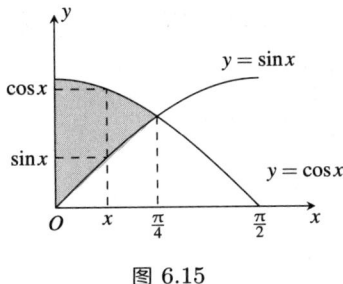

图 6.15

解 如图 6.15 所示，在 x 处的截面为圆环面，大圆半径为 $\cos x$，小圆半径为 $\sin x$，所以在 x 处的截面面积为

$$A_x = \pi \cos^2 x - \pi \sin^2 x.$$

旋转体体积为

$$V = \int_0^{\frac{\pi}{4}} A_x dx = \int_0^{\frac{\pi}{4}} [\pi \cos^2 x - \pi \sin^2 x] dx = \pi \int_0^{\frac{\pi}{4}} \cos 2x dx = \frac{\pi}{2}.$$

习 题 6-2

【A 组题】

1. 求下列曲线围成的图形的面积.

(1) $y = x^2, x = y^2$; (2) $y^2 = 2x + 1, y = x - 1$;

(3) $y = 4 - x^2, y = -x + 2$; (4) $y = 3 - x^2, y = 2x$;

(5) $y = \frac{1}{x}, y = x, x = 2$.

2. 计算旋转体的体积.

(1) 求曲线 $y=4-x^2$ 和 x 轴所围成的图形绕 x 轴旋转所得旋转体的体积.

(2) 求曲线 $y=e^x$, $x=1$, $x=2$ 及 x 轴所围的曲边梯形分别绕 x 轴和 y 轴旋转所得旋转体的体积.

(3) 求曲线 $y=\sin x$, $0 \leqslant x \leqslant \pi$ 与 x 轴所围的图形分别绕 x 轴和 y 轴旋转所得旋转体的体积.

(4) 求曲线 $y=\cos x$, $-\dfrac{\pi}{2} \leqslant x \leqslant \dfrac{\pi}{2}$ 与 x 轴所围成的图形分别绕 x 轴和 y 轴旋转所得旋转体的体积.

(5) 求曲线 $y=x^2$, $x=y^2$ 所围成的图形绕 y 轴旋转所得旋转体的体积.

(6) 求高为 H, 球半径为 R 的球缺 (如图 6.16 所示) 的体积.

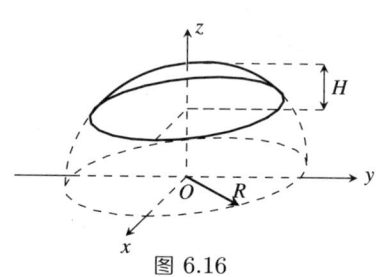

图 6.16

【B 组题】

1. 求例 12 中的摆线与 x 轴所围成的曲边梯形的面积.

2. 求 $y=\dfrac{x^3}{6}+\dfrac{1}{2x}$ 在 $x=1$ 与 $x=3$ 之间的弧长.

3. 求例 5 中的心形线的弧长.

4. 求抛物线 $y=-x^2+4x-3$ 及其在点 $(0,-3)$ 和 $(3,0)$ 处的切线围成的图形的面积.

5. 求曲线 $x^2+(y-5)^2=16$ 所围成的图形绕 x 轴旋转所得旋转体的体积.

6. 由 $y=x^3$, $x=2$, $y=0$ 所围成的图形分别绕 x 轴和 y 轴旋转, 计算所得的两个旋转体的体积.

7. 求圆盘 $x^2+y^2=a^2$ 绕 $x=-b(b>a>0)$ 旋转所得旋转体的体积.

8. 设有抛物线 $C:y=a-bx^2$, $a>0,b>0$. 试确定常数 a 和 b, 使得 C 与直线 $y=x+1$ 相切, 且 C 与 x 轴围成的图形绕 y 轴旋转所得旋转体的体积最大.

9. 设 $y=f(x)$ 和 $y=g(x)$ 在区间 $[a,b]$ 上连续, 且 $g(x)<f(x)<m$, 求曲线 $y=f(x)$, $y=g(x)$, $x=a$ 和 $x=b$ 围成的图形绕 $y=m$ 旋转所得旋转体的体积.

10. 证明: 曲线 $y=\sin x$ 的一个周期的弧长等于椭圆 $2x^2+y^2=2$ 的周长.

11. 求曲线 $y=\displaystyle\int_0^x \tan t \, dt$, $0 \leqslant x \leqslant \dfrac{\pi}{4}$ 的弧长.

12. 过坐标原点作曲线 $y=\ln x$ 的切线, 该切线与曲线 $y=\ln x$ 及 x 轴围成平面

图形 D.

(1) 求 D 的面积；

(2) 求 D 绕直线 $x=\mathrm{e}$ 旋转一周所得旋转体的体积 V.

§6.3 定积分在物理学上的应用

定积分在物理学中也有着极其广泛的应用. 在物理问题中通常所遇到的物理量具有连续性, 若所求的物理量又具有可加性, 则考虑使用定积分来求解. 这时的关键点就是确定微元与变化区间.

一、变力沿直线所做的功

该部分内容需要用到一个基本的物理公式 $W=F\cdot s$, 其中 F 代表一个恒力, s 代表物体在这个力作用下沿力的方向所移动的距离, 那么二者的乘积 $F\cdot s$ 就表示力 F 对物体所做的功.

然而, 如果物体在运动过程中所受到的力是连续变化的, 那么问题就是变力做功, 这时该如何计算变力所做的功呢? 由于力 $F(s)$ 是随 s 变化的连续量, 同时功具有可加性, 因此该问题可使用定积分解决, 关键是找功微元. 将总距离 s 分割成若干小段, 在每个小段上的变力可近似为恒力, 二者的乘积就是功微元 $\mathrm{d}W=F(s)\mathrm{d}s$, 继而对功微元积分即可求得变力所做的功.

综上, 我们可以列出力 F 作用在物体上的功为

(1) 恒力做功: $W=F\cdot s$.

(2) 变力做功:
$$W=\int_a^b F(s)\mathrm{d}s, \tag{6-6}$$

其中积分下限 a, 上限 b 取决于物体位移的起始位置.

例 1 由实验知道, 弹簧在拉伸过程中, 需要的力 F(单位: N) 与伸长量 s(单位: cm) 成正比, 即 $F=ks$(k 为比例系数), 计算把弹簧由原长拉伸 l cm 所做的功.

解 设弹簧原始状态起点 $s=0$, 则受到力 F 作用后变为 $s=l$, 这是一个变力做功问题, 可直接使用公式 (6-6) 来求解:
$$W=\int_a^b F(s)\mathrm{d}s=\int_0^l ks\mathrm{d}s=\frac{1}{2}kl^2.$$

例2 把一个带 $+q$ 电荷量的点电荷放在 r 轴上坐标原点 O 处,它会产生一个电场,这个电场对周围的电荷有作用力. 由物理学知道,如果有一个单位正电荷放在这个电场中距离原点 O 为 r 的地方,那么电场对它的作用力的大小为 $F = \dfrac{kq}{r^2}$ (k 为常数),当这个单位正电荷在电场中从 $r=a$ 处沿 r 轴移动到 $r=b(a<b)$ 处时,计算电场力 F 对它所做的功.

解 在上述移动过程中,电场对该单位正电荷的作用力随距离的变化而发生改变,属于变力做功. 由公式 (6-6) 可知所求的功为

$$W = \int_a^b k\frac{q}{r^2}\mathrm{d}r = kq\left(\frac{1}{a} - \frac{1}{b}\right).$$

在计算静电场中某点的电位时,要考虑将单位正电荷从该点处 $(r=a)$ 移到无穷远处 $(r=+\infty)$ 时电场力所做的功 W,此时,电场力对该电荷做的功就是无穷限积分

$$W = \int_a^{+\infty} k \cdot \frac{q}{r^2}\mathrm{d}r = \frac{kq}{a}.$$

例3 半径为 r 的球沉入水中,球的上部与水面相切,球的比重为 1,现将该球从水中取出,需做多少功?

解 首先建立坐标系,如图 6.17 所示,将高为 s 的球缺取出水面,所需的力 $F(s) = G - \tilde{F}$,其中 $G = \dfrac{4\pi r^3}{3} \times 1 \times g$ 是球的重力,$\tilde{F}$ 表示将球缺取出之后,仍浸在水中的另一部分球缺所受的浮力. 由球缺公式 $V = \pi s^2 \left(r - \dfrac{s}{3}\right)$ 可得

$$\tilde{F} = \left(\frac{4}{3}\pi r^3 - V\right) \times 1 \times g,$$

从而

$$F(s) = \pi s^2 \left(r - \frac{s}{3}\right) g, \quad s \in [0, 2r].$$

很明显,$F(s)$ 表示取出水面的球缺的重力,即仅有重力做功,而浮力并未做功,且这是一个变力,因此从水中将球取出所做的功等于变力 $F(s)$ 从 $s=0$ 改变到 $s=2r$ 所做的功. 直接利用公式 (6-6) 即可求得所求的功

$$W = \int_0^{2r} \pi g s^2 \left(r - \frac{s}{3}\right)\mathrm{d}s = g\left[\frac{\pi r}{3}s^3 - \frac{\pi}{12}s^4\right]_0^{2r} = \frac{4}{3}\pi g r^4.$$

二、水压力

从物理学知道,水深为 h 处的压强为 $p = \gamma h$,这里 γ 为水的比重. 如果有一面积为 A 的平板水平放置在水深为 h 处,那么平板一侧所受的水压力为

$$P = p \cdot A.$$

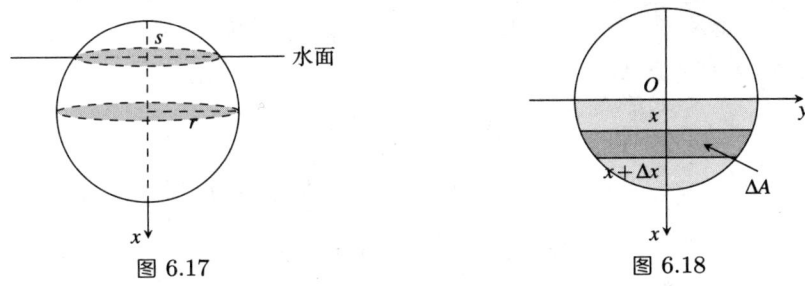

图 6.17　　　　　　　　　　图 6.18

如果平板并非水平地放置在水中,那么由于水深不同之处的压强不相等,它随深度 h 连续变化,此时,平板一侧所受的水压力就可使用定积分来计算.

例 4　如图 6.18 所示为管道的圆形闸门 (半径为 3 m),计算水平面齐及直径时,闸门所受到的水的压力 (设水的比重为 v).

解　取圆心为原点,建立坐标系,此时圆的方程为 $x^2+y^2=9$. 由于在相同深度处水的压强相同,其值等于水的比重与深度的乘积,故当 Δx 很小时,从深度 x 到 $x+\Delta x$ 的狭条 ΔA 上所受的压力为

$$\Delta P \approx \mathrm{d}P = 2vx\sqrt{9-x^2}\mathrm{d}x.$$

而总压力是各个狭条所受压力之和,因此

$$P = \int_0^3 2vx\sqrt{9-x^2}\mathrm{d}x = 18v.$$

三、引力

由物理学可知,质量为 m_1, m_2 相距为 r 的两个质点间的引力大小为 $F = k\dfrac{m_1 m_2}{r^2}$,其中 k 为引力系数,引力的方向沿着两质点的方向.

若要计算一根细棒对一个质点的引力,由于细棒上各点与该质点的距离是变化的,且各点对该质点的引力方向也是变化的,则可使用定积分来计算.

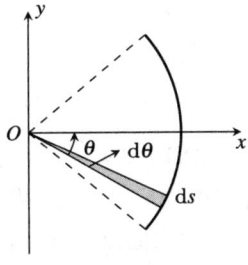

图 6.19

例 5　设有一半径为 R,中心角为 φ 的圆弧形细棒,其线密度为常数 ρ,在圆心处有一质量为 m 的质点 M,试求该细棒对质点 M 的引力.

解　建立直角坐标系,如图 6.19 所示,质点 M 位于坐标原点,该圆弧的参数方程为

$$\begin{cases} x = R\cos\theta, \\ y = R\sin\theta, \end{cases} -\frac{\varphi}{2} \leqslant \theta \leqslant \frac{\varphi}{2}.$$

在圆弧细棒上截取一小段，其长度为 ds，质量为 ρds，到原点的距离为 R，其夹角为 dθ，对质点 M 的引力 ΔF 的大小约为

$$\Delta F \approx k\frac{m\rho \mathrm{d}s}{R^2}.$$

ΔF 在水平方向（即 x 轴）上的分力 ΔF_x 的近似值为 $\Delta F_x \approx k\frac{m\rho \mathrm{d}s}{R^2}\cos\theta$，而

$$\mathrm{d}s = \sqrt{(\mathrm{d}x)^2 + (\mathrm{d}y)^2} = R\mathrm{d}\theta,$$

于是，我们得到了细棒对质点的引力在水平方向上的分力 F_x 的元素为

$$\mathrm{d}F_x = k\frac{m\rho}{R}\cos\theta \mathrm{d}\theta,$$

故

$$F_x = \int_{-\frac{\varphi}{2}}^{\frac{\varphi}{2}} \mathrm{d}F_x = \int_{-\frac{\varphi}{2}}^{\frac{\varphi}{2}} k\frac{m\rho}{R}\cos\theta \mathrm{d}\theta = \frac{2km\rho}{R}\sin\frac{\varphi}{2}.$$

类似地，

$$F_y = \int_{-\frac{\varphi}{2}}^{\frac{\varphi}{2}} \mathrm{d}F_y = \int_{-\frac{\varphi}{2}}^{\frac{\varphi}{2}} k\frac{m\rho}{R}\sin\theta \mathrm{d}\theta = 0.$$

因此，引力的大小为 $\frac{2km\rho}{R}\sin\frac{\varphi}{2}$，而方向指向圆弧的中心.

习 题 6-3

【A 组题】

1. 一物体以速度 $v(t) = 2t^2$ m/s 做直线运动，媒质的阻力 F（单位：N）与速度 v 的关系为 $F = 0.7v^2$，试求在时刻 $t = 0$ s 到 $t = 2$ s 这段时间内阻力做的功.

2. 底面积为 S 的圆柱形容器盛有一定量的气体，在等温条件下，由于气体的膨胀，容器中的一个活塞（截面面积为 S）从点 a 处被推移到点 b 处，计算在移动过程中气体压力所做的功.

3. 一圆柱形的储水桶高为 5 m，底面半径为 3 m，桶内盛满了水，求把桶内的水全部吸出需要做多少功.

4. 有一个横放着的圆柱形水桶，桶内盛有半桶水. 设桶的底面半径为 R，水的比重为 γ，请计算桶的一个端面所受的压力.

第 7 章　向量代数与空间解析几何

向量最初被应用于物理学,很多物理量如力、速度、位移以及电场强度、磁感应强度都可以用向量表示. 大约公元前 350 年前, 古希腊著名学者亚里士多德就知道了力可以表示成向量, 两个力的组合作用可用著名的平行四边形法则来得到. 历史上很长一段时间内, 空间的向量结构并没有被数学家们所认识, 直到 19 世纪末 20 世纪初, 人们才把空间的性质与向量的运算联系起来, 使之成为一套完整的数学体系.

§7.1　向　量　代　数

一、向量的几何表示

在物理学中, 力、速度、位移是既有大小又有方向的量, 像这种既有大小又有方向的量我们称为**向量**, 通常用一个有向线段 **AB** 或者 **a** 表示. 有向线段的长度 |**AB**| 称为向量 **AB** 的模长. 如果两个向量 **a** 和 **b** 的大小和方向相同, 无论起点如何, 它们都是相等的. 零向量是模长为零, 没有固定方向的向量.

任给两个向量 **a**, **b**, O 是坐标原点, 作 **OA** = **a**, **AB** = **b**, 则从第一个向量始点指向第二个向量终点的向量 **OB** 称为 **OA** 与 **AB** 的**和向量**, 记作 **a**+**b**, 又称**三角形法则**, 如图 7.1 所示.

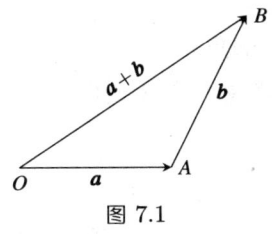

图 7.1

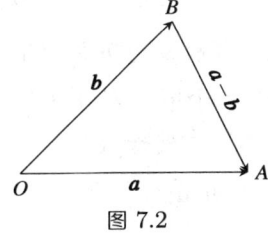

图 7.2

用 $-\boldsymbol{a}$ 表示 $\boldsymbol{a}$ 的**反向量**, 即与 $\boldsymbol{a}$ 模长相等, 但方向相反. 利用反向量可以定义向量的减法即 $\boldsymbol{a}-\boldsymbol{b}=\boldsymbol{a}+(-\boldsymbol{b})$. 如图 7.2 所示,

$$\boldsymbol{a}-\boldsymbol{b}=\boldsymbol{OA}-\boldsymbol{OB}=-\boldsymbol{AO}-\boldsymbol{OB}=-\boldsymbol{AB}=\boldsymbol{BA}.$$

向量的加法满足交换律 $\boldsymbol{a}+\boldsymbol{b}=\boldsymbol{b}+\boldsymbol{a}$ 和结合律 $(\boldsymbol{a}+\boldsymbol{b})+\boldsymbol{c}=\boldsymbol{a}+(\boldsymbol{b}+\boldsymbol{c})$, 如图 7.3 所示.

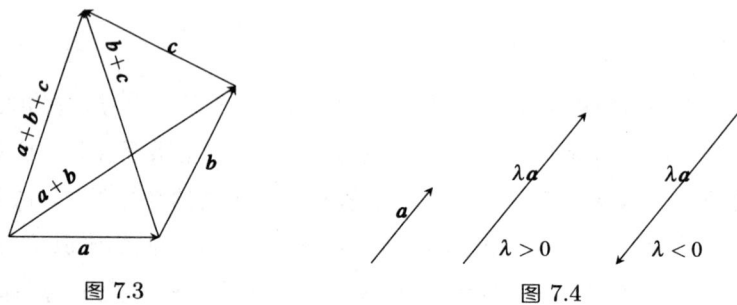

图 7.3　　　　图 7.4

向量的**数乘**运算是指实数和向量的乘积仍是一个向量, 记作 $\lambda\boldsymbol{a}$, 它的方向规定如下 (如图 7.4 所示): 当 $\lambda>0$ 时, $\lambda\boldsymbol{a}$ 与 $\boldsymbol{a}$ 同向; 当 $\lambda<0$, $\lambda\boldsymbol{a}$ 与 $\boldsymbol{a}$ 反向. 它的模长为 $|\lambda||\boldsymbol{a}|$. 特别地, 当 $\lambda=0$ 时, $\lambda\boldsymbol{a}$ 就是零向量.

数乘运算满足下面的运算律:

(1) $1\cdot\boldsymbol{a}=\boldsymbol{a}$;

(2) $\lambda(\mu\boldsymbol{a})=\mu(\lambda\boldsymbol{a})$;

(3) $(\lambda+\mu)\boldsymbol{a}=\lambda\boldsymbol{a}+\mu\boldsymbol{a}, \lambda(\boldsymbol{a}+\boldsymbol{b})=\lambda\boldsymbol{a}+\lambda\boldsymbol{b}$.

向量的加法和数乘称为向量的线性运算. 如果一个集合, 规定了其上的加法和数乘运算, 并且这两个运算是封闭的, 那么称这个集合为**线性空间**.

例 1　设 $\boldsymbol{a}=\boldsymbol{e}_1+2\boldsymbol{e}_2-\boldsymbol{e}_3, \boldsymbol{b}=3\boldsymbol{e}_1-2\boldsymbol{e}_2+2\boldsymbol{e}_3$, 求 $\boldsymbol{a}+\boldsymbol{b}$.

解　$\boldsymbol{a}+\boldsymbol{b}=(\boldsymbol{e}_1+2\boldsymbol{e}_2-\boldsymbol{e}_3)+(3\boldsymbol{e}_1-2\boldsymbol{e}_2+2\boldsymbol{e}_3)=4\boldsymbol{e}_1+\boldsymbol{e}_3$.

设 $\boldsymbol{a}$ 为非零向量, $\dfrac{\boldsymbol{a}}{|\boldsymbol{a}|}$ 是与 $\boldsymbol{a}$ 同向的单位向量, 表示为 $\boldsymbol{a}^0$, 称为 $\boldsymbol{a}$ 的单位化.

对于两个非零向量 $\boldsymbol{a}$ 与 $\boldsymbol{b}$, 如果存在 λ, 使得 $\boldsymbol{a}=\lambda\boldsymbol{b}$, 那么称 $\boldsymbol{a},\boldsymbol{b}$ 共线. 我们约定零向量和任意向量共线.

为了更好地描述向量的模长和夹角, 我们首先引入向量的一个运算"内积":

$$\boldsymbol{a}\cdot\boldsymbol{b}=|\boldsymbol{a}||\boldsymbol{b}|\cos\angle(\boldsymbol{a},\boldsymbol{b}),$$

其中 $\angle(\boldsymbol{a},\boldsymbol{b})$ 表示 $\boldsymbol{a}$ 与 $\boldsymbol{b}$ 所夹的在 $[0,\pi]$ 范围内的角. 这个"内积"称为**数量积**. 在物理学中, 一个恒力 $\boldsymbol{F}$ 沿着位移 $\boldsymbol{s}$ 所做的功就是 $\boldsymbol{F}$ 与 $\boldsymbol{s}$ 的内积. 可以验证, 内积满足对称性、双线性, 即

(1) $\boldsymbol{a}\cdot\boldsymbol{b}=\boldsymbol{b}\cdot\boldsymbol{a}$;

(2) $(\lambda \boldsymbol{a}) \cdot \boldsymbol{b} = \lambda(\boldsymbol{a} \cdot \boldsymbol{b})$;

(3) $(\boldsymbol{a}+\boldsymbol{b}) \cdot \boldsymbol{c} = \boldsymbol{a} \cdot \boldsymbol{c} + \boldsymbol{b} \cdot \boldsymbol{c}$.

约定零向量与任意向量垂直. 显然, $\boldsymbol{a}$ 与 $\boldsymbol{b}$ 垂直等价于 $\boldsymbol{a} \cdot \boldsymbol{b} = 0$.

除了用数量积刻画两向量垂直以外, 还可以利用数量积求向量的模长 $|\boldsymbol{a}| = \sqrt{\boldsymbol{a} \cdot \boldsymbol{a}} = \sqrt{\boldsymbol{a}^2}$, 两非零向量的夹角 $\cos \theta = \dfrac{\boldsymbol{a} \cdot \boldsymbol{b}}{|\boldsymbol{a}||\boldsymbol{b}|}$.

对于空间两向量的平行, 内积无法刻画, 我们可以引入向量的另一种乘法——**向量积**. 对于两向量 $\boldsymbol{a}$ 与 $\boldsymbol{b}$, 我们定义 $\boldsymbol{a} \times \boldsymbol{b}$ 是一个向量, 它的模长为
$$|\boldsymbol{a} \times \boldsymbol{b}| = |\boldsymbol{a}||\boldsymbol{b}| \sin \angle(\boldsymbol{a}, \boldsymbol{b}),$$
垂直于 $\boldsymbol{a}$ 与 $\boldsymbol{b}$, 且 $\boldsymbol{a}, \boldsymbol{b}, \boldsymbol{a} \times \boldsymbol{b}$ 三向量构成右手系[①], 如图 7.5 所示. 从几何角度看, $\boldsymbol{a} \times \boldsymbol{b}$ 的模长表示以 $\boldsymbol{a}$ 和 $\boldsymbol{b}$ 为邻边的平行四边形的面积.

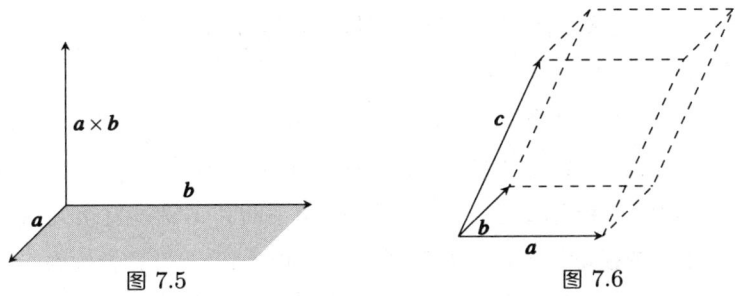

图 7.5　　　　　　图 7.6

同样约定, 零向量和任意向量的向量积为零向量. 这样两向量 $\boldsymbol{a}$ 和 $\boldsymbol{b}$ 平行等价于 $\boldsymbol{a} \times \boldsymbol{b} = \boldsymbol{0}$. 可以验证, 向量积满足反对称性、双线性、Jacobi 恒等式, 即

(1) $\boldsymbol{a} \times \boldsymbol{b} = -\boldsymbol{b} \times \boldsymbol{a}$;

(2) $(\lambda \boldsymbol{a} + \mu \boldsymbol{b}) \times \boldsymbol{c} = \lambda \boldsymbol{a} \times \boldsymbol{c} + \mu \boldsymbol{b} \times \boldsymbol{c}$;

(3) $\boldsymbol{a} \times (\boldsymbol{b} \times \boldsymbol{c}) + \boldsymbol{b} \times (\boldsymbol{c} \times \boldsymbol{a}) + \boldsymbol{c} \times (\boldsymbol{a} \times \boldsymbol{b}) = \boldsymbol{0}$.

另外, 为了计算方便, 在解析几何中还引入了混合积的概念. 给定三个向量 $\boldsymbol{a}, \boldsymbol{b}, \boldsymbol{c}$, 定义它们的**混合积**为
$$(\boldsymbol{a}, \boldsymbol{b}, \boldsymbol{c}) = \boldsymbol{a} \cdot (\boldsymbol{b} \times \boldsymbol{c}).$$

如图 7.6 所示, 几何上, $\boldsymbol{a}, \boldsymbol{b}, \boldsymbol{c}$ 的混合积表示以向量 $\boldsymbol{a}, \boldsymbol{b}, \boldsymbol{c}$ 为棱的平行六面体的 "体积", 当这三个向量构成右手系时, 符号为正, 否则为负. 显然, $\boldsymbol{a}, \boldsymbol{b}, \boldsymbol{c}$ 共面等价于 $(\boldsymbol{a}, \boldsymbol{b}, \boldsymbol{c}) = 0$.

二、向量的坐标表示

解析几何的创始人勒奈·笛卡尔 (Rene Descartes) 在三维空间中建立了直角坐标系, 它的建立使得几何图形的表示进一步量化.

[①] 将右手的拇指、食指和中指伸开, 使拇指垂直于食指和中指. 若食指与中指分别指向 $\boldsymbol{a}$ 和 $\boldsymbol{b}$ 的方向时, $\boldsymbol{c}$ 的方向与拇指指向相同, 则称 $\boldsymbol{a}, \boldsymbol{b}, \boldsymbol{c}$ 构成右手系.

图 7.7

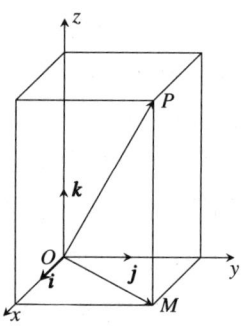
图 7.8

比如现在的 3D 打印技术，是以数字模型文件为基础，运用粉末状金属或塑料等可黏合材料，通过逐层打印的方式来构造物体的技术. 该技术在珠宝、工业设计、建筑、汽车、航空航天、医疗以及其他领域都有所应用. 如图 7.7 所示为 3D 打印机在打印作品.

什么是空间直角坐标系呢？空间直角坐标系由三个在原点垂直相交的坐标轴构成. 在空间中任取一点记为 O，过 O 依次作 x 轴，y 轴和 z 轴，使它们依次构成右手系. 对空间中任意点 P，过 P 一定存在一个平面和 x 轴垂直相交，这个交点称为 P 点在 x 轴上的投影. 记 P 点在 x 轴，y 轴和 z 轴上的投影坐标为 x, y, z，称三元组 (x, y, z) 为 P 点坐标，如图 7.8 所示. 我们分别在 x 轴，y 轴和 z 轴上取定单位向量 $\boldsymbol{i}, \boldsymbol{j}, \boldsymbol{k}$，使其方向与坐标轴正向相同. 此时，我们可以称此坐标系为 $\{O; \boldsymbol{i}, \boldsymbol{j}, \boldsymbol{k}\}$. 根据向量加法，我们得到向量 $\boldsymbol{OP}$ 恰好可以表示为

$$\boldsymbol{OP} = x\boldsymbol{i} + y\boldsymbol{j} + z\boldsymbol{k},$$

称其为向量 $\boldsymbol{OP}$ 的**分解式**. 在空间中，任意向量 $\boldsymbol{a}$ 都有关于坐标向量的分解式

$$\boldsymbol{a} = x\boldsymbol{i} + y\boldsymbol{j} + z\boldsymbol{k}.$$

我们将向量 $\boldsymbol{a}$ 和 (x, y, z) 等同起来. 设 $\boldsymbol{a}_i = (x_i, y_i, z_i)(i = 1, 2, 3)$，由向量的代数运算可以得到下列运算法则：

(1) $\boldsymbol{a}_1 + \boldsymbol{a}_2 = (x_1 + x_2, y_1 + y_2, z_1 + z_2)$;

(2) $\lambda \boldsymbol{a} = (\lambda x, \lambda y, \lambda z)$;

(3) $\boldsymbol{a}_1 \cdot \boldsymbol{a}_2 = x_1 x_2 + y_1 y_2 + z_1 z_2$;

(4) $\boldsymbol{a}_1 \times \boldsymbol{a}_2 = \begin{vmatrix} \boldsymbol{i} & \boldsymbol{j} & \boldsymbol{k} \\ x_1 & y_1 & z_1 \\ x_2 & y_2 & z_2 \end{vmatrix} = \left(\begin{vmatrix} y_1 & z_1 \\ y_2 & z_2 \end{vmatrix}, \begin{vmatrix} z_1 & x_1 \\ z_2 & x_2 \end{vmatrix}, \begin{vmatrix} x_1 & y_1 \\ x_2 & y_2 \end{vmatrix} \right)$;

(5) $(\boldsymbol{a}_1, \boldsymbol{a}_2, \boldsymbol{a}_3) = \begin{vmatrix} x_1 & y_1 & z_1 \\ x_2 & y_2 & z_2 \\ x_3 & y_3 & z_3 \end{vmatrix}.$

习 题 7-1

【A 组题】

1. 设向量 $\boldsymbol{a}$ 和 $\boldsymbol{b}$ 垂直, 向量 $\boldsymbol{c}$ 与 $\boldsymbol{a}, \boldsymbol{b}$ 两向量的夹角都是 $60°$, 并且 $|\boldsymbol{a}| = 1$, $|\boldsymbol{b}| = 2$, $|\boldsymbol{c}| = 3$. 计算:

(1) $|\boldsymbol{a} + \boldsymbol{b}|$;

(2) $(3\boldsymbol{a} - 2\boldsymbol{b}) \cdot (\boldsymbol{b} - 3\boldsymbol{c})$;

(3) $(\boldsymbol{a} + 2\boldsymbol{b} - \boldsymbol{c})^2$.

2. 设向量 $\boldsymbol{a}$ 和 $\boldsymbol{b}$ 满足 $|\boldsymbol{a}| = 1$, $|\boldsymbol{b}| = 5$, $\boldsymbol{a} \cdot \boldsymbol{b} = 3$, 试求 $|\boldsymbol{a} \times \boldsymbol{b}|$.

3. 设在坐标系 $\{O; \boldsymbol{i}, \boldsymbol{j}, \boldsymbol{k}\}$ 下, $\boldsymbol{a} = (0, -1, 0)$, $\boldsymbol{b} = (1, 2, 3)$, $\boldsymbol{c} = (2, 0, 1)$, 求 $\boldsymbol{a} + 2\boldsymbol{b} - 3\boldsymbol{c}$, $\boldsymbol{b} \times \boldsymbol{c}$, $(\boldsymbol{a}, \boldsymbol{b}, \boldsymbol{c})$.

4. 设在坐标系 $\{O; \boldsymbol{i}, \boldsymbol{j}, \boldsymbol{k}\}$ 下, $\boldsymbol{a} = (1, 2, 3)$, $\boldsymbol{b} = (2, -1, 0)$, $\boldsymbol{c} = (0, 5, 6)$, 试判定 $\boldsymbol{a}, \boldsymbol{b}, \boldsymbol{c}$ 是否共面.

5. 设 $M_1(1, -1, 2)$, $M_2(3, 3, 1)$, $M_3(3, 1, 3)$, 求与 $\boldsymbol{M_1 M_2}$ 和 $\boldsymbol{M_2 M_3}$ 都垂直的向量.

§7.2 空间曲面和曲线

生活中有各种曲面, 比如篮球的表面、管道的表面、桌面等. 曲面理论被广泛应用于机械制造、光学研究、建筑设计、地理信息系统 (GIS) 和建模设计等.

一、曲面的定义

在欧氏空间 $\mathbf{R}^3$ 中, 给定一个曲面, 如图 7.9 所示, 如何准确描述该曲面呢? 在给定坐标系下, 若方程 $F(x, y, z) = 0$ 或者 $z = f(x, y)$ 与曲面 Σ 有如下关系:

(1) Σ 上的点的坐标满足方程;

(2) 坐标满足方程的点都在 Σ 上,

则方程 $F(x,y,z) = 0$ 或者 $z = f(x,y)$ 称为 Σ 的一般方程, 而曲面 Σ 称为 $F(x,y,z) = 0$ 的图形.

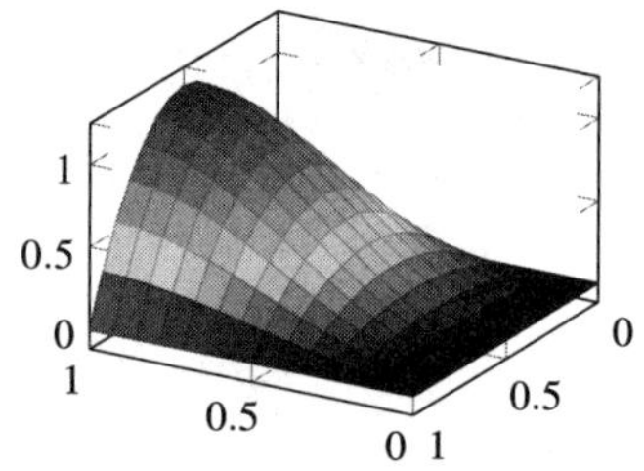

下面我们来介绍几个常见的曲面.

例 1 坐标面 xOy 的方程为 $z = 0$.

图 7.9

例 2 已知点 $A(1,2,3)$ 和 $B(2,-1,4)$, 求线段 AB 的中垂面的方程.

解 设中垂面为 π, 任取 $P(x,y,z) \in \pi$, 由题意可知 $|AP| = |BP|$, 即
$$\sqrt{(x-1)^2 + (y-2)^2 + (z-3)^2} = \sqrt{(x-2)^2 + (y+1)^2 + (z-4)^2},$$
化简得 $2x - 6y + 2z - 7 = 0$.

例 3 求中心在 $M_0(x_0, y_0, z_0)$, 半径为 R 的球面方程.

解 设 M 是球面 Σ 上任意一点, 那么由球的性质, $|M_0 M| = R$, 即
$$\sqrt{(x-x_0)^2 + (y-y_0)^2 + (z-z_0)^2} = R,$$
所以 $x^2 + y^2 + z^2 - 2x_0 x - 2y_0 y - 2z_0 z + (x_0^2 + y_0^2 + z_0^2 - R^2) = 0$.

二、旋转曲面与柱面

如何才能构造一个曲面呢? 我们前面讲过的球面, 从动态的角度看, 可以理解为经线绕直径旋转一周得到的曲面. 可以想象, 一条曲线 (称作**母线**) 绕一条直线 (称作**轴**) 旋转可以得到一个曲面, 称为**旋转曲面**, 如图 7.10 所示. 在本节仅讨论坐标面曲线绕坐标轴旋转所得的旋转曲面.

图 7.10

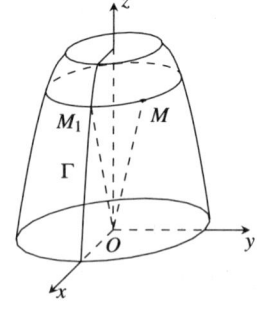

图 7.11

设 $f(x,z) = 0$ 表示坐标面 xOz 上的一条曲线 Γ. 它绕 z 轴旋转得到的一张曲面, 如图 7.11 所示. 那么曲面上的点满足什么样的条件呢? 设 $M(x,y,z)$ 为曲面上一点, 根据旋转曲面的构造, 一定存在母线 Γ 上一点 $M_1(x_1, 0, z_1)$ 满足它们在 z

轴上的投影是相等的, 所以 $z = z_1$; 另外, M 在旋转过程中到原点的距离不变, 即 $|\boldsymbol{OM}| = |\boldsymbol{OM}_1|$, 由于 $|\boldsymbol{OM}| = \sqrt{|\boldsymbol{OM}|^2} = \sqrt{x^2+y^2+z^2}$, $|\boldsymbol{OM}_1| = \sqrt{|\boldsymbol{OM}_1|^2} = \sqrt{x_1^2+z_1^2}$, 所以

$$x^2+y^2+z^2 = x_1^2+z_1^2,$$

解得 $x_1 = \pm\sqrt{x^2+y^2}$, 代入母线方程, 有 $f(\pm\sqrt{x^2+y^2},z) = 0$, 这就是旋转曲面方程.

观察这个结果, 坐标面曲线 $f(x,z) = 0$ 绕坐标轴 z 旋转, 得到的旋转曲面的方程, 就是将曲线 $f(x,z) = 0$ 中的 x 换成 $\pm\sqrt{x^2+y^2}$. 类似地, yOz 平面上的曲线 $f(y,z) = 0$ 绕 z 轴旋转一周得到的曲面, 其方程为 $f(\pm\sqrt{x^2+y^2},z) = 0$.

从另一个角度看, 如果某曲面的方程中含有 x^2+y^2, x^2+z^2 或 y^2+z^2, 那么它有可能是旋转曲面.

例 4 将 xOz 面上的曲线 $a^2x^2 - c^2z^2 = 9$ 绕 z 轴 (或者 x 轴) 旋转一周, 求所生成的旋转曲面方程.

解 曲线 $a^2x^2 - c^2z^2 = 9$ 是坐标面曲线, 它绕坐标轴 z 轴旋转, 所以根据上面的分析, 只需在方程 $a^2x^2 - c^2z^2 = 9$ 中保持 z 不变, 而将 x 用 $\pm\sqrt{x^2+y^2}$ 代替, 就得到旋转曲面的方程

$$a^2(\pm\sqrt{x^2+y^2})^2 - c^2z^2 = 9, 即 a^2x^2 + a^2y^2 - c^2z^2 = 9.$$

例 5 将 xOz 面上的曲线 $x = 2$ 绕 z 轴旋转一周, 求生成的旋转曲面方程.

解 在方程 $x = 2$ 中保留 z 不变, 而将 x 用 $\pm\sqrt{x^2+y^2}$ 代替, 就得到旋转曲面的方程 $\pm\sqrt{x^2+y^2} = 2$, 即 $x^2+y^2 = 4$. 它是平行于 z 轴的圆柱面, 如图 7.12 所示.

例 6 将 xOz 面上的曲线 $x = z$ 绕 z 轴旋转一周, 求生成的旋转曲面方程.

解 在方程 $x = z$ 中保留 z 不变, 而将 x 用 $\pm\sqrt{x^2+y^2}$ 代替, 就得到旋转曲面的方程 $\pm\sqrt{x^2+y^2} = z$, 即 $x^2+y^2 = z^2$, 如图 7.13 所示.

换个角度考虑例 5 中圆柱面的生成方式, 我们可以认为是一个圆沿着某个方向平行移动生成的. **一条直线 (称为母线) 沿某一曲线 (称为准线) 平行移动生成的**

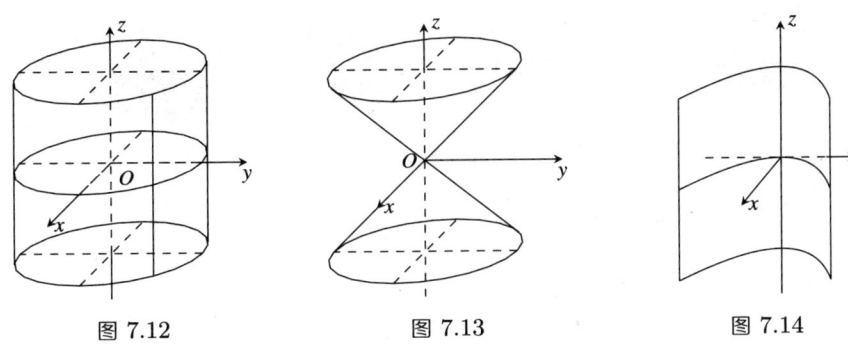

图 7.12　　　　图 7.13　　　　图 7.14

曲面我们称为柱面.

一般地, 一个只含 x, y 而不含 z 的方程 $F(x, y) = 0$, 在空间直角坐标系中表示一个柱面, 该柱面的母线平行于 z 轴, 准线是 xOy 平面中的曲线 $F(x, y)$. 类似地, 只含 y, z 而不含 x 的方程 $G(y, z) = 0$ 表示母线平行于 x 轴的柱面.

例 7 方程 $y^2 = 2x$ 表示空间中平行于 z 轴的**抛物柱面**. 它是 z 轴沿 xOy 面上的曲线 $y^2 = 2x$ 平行移动得到的, 如图 7.14 所示.

三、二次曲面

上述例 4, 例 5, 例 6 和例 7 中的曲面有个共同特点, 其方程都是 x, y, z 的三元二次方程 (允许缺变量). 一般地, 我们称三元二次方程 $F(x, y, z) = 0$ 表示的曲面为**二次曲面**. 非退化的二次曲面一共有下面 9 种, 如图 7.15 所示.

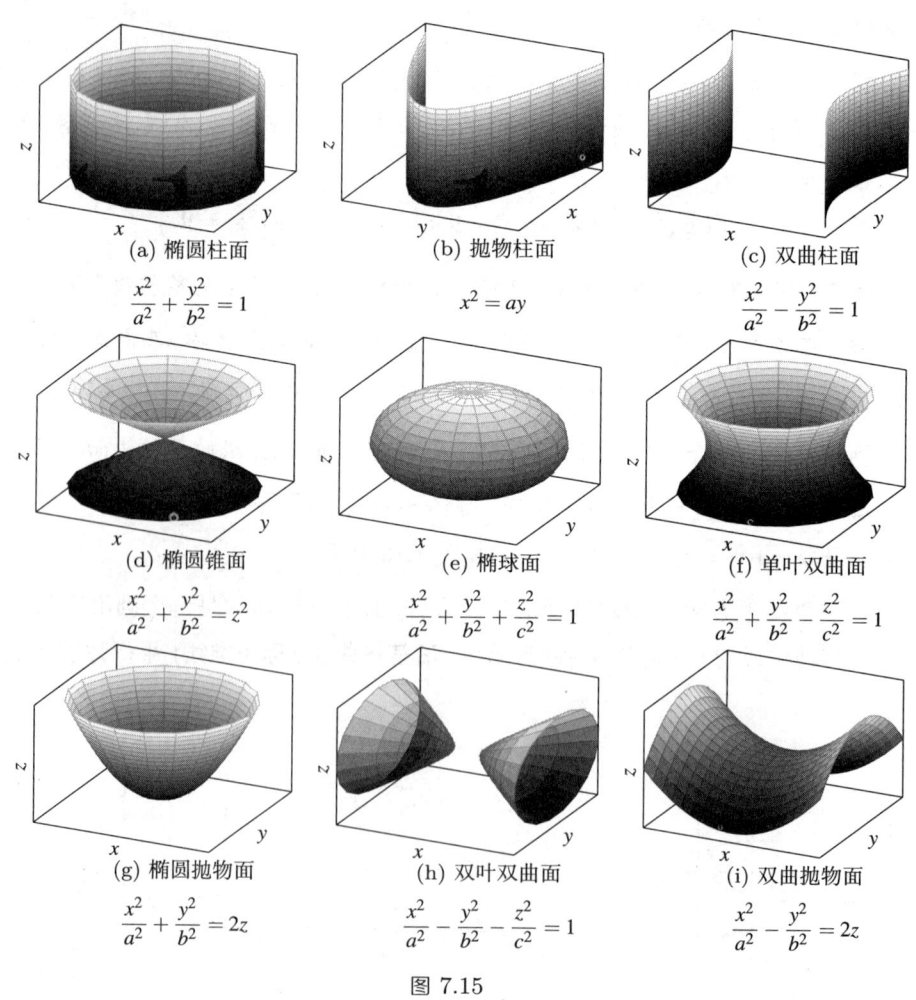

图 7.15

注 (1) 实际上，上述 9 种二次曲面已经涵盖了所有非退化的二次曲面. 所谓的退化一般指如下两种情况: 曲面的方程可以因式分解, 如方程 $(x+y)^2 - z^2 = 0$, 表示两张平面 $x+y-z = 0$ 和 $x+y+z = 0$; 方程只能表示有限个点, 如 $x^2+y^2+z^2 = 0$, 只表示原点.

(2) 其他三元二次方程所描述的非退化二次曲面都可以通过平移、旋转、坐标轴拉伸等转化为上述 9 种中的某一种. 下面, 我们仅以双曲抛物面的旋转为例, 说明这一转化过程.

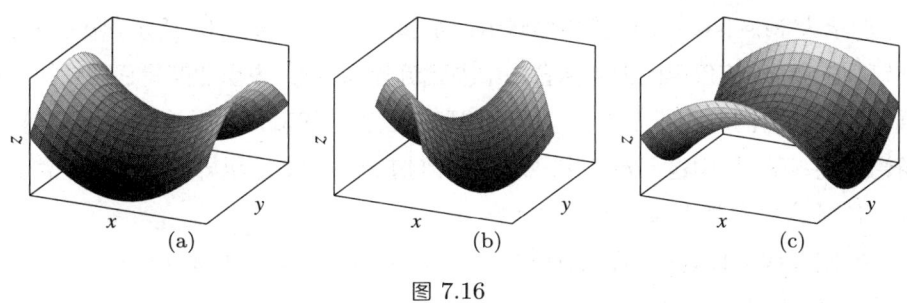

图 7.16

首先, 从图 7.16(a) 描述的曲面开始, 其对应的方程为 $z = x^2 - y^2$;

其次, 若从 z 轴正方向俯视 xOy 面的角度看, 将此曲面逆时针旋转 $45°$ (见图 7.16(b)), 则曲面对应的方程便是 $z = 2xy$;

最后, 若再逆时针旋转 $45°$ (见图 7.16(c)), 则曲面对应的方程便是 $z = y^2 - x^2$.

从图形上看, 我们知道三张图形描述的是同一个曲面, 只是观察的视角不同, 因此, 相应的三个三元二次方程 $z = x^2 - y^2$, $z = 2xy$ 和 $z = y^2 - x^2$ 本质上描述的就是同一个曲面.

图 7.17　　　　　　　　　　　图 7.18

(3) 可以观察到, 椭圆锥面和三种柱面是由直线构成的. 但是, 实际上单叶双曲面和双曲抛物面也是由直线构成的. 这种由直线构成的曲面称为**直纹面**. 电厂或者工厂的冷却塔常用的外形之一就是旋转单叶双曲面 (如图 7.17 所示), 它的优点是对流快, 散热效能好. 在建造冷却塔时, 利用它的直纹面性质, 可把编制钢筋网的钢筋取为直材, 如此施工可以收到建筑外形准确、省时、省力、操作简便等效果.

四、空间曲线方程

在空间中, 两点之间直线距离最短, 但在艺术世界中曲线有一种独特的美. 海豚之所以可以在海洋里轻松游动, 是因为其流线型的身体可以有效降低海水的阻力; 高铁和飞机在高速行驶中流线型的外形设计也同样可以有效降低空气的摩擦力; 加拿大 Mississauga 市的高层建筑"梦露大厦"(如图 7.18 所示) 吸引了全球建筑师的目光, 不仅仅因为中标者是中国建筑师马岩松, 更重要的是它独特的设计, 横向线条和弯曲的曲线表达出中国圆润和曲径通幽的文化思想. 曲线美符合科学, 符合人的审美, 其中包含着变化, 满足了人们求新、求变、求异的强烈心理需求.

1. 曲线的一般方程

空间曲线可以理解为两曲面的交线. 设 $F_1(x,y,z)=0$, $F_2(x,y,z)=0$ 是两个曲面的方程, 方程组

$$\begin{cases} F_1(x,y,z)=0, \\ F_2(x,y,z)=0 \end{cases} \tag{7-1}$$

称为空间曲线的**一般方程**.

例 8 空间曲线 $\begin{cases} x^2+y^2+z^2=16, \\ (x-2)^2+y^2=4 \end{cases}$ 表示的是球面 $x^2+y^2+z^2=16$ 和圆柱面 $(x-2)^2+y^2=4$ 的交线, 如图 7.19 所示.

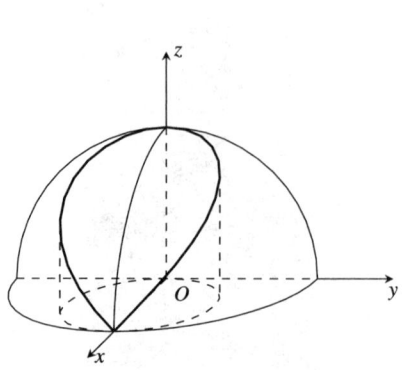

图 7.19

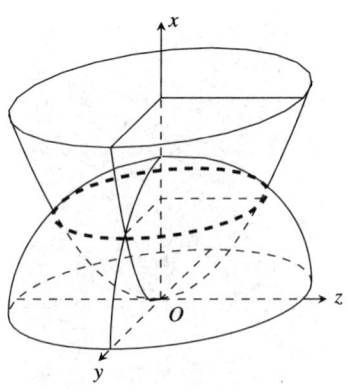

图 7.20

例 9 空间曲线 $\begin{cases} x^2+y^2+z^2=16, \\ y^2+z^2=2x \end{cases}$ 表示的是球面 $x^2+y^2+z^2=16$ 和椭圆抛物面 $y^2+z^2=2x$ 的交线, 如图 7.20 所示.

2. 曲线的参数方程

空间曲线除了在几何上理解为两曲面的交线外,还可以理解为一质点随时间的运动轨迹,即质点坐标 (x,y,z) 是参数时间 t 的函数. 这就是曲线的**参数方程**:

$$\begin{cases} x = x(t), \\ y = y(t), \quad t \in [a,b]. \\ z = z(t), \end{cases}$$

随着参数 t 的变动, 质点坐标 $(x(t),y(t),z(t))$ 随之而变, 当 t 取遍 $[a,b]$ 的每一点时, $(x(t),y(t),z(t))$ 便取遍曲线上的每一点.

给定一条曲线 L, 若以曲线 L 为准线, 以平行于 z 轴的直线 (即垂直于 xOy 平面的直线) 为母线的柱面存在, 则称此柱面为曲线 L 关于 xOy 平面的**投影柱面**. 类似地, 可以定义曲线 L 关于其他两个坐标平面的投影柱面.

设柱面 Σ 是曲线 L 关于 xOy 面的投影柱面, 根据投影柱面的定义, 我们马上能够得到如下结论:

(1) 柱面 Σ 的曲面方程可表示为 $F(x,y) = 0$ 的形式;

(2) 曲线 L 在柱面 Σ 上, 即曲线 L 上的点的坐标满足柱面 Σ 的方程;

(3) 反之, 只要曲线 L 上的点的坐标都满足柱面 Σ 的方程 $F(x,y) = 0$, 那么柱面 Σ 就是曲线 L 关于 xOy 面的投影柱面. 设曲线 L 由一般方程 (7-1) 给出, 若可以联立这两个方程消去 z, 得到一个关于 x 和 y 的二元方程 $F(x,y) = 0$, 则 $F(x,y) = 0$ 表示的柱面即是 L 的投影柱面.

例 10 求曲线 $\begin{cases} x^2 + 2y^2 = z, \\ 2x^2 + y^2 + z = 6 \end{cases}$ 关于 xOy 面的投影柱面方程, 并写出该曲线的参数方程, 如图 7.21 所示.

解 联立上述方程组, 消去 z 得到曲线相对于 xOy 面的投影柱面方程 $x^2 + y^2 = 2$. 这说明该曲线在 xOy 面上的投影曲线是 xOy 面上的圆 $x^2 + y^2 = 2$, 写为参数方程

$$\begin{cases} x = \sqrt{2}\cos\theta, \\ y = \sqrt{2}\sin\theta, \end{cases} 0 \leqslant \theta \leqslant 2\pi.$$

再将该参数方程代入 $x^2 + 2y^2 = z$, 我们就可以得到曲线的参数方程

$$\begin{cases} x = \sqrt{2}\cos\theta, \\ y = \sqrt{2}\sin\theta, \quad 0 \leqslant \theta \leqslant 2\pi. \\ z = 2\cos^2\theta + 4\sin^2\theta, \end{cases}$$

物理学中, 有许多曲线是根据曲线所表达的物理意义而来建立它的参数方程.

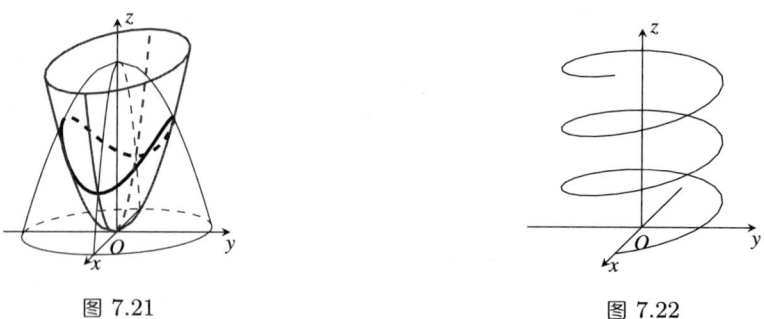

图 7.21　　　　　　　　　　图 7.22

例 11　如果空间一点 M 在圆柱面 $x^2+y^2=a^2$ 上以角速度 ω 绕 z 轴旋转,同时又以线速度 v 沿平行于 z 轴的正方向上升,那么点 M 构成的轨迹称为螺旋线,如图 7.22 所示. 它的方程为

$$\begin{cases} x = a\cos\omega t, \\ y = a\sin\omega t, \\ z = vt. \end{cases}$$

五、空间曲线在坐标面上的投影

设空间曲线 C 的一般方程为

$$\begin{cases} F(x,y,z) = 0, \\ G(x,y,z) = 0. \end{cases} \tag{7-2}$$

现在我们来继续研究由方程组 (7-2) 消去变量 z 后所得的方程

$$H(x,y) = 0. \tag{7-3}$$

由于方程 (7-3) 是由方程组 (7-2) 消去 z 后所得的结果,因此当 x,y 和 z 满足方程 (7-2) 时,前两个数 x,y 必定满足方程 (7-3),这说明曲线 C 上的所有点都在由方程 (7-3) 所表示的曲面上.

由上目知道,方程 (7-3) 表示一个母线平行于 z 轴的柱面. 由上面的讨论可知,该柱面必定包含曲线 C. 以曲线 C 为准线、母线平行于 z 轴的柱面叫作曲线 C 关于 xOy 面的投影柱面,投影柱面与 xOy 面的交线叫作空间曲线 C 在 xOy 面上的投影曲线,或简称投影. 因此,方程 (7-3) 所表示的柱面必定包含投影柱面,而方程

$$\begin{cases} H(x,y) = 0, \\ z = 0 \end{cases}$$

所表示的曲线必定包含空间曲线 C 在 xOy 面上的投影.

同理,消去方程组 (7-2) 中的变量 x(或变量 y),再和 $x=0$(或者 $y=0$) 联立,我们就可以得到包含曲线 C 在 yOz 面 (或者 xOz 面) 上的投影的曲线方程.

例 12 已知两球面的方程为
$$x^2 + y^2 + z^2 = 1 \tag{7-4}$$
和
$$x^2 + (y-1)^2 + (z-1)^2 = 1, \tag{7-5}$$
求它们的交线 C 在 xOy 面上的投影曲线方程.

解 先求包含交线 C 而母线平行于 z 轴的柱面方程, 从而要由方程 (7-4) 和 (7-5) 消去 z, 为此可将 (7-4) 式减去 (7-5) 式并化简, 得到 $y + z = 1$, 再以 $z = 1 - y$ 代入方程 (7-4) 或 (7-5), 即得到所求的柱面方程为 $x^2 + 2y^2 - 2y = 0$.

容易看出, 这就是交线 C 关于 xOy 面的投影柱面方程, 于是两球面的交线在 xOy 面上的投影方程是
$$\begin{cases} x^2 + 2y^2 - 2y = 0, \\ z = 0. \end{cases}$$

例 13 设一个立体由上半球面 $z = \sqrt{4 - x^2 - y^2}$ 和锥面 $z = \sqrt{3(x^2 + y^2)}$ 所围成, 求它在 xOy 面上的投影.

解 上半球面和锥面的交线为
$$C : \begin{cases} z = \sqrt{4 - x^2 - y^2}, \\ z = \sqrt{3(x^2 + y^2)}. \end{cases}$$

由上列方程组消去 z, 得到 $x^2 + y^2 = 1$. 这是一个母线平行于 z 轴的圆柱面, 容易看出这恰好是交线 C 在 xOy 面上的投影柱面, 因此交线 C 在 xOy 面上的投影曲线为
$$\begin{cases} x^2 + y^2 = 1, \\ z = 0. \end{cases}$$

这是 xOy 面上的一个圆, 于是所求立体在 xOy 面上的投影, 就是该圆在 xOy 面上所围成的部分: $x^2 + y^2 \leqslant 1$.

习 题 7-2

【**A 组题**】

1. 请写出下列坐标面曲线绕 y 轴旋转所得空间曲面的方程, 并画出草图.

(1) 直线 $y = \sqrt{2}x$;　　(2) 双曲线 $\dfrac{x^2}{a^2} - \dfrac{y^2}{b^2} = 1$;　　(3) 抛物线 $y = x^2$;

(4) 椭圆 $\dfrac{x^2}{a^2} + \dfrac{y^2}{b^2} = 1$;　　(5) 直线 $x = 3$.

2. 请指明下列方程表示空间中何种曲面, 说明它们是如何通过坐标面曲线旋转形成的.

(1) $x^2 + y^2 + z^2 = 4$;　　(2) $x = y^2 + z^2$;　　(3) $\dfrac{x^2}{9} + \dfrac{y^2}{9} - \dfrac{z^2}{4} = 1$;

(4) $x^2 + \dfrac{y^2}{9} + z^2 = 1$;　　(5) $z = \sqrt{x^2 + y^2}$.

3. 请基于旋转曲面的理解说明下列方程在空间中表示什么曲面, 并给出理由.

(1) $x^2 + \dfrac{y^2}{2} + 1 = z$;　　(2) $z = 1 - 4x^2 - y^2$;

(3) $az = x^2 + y^2, a > 0$;　　(4) $x^2 + y^2 = 2ax, a > 0$;

(5) $\dfrac{x^2}{4} + \dfrac{y^2}{9} + \dfrac{z^2}{16} = 1$;　　(6) $\dfrac{x^2}{4} + \dfrac{y^2}{9} - \dfrac{(z-1)^2}{16} = 1$;

(7) $x^2 - 2y^2 - z^2 = 1$.

4. 请说明下列柱面是如何通过坐标曲线平移形成的.

(1) $x + 2y = 1$;　　(2) $y = x^2$;　　(3) $2x^2 + y^2 = 1$;

(4) $z^2 = 2x$;　　(5) $y^2 + z = 2y$;　　(6) $x^2 - y^2 = 1$.

5. 求曲线 $\begin{cases} x^2 + y^2 = 1, \\ z = 0 \end{cases}$ 绕 x 轴旋转一周所得到的旋转曲面的方程.

6. 指出方程 $y^2 = 2x$ 在平面坐标系和空间坐标系中分别表示什么图形.

7. 求曲线 $C: \begin{cases} x^2 + y^2 + z^2 - yz = 1, \\ y = 2z \end{cases}$ 关于 xOy 面的投影柱面和在 xOy 面上的投影曲线的方程.

8. 求曲线 $C: \begin{cases} z = \sqrt{x^2 + y^2}, \\ z^2 = 2x \end{cases}$ 关于 xOy 面的投影柱面和在 xOy 面上的投影曲线的方程.

§7.3　平面与直线

一、平面及其方程

直线是所有曲线中最简单的曲线, 直线可以看成两个平面的交线, 那么平面的方程如何给定? 按照直观想法, 应该是三点确定一个平面, 但是用向量的思想写平面方程更为简单. 不难发现, 每个平面总存在垂直于平面的非零向量 v, 称作该平面的**法向量**. 然后再在平面上任取一个定点 P_0, 那么 P_0 和法向量 v 就可以完全确定这个平面了.

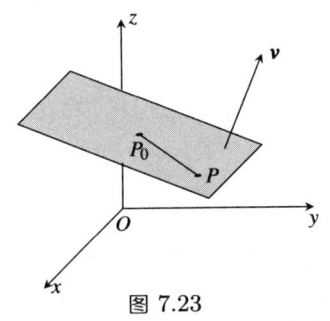

图 7.23

如图 7.23 所示, 设 $v = (A, B, C)$, $P_0(x_0, y_0, z_0)$, 任取平面上一点 $P(x, y, z)$, 我们有 $\boldsymbol{PP_0} \cdot v = 0$, 即
$$A(x - x_0) + B(y - y_0) + C(z - z_0) = 0.$$
该方程称为平面的**点法式方程**.

整理点法式方程得 $Ax + By + Cz + D = 0$, 其中 $D = -(Ax_0 + By_0 + Cz_0)$. 这个方程是一个三元一次方程, 称为平面的**一般方程**. 我们发现该三元一次方程的系数恰好是平面的法向量坐标. 不仅如此, 我们还可证明每个三元一次方程都表示一个平面.

例 1 求经过点 $(2, -3, 0)$ 且以 $\boldsymbol{n} = (1, -2, 3)$ 为法向量的平面方程.

解 根据平面的点法式方程, 得所求平面的方程为
$$(x - 2) - 2(y + 3) + 3z = 0, \text{即 } x - 2y + 3z - 8 = 0.$$

另外, 如果给定两个平行于某平面的不共线向量 v_1, v_2 和一个平面经过的定点 P_0, 也可以确定该平面的方程. 设 $v_1 = (x_1, y_1, z_1)$, $v_2 = (x_2, y_2, z_2)$ 和 $P_0(x_0, y_0, z_0)$, 任取平面上一点 $p(x, y, z)$, 由向量积的几何意义可知 $v_1 \times v_2$ 是所求平面的一个法向量, 所以平面的方程为 $\boldsymbol{PP_0} \cdot (v_1 \times v_2) = 0$, 即 $(\boldsymbol{PP_0}, v_1, v_2) = 0$, 或者
$$\begin{vmatrix} x - x_0 & y - y_0 & z - z_0 \\ x_2 & y_2 & z_2 \\ x_1 & y_1 & z_1 \end{vmatrix} = 0.$$

这个方程称为平面的**点位式方程**.

实际上, v_1, v_2 只需取平行于平面的非零不共线向量即可, 称像这样的两个向量为平面的**方位向量**.

例 2 求通过 $P_1(3, 2, -1), P_2(-1, 0, 2)$ 两点, 并且与 z 轴平行的平面方程.

解 因为 $\boldsymbol{P_1P_2} = (-4, -2, 3)$, 取 z 轴的方向 $\boldsymbol{k} = (0, 0, 1)$, 所以过点 $P_1(3, 2, -1)$, 并且与 $\boldsymbol{P_1P_2}$ 和 $\boldsymbol{k}$ 平行的平面方程为
$$\begin{vmatrix} x - 3 & y - 2 & z + 1 \\ -4 & -2 & 3 \\ 0 & 0 & 1 \end{vmatrix} = 0,$$

即 $x - 2y + 1 = 0$.

例 3 求通过 $P_1(a,0,0), P_2(0,b,0), P_3(0,0,c)$ 三点的平面方程, 其中 $abc \neq 0$.

解 因为 $\boldsymbol{P_1P_2} = (-a,b,0)$, $\boldsymbol{P_1P_3} = (-a,0,c)$, 于是通过点 $P_1(a,0,0)$, 并且与 $\boldsymbol{P_1P_2}, \boldsymbol{P_1P_3}$ 平行的平面方程为

$$\begin{vmatrix} x-a & y & z \\ -a & b & 0 \\ -a & 0 & c \end{vmatrix} = 0,$$

即 $bcx + cay + abz - abc = 0$, 或者 $\dfrac{x}{a} + \dfrac{y}{b} + \dfrac{z}{c} = 1$.

上式称为平面的**截距式方程**, 其中 a, b, c 分别表示该平面在 x 轴, y 轴, z 轴上的截距.

了解了平面方程以后, 我们将讨论点 $M(x_0, y_0, z_0)$ 到平面 π 的距离. 如图 7.24 所示, 点 M 到平面 π 的距离实际上是向量 $\boldsymbol{P_0M}$ 在单位法向量 $\dfrac{\boldsymbol{v}}{|\boldsymbol{v}|}$ 上的投影的绝对值. 所以点到平面的距离

$$d = \left|\boldsymbol{P_0M} \cdot \frac{\boldsymbol{v}}{|\boldsymbol{v}|}\right| = \frac{|\boldsymbol{P_0M} \cdot \boldsymbol{v}|}{|\boldsymbol{v}|} = \frac{|Ax_0 + By_0 + Cz_0 + D|}{\sqrt{A^2 + B^2 + C^2}}.$$

通过上述分析, 我们得到了点到平面的距离

$$d = \frac{|Ax_0 + By_0 + Cz_0 + D|}{\sqrt{A^2 + B^2 + C^2}}.$$

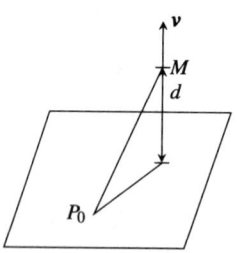
图 7.24

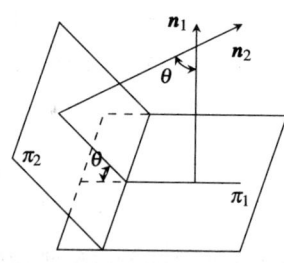
图 7.25

两平面的夹角等于这两个平面的法向量的夹角或者该夹角的补角, 如图 7.25 所示. 于是平面 $A_1x + B_1y + C_1z + D_1 = 0$ 和 $A_2x + B_2y + C_2z + D_2 = 0$ 的夹角 θ 满足

$$\cos\theta = \frac{|\boldsymbol{n_1} \cdot \boldsymbol{n_2}|}{|\boldsymbol{n_1}||\boldsymbol{n_2}|} = \frac{|A_1A_2 + B_1B_2 + C_1C_2|}{\sqrt{A_1^2 + B_1^2 + C_1^2}\sqrt{A_2^2 + B_2^2 + C_2^2}}.$$

例 4 求两平面 $x - y + 2z - 6 = 0$ 和 $2x + y + z - 5 = 0$ 的夹角.

解 设两平面的夹角为 θ, 由公式可得

$$\cos\theta = \frac{|1 \times 2 + (-1) \times 1 + 2 \times 1|}{\sqrt{1^2 + (-1)^2 + 2^2}\sqrt{2^2 + 1^2 + 1^2}} = \frac{1}{2},$$

因此, $\theta = \dfrac{\pi}{3}$.

二、直线及其方程

直线可以看作是两个平面的交线. 如果
$$\pi_1 : A_1x + B_1y + C_1z + D_1 = 0,$$
$$\pi_2 : A_2x + B_2y + C_2z + D_2 = 0$$
是两个平面, 那么方程组
$$\begin{cases} A_1x + B_1y + C_1z + D_1 = 0, \\ A_2x + B_2y + C_2z + D_2 = 0 \end{cases}$$
称为这两个平面交线的**一般方程**.

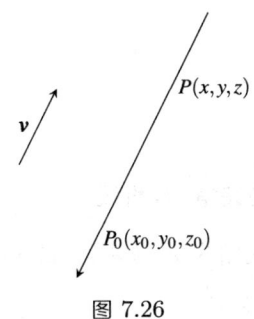

图 7.26

对于任意直线我们如何给出它的方程呢? 哪些量可以决定一条直线呢? 与平面方程类似, 如果给定一个点和非零向量 (或者一个方向), 就可以确定一条直线了. 给定直线的一般方程, 由图 7.25 可知, 两个平面法向量的向量积平行于直线.

假设直线 l 过定点 $P_0(x_0, y_0, z_0)$ 且平行于向量 $\boldsymbol{v} = (X, Y, Z)$, 如图 7.26 所示. 任取直线 l 上一点 $P(x, y, z)$, 那么, 我们有向量 $\boldsymbol{P_0P}$ 和向量 $\boldsymbol{v}$ 平行, 即
$$\frac{x - x_0}{X} = \frac{y - y_0}{Y} = \frac{z - z_0}{Z},$$
称为直线的**对称式方程**, $\boldsymbol{v}$ 称为该直线的**方向向量**.

直线的对称式方程实际上是两个方程, 等价于方程组
$$\begin{cases} \dfrac{x - x_0}{X} = \dfrac{y - y_0}{Y}, \\ \dfrac{y - y_0}{Y} = \dfrac{z - z_0}{Z}. \end{cases}$$
这个方程组的第一个方程和第二个方程都表示平面, 所以这个方程组是直线的一般方程. 不仅如此, 我们还发现第一个方程中不含有变量 z, 也就是说它表示的平面平行于 z 轴, 所以是直线相对于 xOy 面的投影柱面.

例 5 将直线 l 的一般方程 $\begin{cases} x + y + z + 1 = 0, \\ 2x - y + 3z + 5 = 0 \end{cases}$ 化为对称式方程.

解 先求出直线上一点 (x_0, y_0, z_0), 令 $z_0 = 0$, 代入方程得
$$\begin{cases} x_0 + y_0 + 1 = 0, \\ 2x_0 - y_0 + 5 = 0. \end{cases}$$

解该方程得 $x_0 = -2$, $y_0 = 1$. 这表明 $(-2, 1, 0)$ 为直线上一点.

一般方程中的第一个方程所表示平面的法向量为 $\boldsymbol{n}_1 = (1, 1, 1)$, 第二个方程所表示平面的法向量为 $\boldsymbol{n}_2 = (2, -1, 3)$, 所以直线的一个方向向量可以取

$$\boldsymbol{v} = \boldsymbol{n}_1 \times \boldsymbol{n}_2 = \begin{vmatrix} \boldsymbol{i} & \boldsymbol{j} & \boldsymbol{k} \\ 1 & 1 & 1 \\ 2 & -1 & 3 \end{vmatrix} = 4\boldsymbol{i} - \boldsymbol{j} - 3\boldsymbol{k}.$$

因此, 所给直线的对称式方程为 $\dfrac{x+2}{4} = \dfrac{y-1}{-1} = \dfrac{z}{-3}$.

在直线的对称式方程中, 令 $\dfrac{x - x_0}{X} = \dfrac{y - y_0}{Y} = \dfrac{z - z_0}{Z} = t$, 我们就可以得到直线 l 的参数方程

$$\begin{cases} x = x_0 + tX, \\ y = y_0 + tY, \\ z = z_0 + tZ. \end{cases}$$

两直线方向向量的夹角 (通常指锐角) 称为**两直线的夹角**. 设直线 $l_1: \dfrac{x - x_1}{X_1} = \dfrac{y - y_1}{Y_1} = \dfrac{z - z_1}{Z_1}$ 和直线 $l_2: \dfrac{x - x_2}{X_2} = \dfrac{y - y_2}{Y_2} = \dfrac{z - z_2}{Z_2}$ 的夹角为 φ. 如图 7.27 所示,

$$\cos \varphi = \cos \angle(\boldsymbol{v}_1, \boldsymbol{v}_2) = \dfrac{|X_1 X_2 + Y_1 Y_2 + Z_1 Z_2|}{\sqrt{X_1^2 + Y_1^2 + Z_1^2} \sqrt{X_2^2 + Y_2^2 + Z_2^2}}.$$

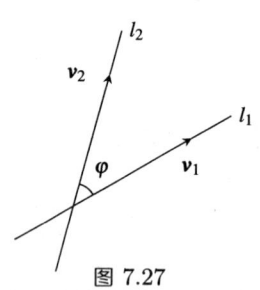

图 7.27

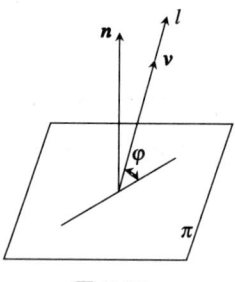

图 7.28

例 6 求直线 $l_1: \dfrac{x - 1}{1} = \dfrac{y}{-4} = \dfrac{z + 3}{1}$ 和 $l_2: \dfrac{x}{2} = \dfrac{y + 2}{-2} = \dfrac{z}{-1}$ 的夹角.

解 由于 l_1 和 l_2 的方向向量分别为 $\boldsymbol{n}_1 = (1, -4, 1)$, $\boldsymbol{n}_2 = (2, -2, -1)$, 因此两直线夹角 φ 满足

$$\cos \varphi = \dfrac{|\boldsymbol{n}_1 \cdot \boldsymbol{n}_2|}{|\boldsymbol{n}_1| \cdot |\boldsymbol{n}_2|} = \dfrac{|2 + 8 - 1|}{\sqrt{18}\sqrt{9}} = \dfrac{\sqrt{2}}{2},$$

因此, $\varphi = \dfrac{\pi}{4}$.

当直线与平面不垂直时, 直线在平面上有投影直线, 直线和其投影直线的夹角称为**直线和平面的夹角**. 假设直线 $L: \dfrac{x - x_0}{X} = \dfrac{y - y_0}{Y} = \dfrac{z - z_0}{Z}$ 和平面

$Ax+By+Cz+D=0$ 的夹角为 φ, 则
$$\sin\varphi = \cos\angle(\boldsymbol{n},\boldsymbol{v}) = \frac{|AX+BY+CZ|}{\sqrt{A^2+B^2+C^2}\sqrt{X^2+Y^2+Z^2}},$$
如图 7.28 所示.

设 l 是一条空间直线, 经过点 M_0, 单位方向向量为 $\boldsymbol{v}$, P 是直线 l 外的一点, 如图 7.29 所示. 在 l 上任取异于 M_0 的点 M_1, 在点 P 和直线 l 确定的平面上, 作平行四边形 $M_0M_1P_1P$. 根据外积的几何意义, 该平行四边形的面积为 $|\boldsymbol{M_0M_1} \times \boldsymbol{M_0P}|$, 进而可以得到点 P 到直线 l 的距离为

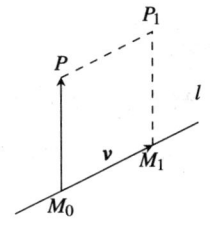

图 7.29

$$d = \frac{|\boldsymbol{M_0M_1} \times \boldsymbol{M_0P}|}{|\boldsymbol{M_0M_1}|}.$$

若选取 M_1 使得 $\boldsymbol{M_0M_1} = \boldsymbol{v}$, 则 $d = |\boldsymbol{v} \times \boldsymbol{M_0P}|$. 这就是空间中点到直线的距离.

作为本节的结束, 我们最后介绍一下"平面束"的概念, 并以例题的形式给出其应用. 称包含同一条直线 l 的所有平面组成的集合为**共线平面**或者**相交平面束**, 简称**平面束**. 怎样得到过直线 l 的平面束呢? 设直线 l 的一般方程为
$$\begin{cases} A_1x+B_1y+C_1z+D_1 = 0, \\ A_2x+B_2y+C_2z+D_2 = 0, \end{cases}$$
即 l 是平面 $\pi_1: A_1x+B_1y+C_1z+D_1=0$ 和 $\pi_2: A_2x+B_2y+C_2z+D_2=0$ 的交线. 那么 π_1 的法向量 (A_1,B_1,C_1) 与 π_2 的法向量 (A_2,B_2,C_2) 不共线, 因而是线性无关的. 这样, 对于任意的 $\lambda \in \mathbf{R}$,
$$\Pi_\lambda: A_1x+B_1y+C_1z+D_1 + \lambda(A_2x+B_2y+C_2z+D_2) = 0$$
依然是平面. 对于不同的 λ, Π_λ 表示不同的平面, 并且 Π_λ 一定经过直线 l. 也就是说平面集合 $\{\Pi_\lambda | \lambda \in \mathbf{R}\}$ 表示一族包含直线 l 的平面.

要说明的是, $\{\Pi_\lambda | \lambda \in \mathbf{R}\}$ 不是共线于 l 的平面束, 因为它不包含平面 π_2. 但是, $\{\Pi_\lambda | \lambda \in \mathbf{R}\}$ 包含了除 π_2 之外的所有经过 l 的平面. 特别地, 平面 Π_0 即是 π_1. 于是, 过 l 的平面束为 $\{\Pi_\lambda | \lambda \in \mathbf{R}\} \cup \{\pi_2\}$, 有时也可表示为
$$\{\lambda(A_1x+B_1y+C_1z+D_1) + \mu(A_2x+B_2y+C_2z+D_2) = 0\}.$$

例 7 求过直线 $l: \begin{cases} x+2y-z+2=0, \\ x+y-2z-1=0 \end{cases}$ 和点 $(0,0,0)$ 的平面 π 的方程.

解 考虑过直线 l 的平面束
$$\Pi_\lambda: x+2y-z+2+\lambda(x+y-2z-1) = 0,$$
将 $(0,0,0)$ 代入平面束方程可得 $\lambda = 2$. 因此, π 的方程为
$$x+2y-z+2+2(x+y-2z-1) = 0, \text{即 } 3x+4y-5z = 0.$$

注 若在此题中,将坐标原点改为 $(0,1,0)$,则上述解题过程无法求出平面 π 的方程. 请读者思考为什么.

例 8 求直线 $L: \begin{cases} x+y+z=0, \\ x+y-z=0 \end{cases}$ 在平面 $x+2y+2z=4$ 上的投影直线 l 的一般方程.

解 由于 L 和 l 共面,设它们确定的平面方程为 π,则 π 与平面 $x+2y+2z=4$ 垂直. 由于平面 π 经过 L,故可设 π 的方程为

$$(x+y+z)+\lambda(x+y-z)=0.$$

由于 π 与平面 $x+2y+2z=4$ 的法向量垂直,即

$$(1+\lambda, 1+\lambda, 1-\lambda) \cdot (1,2,2) = 0,$$

解得 $\lambda=-5$,进而可以确定 π 的方程为 $4x+4y-5z=0$.

于是,投影直线 l 可以看作是 π 与 $x+2y+2z=4$ 的交线,故 l 的方程为

$$\begin{cases} x+2y+2z=4, \\ 4x+4y-5z=0. \end{cases}$$

习 题 7-3

【A 组题】

1. 填空题.

(1) 平面 $x-2y+z+5=0$ 的法向量为_____.

(2) 直线 $\begin{cases} x+y-z-1=0, \\ x-y+z+1=0 \end{cases}$ 的方向向量为_____.

(3) 平面 $6x+3y-z-6=0$ 的截距式方程为_____.

2. 求过点 $(4,-1,3)$ 且平行于直线 $\dfrac{x-3}{2}=\dfrac{y}{1}=\dfrac{z-1}{5}$ 的直线方程.

3. 求点 $(1,2,1)$ 到平面 $x+2y+2z-10=0$ 的距离.

【B 组题】

1. 求直线 $\begin{cases} x+4y-z=1, \\ x+2y-5=0 \end{cases}$ 与平面 $x+y-4z+1=0$ 的夹角.

2. 求过空间三点 $(1,1,-1), (-2,-2,2), (1,-1,2)$ 的平面方程.

3. 求直线 $\begin{cases} x+y-z-1=0, \\ x-y+z+1=0 \end{cases}$ 在平面 $x+y+z=0$ 上的投影直线的方程.

4. 求直线 $\begin{cases} 2x-4y+z=1, \\ 3x-3y-2z=5 \end{cases}$ 在平面 $4x-y+z=1$ 上的投影直线的方程.

附录一　常用积分公式

一、含有 $ax+b(a \neq 0)$ 的积分

1. $\int \dfrac{\mathrm{d}x}{ax+b} = \dfrac{1}{a} \ln|ax+b| + C$;

2. $\int (ax+b)^\mu \mathrm{d}x = \dfrac{1}{a(\mu+1)} (ax+b)^{\mu+1} + C, \mu \neq -1$;

3. $\int \dfrac{x}{ax+b} \mathrm{d}x = \dfrac{1}{a^2} (ax+b - b \ln|ax+b|) + C$;

4. $\int \dfrac{x^2}{ax+b} \mathrm{d}x = \dfrac{1}{a^3} \left[\dfrac{1}{2}(ax+b)^2 - 2b(ax+b) + b^2 \ln|ax+b| \right] + C$;

5. $\int \dfrac{\mathrm{d}x}{x(ax+b)} = -\dfrac{1}{b} \ln\left|\dfrac{ax+b}{x}\right| + C$;

6. $\int \dfrac{\mathrm{d}x}{x^2(ax+b)} = -\dfrac{1}{bx} + \dfrac{a}{b^2} \ln\left|\dfrac{ax+b}{x}\right| + C$;

7. $\int \dfrac{x}{(ax+b)^2} \mathrm{d}x = \dfrac{1}{a^2} \left(\ln|ax+b| + \dfrac{b}{ax+b} \right) + C$;

8. $\int \dfrac{x^2}{(ax+b)^2} \mathrm{d}x = \dfrac{1}{a^3} \left(ax+b - 2b \ln|ax+b| - \dfrac{b^2}{ax+b} \right) + C$;

9. $\int \dfrac{\mathrm{d}x}{x(ax+b)^2} = \dfrac{1}{b(ax+b)} - \dfrac{1}{b^2} \ln\left|\dfrac{ax+b}{x}\right| + C$.

二、含有 $\sqrt{ax+b}(a \neq 0)$ 的积分

10. $\int \sqrt{ax+b} \, \mathrm{d}x = \dfrac{2}{3a} \sqrt{(ax+b)^3} + C$;

11. $\int x\sqrt{ax+b} \, \mathrm{d}x = \dfrac{2}{15a^2} (3ax - 2b) \sqrt{(ax+b)^3} + C$;

12. $\int x^2\sqrt{ax+b} \, \mathrm{d}x = \dfrac{2}{105a^3} (15a^2x^2 - 12abx + 8b^2) \sqrt{(ax+b)^3} + C$;

13. $\int \dfrac{x}{\sqrt{ax+b}} \mathrm{d}x = \dfrac{2}{3a^2} (ax - 2b) \sqrt{ax+b} + C$;

14. $\int \dfrac{x^2}{\sqrt{ax+b}} \mathrm{d}x = \dfrac{2}{15a^3} (3a^2x^2 - 4abx + 8b^2) \sqrt{ax+b} + C$;

15. $\int \dfrac{\mathrm{d}x}{x\sqrt{ax+b}} = \dfrac{1}{\sqrt{b}} \ln\left| \dfrac{\sqrt{ax+b} - \sqrt{b}}{\sqrt{ax+b} + \sqrt{b}} \right| + C, b > 0$;

16. $\int \dfrac{\mathrm{d}x}{x\sqrt{ax+b}} = \dfrac{2}{\sqrt{-b}} \arctan \sqrt{\dfrac{ax+b}{-b}} + C, b < 0;$

17. $\int \dfrac{\mathrm{d}x}{x^2\sqrt{ax+b}} = -\dfrac{\sqrt{ax+b}}{bx} - \dfrac{a}{2b}\int \dfrac{\mathrm{d}x}{x\sqrt{ax+b}};$

18. $\int \dfrac{\sqrt{ax+b}}{x} \mathrm{d}x = 2\sqrt{ax+b} + b\int \dfrac{\mathrm{d}x}{x\sqrt{ax+b}};$

19. $\int \dfrac{\sqrt{ax+b}}{x^2} \mathrm{d}x = -\dfrac{\sqrt{ax+b}}{x} + \dfrac{a}{2}\int \dfrac{\mathrm{d}x}{x\sqrt{ax+b}}.$

三、含有 $x^2 \pm a^2$ 的积分

20. $\int \dfrac{\mathrm{d}x}{x^2+a^2} = \dfrac{1}{a} \arctan \dfrac{x}{a} + C;$

21. $\int \dfrac{\mathrm{d}x}{(x^2+a^2)^n} = \dfrac{x}{2(n-1)a^2(x^2+a^2)^{n-1}} + \dfrac{2n-3}{2(n-1)a^2}\int \dfrac{\mathrm{d}x}{(x^2+a^2)^{n-1}};$

22. $\int \dfrac{\mathrm{d}x}{x^2-a^2} = \dfrac{1}{2a} \ln \left| \dfrac{x-a}{x+a} \right| + C.$

四、含有 $ax^2+b(a>0)$ 的积分

23. $\int \dfrac{\mathrm{d}x}{ax^2+b} = \dfrac{1}{\sqrt{ab}} \arctan \sqrt{\dfrac{a}{b}} x + C, b > 0;$

24. $\int \dfrac{\mathrm{d}x}{ax^2+b} = \dfrac{1}{2\sqrt{-ab}} \ln \left| \dfrac{\sqrt{a}x - \sqrt{-b}}{\sqrt{a}x + \sqrt{-b}} \right| + C, b < 0;$

25. $\int \dfrac{x}{ax^2+b} \mathrm{d}x = \dfrac{1}{2a} \ln |ax^2+b| + C;$

26. $\int \dfrac{x^2}{ax^2+b} \mathrm{d}x = \dfrac{x}{a} - \dfrac{b}{a}\int \dfrac{\mathrm{d}x}{ax^2+b};$

27. $\int \dfrac{\mathrm{d}x}{x(ax^2+b)} = \dfrac{1}{2b} \ln \dfrac{x^2}{|ax^2+b|} + C;$

28. $\int \dfrac{\mathrm{d}x}{x^2(ax^2+b)} = -\dfrac{1}{bx} - \dfrac{a}{b}\int \dfrac{\mathrm{d}x}{ax^2+b};$

29. $\int \dfrac{\mathrm{d}x}{x^3(ax^2+b)} = \dfrac{a}{2b^2} \ln \dfrac{|ax^2+b|}{x^2} - \dfrac{1}{2bx^2} + C;$

30. $\int \dfrac{\mathrm{d}x}{(ax^2+b)^2} = \dfrac{x}{2b(ax^2+b)} + \dfrac{1}{2b}\int \dfrac{\mathrm{d}x}{ax^2+b}.$

五、含有 $ax^2+bx+c(a>0)$ 的积分

31. $\int \dfrac{\mathrm{d}x}{ax^2+bx+c} = \dfrac{2}{\sqrt{4ac-b^2}} \arctan \dfrac{2ax+b}{\sqrt{4ac-b^2}} + C, b^2 < 4ac;$

32. $\int \dfrac{\mathrm{d}x}{ax^2+bx+c} = \dfrac{1}{\sqrt{b^2-4ac}} \ln \left| \dfrac{2ax+b-\sqrt{b^2-4ac}}{2ax+b+\sqrt{b^2-4ac}} \right| + C, b^2 > 4ac;$

33. $\int \dfrac{x}{ax^2+bx+c} \mathrm{d}x = \dfrac{1}{2a} \ln |ax^2+bx+c| - \dfrac{b}{2a}\int \dfrac{\mathrm{d}x}{ax^2+bx+c}.$

六、含有 $\sqrt{x^2+a^2}\,(a>0)$ 的积分

34. $\displaystyle\int \frac{\mathrm{d}x}{\sqrt{x^2+a^2}} = \operatorname{arsh}\frac{x}{a}+C_1 = \ln(x+\sqrt{x^2+a^2})+C;$

35. $\displaystyle\int \frac{\mathrm{d}x}{\sqrt{(x^2+a^2)^3}} = \frac{x}{a^2\sqrt{x^2+a^2}}+C;$

36. $\displaystyle\int \frac{x}{\sqrt{x^2+a^2}}\mathrm{d}x = \sqrt{x^2+a^2}+C;$

37. $\displaystyle\int \frac{x}{\sqrt{(x^2+a^2)^3}}\mathrm{d}x = -\frac{1}{\sqrt{x^2+a^2}}+C;$

38. $\displaystyle\int \frac{x^2}{\sqrt{x^2+a^2}}\mathrm{d}x = \frac{x}{2}\sqrt{x^2+a^2} - \frac{a^2}{2}\ln(x+\sqrt{x^2+a^2})+C;$

39. $\displaystyle\int \frac{x^2}{\sqrt{(x^2+a^2)^3}}\mathrm{d}x = -\frac{x}{\sqrt{x^2+a^2}} + \ln(x+\sqrt{x^2+a^2})+C;$

40. $\displaystyle\int \frac{\mathrm{d}x}{x\sqrt{x^2+a^2}} = \frac{1}{a}\ln\frac{\sqrt{x^2+a^2}-a}{|x|}+C;$

41. $\displaystyle\int \frac{\mathrm{d}x}{x^2\sqrt{x^2+a^2}} = -\frac{\sqrt{x^2+a^2}}{a^2 x}+C;$

42. $\displaystyle\int \sqrt{x^2+a^2}\,\mathrm{d}x = \frac{x}{2}\sqrt{x^2+a^2} + \frac{a^2}{2}\ln(x+\sqrt{x^2+a^2})+C;$

43. $\displaystyle\int \sqrt{(x^2+a^2)^3}\,\mathrm{d}x = \frac{x}{8}(2x^2+5a^2)\sqrt{x^2+a^2} + \frac{3}{8}a^4\ln(x+\sqrt{x^2+a^2})+C;$

44. $\displaystyle\int x\sqrt{x^2+a^2}\,\mathrm{d}x = \frac{1}{3}\sqrt{(x^2+a^2)^3}+C;$

45. $\displaystyle\int x^2\sqrt{x^2+a^2}\,\mathrm{d}x = \frac{x}{8}(2x^2+a^2)\sqrt{x^2+a^2} - \frac{a^4}{8}\ln(x+\sqrt{x^2+a^2})+C;$

46. $\displaystyle\int \frac{\sqrt{x^2+a^2}}{x}\mathrm{d}x = \sqrt{x^2+a^2} + a\ln\frac{\sqrt{x^2+a^2}-a}{|x|}+C;$

47. $\displaystyle\int \frac{\sqrt{x^2+a^2}}{x^2}\mathrm{d}x = -\frac{\sqrt{x^2+a^2}}{x} + \ln(x+\sqrt{x^2+a^2})+C.$

七、含有 $\sqrt{x^2-a^2}\,(a>0)$ 的积分

48. $\displaystyle\int \frac{\mathrm{d}x}{\sqrt{x^2-a^2}} = \frac{x}{|x|}\operatorname{arch}\frac{|x|}{a}+C_1 = \ln|x+\sqrt{x^2-a^2}|+C;$

49. $\displaystyle\int \frac{\mathrm{d}x}{\sqrt{(x^2-a^2)^3}} = -\frac{x}{a^2\sqrt{x^2-a^2}}+C;$

50. $\displaystyle\int \frac{x}{\sqrt{x^2-a^2}}\mathrm{d}x = \sqrt{x^2-a^2}+C;$

51. $\displaystyle\int \frac{x}{\sqrt{(x^2-a^2)^3}}\mathrm{d}x = -\frac{1}{\sqrt{x^2-a^2}}+C;$

52. $\displaystyle\int \frac{x^2}{\sqrt{x^2-a^2}}\mathrm{d}x = \frac{x}{2}\sqrt{x^2-a^2} + \frac{a^2}{2}\ln|x+\sqrt{x^2-a^2}|+C;$

53. $\displaystyle\int \frac{x^2}{\sqrt{(x^2-a^2)^3}}\mathrm{d}x = -\frac{x}{\sqrt{x^2-a^2}} + \ln|x+\sqrt{x^2-a^2}|+C;$

54. $\int \dfrac{\mathrm{d}x}{x\sqrt{x^2-a^2}} = \dfrac{1}{a}\arccos\dfrac{a}{|x|}+C;$

55. $\int \dfrac{\mathrm{d}x}{x^2\sqrt{x^2-a^2}} = \dfrac{\sqrt{x^2-a^2}}{a^2 x}+C;$

56. $\int \sqrt{x^2-a^2}\,\mathrm{d}x = \dfrac{x}{2}\sqrt{x^2-a^2}-\dfrac{a^2}{2}\ln\left|x+\sqrt{x^2-a^2}\right|+C;$

57. $\int \sqrt{(x^2-a^2)^3}\,\mathrm{d}x = \dfrac{x}{8}(2x^2-5a^2)\sqrt{x^2-a^2}+\dfrac{3}{8}a^4\ln\left|x+\sqrt{x^2-a^2}\right|+C;$

58. $\int x\sqrt{x^2-a^2}\,\mathrm{d}x = \dfrac{1}{3}\sqrt{(x^2-a^2)^3}+C;$

59. $\int x^2\sqrt{x^2-a^2}\,\mathrm{d}x = \dfrac{x}{8}(2x^2-a^2)\sqrt{x^2-a^2}-\dfrac{a^4}{8}\ln\left|x+\sqrt{x^2-a^2}\right|+C;$

60. $\int \dfrac{\sqrt{x^2-a^2}}{x}\,\mathrm{d}x = \sqrt{x^2-a^2}-a\arccos\dfrac{a}{|x|}+C;$

61. $\int \dfrac{\sqrt{x^2-a^2}}{x^2}\,\mathrm{d}x = -\dfrac{\sqrt{x^2-a^2}}{x}+\ln\left|x+\sqrt{x^2-a^2}\right|+C.$

八、含有 $\sqrt{a^2-x^2}\,(a>0)$ 的积分

62. $\int \dfrac{\mathrm{d}x}{\sqrt{a^2-x^2}} = \arcsin\dfrac{x}{a}+C;$

63. $\int \dfrac{\mathrm{d}x}{\sqrt{(a^2-x^2)^3}} = \dfrac{x}{a^2\sqrt{a^2-x^2}}+C;$

64. $\int \dfrac{x}{\sqrt{a^2-x^2}}\,\mathrm{d}x = -\sqrt{a^2-x^2}+C;$

65. $\int \dfrac{x}{\sqrt{(a^2-x^2)^3}}\,\mathrm{d}x = \dfrac{1}{\sqrt{a^2-x^2}}+C;$

66. $\int \dfrac{x^2}{\sqrt{a^2-x^2}}\,\mathrm{d}x = -\dfrac{x}{2}\sqrt{a^2-x^2}+\dfrac{a^2}{2}\arcsin\dfrac{x}{a}+C;$

67. $\int \dfrac{x^2}{\sqrt{(a^2-x^2)^3}}\,\mathrm{d}x = \dfrac{x}{\sqrt{a^2-x^2}}-\arcsin\dfrac{x}{a}+C;$

68. $\int \dfrac{\mathrm{d}x}{x\sqrt{a^2-x^2}} = \dfrac{1}{a}\ln\dfrac{a-\sqrt{a^2-x^2}}{|x|}+C;$

69. $\int \dfrac{\mathrm{d}x}{x^2\sqrt{a^2-x^2}} = -\dfrac{\sqrt{a^2-x^2}}{a^2 x}+C;$

70. $\int \sqrt{a^2-x^2}\,\mathrm{d}x = \dfrac{x}{2}\sqrt{a^2-x^2}+\dfrac{a^2}{2}\arcsin\dfrac{x}{a}+C;$

71. $\int \sqrt{(a^2-x^2)^3}\,\mathrm{d}x = \dfrac{x}{8}(5a^2-2x^2)\sqrt{a^2-x^2}+\dfrac{3}{8}a^4\arcsin\dfrac{x}{a}+C;$

72. $\int x\sqrt{a^2-x^2}\,\mathrm{d}x = -\dfrac{1}{3}\sqrt{(a^2-x^2)^3}+C;$

73. $\int x^2\sqrt{a^2-x^2}\,\mathrm{d}x = \dfrac{x}{8}(2x^2-a^2)\sqrt{a^2-x^2}+\dfrac{a^4}{8}\arcsin\dfrac{x}{a}+C;$

74. $\int \dfrac{\sqrt{a^2-x^2}}{x}\,\mathrm{d}x = \sqrt{a^2-x^2}+a\ln\dfrac{a-\sqrt{a^2-x^2}}{|x|}+C;$

75. $\int \dfrac{\sqrt{a^2-x^2}}{x^2}\,\mathrm{d}x = -\dfrac{\sqrt{a^2-x^2}}{x}-\arcsin\dfrac{x}{a}+C.$

九、含有 $\sqrt{\pm ax^2+bx+c}\,(a>0)$ 的积分

76. $\int \dfrac{\mathrm{d}x}{\sqrt{ax^2+bx+c}} = \dfrac{1}{\sqrt{a}}\ln\left|2ax+b+2\sqrt{a}\sqrt{ax^2+bx+c}\right|+C;$

77. $\int \sqrt{ax^2+bx+c}\,\mathrm{d}x = \dfrac{2ax+b}{4a}\sqrt{ax^2+bx+c}+$
$\dfrac{4ac-b^2}{8\sqrt{a^3}}\ln\left|2ax+b+2\sqrt{a}\sqrt{ax^2+bx+c}\right|+C;$

78. $\int \dfrac{x}{\sqrt{ax^2+bx+c}}\mathrm{d}x = \dfrac{1}{a}\sqrt{ax^2+bx+c}-$
$\dfrac{b}{2\sqrt{a^3}}\ln\left|2ax+b+2\sqrt{a}\sqrt{ax^2+bx+c}\right|+C;$

79. $\int \dfrac{\mathrm{d}x}{\sqrt{c+bx-ax^2}} = \dfrac{1}{\sqrt{a}}\arcsin\dfrac{2ax-b}{\sqrt{b^2+4ac}}+C;$

80. $\int \sqrt{c+bx-ax^2}\,\mathrm{d}x = \dfrac{2ax-b}{4a}\sqrt{c+bx-ax^2}+$
$\dfrac{b^2+4ac}{8\sqrt{a^3}}\arcsin\dfrac{2ax-b}{\sqrt{b^2+4ac}}+C;$

81. $\int \dfrac{x}{\sqrt{c+bx-ax^2}}\mathrm{d}x = -\dfrac{1}{a}\sqrt{c+bx-ax^2}+\dfrac{b}{2\sqrt{a^3}}\arcsin\dfrac{2ax-b}{\sqrt{b^2+4ac}}+C.$

十、含有 $\sqrt{\pm\dfrac{x-a}{x-b}}$ 或 $\sqrt{(x-a)(b-x)}$ 的积分

82. $\int \sqrt{\dfrac{x-a}{x-b}}\,\mathrm{d}x = (x-b)\sqrt{\dfrac{x-a}{x-b}}+(b-a)\ln(\sqrt{|x-a|}+\sqrt{|x-b|})+C;$

83. $\int \sqrt{\dfrac{x-a}{b-x}}\,\mathrm{d}x = (x-b)\sqrt{\dfrac{x-a}{b-x}}+(b-a)\arcsin\sqrt{\dfrac{x-a}{b-a}}+C;$

84. $\int \dfrac{\mathrm{d}x}{\sqrt{(x-a)(b-x)}} = 2\arcsin\sqrt{\dfrac{x-a}{b-a}}+C,\ a<b;$

85. $\int \sqrt{(x-a)(b-x)}\,\mathrm{d}x = \dfrac{2x-a-b}{4}\sqrt{(x-a)(b-x)}+$
$\dfrac{(b-a)^2}{4}\arcsin\sqrt{\dfrac{x-a}{b-x}}+C,\ a<b.$

十一、含有三角函数的积分

86. $\int \sin x\,\mathrm{d}x = -\cos x+C;$

87. $\int \cos x\,\mathrm{d}x = \sin x+C;$

88. $\int \tan x\,\mathrm{d}x = -\ln|\cos x|+C;$

89. $\int \cot x\,\mathrm{d}x = \ln|\sin x|+C;$

90. $\int \sec x\,\mathrm{d}x = \ln\left|\tan\left(\dfrac{\pi}{4}+\dfrac{x}{2}\right)\right|+C = \ln|\sec x+\tan x|+C;$

91. $\int \csc x \, dx = \ln\left|\tan\dfrac{x}{2}\right| + C = \ln|\csc x - \cot x| + C;$

92. $\int \sec^2 x \, dx = \tan x + C;$

93. $\int \csc^2 x \, dx = -\cot x + C;$

94. $\int \sec x \tan x \, dx = \sec x + C;$

95. $\int \csc x \cot x \, dx = -\csc x + C;$

96. $\int \sin^2 x \, dx = \dfrac{x}{2} - \dfrac{1}{4}\sin 2x + C;$

97. $\int \cos^2 x \, dx = \dfrac{x}{2} + \dfrac{1}{4}\sin 2x + C;$

98. $\int \sin^n x \, dx = -\dfrac{1}{n}\sin^{n-1} x \cos x + \dfrac{n-1}{n}\int \sin^{n-2} x \, dx;$

99. $\int \cos^n x \, dx = \dfrac{1}{n}\cos^{n-1} x \sin x + \dfrac{n-1}{n}\int \cos^{n-2} x \, dx;$

100. $\int \dfrac{dx}{\sin^n x} = -\dfrac{1}{n-1}\cdot\dfrac{\cos x}{\sin^{n-1} x} + \dfrac{n-2}{n-1}\int \dfrac{dx}{\sin^{n-2} x};$

101. $\int \dfrac{dx}{\cos^n x} = \dfrac{1}{n-1}\cdot\dfrac{\sin x}{\cos^{n-1} x} + \dfrac{n-2}{n-1}\int \dfrac{dx}{\cos^{n-2} x};$

102. $\int \cos^m x \sin^n x \, dx = \dfrac{\cos^{m-1} x \sin^{n+1} x}{m+n} + \dfrac{m-1}{m+n}\int \cos^{m-2} x \sin^n x \, dx$
$= -\dfrac{1}{m+n}\cos^{m+1} x \sin^{n-1} x + \dfrac{n-1}{m+n}\int \cos^m x \sin^{n-2} x \, dx;$

103. $\int \sin ax \cos bx \, dx = -\dfrac{1}{2(a+b)}\cos(a+b)x - \dfrac{1}{2(a-b)}\cos(a-b)x + C;$

104. $\int \sin ax \sin bx \, dx = -\dfrac{1}{2(a+b)}\sin(a+b)x + \dfrac{1}{2(a-b)}\sin(a-b)x + C;$

105. $\int \cos ax \cos bx \, dx = \dfrac{1}{2(a+b)}\sin(a+b)x + \dfrac{1}{2(a-b)}\sin(a-b)x + C;$

106. $\int \dfrac{dx}{a + b\sin x} = \dfrac{2}{\sqrt{a^2 - b^2}}\arctan\dfrac{a\tan\dfrac{x}{2} + b}{\sqrt{a^2 - b^2}} + C, a^2 > b^2;$

107. $\int \dfrac{dx}{a + b\sin x} = \dfrac{1}{\sqrt{b^2 - a^2}}\ln\left|\dfrac{a\tan\dfrac{x}{2} + b - \sqrt{b^2 - a^2}}{a\tan\dfrac{x}{2} + b + \sqrt{b^2 - a^2}}\right| + C, a^2 < b^2;$

108. $\int \dfrac{dx}{a + b\cos x} = \dfrac{2}{a+b}\sqrt{\dfrac{a+b}{a-b}}\arctan\left(\sqrt{\dfrac{a-b}{a+b}}\tan\dfrac{x}{2}\right) + C, a^2 > b^2;$

109. $\int \dfrac{dx}{a + b\cos x} = \dfrac{1}{a+b}\sqrt{\dfrac{a+b}{b-a}}\ln\left|\dfrac{\tan\dfrac{x}{2} + \sqrt{\dfrac{a+b}{b-a}}}{\tan\dfrac{x}{2} - \sqrt{\dfrac{a+b}{b-a}}}\right| + C, a^2 < b^2;$

110. $\int \dfrac{dx}{a^2\cos^2 x + b^2\sin^2 x} = \dfrac{1}{ab}\arctan\left(\dfrac{b}{a}\tan x\right) + C;$

111. $\int \dfrac{dx}{a^2\cos^2 x - b^2\sin^2 x} = \dfrac{1}{2ab}\ln\left|\dfrac{b\tan x + a}{b\tan x - a}\right| + C;$

112. $\int x\sin ax\,dx = \dfrac{1}{a^2}\sin ax - \dfrac{1}{a}x\cos ax + C;$

113. $\int x^2 \sin ax\,dx = -\dfrac{1}{a}x^2\cos ax + \dfrac{2}{a^2}x\sin ax + \dfrac{2}{a^3}\cos ax + C;$

114. $\int x\cos ax\,dx = \dfrac{1}{a^2}\cos ax + \dfrac{1}{a}x\sin ax + C;$

115. $\int x^2\cos ax\,dx = \dfrac{1}{a}x^2\sin ax + \dfrac{2}{a^2}x\cos ax - \dfrac{2}{a^3}\sin ax + C.$

十二、含有反三角函数的积分 (其中 $a > 0$)

116. $\int \arcsin\dfrac{x}{a}\,dx = x\arcsin\dfrac{x}{a} + \sqrt{a^2 - x^2} + C;$

117. $\int x\arcsin\dfrac{x}{a}\,dx = \left(\dfrac{x^2}{2} - \dfrac{a^2}{4}\right)\arcsin\dfrac{x}{a} + \dfrac{x}{4}\sqrt{a^2 - x^2} + C;$

118. $\int x^2\arcsin\dfrac{x}{a}\,dx = \dfrac{x^3}{3}\arcsin\dfrac{x}{a} + \dfrac{1}{9}(x^2 + 2a^2)\sqrt{a^2 - x^2} + C;$

119. $\int \arccos\dfrac{x}{a}\,dx = x\arccos\dfrac{x}{a} - \sqrt{a^2 - x^2} + C;$

120. $\int x\arccos\dfrac{x}{a}\,dx = \left(\dfrac{x^2}{2} - \dfrac{a^2}{4}\right)\arccos\dfrac{x}{a} - \dfrac{x}{4}\sqrt{a^2 - x^2} + C;$

121. $\int x^2\arccos\dfrac{x}{a}\,dx = \dfrac{x^3}{3}\arccos\dfrac{x}{a} - \dfrac{1}{9}(x^2 + 2a^2)\sqrt{a^2 - x^2} + C;$

122. $\int \arctan\dfrac{x}{a}\,dx = x\arctan\dfrac{x}{a} - \dfrac{a}{2}\ln(a^2 + x^2) + C;$

123. $\int x\arctan\dfrac{x}{a}\,dx = \dfrac{1}{2}(a^2 + x^2)\arctan\dfrac{x}{a} - \dfrac{a}{2}x + C;$

124. $\int x^2\arctan\dfrac{x}{a}\,dx = \dfrac{x^3}{3}\arctan\dfrac{x}{a} - \dfrac{a}{6}x^2 + \dfrac{a^3}{6}\ln(a^2 + x^2) + C.$

十三、含有指数函数的积分

125. $\int a^x\,dx = \dfrac{1}{\ln a}a^x + C;$

126. $\int e^{ax}\,dx = \dfrac{1}{a}e^{ax} + C;$

127. $\int xe^{ax}\,dx = \dfrac{1}{a^2}(ax - 1)e^{ax} + C;$

128. $\int x^n e^{ax}\,dx = \dfrac{1}{a}x^n e^{ax} - \dfrac{n}{a}\int x^{n-1}e^{ax}\,dx;$

129. $\int xa^x\,dx = \dfrac{x}{\ln a}a^x - \dfrac{1}{(\ln a)^2}a^x + C;$

130. $\int x^n a^x\,dx = \dfrac{1}{\ln a}x^n a^x - \dfrac{n}{\ln a}\int x^{n-1}a^x\,dx;$

131. $\int e^{ax}\sin bx\,dx = \dfrac{1}{a^2 + b^2}e^{ax}(a\sin bx - b\cos bx) + C;$

132. $\int e^{ax}\cos bx\,dx = \dfrac{1}{a^2 + b^2}e^{ax}(b\sin bx + a\cos bx) + C;$

133. $\int e^{ax}\sin^n bx\,dx = \dfrac{1}{a^2+b^2n^2}e^{ax}\sin^{n-1}bx(a\sin bx - nb\cos bx) +$
$\dfrac{n(n-1)b^2}{a^2+b^2n^2}\int e^{ax}\sin^{n-2}bx\,dx;$

134. $\int e^{ax}\cos^n bx\,dx = \dfrac{1}{a^2+b^2n^2}e^{ax}\cos^{n-1}bx(a\cos bx + nb\sin bx) +$
$\dfrac{n(n-1)b^2}{a^2+b^2n^2}\int e^{ax}\cos^{n-2}bx\,dx.$

十四、含有对数函数的积分

135. $\int \ln x\,dx = x\ln x - x + C;$

136. $\int \dfrac{dx}{x\ln x} = \ln|\ln x| + C;$

137. $\int x^n \ln x\,dx = \dfrac{1}{n+1}x^{n+1}\left(\ln x - \dfrac{1}{n+1}\right) + C;$

138. $\int (\ln x)^n\,dx = x(\ln x)^n - n\int (\ln x)^{n-1}\,dx;$

139. $\int x^m(\ln x)^n\,dx = \dfrac{1}{m+1}x^{m+1}(\ln x)^n - \dfrac{n}{m+1}\int x^m(\ln x)^{n-1}\,dx.$

十五、含有双曲函数的积分

140. $\int \text{sh}\,x\,dx = \text{ch}\,x + C;$

141. $\int \text{ch}\,x\,dx = \text{sh}\,x + C;$

142. $\int \text{th}\,x\,dx = \ln\text{ch}\,x + C;$

143. $\int \text{sh}^2 x\,dx = -\dfrac{x}{2} + \dfrac{1}{4}\text{sh}2x + C;$

144. $\int \text{ch}^2 x\,dx = \dfrac{x}{2} + \dfrac{1}{4}\text{sh}2x + C.$

十六、定积分

145. $\int_{-\pi}^{\pi}\cos nx\,dx = \int_{-\pi}^{\pi}\sin nx\,dx = 0;$

146. $\int_{-\pi}^{\pi}\cos mx\sin nx\,dx = 0;$

147. $\int_{-\pi}^{\pi}\cos mx\cos nx\,dx = \begin{cases} 0, & m\neq n, \\ \pi, & m = n; \end{cases}$

148. $\int_{-\pi}^{\pi}\sin mx\sin nx\,dx = \begin{cases} 0, & m\neq n, \\ \pi, & m = n; \end{cases}$

149. $\int_0^\pi \sin mx \sin nx \mathrm{d}x = \int_0^\pi \cos mx \cos nx \mathrm{d}x = \begin{cases} 0, & m \neq n, \\ \dfrac{\pi}{2}, & m = n; \end{cases}$

150. $I_n = \int_0^{\frac{\pi}{2}} \sin^n x \mathrm{d}x = \int_0^{\frac{\pi}{2}} \cos^n x \mathrm{d}x, \ I_n = \dfrac{n-1}{n} I_{n-2}$,

$I_n = \begin{cases} \dfrac{n-1}{n} \cdot \dfrac{n-3}{n-2} \cdot \cdots \cdot \dfrac{4}{5} \cdot \dfrac{2}{3}, & n\text{为大于1的正奇数}, \\ \dfrac{n-1}{n} \cdot \dfrac{n-3}{n-2} \cdot \cdots \cdot \dfrac{3}{4} \cdot \dfrac{1}{2} \cdot \dfrac{\pi}{2}, & n\text{为大于2的正偶数}. \end{cases}$

附录二 习题参考答案及提示

习 题 1-1

【A 组题】

1. (1) 不同, 定义域不同; (2) 不同, 定义域不同; (3) 相同; (4) 不同, 定义域不同.

2. (1) 单调增加; (2) 单调增加.

3. (1), (3), (6) 是偶函数；(4) 是奇函数；(2), (5) 是非奇非偶函数.

4. (1), (2), (3) 和 (5) 是周期函数，周期分别为 $2\pi, \dfrac{\pi}{2}, 2, \pi$.

5. $f[g(x)] = \begin{cases} 1, & x<0; \\ 0, & x=0; \\ -1, & x>0, \end{cases}$ $g[f(x)] = \begin{cases} \mathrm{e}, & |x|<1; \\ 1, & |x|=1; \\ \dfrac{1}{\mathrm{e}}, & |x|>1, \end{cases}$ 图形略.

【B 组题】

1. 略.
2. 略.
3. 略.

习 题 1-2

【A 组题】

1. (1) 0；(2) 0；(3) 2；(4) 1；(5) 不存在.

2. 一定.

3. (1), (6) 不能, 其他能.

4. (1) 略.
   (2) 略.
   (3) 提示: $\left|\dfrac{\sqrt{n^2+a^2}}{n}-1\right| = \dfrac{a^2}{n(\sqrt{a^2+n^2}+n)}$.
   (4) 提示: $|1-0.\underbrace{999\cdots 9}_{n\text{个}}| = 10^{-n}$.

【B 组题】

1. 略.

2. (1) 提示: $||x_n|-|a|| \leqslant |x_n-a|$. (2) $x_n=(-1)^n$. (3) 略.

3. 提示: $\sqrt[n]{n} = \sqrt[n]{\sqrt{n}\cdot\sqrt{n}\cdot 1\cdot 1\cdots 1}$, 利用若干个正数的几何平均数不超过代数平均数证明.

习 题 1-3

【A 组题】

1. (2), (4) 正确.

2. 略.

3. (1) 极限不存在, 左极限为 -1, 右极限为 1;
   (2) 极限存在, 等于 1.

4. 略.

【B 组题】

1. 左极限为 -1, 右极限为 1, 极限不存在.

2. 略.

3. 提示: 当 $x<0$ 时, $|f(x)-b|=|f(-x)-b|$.

习 题 1-4

【A 组题】

1. (4), (6) 正确, 反例略.

2. 略.

3. 略.

4. (1) 2; (2) 1; (3) 0.

【B 组题】

1. 无界, 不是无穷大. 提示: 取 $2k\pi(k \in \mathbf{Z})$ 可说明无界, 取 $2k\pi + \dfrac{\pi}{2}(k \in \mathbf{Z})$ 可说明不是无穷大.

2. 略.

习题 1-5

【A 组题】

1. (1) -9; (2) 0; (3) 0; (4) $\dfrac{1}{2}$; (5) $2x$; (6) 2; (7) $\dfrac{1}{2}$;
   (8) 0; (9) $\dfrac{2}{3}$; (10) 2; (11) $\dfrac{1}{2}$; (12) $\dfrac{1}{5}$; (13) -1.

2. (1) $\dfrac{1}{2}$; (2) $\dfrac{2}{3}\sqrt{2}$; (3) $\dfrac{n}{m}$; (4) $\dfrac{1}{3}$.

【B 组题】

1. (1) $a = -3, b = -1$; (2) $a = b = 1$.

习题 1-6

【A 组题】

1. (1) B; (2) A.

2. (1) $\dfrac{3}{5}$; (2) $\dfrac{1}{2}$; (3) 1; (4) $\dfrac{1}{2}$; (5) 2; (6) $-\dfrac{3}{4}$; (7) 1.

3. (1) e^{-2}; (2) 9; (3) e^2.

4. (1) 提示: 参考本节例 1. (2) 提示: $\dfrac{n!}{n^n} \leqslant \dfrac{1}{n}$.

【B 组题】

1. (1) 1; (2) $\dfrac{1}{\mathrm{e}}$.

2. (1) 提示: 当 $x > 0$ 时, $1 \leqslant \sqrt[n]{1+x} \leqslant 1+x$; 当 $x < 0$ 时, $1+x \leqslant \sqrt[n]{1+x} \leqslant 1$.

   (2) 提示: 该数列满足 $x_{n+1} = \sqrt{2+x_n}$, 先利用数学归纳法证明该数列有上界 2, 再证明该数列单调增加.

   (3) 提示: 利用不等式 $\dfrac{1}{x} - 1 \leqslant \left[\dfrac{1}{x}\right] \leqslant \dfrac{1}{x}$, 考虑左、右极限.

3. $\sqrt{a}$. 提示: 利用单调有界法则证明该数列收敛, 在递推公式两端取极限可得极限为 $\sqrt{a}$.

4. 略.

习 题 1-7

【A 组题】

1. (1)C；　(2)$-\dfrac{1}{2}$；　(3) 低阶.

2. $x-1$ 与 $1-x^3$ 是同阶无穷小；$x-1$ 与 $\dfrac{1}{2}(x^2-1)$ 是同阶无穷小，也是等价无穷小.

3. 略.

4. 略.

5. (1)2；　(2)0；　(3)-2；　(4)∞；　(5)$\dfrac{1}{2}$；　(6)-3；　(7)$\dfrac{3}{2}$；　(8)x.

【B 组题】

1. (1) $\dfrac{3}{2}$；　(2) $\dfrac{1}{e}$；　(3) 0；　(4) $\dfrac{2}{\pi}$；　(5) $\dfrac{1}{4}$；　(6) e^a.

2. $a=1, b=\dfrac{1}{2}$.

习 题 1-8

【A 组题】

1. (1) $x=1$ 为可去间断点，补充定义 $f(1)=-2$；$x=2$ 是无穷间断点.

(2) 振荡间断点.

(3) 跳跃间断点.

(4) $x=0$ 为可去间断点，补充函数取值 1；$x=k\pi, k\neq 0$ 为无穷间断点；$x=k\pi+\dfrac{\pi}{2}$ 为可去间断点，补充函数取值 0.

2. 略.

3. $a=2, b=-3$.

4. (1) $a=0, b\neq 1$；　(2) $a\neq 1, b=e$.

5. $a=0$.

6. 略.

7. 略.

8. 提示：用介值定理可以说明值域包含了 $[m,M]$.

【B 组题】

1. 略.

2. 略.

3. 略.

4. 略.

5. -1 和 1 是跳跃间断点,其余点都是连续点.

6. 提示:$\max\{a,b\} = \dfrac{a+b+|a-b|}{2}$, $\min\{a,b\} = \dfrac{a+b-|a-b|}{2}$.

习 题 2-1

【A 组题】

1. (1)B; (2)D; (3)D; (4)-1; (5) 必要.

2. 切线方程:$y = x+1$. 法线方程:$y = -x+1$.

3. 连续,不可导.

4. $a = 2, b = -1$.

5. $1 + \dfrac{\pi}{4}$.

【B 组题】

1. A.

2. 略.

3. $\cos 1, e^x$. 提示:利用 $\sin x$ 和 e^x 在原点的导数的定义式,以及函数极限与数列极限的关系.

4. $f'(1) = -8, f'(2) = f'(3) = 0$.

5. 略.

习 题 2-2

【A 组题】

1. $y = x+1$.

2. 略.

3. (1) $3x^2 - 28x^{-5} + 2x^{-2}$; (2) $15x^2 - 2^x \ln 2 + 3e^x$; (3) $2\sec^2 x + \sec x \tan x$;

(4) $\cos 2x$; (5) $2x \ln x + x$; (6) $3e^x(\cos x - \sin x)$;

(7) $\dfrac{1-\ln x}{x^2}$;   (8) $e^x\left(\dfrac{1}{x^2}-\dfrac{2}{x^3}\right)$;   (9) $2x\ln\cos x - x^2\tan x$;

(10) $\dfrac{1+\cos t+\sin t}{(1+\cos t)^2}$;   (11) $8(2x+5)^3$;   (12) $3\sin(4-3x)$;

(13) $-6xe^{-3x^2}$;   (14) $\dfrac{2x}{1+x^2}$;   (15) $\sin 2x$;

(16) $-\dfrac{x}{\sqrt{a^2-x^2}}$;   (17) $2x\sec^2 x^2$;   (18) $\dfrac{e^x}{1+e^{2x}}$;

(19) $\dfrac{2\arcsin x}{\sqrt{1-x^2}}$;   (20) $-\tan x$;   (21) $-\dfrac{2}{\sqrt{1-(1-2x)^2}}$;

(22) $\dfrac{x}{\sqrt{(1-x^2)^3}}$;   (23) $e^{-\frac{1}{2}x}\left(-\dfrac{1}{2}\cos 3x - 3\sin 3x\right)$;   (24) $\dfrac{1}{x\sqrt{x^2-1}}$;

(25) $-\dfrac{2}{x(1+\ln x)^2}$;   (26) $\dfrac{2x\cos 2x - \sin 2x}{x^2}$;   (27) $\dfrac{1}{2\sqrt{x(1-x)}}$;

(28) $\dfrac{1}{\sqrt{a^2+x^2}}$;   (29) $\sec x$;   (30) $\csc x$;

(31) $\dfrac{2\arcsin\frac{x}{2}}{\sqrt{4-x^2}}$;   (32) $\csc x$;   (33) $\dfrac{\ln x}{x\sqrt{1+\ln^2 x}}$;   (34) $\dfrac{e^{\arctan\sqrt{x}}}{2\sqrt{x}(1+x)}$;

(35) $n\sin^{n-1}x\cos x\cos nx - n\sin^n x\sin nx$;   (36) $-\dfrac{1}{1+x^2}$;

(37) $\dfrac{\arcsin x + \arccos x}{\sqrt{1-x^2}\arccos^2 x}$;   (38) $\dfrac{1}{x\ln x\ln\ln x}$;

(39) $\dfrac{2}{\sqrt{1-x^2}(\sqrt{1+x}+\sqrt{1-x})^2}$;   (40) $-\dfrac{\sqrt{2}}{2(1+x)\sqrt{x-x^2}}$;

(41) $e^{-x}(-x^2+4x-5)$;   (42) $\dfrac{1}{x^2}\tan\dfrac{1}{x}$;

(43) $\dfrac{4}{(e^x+e^{-x})^2}$;   (44) $\dfrac{2\sqrt{x}+1}{4\sqrt{x^2+x\sqrt{x}}}$;   (45) $\dfrac{1-x}{\sqrt{4-x^2}}$;

(46) $\dfrac{1}{x^2}\sin\dfrac{2}{x}e^{-\sin^2\frac{1}{x}}$;   (47) $\dfrac{1-n\ln x}{x^{n+1}}$;

(48) $\dfrac{2(\sqrt{2}+\sqrt{3}+\sqrt{6})\sqrt{x}+3\sqrt{6}x+(1+\sqrt{2}+\sqrt{3})}{2\sqrt{x}}$;

(49) $a^a x^{a-1} + x^{a-1}a^{x^a+1}\ln a + a^{a+x}(\ln a)^2$;   (50) $\dfrac{2-2t^2}{(t^2+1)|t^2-1|}$;

(51) $\left(\dfrac{x}{1+x}\right)^x\left(\ln\dfrac{x}{1+x}+\dfrac{1}{1+x}\right)$;

(52) $\dfrac{1}{x}(\ln x)^{\sin x}(x\cos x\cdot\ln x\cdot\ln\ln x + 1 + \sin x)$.

4. (1) $12x-\dfrac{1}{x^2}$;   (2) $4e^{2x-1}$;   (3) $-2\sin x - x\cos x$;

(4) $-2e^{-x}\cos x$;   (5) $-\dfrac{6x}{(1+x^3)^2}+\dfrac{18x^4}{(1+x^3)^3}$;   (6) $\dfrac{1}{\sqrt{1+x^2}}$.

5. 4354560.

6. (1) $2f'(x^2)+4x^2 f''(x^2)$;   (2) $\dfrac{f(x)f''(x)-[f'(x)]^2}{[f(x)]^2}$.

7. $y=0$.

8. 切线方程：$y=-2\sqrt{2}x+2$. 法线方程：$y=\dfrac{\sqrt{2}}{4}x-\dfrac{1}{4}$.

9. 切线方程：$y=-\dfrac{\sqrt{3}}{4}(x-2)+\dfrac{3\sqrt{3}}{2}$. 法线方程：$y=\dfrac{4\sqrt{3}}{3}(x-2)+\dfrac{3\sqrt{3}}{2}$.

10. (1) 1； (2) $\dfrac{4\sin y}{\cos^3 y-6\cos^2 y+12\cos y-8}$；
    (3) $\dfrac{1}{e^2}$； (4) $\dfrac{2xy(a^3+x^3+y^3-3axy)}{(ax-y^2)^3}$.

11. (1) $-\dfrac{1}{5(1-\cos t)^2}$； (2) $-\dfrac{t^2+1}{t^3}$；
    (3) $\dfrac{3}{4(1-t)}$； (4) $\dfrac{e^t(t\ln t+t-1)}{t(1+\ln t)^3}$.

12. (1) $-4e^x\cos x$； (2) $2^{49}(1225\sin 2x+100x\cos 2x-2x^2\sin 2x)$；
    (3) $50!\left(-\dfrac{1}{48(1+x)^{48}}+\dfrac{2x}{49(1+x)^{49}}-\dfrac{x^2}{50(1+x)^{50}}\right)$；
    (4) $\dfrac{50!}{(x-3)^{51}}-\dfrac{50!}{(x-2)^{51}}$.

【B 组题】

1. 左导数为 1，右导数为 0.

2. 略.

3. 可导.

4. $\lambda^2+p\lambda+q=0$.

习 题 2-3

1. $\Delta y=18, dy=11$；$\Delta y=1.161, dy=1.1$；$\Delta y=0.110601, dy=0.11$.

2. (1) $2\cos(2x+1)dx$； (2) $x^x(\ln x+1)dx$；
   (3) $-\tan x\,dx$； (4) $-\dfrac{2\ln(1-x)}{1-x}dx$；
   (5) $\dfrac{1}{x^2}\sin\dfrac{2}{x}e^{-\sin^2\frac{1}{x}}dx$； (6) $-e^{-x}(\cos(3-x)-\sin(3-x))dx$；
   (7) $-\dfrac{dx}{\sqrt{1-x^2}}$； (8) $8x\tan(1+2x^2)\sec^2(1+2x^2)dx$；
   (9) $-\dfrac{2x}{1+x^4}dx$； (10) $A\omega\cos(\omega t+\varphi)dt$；
   (11) $-\dfrac{2x\,dx}{\sqrt{1-x^4}}$； (12) $\dfrac{dx}{\sqrt{a^2+x^2}}$.

3. (1) $\dfrac{\sqrt{2}}{2}\left(1+\dfrac{\pi}{4}\right)dx$； (2) $\alpha\,dx$.

4. $\Delta y=-0.0004997501, dy=-0.0005$.

5. 略.

6. 略.

习 题 3-1

【A 组题】

1. (1) $\dfrac{9}{4}$; (2) $\dfrac{\pi}{4}$.
2. 略.
3. 略.
4. 略.

【B 组题】

1. 略.

习 题 3-2

【A 组题】

1. 3.
2. $a=1, b=-\dfrac{5}{2}$.
3. (1) $\dfrac{1}{6}$; (2) $\dfrac{1}{3}$; (3) $\dfrac{1}{e}$; (4) $\dfrac{1}{2}$; (5) $\dfrac{1}{3}$; (6) 2; (7) $\dfrac{1}{2}$; (8) 0;
   (9) 0; (10) 0; (11) $-\dfrac{5}{2}$; (12) 0; (13) 1; (14) 0; (15) 3.
4. (1) $e^{-\frac{1}{2}}$; (2) 1.

【B 组题】

1. (1) $-\dfrac{1}{2}$; (2) 1; (3) 1; (4) 0; (5) $e^{\frac{1}{2}}$; (6) e^2; (7) $e^{\frac{1}{3}}$; (8) 1.

习 题 3-3

【A 组题】

1. (1) $\dfrac{1}{2}$; (2) $\dfrac{1}{3}$; (3) $\dfrac{1}{6}$; (4) $\dfrac{1}{2}$; (5) $\dfrac{1}{2}$; (6) $\dfrac{1}{2}$.
2. (1) $xe^x = x + x^2 + \dfrac{x^3}{2} + \cdots + \dfrac{x^n}{(n-1)!} + o(x^n)$.

(2) $\dfrac{1}{x-2} = -1 - (x-1) - (x-1)^2 - \cdots - (x-1)^n + o((x-1)^n)$.

【B 组题】

1. (1) 36;   (2) $a=1, b=-\dfrac{5}{2}$;
   (3) $a=\dfrac{4}{3}, b=-\dfrac{1}{3}$;   (4) $A=\dfrac{1}{3}, B=-\dfrac{2}{3}, C=\dfrac{1}{6}$.
2. (1) 1;   (2) 3;   (3) -1;   (4) $-\dfrac{1}{6}$;   (5) $-\dfrac{1}{6}$;   (6) $\dfrac{1}{2}$;   (7) $\dfrac{1}{5!}$;
   (8) $\dfrac{1}{3}$;   (9) $\dfrac{1}{6}$;   (10) $\dfrac{1}{3}$;   (11) $\dfrac{1}{6}$;   (12) $\dfrac{1}{6}$;   (13) $-\dfrac{1}{2}$;   (14) $\dfrac{1}{6}$.
3. 略.

习 题 3-4

【A 组题】

1. (1) D;   (2) A;   (3) D.
2. (1) 在 $(-\infty, -1]$ 和 $[3, +\infty)$ 上单调增加, 在 $[-1, 3]$ 上单调减少;
   (2) 在 $(-\infty, +\infty)$ 上单调增加.
3. 略.
4. (1) $\left(-\dfrac{2}{3}, \dfrac{11}{27}\right), (0,1)$ 是拐点; 在 $\left(-\infty, -\dfrac{2}{3}\right]$ 和 $[0, +\infty)$ 上曲线是凹的, 在 $\left[-\dfrac{2}{3}, 0\right]$ 上曲线是凸的.
   (2) $(0,1), (1,0)$ 是拐点; 在 $(-\infty, 0]$ 和 $[1, +\infty)$ 上曲线是凹的, 在 $[0,1]$ 上曲线是凸的.
   (3) $\left(\dfrac{5}{3}, \dfrac{20}{27}\right)$ 是拐点; 在 $\left(-\infty, \dfrac{5}{3}\right]$ 上曲线是凸的, 在 $\left[\dfrac{5}{3}, +\infty\right)$ 上曲线是凹的.
   (4) $(-1, \ln 2), (1, \ln 2)$ 是拐点; 在 $(-\infty, -1]$ 和 $[1, +\infty)$ 上曲线是凸的, 在 $[-1, 1]$ 上曲线是凹的.

【B 组题】

1. (1) $a=-\dfrac{3}{2}, b=\dfrac{9}{2}$;   (2) 0;   (3) D.
2. 略.
3. (1) $(2, 2\mathrm{e}^{-2})$ 是拐点; 在 $(-\infty, 2]$ 上曲线是凸的, 在 $[2, +\infty)$ 上曲线是凹的.
   (2) $\left(\dfrac{1}{2}, \mathrm{e}^{\arctan \frac{1}{2}}\right)$ 是拐点; 在 $\left(-\infty, \dfrac{1}{2}\right]$ 上曲线是凹的, 在 $\left[\dfrac{1}{2}, +\infty\right)$ 上曲线是凸的.

(3) $\left(-\frac{1}{\sqrt{3}}, \frac{3}{4}\right), \left(\frac{1}{\sqrt{3}}, \frac{3}{4}\right)$ 是拐点；在 $\left(-\infty, -\frac{1}{\sqrt{3}}\right]$ 和 $\left[\frac{1}{\sqrt{3}}, +\infty\right)$ 上曲线是凹的，在 $\left[-\frac{1}{\sqrt{3}}, \frac{1}{\sqrt{3}}\right]$ 上曲线是凸的.

(4) $\left(-\frac{1}{\sqrt{2}}, e^{-\frac{1}{2}}\right)$ 和 $\left(\frac{1}{\sqrt{2}}, e^{-\frac{1}{2}}\right)$ 是拐点；在 $\left(-\infty, -\frac{1}{\sqrt{2}}\right]$ 和 $\left(\frac{1}{\sqrt{2}}, +\infty\right)$ 上曲线是凹的，在 $\left[-\frac{1}{\sqrt{2}}, \frac{1}{\sqrt{2}}\right]$ 上曲线是凸的.

4. 略.

习 题 3-5

【A 组题】

1. (1) D；　(2) A；　(3) D.

2. (1) $x = -1$ 是极大值点，$f(-1) = 17$ 是极大值；$x = 3$ 是极小值点，$f(3) = -47$ 是极小值.

(2) $x = 0$ 是极小值点，$f(0) = 1$ 是极小值.

(3) $x = -2$ 是极小值点，$f(-2) = \frac{8}{3}$ 是极小值；$x = 0$ 是极大值点，$f(0) = 4$ 是极大值.

(4) $x = -1$ 和 $x = 1$ 是极大值点，$f(-1) = f(1) = e^{-1}$ 是极大值；$x = 0$ 是极小值点，$f(0) = 0$ 是极小值.

(5) $x = 0$ 是极小值点，$f(0) = 0$ 是极小值.

(6) $x = 1$ 是极大值点，$f(1) = 2$ 是极大值.

3. $x = -2$ 是极大值点，$f(-2) = -\frac{27}{4}$ 是极大值；在 $(-\infty, 1]$ 上曲线是凸的，在 $[1, +\infty)$ 上曲线是凹的；$(1, 0)$ 是拐点.

4. (1) 最大值是 80，最小值是 -5；　(2) 最大值是 11，最小值是 -14；

(3) 最大值是 $\frac{5}{4}$，最小值是 $-5 + \sqrt{6}$.

【B 组题】

1. (1) C；　(2) C；　(3) C；　(4) 2, 2.

2. (1) $x = e$ 是极大值点，$f(e) = \frac{1}{e}$ 是极大值.

(2) $x = -2$ 是极大值点，$f(-2) = 4e^{-\frac{1}{2}}$ 是极大值；$x = 3$ 是极小值点，$f(3) = 9e^{\frac{1}{3}}$ 是极小值.

(3) $x = \frac{\pi}{4}$ 是极大值点，$f\left(\frac{\pi}{4}\right) = \frac{\sqrt{2}}{2} e^{\frac{\pi}{4}}$ 是极大值；$x = \pi + \frac{\pi}{4}$ 是极小值点，$f\left(\pi + \frac{\pi}{4}\right) = -\frac{\sqrt{2}}{2} e^{\pi + \frac{\pi}{4}}$ 是极小值.

3. $x=-1$ 是极小值点，$y(-1)=0$ 是极小值；$x=1$ 是极大值点，$y(1)=1$ 是极大值.

习 题 3-6

【A 组题】

1. (1) $y=2$；$x=2$，$x=3$. (2) $y=x+2$. (3) $a=1$；$b=4$.
2. (1) $x=0$ 是铅直渐近线，$y=x$ 是斜渐近线；
   (2) $x=0$ 是铅直渐近线，$y=1$ 是水平渐近线；
   (3) $x=0$ 是铅直渐近线，$y=1$ 是水平渐近线；
   (4) $x=-\dfrac{1}{e}$ 是铅直渐近线，$y=x+\dfrac{1}{e}$ 是斜渐近线；
   (5) $x=-1$ 和 $x=3$ 是铅直渐近线，$y=x+2$ 是斜渐近线；
   (6) $x=0$ 是铅直渐近线，$y=-2$ 是水平渐近线.
3. 略.

习 题 3-7

【A 组题】

1. $K=2$.
2. $K=2$，$\rho=\dfrac{1}{2}$.
3. $\left(\dfrac{\sqrt{2}}{2},-\dfrac{\ln 2}{2}\right)$ 处的曲率最小，为 $\dfrac{3\sqrt{3}}{2}$.
4. $K=|\cos x|$，$\rho=|\sec x|$.

习 题 4-1

【A 组题】

1. (1) $1+x+\dfrac{1}{3}x^3$； (2) D.
2. (1) $\dfrac{2}{5}x^{\frac{5}{2}}+C$； (2) $\dfrac{1}{3}x^3+\dfrac{2^x}{\ln 2}+2\ln|x|+C$； (3) $x+\ln|x|+C$；
   (4) $\dfrac{2}{3}x^{\frac{3}{2}}+\dfrac{2}{\sqrt{x}}+C$； (5) $\dfrac{1}{2}x^2+\arctan x+C$； (6) $-2x^{-\frac{1}{2}}-\ln|x|+e^x+C$；
   (7) $\dfrac{1}{2}e^{2x}-e^x+x+C$； (8) $x-\arctan x+C$； (9) $-\dfrac{1}{x}+\arctan x+C$；

(10) $x^3 + \arctan x + C$; (11) $-\cot x - x + C$; (12) $3\arctan x - \arcsin x + C$.

3. (1) $y = x^4 - x + 3$; (2) $\dfrac{\cos x - (\sin x)^2}{(1 + x\sin x)^2} + C$.

【B 组题】

1. (1) $-\dfrac{1}{5^x \ln 5} - \dfrac{1}{2^x \ln 2} + C$; (2) $\sin x - \cos x + C$; (3) $\ln|x| + 2\arctan x + C$;
(4) $\dfrac{1}{2}(\tan x + x) + C$.

2. $y = 1 + \ln x$.

习 题 4-2

【A 组题】

1. (1) $\dfrac{1}{3}$; (2) $-\dfrac{1}{2}$; (3) $\dfrac{1}{2}$; (4) $\dfrac{1}{20}$; (5) -2; (6) $\dfrac{1}{3x}$;
(7) $-\dfrac{1}{5}$; (8) $\dfrac{1}{3}$; (9) -1; (10) 2; (11) 1; (12) $-\dfrac{1}{2}$;
(13) $\dfrac{1}{3}x^3 + x + C$; (14) $-\dfrac{1}{2}(1 - x^2)^2 + C$.

2. (1) $x + \dfrac{1}{3}x^3 + C$; (2) $x^2 - \dfrac{1}{2}x^4 + C$.

3. (1) $-\dfrac{1}{3}e^{-3x} + C$; (2) $\dfrac{1}{2}\sin 2x + C$;
(3) $-\dfrac{1}{3}e^{2-3x} + C$; (4) $-\dfrac{1}{3}(1 - 2x)^{\frac{3}{2}} + C$;
(5) $-\dfrac{2}{3}\sqrt{1 - 3x} + C$; (6) $(3 - x)^{-1} + C$; (7) $\dfrac{1}{2}e^{x^2} + C$; (8) $e^{\sin x} + C$;
(9) $-\dfrac{1}{3}\cos x^3 + C$; (10) $-\dfrac{1}{4}\ln|3 - 2x^2| + C$; (11) $-(1 - x^2)^{\frac{1}{2}} + C$;
(12) $\dfrac{1}{2}(\ln x)^2 + C$; (13) $\sin\ln x + C$; (14) $-e^{\frac{1}{x}} + C$; (15) $\ln(1 + e^x) + C$;
(16) $-2\cos\sqrt{x} + C$.

4. (1) $2\arctan\sqrt{x} + C$; (2) $\dfrac{1}{3}(1 + x^2)^{\frac{3}{2}} + C$; (3) $\dfrac{1}{2}x - \dfrac{1}{4}\sin 2x + C$;
(4) $\dfrac{1}{6}(\sin x)^6 + C$; (5) $\dfrac{1}{3}(\sin x)^3 - \dfrac{1}{5}(\sin x)^5 + C$;
(6) $\dfrac{3}{8}x - \dfrac{1}{4}\sin 2x + \dfrac{1}{32}\sin 4x + C$; (7) $\dfrac{1}{2}(\arctan x)^2 + C$;
(8) $\dfrac{1}{2}(\arcsin x)^2 + C$; (9) $\dfrac{\sqrt{2}}{2}\arctan\dfrac{x+1}{\sqrt{2}} + C$;
(10) $\ln\left|\dfrac{x-3}{x-2}\right| + C$; (11) $2x - \dfrac{4}{3}\ln|2 + 3x| + C$;
(12) $\dfrac{1}{2}x^2 - x + \ln|x + 1| + C$; (13) $x - \ln(e^x + 1) + C$.

5. (1) $\arctan e^x + C$; (2) $-\cos\sqrt{1 + x^2} + C$; (3) $-\dfrac{1}{x\ln x} + C$;
(4) $(\arctan\sqrt{x})^2 + C$; (5) $-\ln|\cos\sqrt{1 + x^2}| + C$;

(6) $\dfrac{1}{4}\cos 2x - \dfrac{1}{16}\cos 8x + C$; (7) $\dfrac{\sqrt{3}}{3}\ln\left|\dfrac{\sqrt{3}-\sqrt{3-x^2}}{x}\right| + C$;

(8) $\dfrac{a^2}{2}\left(\arcsin\dfrac{x}{a} - \dfrac{x}{a^2}\sqrt{a^2-x^2}\right) + C$; (9) $\ln\left|\dfrac{\sqrt{1+x^2}-1}{x}\right| + C$;

(10) $\dfrac{x}{\sqrt{1+x^2}} + C$; (11) $\sqrt{x^2-9} - 3\arccos\dfrac{3}{|x|} + C$;

(12) $\dfrac{\ln|x^2-2x+5|}{2} + \arctan\dfrac{x-1}{2} + C$;

(13) $\dfrac{\ln(x^2+2x+3)}{2} - \dfrac{3\arctan\dfrac{x+1}{\sqrt{2}}}{\sqrt{2}} + C$;

(14) $\dfrac{\ln|x^2-2x-1|}{2} + \dfrac{3\ln\left|\dfrac{x-1-\sqrt{2}}{x-1+\sqrt{2}}\right|}{\sqrt{2}} + C$;

(15) $-\sqrt{1+x-x^2} + \dfrac{\arcsin\dfrac{2x-1}{\sqrt{5}}}{2} + C$;

(16) $\dfrac{\ln\left|\dfrac{x-1}{x+1}\right|}{4} + \dfrac{\arctan x}{2} + C$; (17) $\dfrac{3(\sin x - \cos x)^{\frac{2}{3}}}{2} + C$.

【B 组题】

1. (1) $\dfrac{1}{2(1+x^2)} + C$; (2) $\dfrac{1-2\ln x}{2x^4} + C$.

2. (1) $e^{x+\frac{1}{x}} + C$; (2) $\dfrac{1}{2}\ln\left|x+\sqrt{1-x^2}\right| + \dfrac{1}{2}\arcsin x + C$;

(3) $\dfrac{9}{2}\arcsin\dfrac{x+2}{3} + \dfrac{x+2}{2}\sqrt{5-4x-x^2} + C$;

(4) $\dfrac{2}{5}x + \dfrac{1}{5}\ln|\sin x + 2\cos x| + C$.

习 题 4-3

【A 组题】

1. $-(2x^2+1)e^{-x^2} + C$.

2. (1) $-x\cos x + \sin x + C$; (2) $\dfrac{x^2}{2}\ln x - \dfrac{x^2}{4} + C$; (3) $-(x+1)e^{-x} + C$;

(4) $\dfrac{x}{3}\sin 3x + \dfrac{1}{9}\cos 3x + C$; (5) $x\ln x - x + C$; (6) $-\dfrac{1+\ln x}{x} + C$;

(7) $\dfrac{x^2}{2}\arctan x - \dfrac{x}{2} + \dfrac{1}{2}\arctan x + C$; (8) $x\arcsin x + \sqrt{1-x^2} + C$;

(9) $x(\arcsin x)^2 + 2\sqrt{1-x^2}\arcsin x - 2x + C$;

(10) $x\tan x + \ln|\cos x| - \dfrac{1}{2}x^2 + C$.

3. (1) $x\arctan\sqrt{x} - \sqrt{x} + \arctan\sqrt{x} + C$; (2) $x\ln(x+\sqrt{1+x^2}) - \sqrt{1+x^2} + C$;

(3) $2\sqrt{x}\arcsin\sqrt{x}+2\sqrt{1-x}+C$; (4) $-\dfrac{1}{2}e^{-x}(\cos x+\sin x)+C$;

(5) $\dfrac{x}{2}(\sin\ln x-\cos\ln x)+C$; (6) $(3x^{\frac{2}{3}}-6x^{\frac{1}{3}}+6)e^{x^{\frac{1}{3}}}+C$;

(7) $\dfrac{x^2}{4}-\dfrac{x}{4}\sin 2x-\dfrac{1}{8}\cos 2x+C$.

【B 组题】

1. (1) $\dfrac{e^{3x}}{13}(3\cos 2x+2\sin 2x)+C$; (2) $2(\sqrt{x}-\sqrt{1-x}\arcsin\sqrt{x})+C$;

(3) $\sqrt{1+x^2}\arctan x-\ln(x+\sqrt{1+x^2})+C$; (4) $x\tan\dfrac{x}{2}+C$;

(5) $\dfrac{1}{4}(\arcsin x)^4+\dfrac{1}{2}x\sqrt{1-x^2}\arcsin x-\dfrac{x^2}{4}+C$;

(6) $-\dfrac{x}{e^x+1}-\ln(1+e^{-x})+C$;

(7) $-\dfrac{\sqrt{2}}{2}\cos(x+\dfrac{\pi}{4})+\dfrac{\sqrt{2}}{8}\ln\dfrac{1+\cos(x+\dfrac{\pi}{4})}{1-\cos(x+\dfrac{\pi}{4})}+C$.

2. (1) $\dfrac{e^{\arctan x}}{2}\cdot\dfrac{x-1}{\sqrt{1+x^2}}+C$; (2) $xe^{x+\frac{1}{x}}+C$;

(3) $\dfrac{x^2+1}{2}[\ln(x^2+1)-1]\cdot\arctan x-\dfrac{x}{2}\cdot\ln(x^2+1)-\arctan x+\dfrac{3x}{2}+C$;

(4) $e^{2x}\tan x+C$; (5) $\dfrac{x}{\sqrt{1+x^2}}\ln x-\ln(x+\sqrt{x^2+1})+C$;

(6) $-\dfrac{1}{4}\left(\ln\dfrac{1+x}{1-x}\right)^2+C$; (7) $\left(x-\dfrac{1}{\cos x}\right)e^{\sin x}+C$.

3. 略.

习 题 4-4

【A 组题】

1. (1) $\dfrac{1}{x+2}-\dfrac{1}{x+3}$; (2) $\dfrac{4}{x-3}-\dfrac{3}{x-2}$; (3) $\dfrac{3}{4(x+1)}+\dfrac{1}{4(x-3)}$;

(4) $-\dfrac{1}{(x-1)^2}+\dfrac{1}{x-1}-\dfrac{1}{x+1}$; (5) $\dfrac{1}{2(x-1)}+\dfrac{1}{2(x+1)}-\dfrac{1}{(x+1)^2}$;

(6) $\dfrac{2}{2x+1}-\dfrac{x}{x^2+x+1}$; (7) $\dfrac{1}{x-1}-\dfrac{1}{x^3}-\dfrac{1}{x^2}-\dfrac{1}{x}$;

(8) $\dfrac{1-x}{(1+x^2)^2}-\dfrac{x}{1+x^2}+\dfrac{1}{x}$; (9) $x^2+x-\dfrac{2}{x-1}+\dfrac{3x+6}{x^2+x+1}$.

2. (1) $\dfrac{1}{2}\ln\left|\dfrac{x-3}{x-1}\right|+C$; (2) $\dfrac{1}{2}\ln|x^2-1|+C$;

(3) $-\dfrac{\ln|x+1|}{2}+2\ln|x+2|-\dfrac{3\ln|x+3|}{2}+C$;

(4) $\ln|x^2+3x-10|+C$;

(5) $\ln|x+1|-\dfrac{\ln|x^2-x+1|}{2}+\sqrt{3}\arctan\dfrac{2x-1}{\sqrt{3}}+C$.

3. (1) $\dfrac{1}{4}\ln\left|\dfrac{2+\tan\dfrac{x}{2}}{2-\tan\dfrac{x}{2}}\right|+C$; (2) $\tan\dfrac{x}{2}+2\ln\left|\sec\dfrac{x}{2}\right|+C$;

(3) $x-2\ln(\sqrt{1+e^x}+1)+C$; (4) $x-2\sqrt{x+2}+2\ln(1+\sqrt{x+2})+C$;

(5) $2\sqrt{x-1}-2\arctan\sqrt{x-1}+C$; (6) $2\sqrt{x}-4\sqrt[4]{x}+4\ln(\sqrt[4]{x}+1)+C$;

(7) $\dfrac{2}{3}(1+\ln x)^{\frac{3}{2}}-2(1+\ln x)^{\frac{1}{2}}+C$;

(8) $-2\sqrt{1+\dfrac{1}{x}}+\ln\left|\dfrac{\sqrt{1+\dfrac{1}{x}}+1}{\sqrt{1+\dfrac{1}{x}}-1}\right|+C$.

【B 组题】

1. (1) $\dfrac{5}{3}\ln|x-1|-\dfrac{1}{6}\ln|x+2|-\dfrac{3}{2}\ln|x|+C$;

(2) $\arctan x-\dfrac{1}{1+x^2}+C$;

(3) $x-\dfrac{3}{2}\arctan x+\dfrac{x}{2(1+x^2)}+C$;

(4) $\dfrac{x^2}{2}+\ln(x^2+2x+10)+3\arctan\dfrac{x+1}{3}+C$;

(5) $\dfrac{1}{2}(\tan x+\ln|\tan x|)+C$; (6) $x-4\sqrt{x+1}+4\ln(\sqrt{x+1}+1)+C$.

习 题 5-1

【A 组题】

1. (1) 1; (2) 0; (3) 0; (4) $\dfrac{\pi^3}{4}$.

2. $S_3 > S_1 > S_2$.

3. (1) $\dfrac{5}{4}$; (2) $\ln\sqrt{2}$; (3) $2\ln 2-\ln 3$; (4) π; (5) $\dfrac{e^2-1}{2}$;

(6) $1-\dfrac{\pi}{4}$; (7) 2; (8) 1; (9) $\dfrac{17}{6}$; (10) $\dfrac{29}{6}$.

【B 组题】

1. $e-1$.

2. $\displaystyle\int_0^1 xe^x dx = 1$.

3. $\displaystyle\int_0^1 x\ln(1+x)dx = \dfrac{1}{4}$.

4. $\int_0^1 \sin(\pi x)\mathrm{d}x = \dfrac{2}{\pi}$.

习 题 5-2

【A 组题】

1. (1) $\left[\dfrac{\pi}{4}(\sqrt{3}-1), \dfrac{\sqrt{3}\pi}{3}(\sqrt{3}-1)\right]$; (2) $[e, e^4]$;

   (3) $\left[\dfrac{\pi}{2}, \pi\right]$; (4) $\left[\dfrac{1}{2}, \dfrac{\sqrt{2}}{2}\right]$.

2. (1) >; (2) >; (3) >; (4) >.

3. (1) $\sin^3 x$; (2) $(e^{2x}+e^x+1)e^x$; (3) $-\dfrac{\tan\ln x}{x\ln x}$;

   (4) $-\dfrac{\sin x}{1+\cos^3 x} - \dfrac{\cos x}{1+\sin^3 x}$; (5) $\int_0^x \dfrac{\sin s}{s}\mathrm{d}s$;

   (6) $2x\int_0^{2x^2} \sqrt{1+s^2}\mathrm{d}s$.

4. (1) 1; (2) 2; (3) e; (4) $\dfrac{1}{2}$.

【B 组题】

1. (1) 提示：由已知存在 $x_0 \in [a,b]$ 使得 $f(x_0) > 0$. 由于函数在 x_0 处连续，所以存在 $[\alpha,\beta]$ 使得当 $x \in [\alpha,\beta]$ 时, $f(x) > \dfrac{f(x_0)}{2}$. 考虑 $f(x)$ 在 $[\alpha,\beta]$ 上的积分.

   (2) 提示：反证法. 假设 $f(x) \not\equiv 0$, 则由 (1) 可得 $\int_a^b f(x)\mathrm{d}x > 0$, 与假设条件矛盾.

   (3) 令 $F(x) = f(x) - g(x)$, 由 (1) 的结论可得.

2. $F(x) = \begin{cases} \dfrac{x^3}{3}, & x \in [0,1]; \\ \dfrac{x^2}{2} - \dfrac{1}{6}, & x \in (1,2]. \end{cases}$

3. (1) $\dfrac{1}{2}$; (2) $\dfrac{1}{2}$.

4. 提示：$F'(x) = \dfrac{1}{(x-a)^2}\left[(x-a)f(x) - \int_a^x f(t)\mathrm{d}t\right]$, 再利用积分中值定理.

5. 提示：$F'(x) = \dfrac{xf(x)\int_0^x f(t)\mathrm{d}t - f(x)\int_0^x tf(t)\mathrm{d}t}{\left[\int_0^x f(t)\mathrm{d}t\right]^2} = \dfrac{\int_0^x (x-t)f(t)f(x)\mathrm{d}t}{\left[\int_0^x f(t)\mathrm{d}t\right]^2}$.

6. $I < K < J$.

习 题 5-3

【A 组题】

1. (1) $\pi - \dfrac{4}{3}$;　(2) $\dfrac{\pi}{4}$;　(3) $\dfrac{1}{4}$;　(4) $\dfrac{\pi}{2}$;　(5) $2 + 2\ln\dfrac{2}{3}$;
 (6) $-2 + 2\sqrt{3}$;　(7) $\dfrac{\pi}{2}$;　(8) $\sqrt{2} - \dfrac{2}{3}\sqrt{3}$;　(9) $-\dfrac{\pi}{4} + \arctan e$;　(10) $\dfrac{\pi}{4}$;
 (11) $\dfrac{\pi^3}{324}$;　(12) $\dfrac{\pi}{3}$;　(13) 1;　(14) $\dfrac{\pi}{2}$.

2. (1) 1;　(2) $-2 + 2e^2$;　(3) $\dfrac{\pi}{4} - \dfrac{\ln 2}{2}$;　(4) 2;　(5) $\dfrac{\pi}{4} + \dfrac{\ln 2}{2}$;
 (6) $1 - \dfrac{3}{e^2}$;　(7) $\dfrac{1}{5} + \dfrac{2}{5}e^\pi$;　(8) $\dfrac{1}{2} + \dfrac{e}{2}(\sin 1 - \cos 1)$.

3. 略.

【B 组题】

1. (1) $\dfrac{\pi^2}{4}$;　(2) $8 - 2\pi - 4\ln 2$;　(3) $\dfrac{\pi}{2}$.

2. $\tan\dfrac{1}{2} - \dfrac{1}{2e^4} + \dfrac{1}{2}$.

3. 提示: 换元法, 令 $t = \dfrac{1}{u}$.

4. 略.

5. 略.

6. 略.

7. (1) $I_n = \begin{cases} \dfrac{n-1}{n} \dfrac{n-3}{n-2} \cdots \dfrac{1}{2} \cdot \dfrac{\pi}{2}, & n\text{为偶数}; \\ \dfrac{n-1}{n} \dfrac{n-3}{n-2} \cdots \dfrac{2}{3} \cdot \pi, & n\text{为奇数}. \end{cases}$

 (2) $I_n = \begin{cases} \dfrac{n}{n+1} \dfrac{n-2}{n-1} \cdots \dfrac{1}{2} \cdot \dfrac{\pi}{2}, & n\text{为偶数}; \\ \dfrac{n}{n+1} \dfrac{n-2}{n-1} \cdots \dfrac{2}{3}, & n\text{为奇数}. \end{cases}$

习 题 5-4

【A 组题】

1. (1) 4;　(2) 2;　(3) 1;　(4) $\dfrac{\pi}{6}$;　(5) $\dfrac{\pi}{2}$;

(6)发散； (7)$\dfrac{\pi}{2}$； (8)发散； (9)12； (10)$\dfrac{1}{2}$.

【B 组题】

1. 当 $k>1$ 时收敛，$k\leqslant 1$ 时发散，$k=1-\dfrac{1}{\ln\ln 2}$ 时取得最小值.

2. $(-1)^n n!$.

3. $\ln 2$.

习 题 5-5

【A 组题】

1. (1)收敛； (2)收敛； (3)发散； (4)收敛；
   (5)收敛； (6)收敛； (7)发散； (8)收敛.

【B 组题】

1. C.

2. 提示：$|f(x)g(x)|\leqslant \dfrac{f^2(x)+g^2(x)}{2}$.

3. 略.

4. 略.

习 题 6-2

【A 组题】

1. (1) $\dfrac{1}{3}$； (2) $\dfrac{16}{3}$； (3) $\dfrac{9}{2}$； (4) $\dfrac{32}{3}$； (5) $\dfrac{3}{2}-\ln 2$.

2. (1) $\dfrac{512\pi}{15}$； (2) $V_x=\dfrac{\pi}{2}(e^4-e^2)$, $V_y=2\pi e^2$； (3) $V_x=\dfrac{\pi^2}{2}$, $V_y=2\pi^2$；
   (4) $V_x=\dfrac{\pi^2}{2}$, $V_y=\pi^2-2\pi$； (5) $V_y=\dfrac{3\pi}{10}$； (6) $V=\pi H^2\left(R-\dfrac{H}{3}\right)$.

【B 组题】

1. $3\pi a^2$.

2. $\dfrac{14}{3}$.

3. $8a$.

4. $\dfrac{9}{4}$.

5. $160\pi^2$.

6. $V_x = \dfrac{128\pi}{7}$, $V_y = \dfrac{64\pi}{5}$.

7. $2\pi^2 a^2 b$.

8. $a = \dfrac{2}{3}$, $b = \dfrac{3}{4}$.

9. $V_m = \pi \displaystyle\int_a^b [f(x)-g(x)][2m-f(x)-g(x)]\mathrm{d}x$.

10. 略.

11. $s = \ln(1+\sqrt{2})$.

12. (1) $\dfrac{\mathrm{e}}{2} - 1$; (2) $V_\mathrm{e} = 2\pi\mathrm{e} - \dfrac{5}{6}\pi\mathrm{e}^2 - \dfrac{\pi}{2}$.

习 题 6-3

【A 组题】

1. 102.4.

2. $k\ln\dfrac{b}{a}$.

3. $\dfrac{225}{2}\pi g$.

4. $\dfrac{2\gamma}{3}R^3$.

习 题 7-1

【A 组题】

1. (1) $\sqrt{5}$; (2) $-\dfrac{7}{2}$; (3) 11.

2. 4.

3. $\boldsymbol{a}+2\boldsymbol{b}-3\boldsymbol{c} = (-4,3,3)$, $\boldsymbol{b}\times\boldsymbol{c} = (2,5,-4)$, $(\boldsymbol{a},\boldsymbol{b},\boldsymbol{c}) = -5$.

4. 共面.

5. $v = M_1M_2 \times M_2M_3 = (6, -4, -4)$.

习 题 7-2

【A 组题】

1. (1) 锥面 $y^2 = 2(x^2 + z^2)$;　(2) 旋转单叶双曲面 $\dfrac{x^2}{a^2} - \dfrac{y^2}{b^2} + \dfrac{z^2}{a^2} = 1$;
   (3) 旋转抛物面 $y = x^2 + z^2$;　(4) 旋转椭球面 $\dfrac{x^2}{a^2} + \dfrac{y^2}{b^2} + \dfrac{z^2}{a^2} = 1$;
   (5) 圆柱面 $x^2 + z^2 = 9$.

2. (1) 空间球面, xOy 面上的坐标面曲线 $x^2 + y^2 = 4$ 绕 y 轴旋转得到.

   (2) 旋转抛物面, xOy 面上的坐标面曲线 $x = y^2$ 绕 x 轴旋转得到.

   (3) 旋转单叶双曲面, xOz 面上的坐标面曲线 $\dfrac{x^2}{9} - \dfrac{z^2}{4} = 1$ 绕 z 轴旋转得到.

   (4) 旋转椭球面, xOy 面上的坐标面曲线 $x^2 + \dfrac{y^2}{9} = 1$ 绕 y 轴旋转得到.

   (5) 上半锥面, xOz 面上的坐标面曲线 $z = x, z > 0$ 绕 z 轴旋转得到.

3. (1) 开口向上的椭圆抛物面, 旋转抛物面 $x^2 + y^2 = z$ 通过平移和在 y 轴方向的伸缩变换得到.

   (2) 开口向下的椭圆抛物面.

   (3) 开口向上的旋转抛物面.

   (4) 半径为 a 的圆柱面.

   (5) 椭球面, 球面 $x^2 + y^2 + z^2 = 1$ 通过在三个坐标轴方向的伸缩变换得到.

   (6) 单叶双曲面, 旋转单叶双曲面 $\dfrac{x^2}{9} + \dfrac{y^2}{9} - \dfrac{(z-1)^2}{16} = 1$ 通过 x 轴方向的伸缩变换得到.

   (7) 双叶双曲面.

4. (1) 平面, xOy 面上的直线 $x + 2y = 1$ 沿 z 轴方向平移得到.

   (2) 抛物柱面, xOy 面上的抛物线 $y = x^2$ 沿 z 轴方向平移得到.

   (3) 椭圆柱面.

   (4) 抛物柱面, xOz 面上的抛物线 $z^2 = 2x$ 沿 y 轴方向平移得到.

   (5) 抛物柱面, yOz 面上的抛物线 $z - 1 = -(y-1)^2$ 沿 x 轴方向平移得到.

   (6) 双曲柱面.

5. 球面方程 $x^2 + y^2 + z^2 = 1$.

6. 方程 $y^2 = 2x$ 在平面坐标系中表示抛物线, 在空间坐标系中表示抛物柱面.

7. 投影柱面方程 $x^2+\dfrac{3y^2}{4}=1$, 投影曲线方程 $\begin{cases} x^2+\dfrac{3y^2}{4}=1,\\ z=0. \end{cases}$

8. 投影柱面方程 $x^2+y^2=2x$, 投影曲线方程 $\begin{cases} x^2+y^2=2x,\\ z=0. \end{cases}$

习 题 7-3

【A 组题】

1. (1)$(1,-2,1)$;   (2)$(0,-1,-1)$;   (3) $x+\dfrac{y}{2}-\dfrac{z}{6}=1$.

2. $\dfrac{x-4}{2}=y+1=\dfrac{z-3}{5}$.

3. 1.

【B 组题】

1. $\dfrac{\pi}{4}$.

2. $x-3y-2z=0$.

3. $\begin{cases} y-z=1,\\ x+y+z=0. \end{cases}$

4. $\begin{cases} x+y-3z-4=0,\\ 4x-y+z=1. \end{cases}$